MAX KLÜVER

PRÄVENTIV-SCHLAG 1941

Zur Vorgeschichte
des Rußland-Feldzuges

DRUFFEL-VERLAG
LEONI AM STARNBERGER SEE

Schutzumschlag: H. O. Pollähne, Braunschweig

ISBN 3 8061 1046 8

1986
© by Druffel-Verlag, 8137 Leoni am Starnberger See
Gesamtherstellung: Ebner Ulm

MAX KLÜVER

PRÄVENTIVSCHLAG 1941

Zur Vorgeschichte des Rußland-Feldzuges

Inhaltsverzeichnis

Vorwort

Für die meisten Historiker führt eine ununterbrochene Linie von Hitlers „Mein Kampf" zum 22. Juni 1941, dem Beginn des Unternehmens „Barbarossa".

Nach dieser Auffassung war Hitlers außenpolitisches Denken und Trachten ausschließlich auf Gewinnung von Lebensraum im Osten mit Hilfe eines Kreuzzuges gerichtet, der den jüdischen Bolschewismus vernichten sollte. Der Verwirklichung dieses Zieles war die deutsche Außenpolitik untergeordnet, deren Aufgabe damit nicht die Sicherung der Lebensinteressen des deutschen Volkes, die Realisierung der Staatsräson war. Der Verfasser hat es sich zur Aufgabe gemacht zu untersuchen, wie weit die deutsche Außenpolitik 1940/41 Realpolitik war oder unabhängig von der die Lebensinteressen des Volkes vertretenden Staatsräson in den Dienst weltanschaulicher, nicht realpolitischer Ziele gestellt wurde.

I. Die Auffassung der etablierten Geschichtsschreibung

1. Folgte Hitler einem Programm?

Ob Hitler ein außenpolitisches Programm besessen hat, das er durch Vorgehen nach einem bestimmten Plan verwirklichen wollte, ist eine in der Geschichtswissenschaft umstrittene Frage. Sie wird in der etablierten Forschung unter Führung von Hillgruber[1] mit gewissen Abweichungen weitgehend bejaht.

Es kann und soll nicht Aufgabe dieser Arbeit sein, in die Problematik dieser Auseinandersetzung einzusteigen. Sie soll hier nur an einzelnen Formulierungen und Feststellungen aufgezeigt werden. Dieses Buch soll vielmehr weitgehend an Quellen die außenpolitische Wirklichkeit darstellen, und dabei soll mehrfach auf ihr Verhältnis zu den Doktrinen hingewiesen werden. So wird der Leser aus der Darstellung die Antwort auf die Frage finden, ob Hitler aufgrund seiner Erfahrungen handelte[2] oder nach festen Grundsätzen einer Doktrin.

War Programmatik oder Opportunismus die Triebkraft seines Handelns? Das möchte Hildebrand[3], der sich nach Hillgruber besonders stark mit dieser Frage auseinandergesetzt hat, zur Debatte stellen. Dabei war für ihn die Antwort nie zweifelhaft. In seinen Augen war Hitler „ein programmatisch orientierter Doktrinär". Wenn er gelegentlich auch unprogrammatische Entscheidungen getroffen hatte, so war dies nach Hildebrand „taktische Improvisation" gewesen. Er war durch die Umstände „zeitweilig zu traditionell scheinenden Lösungen" gezwungen. Das könnte den Eindruck erwecken, als ob Hitler ein machiavellistischer Traditionalist gewesen sei. Das aber wäre eine falsche Deutung, ist Hildebrands Auffassung.

Beim Rußlandfeldzug handelte es sich um ein „seit der Mitte der zwanziger Jahre durchgängiges Expansionsprogramm", meint Hillgruber[4], und nicht um eine „Ausweitung und Radikalisierung der Ziele im Zuge der Erfolgsserie". Darüber hinaus ging es um eine angestrebte Weltmachtstellung, die sich nach Hillgruber als Weltvormachtstellung oder nach Thier sogar als Weltherrschaft darstellen sollte. Die militärische Rußlandlösung erfolgt aufgrund von Hitlers „programmatisch-ideologischer Motivation" und nicht wegen objektiver Sachzwänge.

Die „Endlösung" und das deutsche Ostimperium, die Schaffung von Lebensraum für deutsche Siedler waren nach Hillgruber, dem hervorragendsten „Programmologen", die Kernstücke des rassen-ideologischen Programms des Nationalsozialismus. Oder, mit Hillgruber anders ausgedrückt, „die Ausrottung der europäischen Juden in Verbindung mit Lebensraumgewinnung sah Hitler als seine Lebensaufgabe an".

Nun ist sich Hillgruber der Problematik seiner Thesenaufstellung durchaus bewußt. Er weiß, daß quellenmäßig die meisten seiner Thesen nicht zu belegen sind. Sie sind nur aus den Grundtendenzen von Hitlers Politik, wie er sie sieht, zu erschließen, so daß nur ein hoher Grad von Wahrscheinlichkeit angenommen werden kann.[5] „Mehr als reflektierend eine Annäherung an die nur bruchstückhaft erfaßbare Vergangenheit zu vollziehen"[6], ist dann nicht erreichbar. Ob das dem Historiker, der kein Doktrinär ist, genügen kann?

Es soll nicht unerwähnt bleiben, daß es einige Gegenstimmen gibt. Auch in diesem Punkt erhebt Hillgruber keinen Anspruch auf Vollständigkeit. Einige dieser Gegenstimmen seien hier genannt.

Die „Revisionisten", wie Hillgruber die Gruppe nennt (Schieder, Broszat, Mommsen erwähnt er), sehen Hitler nicht als von vornherein auf Endziele nach einem Programm angelegt. Sie sehen nicht das Verfolgen eines Planes, sondern erblicken in den Ereignissen „eine Abfolge von sich aus der erwähnten Eigendynamik entwickelnden Zwängen".

Am knappsten hat Lukacs[7] die Gegenposition ausgedrückt. Ihm ist die „accepted version", daß Hitler sein ganzes Leben hindurch nach Osten wollte, „a bit too simple to be true".

Auch Conze fragt, ob Hitler tatsächlich in allen Phasen seiner praktischen Außenpolitik (1933–1938) sein Programm vor Augen gehabt hat. Daß manches unprogrammäßig erfolgt ist, so der Angriff auf die Sowjetunion bei fehlender Rückenfreiheit, das erwähnen mehrere Historiker ebenso wie die Tatsache, daß der Krieg gegen Polen im Programm nicht vorgesehen war.

Einer besonderen Erwähnung bedarf Stegemann[8], der sich in den achtziger Jahren der Auseinandersetzung mit dem „Programmologen" Hillgruber gewidmet und zwei Erwiderungen[9] von diesem hervorgerufen hat. Lange vor Stegemann hat Fabry – bei grundsätzlicher Gegnerschaft zu Hitler – diesen als Realpolitiker dargestellt[10].

Hitler selbst schrieb in seinem politischen Testament[11], daß der Befehl zum Angriff auf Rußland für ihn „der schwerste Entschluß dieses Krieges" gewesen sei. Kann man ein Ereignis, auf das man angeblich sein ganzes Leben hingewirkt hat, das der Endpunkt eines Programmes sein sollte, so kennzeichnen?

2. Die Lebensraumfrage

Neuer Lebensraum im Osten als Ziel der deutschen Politik ist die am meisten vertretene These der etablierten Geschichtsschreibung. Gerade in diesem Punkt steht Hillgruber unbestritten an der Spitze. Unter vier Motiven, die sich nach ihm in der Ostkriegskonzeption verschlungen haben, steht an der Spitze die „Gewinnung von Kolonialraum für deutsche Siedler in den vermeintlich besten Teilen Rußlands sowie in solchen Gebieten, die Hitler aus politisch-strategischen Gründen für notwendig erachtete"[12].

Aber Hinweise auf Quellen, welche die in „Mein Kampf" aufgezeigte und dort beginnende Aussage fortsetzen, können Hillgruber und die anderen „etablierten Historiker" auch nicht bringen. Im Gegenteil, nach Hillgruber soll Hitler den Gedanken, „den eroberten Ostraum zum Teil als Kolonialgebiet für deutsche Siedler zu verwenden", das erste Mal vor der deutschen Generalität am 30. März 1941 ausgesprochen haben, nicht früher.

Aber wir finden eine solche Aussage an der angegebenen Stelle[13] nicht – wir finden nur den Ausdruck „koloniale Aufgaben" ohne nähere Angaben. Worin sollen diese bestehen? Hillgruber scheint Kolonialraum und Siedlungsraum gleichzusetzen. Er erwähnt, daß die Aufgaben der Reichskommissare „in der berüchtigten Kurzformel Beherrschen, Verwalten, Ausbeuten" zusammengefaßt waren. Von Siedeln ist keine Rede[14]. Der verwandte Kolonialbegriff war dem britischen offensichtlich angenähert.

Hillgruber fällt in diesem Zusammenhang nicht auf, daß er selbst einen Brief des damaligen Generalquartiermeisters Wagner zitiert. Darin heißt es in bezug auf die kolonialen Ziele: Ein Raum, der mit Menschen nicht zu beherrschen ist, der Begriff eines deutschen „Indiens" schwebt, glaube ich, vor...[15]

Indien war bekanntlich nie britischer Siedlungsraum gewesen. Und wenn Hillgruber „vom Aufbau einer deutschen Weltmachtstellung mit Kolonialbesitz in Afrika, mit ozeanischen Stützpunkten und starker Seemacht" als abschließender Stufe der Hitlerschen Planung schreibt[16], so war dieser afrikanische Kolonialbesitz auch nicht als Siedlungsraum vorgesehen, sondern als Rohstoff liefernde Kolonie.

Und wenn gar das außenpolitische Endziel nicht im Osten lag[17], sondern globale Ausmaße hatte – eine Weltvormachtstellung war ja das Ziel –, konnte Ostraumsiedlung kein Ziel und schon gar nicht ein Hauptziel deutscher Politik sein.

Zwei Tatsachen werden bei der Behandlung dieser Fragen immer wieder übersehen. Verfügte das Deutsche Reich, dem 1939 schon fast eine Million Arbeitskräfte fehlte, überhaupt noch über eine ausreichende Zahl von Menschen, um noch mehr als die bereits 1939 und 1940 gewonnenen Gebiete zu besiedeln? Schon am 18. März 1940 hatte Hitler gegenüber Mussolini geäußert, er würde zur Entwicklung der ihm wieder gehörenden Gebiete, wie z. B. der Kornkammer Posen, 40–50 Jahre brauchen. Wir werden im Verlauf dieser Arbeit noch zweimal auf ähnliche Äußerungen Hitlers stoßen. Er rechnete im November 1940 sogar mit bis zu 100 Jahren für die Entwicklung der wiedergewonnenen Gebiete. Denn auch im Westen sollten große, seit 1648 verlorene Gebiete wieder zum Reich zurückgeholt werden. Auch die Eingliederung dieser Gebiete erforderte deutsche Menschen.

Und eine andere Frage kann nicht beantwortet werden, wenn man darauf besteht, daß Ostraumsiedlung das Hauptziel Hitlerscher Politik war. Warum holte man deutsche Menschen aus den Gebieten östlich der neuen Reichsgrenzen „heim ins Reich", wenn man die Absicht hatte, ihre aufgegebenen Gebiete als künftige Siedlungsräume zu benutzen? Hätte man ihr gesichertes Verbleiben in ihrem Siedlungsraum nicht vertraglich mit den Sowjets absichern können?

Erwähnt werden muß in diesem Zusammenhang auch Görings Aussage im Nürnberger Prozeß. Göring[18] hat sich zwar nicht direkt mit der Ostraumfrage auseinandergesetzt. Aber er hat bestritten, daß die Aneignung sowjetischer Gebiete vor dem Krieg erörtert worden sei. Hitler habe in der Haltung der UdSSR und „ihres Aufmarsches an unserer Grenze eine vitale Bedrohung Deutschlands gesehen und habe sich dazu verpflichtet gefühlt, diese Gefahr auszuschalten. Von Lebensraumeroberung war keine Rede."

Der sowjetische Hauptankläger reagierte spontan mit der Bemerkung, daß er die Präventivkriegsfrage eigentlich noch nicht hatte behandeln wollen.

Göring war aus den verschiedensten, in diesem Zusammenhang nicht weiter zu erörternden Gründen gegen den vorgesehenen Angriffstermin auf die Sowjetunion. Er hatte mit Hitler ausführliche Besprechungen[19]. Das Argument „Lebensraum" findet dabei überhaupt keine Erwähnung. Auch hier geht es für Hitler darum, „dem russischen Stoß zuvorzukommen".[20]

Die etablierte Geschichtsschreibung hat keine überzeugenden Beweise für ihre Siedlungsthese erbracht. Sie hat insbesondere außer in „Mein Kampf" keinen Ausspruch Hitlers anführen können, in dem die Forderung nach Eroberung neuen Ostsiedlungsraumes erhoben wird.

3. Antibolschewistischer, rassenideologischer Vernichtungskrieg mit Anspruch eines Kreuzzuges

Für Hillgruber handelte es sich bei der „von Hitler entfesselten deutsch-sowjetischen Auseinandersetzung um einen rassenideologischen Vernichtungskrieg gegen den jüdisch-bolschewistischen Todfeind im Osten". Die jüdisch-bolschewistische Führungsschicht einschließlich ihrer biologischen Wurzel, der Millionen Juden in Ost-Mitteleuropa, sollte ausgerottet werden[21]. Damit gehörten Ostkrieg und „Endlösung" zusammen.

Es war zwar ein Kampf zweier Weltanschauungen, aber Hillgruber meint einen wesentlichen Unterschied feststellen zu können. Stalin ordnete die Ideologie den Zielen der imperialen Machtpolitik unter, er habe sich in der „großen Politik" niemals für oder gegen irgend etwas aus Gründen der Weltrevolutionsideologie entschieden[22], während Hitler in der entscheidenden Phase des Krieges 1940/41 den Übergang von einer machiavellistischen politischen Taktik zur unmittelbaren Verwirklichung seiner rassenideologischen Ziele unter Absage jeden weiteren realistischen Kalküls vollzog[23].

Da ist der Amerikaner Weinberg ganz anderer Meinung[24]. Ihm zeigen die Diskussionen des Juli 1940 einwandfrei, „the Communism had nothing to do with Hitler's decision". Spätere Ereignisse im Osten hätten das bestätigt.

Ein anderer Angelsachse unterstützt die Hillgruberschen Thesen. Der britische Historiker Irving sieht Hitler von einem drängenden Antibolschewismus in allen seinen Überlegungen beflügelt[25]. „Bei jedem neuen Schritt der Sowjetunion zur Ausdehnung ihrer Einflußsphäre besann er sich darauf, daß hier sein wahrer Auftrag lag."

Hillgruber selbst zitiert einen Zeugen, dessen Aussage ihn eigentlich ein wenig nachdenklich hinsichtlich seiner Thesen hätte machen müssen. Ein Mann, der nach seiner Einstellung und seiner Tätigkeit der Verfechter der Idee einer weltanschaulichen antibolschewistischen Auseinandersetzung hätte sein müssen, Alfred Rosenberg hat am 20. Juni 1941 vor seinen engsten Mitarbeitern in einer programmatischen Rede erklärt, daß es sich bei dem bevorstehenden Ostkrieg nicht um einen „Kreuzzug gegen den Bolschewismus" handele, sondern daß es darum gehe, „deutsche Weltpolitik zu betreiben und das Deutsche Reich zu sichern".[26]

Gewiß, Rosenberg gehörte nicht zum allerengsten Mitarbeiterkreis Hitlers. Sicher aber zu den Leuten – schließlich erhielt er die Leitung des Reichsministeriums für die besetzten Ostgebiete –, die mit den Zielen und Absichten des Ostfeldzugs vertraut waren. Deshalb kann man Rosenbergs nicht in Hillgrubers Konzept passende Ausführungen nicht mit der Bemerkung abtun, Rosenberg habe sie geäußert, „ohne sich über die letzten Worte im Sinne der Konzeption Hitlers im klaren zu sein". Sollte Hillgruber Hitlers Konzeption besser gekannt haben als Rosenberg?

II. Vom Hitler-Stalin-Pakt bis zur Niederlage Frankreichs

1. Der deutsch-sowjetische Nichtangriffsvertrag vom 23. August 1939

Am 23. August 1939 schloß der deutsche Außenminister J. v. Ribbentrop in Moskau den deutsch-sowjetischen Nichtangriffsvertrag mit einem geheimen Zusatzprotokoll ab.[1]

Der Vertrag war für die nichtbeteiligte Umwelt überraschend und in Anbetracht seiner großen Bedeutung nach kürzester Vorbereitungszeit zustandegekommen.

Der Artikel I legte, wie in Verträgen dieser Art üblich, die Verpflichtung für beide Seiten fest, sich jeden Gewaltaktes, jeder aggressiven Handlung und jeden Angriffs gegeneinander zu enthalten.

Im Artikel II wich der Vertrag von dem üblichen Schema ab. Während im allgemeinen irgendein Gewaltakt oder ein Angriff seitens einer dritten Macht Voraussetzung für das Inkrafttreten eines solchen Vertrages war, wurde der erforderliche Tatbestand hier erheblich erweitert. Die wohlwollende Neutralität sollte auch eingenommen werden, falls der eine Teil „Gegenstand kriegerischer Handlungen" würde. Diese Bestimmung kam der deutschen Interessenlage vom Spätsommer 1939 sehr zugute, da mit ihr die Entscheidung über das Wirksamwerden des Vertrages nicht dem Verhalten des polnischen Gegners überlassen wurde.

Im Artikel III war die Konsultationspflicht geregelt. Sie beschränkte sich nicht auf gegenseitige Streitigkeiten und Konflikte, sondern sollte auch für allgemeine Interessen beider Staaten gelten. Es war eine auf deutschen Wunsch aufgenommene, über einen ursprünglichen sowjetischen Vorschlag hinausgehende Bestimmung, die später Grund für Verstimmung zwischen beiden Mächten abgeben sollte und sich nicht immer zum Vorteil für die deutsche Seite auswirkte.

Im Artikel IV wurde ein Verbot der Beteiligung an Mächtegruppen ausgesprochen, die sich mittelbar oder unmittelbar gegen den anderen Teil richteten. Das war für das Reich ein heikles Problem. Der sowjetisch-japanische Gegensatz in Ostasien hatte im Juli

1939 mit der Schlacht von Chargin-Gol einen gewissen Höhepunkt erreicht, und Deutschland war mit Japan im Antikominternpakt verbunden.

Der Artikel V beschäftigte sich mit der Regelung von Streitfragen und der Einrichtung eines Schiedsgerichts.

Fünf Jahre hatte Stalin für die Laufzeit des Vertrages vorgesehen. Auf zehn Jahre wurde sie auf deutschen Wunsch im Artikel VI festgelegt. Ließ sich aus dieser langen Vertragsdauer nicht Hitlers Absicht entnehmen, ein dauerhaftes deutsch-sowjetisches Verhältnis zu begründen? Oder sollte sie nur ein Ausgleich sein für Hitlers Wunsch, den Vertrag sofort nach Unterzeichnung und nicht erst nach Ratifizierung in Kraft treten zu lassen? Aber als ein solcher Ausgleich hätte ja auch die von der sowjetischen Seite gewünschte fünfjährige Laufzeit genügt. Hitler muß also schon mehr mit seinem Wunsch beabsichtigt haben.

In der Frage der Interessensphäre hatte es eine Differenz gegeben. Stalin hatte gefordert, die lettischen Häfen Windau und Libau sollten in die sowjetische Interessensphäre fallen. Obwohl mit weitreichenden Vollmachten ausgestattet, war Ribbentrop nicht bereit, dieser Forderung ohne ausdrückliche Billigung Hitlers zuzustimmen. Hitler entsprach dem Wunsch der Sowjets in kürzester Zeit. Sicher war es für ihn wichtig, schnell zum Abschluß eines Vertrages mit der Sowjetunion zu kommen. Aber sollte er über diese Notwendigkeit hinweg zukünftige Entwicklungen völlig außer acht gelassen haben? Sollte er wirklich – wie ihm die etablierte Geschichtsschreibung unterstellt – nur von der Vorstellung, Lebensraum im Osten erobern zu müssen, erfüllt gewesen sein, so wäre es sträflicher Leichtsinn gewesen, für die Versorgung wie auch die Beherrschung der Ostsee derart wichtige Positionen aus der Hand zu geben. Der Verfasser kann jedenfalls in diesem entscheidenden Zugeständnis keinen Beweis für Angriffsabsichten erkennen.

Ein Geheimprotokoll enthielt eine „Abgrenzung der beiderseitigen Interessensphären in Osteuropa". Nach Artikel VII wurde die nördliche Grenze Litauens als eine solche Grenze festgelegt. Damit sollte Litauen in das deutsche Interessengebiet fallen, das übrige Baltikum in die sowjetische Zone. Man kann annehmen, daß Hitler eine direkte deutsch-sowjetische Grenze vermeiden wollte, da er sich anders als die Sowjetunion ein Weiterbestehen formal unabhängiger Staaten zwischen Deutschland und der Sowjetunion vorgestellt hatte.

Das galt zu diesem Zeitpunkt auch für Polen, dessen Zukunft in Artikel II des Geheimprotokolls behandelt wurde. Die Linie Pissa (Nebenfluß des Narew)–Narew–San–Weichsel sollte die Grenze der Interessensphäre zwischen Deutschland und der Sowjetunion auf polnischem Gebiet bilden. Offen blieb die Zukunft des polnischen Staates. Die Weiterexistenz eines polnischen Staates wurde nicht ausgeschlossen.

Im Artikel III erklärte die Sowjetunion ihr Interesse an Bessarabien. Die deutsche Seite zeigte sich desinteressiert an den südosteuropäischen Gebieten und, wie Ribbentrop Hitler später erklärte, hatte er nur mündlich wirtschaftliches Interesse an diesen Gebieten erklärt.

Unklar war manches an diesem Vertrag. Offensichtlich hatte die deutsche Seite unter dem Begriff „Interessensphäre" im Unterschied zu den Sowjets nicht die Annexion der betreffenden Gebiete verstanden und, was ihr Interessengebiet betraf, auch nicht beabsichtigt. Schon gar nicht im Falle Litauen, aber auch nicht gegenüber Polen. Im Grunde war auch das ein Hinweis darauf, daß an „Lebensraumgewinnung" im üblichen Sinne nicht gedacht war.

Was hatten die Partner mit dem Vertragsabschluß beabsichtigt?[2] Hitler hoffte den Krieg zu vermeiden. Deutschland erhielt eine erhebliche Verstärkung seiner wirtschaftlichen Versorgung durch die Sowjetunion. „Wir waren im Sommer 1939 tatsächlich der Meinung, daß, sobald Deutschland sich eine russische Rückendeckung verschafft haben würde, England und Frankreich Polen zur Mäßigung und Nachgiebigkeit zwingen würden. Als Folge davon erwarteten wir eine deutsch-polnische Verständigung auf der Basis einer Rückgabe Danzigs an Deutschland und der Einräumung eines Korridors durch den ‚Korridor'." So faßte der Botschaftsrat Hilger von der deutschen Moskauer Botschaft die Erwartungen im Reich zusammen. Das waren auch Hitlers Vorstellungen.[3] Das kam in seiner Frage „Was nun?" gegenüber Ribbentrop zum Ausdruck, als ihm der britische Botschafter Henderson das einer Kriegserklärung gleichkommende Ultimatum vom 3. September überreichte[4], mit dem die deutsche Politik nicht gerechnet hatte, obwohl am 2. September abends der Versuch gescheitert war, durch Dr. Hesse die Briten zur Übernahme einer Vermittlung zu bewegen.[5]

Vor dieser Entwicklung war Polen in Gefahr, in einen Zweifrontenkrieg zu geraten. Diese Lage konnte die Westmächte in einen längeren Krieg verwickeln. Um diesen zu vermeiden, erhoffte Hitler eine Einwirkung der Westmächte auf Polen im Sinne einer Kriegsvermeidung. Stalin schätzte die Politik der Westmächte realistischer ein. Er war von ihren Angriffsabsichten, von ihrer Bereitschaft, die Polen zu unterstützen, und damit von einem Krieg Hitlers mit dem Westen überzeugt. Er hoffte auf einen langen Krieg, Hitler auf einen kurzen, da er nach einem schnellen Sieg über Polen mit einem Einlenken der Westmächte rechnete.

Stalin hoffte durch einen Krieg zwischen dem Deutschen Reich und den Westmächten die Zeit zu gewinnen, die er dringend benötigte, um seine Aufrüstung voranzutreiben, um dann bei gegenseitiger Ermattung der kapitalistischen Mächte das entscheidende Wort sprechen zu können.

Nach dem späteren US-Außenminister Byrnes[6a] konnte Stalin in jedem Fall durch den Nichtangriffspakt Zeit gewinnen. Hinderte er die Westmächte daran, Polen zu Hilfe zu kommen, würde ein allgemeiner Krieg vermieden werden, und er konnte Zeit für Aufrüstung gewinnen. Sollten die Westmächte jedoch nicht in den Krieg eintreten, würde das Gleichgewicht der Macht der Sowjetunion ebenfalls Zeit zur Aufrüstung lassen. Durch den Pakt mit Berlin wurde sie auf jeden Fall in die Lage versetzt, die baltischen Staaten und Bessarabien ohne Kriegsrisiko zu „übernehmen".

Betont werden muß noch einmal, daß der Begriff „Interessensphäre" verschieden ausgelegt wurde. Deutschland verstand darunter im eigentlichen Sinne größere Einflußmöglichkeit auf im formalen Sinne weiterhin unabhängige Staaten, die Sowjetunion dagegen die Annexion dieser Staaten und damit zunächst die Wiederherstellung Rußlands in den Grenzen von 1914.

2. Der Deutsch-Sowjetische Grenz- und Freundschafts-
vertrag vom 28. September 1939

Knapp fünf Wochen später, der Polenfeldzug war praktisch beendet, war Ribbentrop ein zweites Mal in Moskau, und der deutsch-sowjetische Grenz- und Freundschaftsvertrag wurde am 28. September abgeschlossen. Er bestand aus fünf Artikeln, zwei geheimen Zusatzprotokollen und einem vertraulichen Protokoll.

Die herausragendste Bestimmung war (bis auf den südwestlichen Zipfel um Mariampol) das Ausscheiden Litauens aus der deutschen Interessensphäre und die Neufestsetzung der Interessensphäre in Polen. Gewissermaßen als „Entschädigung" für den „Verlust" Litauens erhielt das Deutsche Reich die rein polnischen Gebiete um Lublin und im Bezirk Warschau das Land bis an den Bug. Diese neugewonnenen Gebiete verfügten nur in ihrem südlichen Teil über fruchtbaren Boden.

Neben dem „Erwerb" von Litauen – im Vertrag war vorgesehen, daß die Sowjetunion „zu gegebener Zeit" dort Truppen stationieren durfte – wurde die sowjetische Interessensphäre sozusagen „reinrassig", das heißt, sie setzte sich nur aus Gebieten zusammen, die bis zum Ersten Weltkrieg zum zaristischen Rußland gehört hatten. Den Westmächten gegenüber konnte die Sowjetunion also geltend machen, daß keine Expansion zur Eroberung neuer Gebiete stattgefunden hatte, sondern nur eine Revision der durch den Weltkrieg im Osten geschaffenen Verhältnisse.

Mit dem „Erwerb" Litauens hatten die Sowjets sich erheblich an Ostpreußen herangeschoben und dort eine gemeinsame deutsch-sowjetische Grenze geschaffen, während an allen anderen Stellen noch polnisches Gebiet zwischen den beiden Großmächten lag.

Es war im Grunde offensichtlich, daß strategische Überlegungen auf sowjetischer Seite diese Veränderungen hatten fordern lassen. Sie boten sowohl defensive als auch offensive Möglichkeiten. Wenn Hitler auf die sowjetischen Forderungen einging, mußte er im Grunde von friedlichen und guten Absichten Stalins überzeugt sein, aber auch seinerseits von offensiven Absichten frei sein. Andernfalls wäre seine Einwilligung nur als heller Wahnsinn zu bezeichnen. Sie bedeutete ein großes deutsches Entgegenkommen. Hitler wollte offenbar mögliche künftige Schwierigkeiten mit der Sowjetunion der polnischen Gebiete wegen vermeiden.

Die einzelnen Artikel des Vertrages bringen dann nicht mehr Entscheidendes. Der Artikel I bestimmt die neue Grenze durch eine in eine anliegende Karte eingezeichnete Linie. Im Artikel II wird die neue Grenze als endgültig bezeichnet und die Einmischung Dritter abgelehnt. Artikel III bestimmt, daß eine staatliche Neuordnung erforderlich sei, die aber getrennt durch die beiden Mächte durchgeführt werden sollte. Fabry[6] weist darauf hin, daß Hitler nur scheinbar freie Hand erhielt, da das Konsultationen fordernde geheime Zusatzprotokoll vom 23. August 1939 weiterhin in Kraft blieb. Artikel IV entsprach Hitlers eigentlichen Wünschen. In ihm war die Rede von „einer fortschreitenden Entwicklung der freundschaftlichen Beziehungen zwischen... (beiden)... Völkern".

Wie am 23. August sah auch dieser Vertrag eine schnelle Ratifizierung im Artikel V vor. Wie der Nichtangriffsvertrag sollte auch dieser Vertrag mit der Unterzeichnung bereits in Kraft treten.

Das erste „Geheime Zusatzprotokoll" erweiterte den Punkt 1 des Geheimprotokolls vom 23. August durch Einbeziehung Litauens. Das zweite Geheime Zusatzprotokoll behandelte das Problem eines polnischen Reststaates.

Von größter Bedeutung waren die Bestimmungen im „Vertraulichen Protokoll". Sie schlossen eine jahrhundertealte Vergangenheit ab und leiteten eine für viele Millionen ungewisse Zukunft ein. Das Protokoll bestimmte, die Sowjetunion dürfe „den in ihren Interessengebieten ansässigen Reichsangehörigen und anderen Persönlichkeiten deutscher Abstammung, sofern sie den Wunsch haben, nach Deutschland oder in die deutschen Interessengebiete überzusiedeln, hierbei keine Schwierigkeiten in den Weg legen..."

Man kann dieses Protokoll als einen „Ausfluß" rassisch-völkischer Ideologie betrachten, zu deren Hohenpriester sich der Nationalsozialismus gemacht hatte, wie es Fabry[7] tut. Das leuchtet dem Verfasser in diesem Zusammenhang nicht ein. Denn völkische oder Rassefragen spielten bei den zu lösenden Problemen keine Rolle. Eher stellten sie eine Sicherung des ganzen Vertragswerkes dar, durch Besiedlung der neugewonnenen Gebiete mit Deutschen und deren damit erfolgende Integration in den deutschen Reichskörper, dessen Abwehrkraft sie stärkten. Wer Menschen heimholt, greift nicht aus.

Fabry weist aber auch auf einen anderen, für diese Gesamtentwicklung entscheidenden Aspekt hin. Das Vertrauliche Protokoll sei ein „Beweis für die deutsche Absicht dieser Zeit, mit der UdSSR eine ‚säkulare Regelung' zu finden. Diese Verträge sollten auf Jahre hinaus die Grundlage eines für beide Teile vorteilhaften Verhältnisses bilden".[8] Auseinandersetzungen über das Deutschtum im sowjetisch beherrschten Raum sollten das langfristig zu planende deutsch-sowjetische Verhältnis nicht stören.

Immer wieder wird Hitler unterstellt, weite Gebiete im Osten erobern zu wollen, um Siedlungsraum für die angeblich wachsende deutsche Bevölkerung zu sichern.[9] Kann das zutreffen, wenn Menschen aus Gebieten außerhalb der deutschen Grenzen zurückgeholt werden, um gewonnenen Raum zu besiedeln?

Und ein weiterer Gesichtspunkt scheint dem Verfasser von außerordentlicher Wichtigkeit zu sein. Wenn Hitler längerfristig die Absicht gehabt haben sollte, Lebensraum im Osten zu erobern – das soll sich angeblich wie ein Leitfaden durch sein ganzes Leben hindurchziehen –, ist es unverständlich, daß er die vorgeschobenen Posten im Ostraum einzog. Es ist nicht nur unverständlich, sondern militärisch geradezu unsinnig. Es ist aber ein Beweis dafür, daß Hitler den Frieden wollte, den er auch gegenüber dem Westen erhoffte. Der mit der Sowjetunion abgeschlossene Vertrag sollte ihm dabei behilflich sein.

Sicher bedeutete die Rückführung dieser deutschen Außenposten Schutz vor Vernichtung der selbständigen Existenz durch den zerstörerischen Bolschewismus. Und sicher gehörte das mit zu Hitlers Absichten. Aber war das ein „Ausfluß rassisch-völkischer Ideologie"?

Hitler hatte in den beiden Verträgen vom 23. August und 28. September 1939 weitgehende Zugeständnisse gemacht, obwohl Polen am 28. September schon geschlagen war. Gewiß, die Sowjets hatten am 28. September erklärt, daß sie nicht die Absicht hatten, die baltischen Staaten zu besetzen, zu bolschewisieren oder gar zu annektieren. Aber Deutschland hatte auf diese

Gebiete praktisch verzichtet. Kann man nicht daraus entnehmen, daß Hitler vor allem nach der Preisgabe Litauens keine mittelfristigen Angriffspläne hatte?

3. Hitler glaubte an eine Wandlung in der Sowjetunion

War Hitler diese Verträge mit einem Staat eingegangen, der sich als Vorkämpfer der marxistisch-bolschewistischen Weltrevolution fühlte und der dadurch auch der eigenen nationalsozialistischen Zielsetzung entgegengesetzt war?

Kein geringerer als sein Partner Mussolini erhob einen solchen Vorwurf. In einem Brief vom 3. Januar 1940[10] erklärte er, Hitler opfere „ständig die Grundsätze seiner Revolution zugunsten der taktischen Erfordernisse eines bestimmten Augenblicks". Er gebe das antisemitische und antibolschewistische Banner auf, das er 20 Jahre hindurch hochgehalten hatte. Und Mussolini glaubte Hitler darauf hinweisen zu müssen – offenbar sah er in Hitlers Politik eine Abweichung von dieser Erkenntnis –, daß „die Lösung der Frage Ihres Lebensraumes ... in Rußland" liegt und „nicht anderswo". Rußland gehöre nicht zu Europa, und am Tage der Vernichtung des Bolschewismus sei die Treue zu den beiden Revolutionen erfüllt.

Hitler hat zweimal auf diese Vorwürfe Mussolinis geantwortet. Einmal in einem Brief vom 8. März 1940[11], den Ribbentrop persönlich überbrachte und dabei hinzufügte, er habe aus eigener Erfahrung die feste Überzeugung gewonnen, daß Stalin den Gedanken an die Weltrevolution aufgegeben habe und im Begriff sei, zu einem russischen Nationalismus überzugehen.[12]

Ribbentrop wiederholte, was Hitler geschrieben hatte. In seiner Vorstellung hatte der endgültige Sieg Stalins über seine innenpolitischen Widersacher den Charakter der sowjetischen Revolution verändert. Es war „eine Wandlung des bolschewistischen Prinzips in der Richtung auf eine nationale russische Lebensform". Rußland sei schon wesentlich weit auf dem Weg, zu einem normalen nationalen Staat zu werden. Er sei fest davon überzeugt, daß Stalin kein Interesse mehr an der Weltrevolution habe.

Dabei war nach Hitlers Überzeugung eine Veränderung in der

sowjetischen Führungsschicht von erheblicher Bedeutung. Die jüdisch-internationale Führung „mit dem ausgesprochenen Ziel einer Vernichtung der nichtjüdischen Völker bzw. ihrer führenden Kräfte" war abgelöst und damit das, was „den Nationalsozialismus zum tödlichen Feind des Kommunismus gemacht hat". Damit war nach und für Hitler „die Möglichkeit der Herstellung eines tragbaren Zustandes zwischen den beiden Ländern . . . heute unzweifelhaft gegeben".

Und in seinen weiteren Ausführungen stellt Hitler sich als Vertreter einer auf gegenseitigen Interessen beruhenden Realpolitik dar, die sich nicht einer Ideologie unterwirft und zu ihrer Durchsetzung Kriege führt. „Wenn aber der Bolschewismus sich zu einer russisch-nationalen Staatsideologie und Wirtschaftsidee entwickelt, dann stellt er eine Realität dar, gegen die zu kämpfen wir weder Interesse noch einen Anlaß besitzen."

Zehn Tage nach diesem Brief traf Hitler sich am 18. März 1940 mit Mussolini am Brenner.[13] Neben anderen Themen stand auch die Sowjetunion zur Debatte. Gewissermaßen zur Besänftigung Mussolinis begann Hitler diesen Teil seiner Ausführungen mit der Bemerkung, daß ihn nur bitterer Zwang zum Zusammengehen mit Rußland veranlaßt habe. Aber er habe ja bereits in „Mein Kampf" ausgeführt, daß „Deutschland entweder mit England gegen Rußland oder gegen England mit Rußland" Politik treiben könne. Da aber England den Kampf gesucht habe, so sei er zum Zusammengehen mit Rußland gezwungen gewesen.

Und hier wiederholte er seine Ausführungen aus dem Brief vom 8. März. Rußland mache seine große Wandlung durch. Stalin sei genauso ein Autokrat wie die Zaren des 16. Jahrhunderts. Und da die Juden „in immer größerem Ausmaße aus den Zentralstellen der russischen Verwaltung herausgedrängt" wurden, habe der Bolschewismus seinen moskowitisch-jüdischen und internationalen Charakter abgelegt und sei zu einem slawischen Moskowitertum geworden.

Damit wollte Hitler nicht ausdrücken, daß ein solches Rußland nicht auch gefährlich werden könne, aber ihm sei nichts anderes übriggeblieben, als mit der Sowjetunion zusammenzuarbeiten.

Aber nicht erst gegenüber Mussolini hat Hitler auf die Wandlung in Moskau hingewiesen. Schon in seiner Ansprache an die

Oberbefehlshaber vom 23. November 1939 hatte er auf ein Zurücktreten des sowjetischen Internationalismus aufmerksam gemacht. Und er hatte bei einer Fortsetzung dieser Entwicklung geglaubt, einen Übergang Rußlands zum Panslawismus vorhersagen zu können.

Die Erwähnung von „Mein Kampf" und der Hinweis darauf, daß er durch die Verweigerung Englands gezwungen sei, mit Rußland zusammenzugehen, läßt erkennen, daß er einem Zusammengehen mit England den Vorzug gegeben hätte. Dabei fällt auf, daß er immer auf die Rolle des Judentums im sowjetischen Bolschewismus zu sprechen kommt. Dessen Zurückdrängung erleichterte es ihm, mit der Sowjetunion zusammenzuarbeiten. Er hat dagegen nie den großen Einfluß des britischen Judentums in der Politik als ein Hindernis für eine deutsch-britische Zusammenarbeit erwähnt.

Wir wissen, daß Hitler es nicht bei den beiden abgeschlossenen Verträgen belassen wollte; trotz der Tatsache, daß er am Anfang seines Zusammengehens mit der Sowjetunion aus einer gewissen Zwangslage – wegen der Verweigerung Englands – hatte handeln müssen, wollte er das Verhältnis zur Sowjetunion ausbauen. Ideologische Hemmungen hatte er dabei nicht. Ein Treffen mit Molotow und/oder Stalin in Deutschland sollte einer solchen Vertiefung der gegenseitigen Beziehungen dienen. Aber die deutschen Bemühungen stießen auf keine positive Resonanz. Ein Brief Ribbentrops vom 28. März 1940 mit einer solchen Einladung an Molotow wurde auf Anraten des deutschen Botschafters in Moskau nicht weitergereicht, obwohl Ribbentrop sich auf die obenerwähnte Formulierung Hitlers aus „Mein Kampf" bezog.

Wahrscheinlich befürchtete Stalin, Hitler plane, dem westlichen Zweistaatensystem England–Frankreich ein deutsch-russisches entgegenzusetzen. Dem wollte er sich unbedingt entziehen, da er eine Stellung als „tertius gaudens" anstrebte.

Über ein Jahr vom Ende des Polenfeldzuges bis zum Molotow-Besuch in Berlin am 12. und 13. November 1940 dauerte die Periode eines möglichen Zusammengehens des Deutschen Reiches mit der Sowjetunion. Am 20. November wurden beim Besuch des ungarischen Ministerpräsidenten Teleki[14] erste Zweifel Hitlers laut. „Trotz des deutsch-russischen Vertrages müsse man sich darüber klar sein, daß Rußland je nach Lage sich entweder bolschewistisch oder nationalrussisch gebe", meinte Hitler. „Es ziehe immer die Fahne auf, die jeweils am wirksamsten sei." Er hatte offenbar trotz des negativen Verlaufes des Molotow-Besuches die Hoffnung, die Sowjetunion zu gewinnen, noch nicht ganz aufgegeben. Er wollte versuchen, auch die Sowjetunion in irgendeiner Form in die „große Weltkombination, die von Yokohama bis nach Spanien reiche", hineinzubringen.

Für die Antwort auf die Frage, ob Hitler wirklich von einer Wandlung vom internationalen Bolschewismus zu einem nationalen Vaterlandsbegriff überzeugt oder ob dies nur ein vorübergehender gedanklicher Einfall gewesen war, kann uns sein politisches Testament Auskunft geben.

„Während eines ganzen Jahres", schrieb Hitler[15] „hatten wir uns in der Hoffnung gesonnt, eine vernünftige, wenn auch nicht gerade übermäßig freundschaftliche Zusammenarbeit mit Stalin sei möglich." Hitler hatte sich eingebildet, daß fünfzehn Jahre der Macht und Verantwortung einen Realisten wie Stalin „von den Eierschalen der nebulösen marxistischen Ideologie befreien" müßten. Wenn sie nicht ganz aufgegeben würden, dann aber aus dem Grunde, weil sie als Opium für fremde Völker in Reserve gehalten werden sollten. Und Hitler hatte einen Beweis für diese Annahme in der Brutalität gesehen, mit welcher die jüdische Intelligenz liquidiert wurde. Das war für ihn ein Hinweis auf Stalins Vorsorge gewesen, die verhindern sollte, „daß diese jüdischen Intellektuellen nicht auch das ihm vorschwebende großrussische Reich ansteckten – jenes panslawistische Ziel, das ja im Grunde nur die geistige Erbfolge Peters des Großen antritt".

Bei solchen Veränderungen in der Sowjetunion hätte es nach Hitlers Vorstellungen möglich sein müssen, bei genauer Abgrenzung und Beachtung der Interessensphäre und einer Beschränkung auf wirtschaftliche Zusammenarbeit „die Eckpfeiler einer dauernden Verständigung zu schaffen".

4. Die deutsche Rohstofflage und die Abhängigkeit von der Sowjetunion

Deutschland war bekanntlich ein Industrie- und Handelsstaat. Zwar verfügte es über eine gut entwickelte Landwirtschaft, doch reichte die für die Vollversorgung nicht aus. Deutschland blieb auf Zufuhren auch auf dem Nahrungsmittelsektor angewiesen.

Bedeutsamer besonders für die Kriegsführung war die deutsche Einfuhrabhängigkeit auf dem Sektor industrieller Rohstoffe[16]. Bei Kautschuk betrug sie 80 %, bei Mineralöl 65 %, bei Bauxit 99 %, bei Nickel 95 %, bei Zinn 90 %, bei Kupfer 70 %, bei Blei 50 % und bei Zink 25 %[17]. Das Reich war aus den verschiedensten Gründen nicht in der Lage gewesen, eine ausreichende Vorratswirtschaft zu betreiben. Die vorhandenen Vorräte reichten Ende 1939 mit wenigen Ausnahmen nur für eine Dauer von zwei (Naturkautschuk) bis 14 Monaten (Zinn) aus.

Die britische Wirtschaftsblockade – die stärkste und wirksamste Waffe Großbritanniens – zielte darauf ab, wie im Ersten Weltkrieg eine möglichst totale Blockade Deutschlands herbeizuführen. Es war von größter Bedeutung für das Reich, daß es gelang, noch vor dem Nichtangriffspakt mit der Sowjetunion ein Wirtschaftsabkommen zu schließen. Am 19. August 1939 wurde das Kreditabkommen zwischen dem Deutschen Reich und der UdSSR unterzeichnet.

„Nicht mehr und nicht weniger als die wirtschaftlichen Grundlagen für den kommenden Krieg wurden hier geschaffen."[18] Ohne die sowjetischen Lieferungen hätte Deutschland nach kurzer Zeit die Kriegführung einstellen müssen, da sie weitgehend von der Neutralität der Sowjetunion abhing.

In mehrfacher Weise wirkte sich die neutrale Haltung der UdSSR aus. Einmal durch Versorgung mit Nahrungsmitteln und Rohstoffen, über die die Sowjetunion in reichem Maße verfügte. Dann aber auch ermöglichte diese den Transitverkehr mit Ländern des Fernen Ostens und brachte Deutschland in den Genuß von Waren, die sonst wegen der britischen Blockade Deutschland nicht erreicht hätten. Und drittens konnte die Sowjetunion Waren beziehen und an Deutschland weiterliefern.

Es darf in diesem Zusammenhang nicht unerwähnt bleiben, daß

die erforderlichen deutschen Gegenlieferungen, insbesondere die von hochwertigen Spezialmaschinen und von Kriegsgerät, auf deutscher Seite unangenehme Engpässe schufen.

Das Reich geriet durch seinen Einfuhrbedarf natürlich auch in eine gewisse Abhängigkeit von der Sowjetunion. Wir werden im Laufe dieser Darstellung aufzeigen, daß mindestens zweimal die Sowjetunion ihre Lieferungen stark reduzierte, um ihre Position in der politischen Auseinandersetzung zu unterstützen, und das besonders auch bei deutschen Lieferrückständen, die sich aus dem eigenen Bedarf ergaben und nicht politischer Taktik entsprangen.

Bei Hitlers Entscheidung für einen Krieg gegen die Sowjetunion hat die Berechnung dieser wirtschaftlichen Abhängigkeit mit eine Rolle gespielt. Sie hatte häufig nicht im Sinne der gewünschten Annäherung gewirkt, sondern in dem eines nahen und unvermeidlichen Bruches[19]: Eine plötzliche totale Lieferungseinstellung hätte eine Katastrophe für Deutschland bedeutet. ...

III. Der halbe Sieg

1. Hitlers Überlegungen angesichts des Sieges über Frankreich

a) War Hitler zu diesem Zeitpunkt bereits zum Ostfeldzug entschlossen?

Am 2. Juni 1940 besuchte Hitler den Oberbefehlshaber der Heeresgruppe A, den damaligen Generaloberst Gerd von Rundstedt, in seinem Stabsquartier in Charleville. Eine Äußerung, die Hitler damals in einem Gespräch, an dem auch mehrere Stabsoffiziere teilnahmen, gemacht haben soll, bildet die Grundlage für die Auffassung von Teilen der etablierten Geschichtsschreibung, daß Hitler sich bereits auf dem Höhepunkt der Schlacht von Dünkirchen und damit seines Sieges im Westen mit einem Feldzug gegen die Sowjetunion zumindest gedanklich befaßt habe.

Hitler soll geäußert haben, daß Großbritannien angesichts der Niederlage zu einem vernünftigen „Friedensschluß" bereit sein werde. Dann werde er die Hände frei haben für seine große und eigentliche Aufgabe, die Auseinandersetzung mit dem Bolschewismus.

Die Quelle für diese angebliche Äußerung Hitlers ist nicht überzeugend. Der damalige Chef des Stabes der Heeresgruppe, General von Sodenstern, hat sie viele Jahre nach Kriegsschluß aus der Erinnerung in einem Brief an den damaligen Doktoranden Klee mitgeteilt.[1] Dem britischen Historiker Ansel[2] machte von Sodenstern ebenfalls eine solche Mitteilung, die der damalige Ia der Heeresgruppe, Blumentritt, bestätigte.[3]

Auffallen muß, daß diese angebliche und, wenn sie zutreffen sollte, so wichtige Äußerung Hitlers – wenn überhaupt – in keiner der großen Darstellungen über den Zweiten Weltkrieg aus einer anderen Quelle als der Dissertation Klees aufgeführt ist. Dann muß aber vor allem festgehalten werden, daß sie sozusagen isoliert im Raum steht. Es gibt keine Anordnungen oder Maßnahmen Hitlers in den folgenden Wochen, die eine Konsequenz aus seiner Absicht darstellen oder zumindest in einem Zusammenhang mit ihr stehen. Das Gegenteil ist vielmehr der Fall, wie wir sehen werden.

Wir besitzen ein anderes Zeugnis, aus dem zwar hervorgeht, daß der Osten nicht aus Hitlers Gesichtskreis verschwunden, aber keine Angelegenheit war, die Entscheidungen in dem geführten Krieg erforderlich machte. Am Tage des Waffenstillstandes mit Frankreich soll Hitler Äußerungen gemacht haben, die zwar die Regelung (das Wort Auseinandersetzung soll er verwandt haben, aber keineswegs im militärischen Sinne) der Ostprobleme betrafen, aber nicht in unmittelbarer Zukunft. Es seien auch weltweite Probleme. „Sie kann man vielleicht in zehn Jahren in Angriff nehmen, vielleicht muß ich sie auch meinem Nachfolger überlassen", gibt Böhme als Hitlers Worte wieder.[4] Und dann folgt eine Bemerkung Hitlers, auf die wir in ähnlicher Formulierung bei völlig anderer Gelegenheit stoßen werden und die allen Hitler unterstellten weiteren Expansionsplänen widerspricht. „Jetzt haben wir auf Jahre hinaus alle Hände voll zu tun, das in Europa Erreichte zu verdauen und zu konsolidieren."

Die Tatsache, daß Hitler diesen Gedankengang bis in den November 1940 hinein mehrfach wiederholt hat, daß es sich im Fall Sodenstern dagegen – wenn überhaupt – nur um eine einmalige Äußerung Hitlers gehandelt hat[5], die nach fünfzehn Jahren aus dem Gedächtnis eines alt gewordenen ehemaligen Soldaten wiedergegeben wurde[6], überzeugt den Verfasser davon, daß die Erinnerung Böhmes die dem historischen Geschehen entsprechendere war.

b) Die Demobilmachungsbefehle

Die Taten, die den angeblichen Worten Hitlers folgten, widersprechen allen weiteren Angriffsabsichten. Am 15. Juni 1940 notierte der Chef des Generalstabes des Heeres, General der Artillerie Franz Halder, in seinem Tagebuch, morgens sei eine Weisung des Führers eingetroffen[7]. Das Heer sei auf 120 Divisionen zu reduzieren. In dieser Zahl sollten 20 Panzerdivisionen und zehn motorisierte Infanteriedivisionen eingeschlossen sein. Und dann folgte eine Begründung, die allen Annahmen über einen in Aussicht genommenen Ostfeldzug den Boden entzieht. Voraussetzung für die Weisung sei die Annahme, daß mit bevorstehendem endgültigen Zusammenbruch des Feindes (Frankreich) die Aufgabe des Heeres erfüllt sei.

Nun war das eigentlich eine klare und eindeutige Weisung. Auch Halder knüpft in seinem Tagebuch keinerlei zweifelnde Bemerkungen an die Wiedergabe der Fakten. Daß der Befehl Hitlers nicht in die Vorstellung der etablierten Geschichtsschreibung von deutschen Ostfeldzugsplänen paßt, darf nicht weiter verwundern. Und angesichts fehlender Fakten, die die Weisungen Hitlers widerlegen könnten, bedient man sich in gewohnter Weise bloßer Vermutungen und Spekulationen.

An der Spitze der Autoren, die derartig argumentieren, steht Hillgruber. Er kennt natürlich die Weisung Hitlers vom 9. Juli 1940, „daß im Laufe von drei Jahren die Ausrüstung für (das) 120-Divisionen-Heer . . ." bereitzustellen sei.[8] Aber er (wie andere) ist natürlich nicht bereit, daraus zu folgern, daß an einen Ostfeldzug nicht gedacht war. Für ihn legt die befohlene Umrüstung des Heeres zu einem „sogenannten Friedensheer"[9] vielmehr „die Deutung nahe, Hitler habe zunächst nur an seiner alten Konzeption festgehalten, daß zwischen dem Krieg gegen Frankreich und dem Eroberungszug nach dem Osten eine Pause eingelegt werden müsse". Woher er das weiß, sagt er uns nicht[10]. Wir erfahren auch nicht, woher er „offensichtlich" entnimmt, „aus der im Mai/Juni gewonnenen breiten Basis in Europa heraus dann, wenn es ihm am günstigsten erschien, mit einem in der Zwischenzeit modernisierten und weitgehend motorisierten Heer nach Osten vorzustoßen, um das europäische Rußland zu erobern und seine Herrschaft über Kontinentaleuropa zu vollenden".[11]

Die Reihe der Vermutungen und Deutungen läßt sich fortsetzen. Und so war es wiederum „offensichtlich", daß das geplante „Friedensheer"[11] als ein Kaderheer gedacht war, „das im Falle eines Krieges gegen die Sowjetunion gegebenenfalls rasch verbreitert werden konnte"[9].

Die Umrüstung des Heeres zu weitgehender Panzerung und Motorisierung gilt manchem Autoren als Beweis für Angriffsabsichten gegen die Sowjetunion, deren weite Räume nicht mit langsam vorankommenden Fußdivisionen erobert und beherrscht werden konnten.[12]

Solche Autoren übersehen, daß die Motorisierung wichtigster

Programmpunkt der Militärschriftsteller mehrerer Länder bereits vor dem Krieg gewesen war und daß auch in der deutschen Wehrmacht vor Beginn des Krieges eine Auseinandersetzung zwischen „fortschrittlichen" und „konservativen" Generalen stattgefunden hatte, die mit einem Kompromiß geendet hatte.[13] Der Polen- und der Frankreichfeldzug hatten in eindrucksvollster Weise die Ansichten der „fortschrittlichen" Generale bestätigt. Die von Hitler befohlene Umrüstung holte also nur das nach, was 1938/39 beim Aufbau des Heeres an Modernität versäumt war. Die besondere Absicht war nicht, ein Heer zu schaffen, das „für raidartige Vorstöße in große Räume besonders geeignet war."[14] Man wundert sich über diese Hillgrubersche Deutung „der Umrüstung" um so mehr, wenn man bei ihm in einer Fußnote unter Bezug auf den britischen Wirtschaftshistoriker Milward liest, daß Hitler schon vor Beginn des Feldzuges den Aufbau eines Heeres mit unter anderem 20 motorisierten Divisionen gefordert hatte[15]. Diese Forderung stand doch überhaupt nicht im Zusammenhang mit Ostfeldzugsplänen. Und schließlich muß erwähnt werden, daß nicht nur eine Umrüstung, sondern auch eine Reduzierung des Heeres vorgenommen werden sollte. 35 Divisionen waren zur Auflösung vorgesehen. Reduziert man ein Heer, wenn man vor Aufgaben steht, die allein vom räumlichen Gesichtspunkt her eine weitaus größere Zahl von Einheiten erfordern? Wohl kaum.

Mit der Reduzierung und Umgliederung des Heeres verband Hitler auch eine „Schwerpunktverlagerung" der Rüstung auf das U-Boot- und Ju 88-Programm[16]. Ende Juni kam dazu der Befehl zur Einschränkung der Munitionsfertigung und Verwendung der freiwerdenden Rohstoffe und Arbeitskräfte für das neue „Schwerpunktprogramm". Und schließlich darf nicht unerwähnt bleiben, daß Hitler, wenn auch einige Wochen später, am 11. Juli 1940, sein Einverständnis mit der Wiederaufnahme des Z-Planes erklärte[17].

Nun benötigt man keinerlei militärischen Sachverstand, um aus solchen Anordnungen zu entnehmen, daß kein Landkrieg geplant und kein Ostfeldzug vorbereitet wurde. Aber „unsere" Zeitgeschichtler versuchen dennoch, aus diesen Angaben Anordnungen in ihre Ostfeldzugvorstellungen hinein zu konstruieren. Da Hitler (später einmal) von einer möglichen Luftbedrohung des oberschlesischen Industriegebietes und Berlins durch sowjetische

Luftstreitkräfte gesprochen hatte, meint Hillgruber, „das Schwerpunktprogramm der verstärkten Luftrüstung ... nicht nur im Hinblick auf eine Fortsetzung des Krieges im Westen" sehen zu dürfen. Es „muß auch im Zusammenhang mit dem Problem der von Hitler in jedem Fall für früher oder später angestrebten militärischen Ostlösung gesehen werden".[18] Abgesehen von dem vagen Charakter dieser Zielsetzung Hitlers, zumindest zu diesem Zeitpunkt, waren Ju-88-Kampfflugzeuge weder zur Abwehr möglicher sowjetischer Luftangriffe auf Berlin und Oberschlesien noch zur Unterstützung eines Angriffes des Heeres in den weiträumigen Ebenen Osteuropas und der dünnen Industrieansiedlung in Westrußland besonders geeignet.

Hillgruber übersieht aber auch, daß Hitler bei anderer Gelegenheit geäußert hatte, es werde nicht möglich sein, das deutsche Volk nach den vorangegangenen Anstrengungen etwa eines Englandfeldzuges zu einem Rußlandfeldzug zu motivieren.

Ein anderer deutscher Zeitgeschichtler kann zwar auch nicht von Hitler gegebene Befehle leugnen. Aus ihnen aber zieht er nicht die Folgerung, daß kein Ostfeldzug vorbereitet werden sollte. Im Gegenteil, in einem geistigen Salto kommt er zu der Deutung, daß der Krieg gegen die Sowjetunion als neuer Blitzkrieg geführt werden sollte[19]. Dieser Blitzkrieg sollte „nach dem durch verstärkte Anstrengungen der Luftwaffe und Marine herbeigeführten Ausgleich mit England Hitlers Vorstellungen entsprechend wiederum als isolierter Krieg ablaufen." Belegstellen für seine „kühne Folgerung" gibt Hildebrand nicht an.[20] Natürlich.

c) Kolonialpläne

Aus der Lektüre von „Mein Kampf" und aus den Erfahrungen des Kampfes um die Macht wissen wir, daß die Kolonialfrage für Hitler – wenn überhaupt – eine völlig untergeordnete Rolle gespielt hat. Das änderte sich allmählich nach der Machtübernahme. Auf dem Reichsparteitag der NSDAP von 1936 wurde die Forderung nach Rückgabe der Kolonien erstmals öffentlich erhoben. Das Jahr 1939 brachte eine gewisse Intensivierung der Kolonialforderung. Bei Besuchen ausländischer Staatsmänner wurde sie mehrfach erhoben[21]. Großbritannien konnte also nicht überrascht sein, als Hitler am 25. August 1939 dem britischen Botschafter Henderson gegenüber die Forderung auf Rückgabe der Kolonien erhob.

Überraschung konnte schon deswegen nicht bestehen, weil Hitlers Vorkriegspolitik sich im wesentlichen gegen den Versailler Vertrag gerichtet hatte und seine Kolonialforderung sich auf Rückgabe der durch diesen Vertrag weggenommenen ehemaligen deutschen Kolonien beschränkte.

Diese Einstellung änderte sich grundlegend nach Kriegsbeginn, besonders auf dem Höhepunkt des Westfeldzuges. Vorarbeiten waren laufend auch schon vor dem Kriege durch das vom General a. D. Ritter von Epp geleitete Kolonialpolitische Amt der NSDAP geleistet worden. Im Januar 1940 hatte Hitler angeordnet, das Auswärtige Amt sollte als staatliche Institution federführend eingeschaltet werden, und im Juni 1940 forderte er, Vorbereitungen für die Errichtung eines Reichskolonialamtes zu treffen. In Zusammenarbeit von Kolonialpolitischem Amt und Reichsinnenministerium entstand der Entwurf eines Reichskolonialgesetzes.

Wenn man gelegentlich liest, daß die Kolonialfrage mehr eine Art Marotte von ehemaligen Kolonialbeamten wie Epp gewesen und Hitler nur wenig interessiert gewesen sei, so kann eine solche Betrachtungsweise vor allem nach seiner Anordnung vom 15. Juni 1940 nicht aufrechterhalten werden. An diesem Tag ließ er durch Reichsminister Lammers die obersten Reichsbehörden anweisen, die vorbereitenden Arbeiten für die Schaffung eines deutschen Kolonialbesitzes schnellstens zum Abschluß zu bringen[22].

Welche Ausmaße sollte dieser geplante deutsche Kolonialbesitz haben? Wir wollen uns mit den verschiedenen Vorstellungen, die es gab, nicht auseinandersetzen, da das den Rahmen dieser Arbeit sprengen würde. Wir beschränken uns auf das Gemeinsame, nämlich die Schaffung eines zusammenhängenden mittelafrikanischen Kolonialreiches vom Indischen zum Atlantischen Ozean. Das bedeutete die Einbeziehung französischer, belgischer, portugiesischer, aber auch britischer Kolonialbesitzungen.

Zusätzliche Fragenkomplexe warf die Schaffung eines solchen Kolonialreiches auf. Die Sicherung der Verbindung durch Stützpunkte und durch Bau einer Überseeflotte, der Erwerb von Basen auf den Kanarischen Inseln und in Marokko waren Mindestforderungen. Ferner waren die Azoren und die Kapverdischen Inseln im Gespräch. Stützpunkte in Dakar, Conakry und Freetown hielt die Marine für erforderlich. In diesem Zusammenhang muß auch der oben schon erwähnte Befehl Hitlers (nach Vortrag des Oberbefehlshabers der Marine Raeder) zur Wiederaufnahme des Z-Planes gesehen werden[23]. Ohne eine solche Flotte hätte ein mittelafrikanisches Kolonialreich „in der Luft gehangen".

Daß die Verwirklichung solcher Vorstellungen[24] erhebliche Kräfte in Anspruch genommen hätte, steht außer Zweifel. Zwar hatte Halder am 20. Juli nur die Aufstellung von 10 000 Mann Kolonialtruppen vorgesehen[25], aber die bloße, im Endergebnis wohl höhere Truppenzahl war nicht der entscheidende Faktor für den Kräftebedarf. Der Flottenaufbau, der Ausbau von Stützpunkten und ein auf Langstreckenflugzeuge erweiterter Flugzeugbau hätte neben einer hohen Anforderung von zivilen Gütern für den Ausbau der Kolonien die deutsche Industrieproduktion weitgehend in Anspruch genommen.

Die für unsere Betrachtungsweise entscheidende Frage lautet jedoch: Konnte man bei Planung und Durchführung solcher Kolonialpläne noch an eine militärische Auseinandersetzung mit der Sowjetunion denken?

Zwei der maßgeblichen Initiatoren dieser deutschen Kolonialidee, der Botschafter Ritter und der Gesandte und Ministerialdirigent Clodius, haben ihre Pläne an die Voraussetzung geknüpft, daß eine Erweiterung der mitteleuropäischen Stellung des Reiches nach Osten über die nach dem Polenfeldzug geschaffenen Grenzen nicht vorgenommen werden sollte.[26] Mit der kolonialen Ausdehnung des Reiches sollte ein Ostkonflikt vermieden werden.

Diese Einstellung stimmt überein mit dem, was Hitler schon in „Mein Kampf" geschrieben hatte.

Bei der Erörterung der Frage, wie „steigender Volkszahl Arbeit und Brot zu sichern sei", gab es für ihn die Alternative „Boden- oder Kolonial- und Handelspolitik"[27]. Für ihn war es damals selbstverständlich, daß der erstere der gesündere Weg war, aber sollte der zweite Weg gegangen werden, dann war er „nur denkbar gegen England mit Rußland"[28].

Wir haben oben aufgezeigt, daß zu dem Zeitpunkt der deutschen kolonialen Planung an eine Auseinandersetzung mit der Sowjetunion nicht gedacht war. Allerdings wurde offenbar auch nicht befürchtet, daß das Verfolgen solcher Pläne zu einer Auseinandersetzung mit England führen mußte. Es gehört zu den Unverständlichkeiten Hitlerscher Politik, daß er und seine wichtigsten Mitarbeiter glaubten, solche kolonialen Pläne verfolgen und gleichzeitig auf eine Beendigung des Kampfes mit Großbritannien hoffen zu können.

Es darf nicht überraschen, daß die etablierte deutsche Geschichtsschreibung, für die Hitlers unverrückbare Absicht, die Sowjetunion anzugreifen, keines Beweises bedurfte, also ein „Axiom"[29] war, Mühe hat, diese kolonialen Pläne in Übereinstimmung mit Hitlers behaupteten Angriffsplänen gegen die Sowjetunion zu bringen. Leugnen konnte man die Kolonialpläne nicht. Auch die beliebte Ausrede, es habe sich dabei nur um Pläne von Hitlers Mitabeitern gehandelt, von denen er allenfalls am Rande erfahren habe, zog in diesem Falle nicht.

So kam auch einer der (nach Hillgruber) führenden Vertreter dieser Richtung, Hildebrand, unter dem Einfluß des Amerikaners Weinberg und aufgrund verschiedener Äußerungen Hitlers gegenüber Mussolini und Franco und seiner Haltung noch im September 1940 gegenüber Pétain zu der Erkenntnis, daß der Traum eines afrikanischen Reiches stark von seinen Vorstellungen Besitz ergriffen hatte[30].

Das alles, vieles andere mehr und die noch zu behandelnde Kontinentalblockkonzeption reicht für viele Autoren nicht aus, um von einer echten Alternative als einem Ersatz für den Ritt nach Osten sprechen zu können.[31] „So firmly impressed" war die Auffassung von Hitlers Angriffsabsicht gegen die Sowjetunion.

Die afrikanischen Pläne seien „peripher und erst viel später aktuell"[32] (trotz der Weisung zur beschleunigten Durchführung[33]). Sie waren der Zentralfrage der Eroberung von „Lebensraum im Osten" untergeordnet und „erscheinen auch keinesfalls als eine Alternative zur Kriegszielpolitik des deutschen Diktators", meint Hildebrand[34].

Im übrigen schließt Hildebrand sich seinem Lehrer Hillgruber an. Für ihn sollte sich die Erringung der Weltherrschaft durch Hitler in vier Phasen vollziehen. Dabei sollte die Phase des

Ausgriffs in die Welt erst nach der Eroberung des Kontinents einschließlich des europäischen Rußland durchgeführt werden. Wenn jetzt die Schaffung eines afrikanischen Kolonialreiches in den Mittelpunkt Hitlerschen Denkens gerückt war, dann war das in solcher Betrachtung nicht der Verzicht auf die Phase der Eroberung Rußlands, sondern nur eine Phasenverschiebung innerhalb seines Programmes[35].

Das stimmt auch mit Hillgrubers Auffassung überein, für den „alles, was in den Monaten nach dem Waffenstillstand mit Frankreich hinsichtlich eines deutschen Kolonialreiches in Afrika geplant wurde, eine improvisierte Phasenverschiebung seines Programmes für Hitler darstellte"[36]. Woher weiß Hillgruber, daß Hitler das so gesehen hat? Weder schriftliche noch mündliche Äußerungen Hitlers kann Hillgruber angeben, die ihn berechtigen, seine Theorie von der Phasenverschiebung als „von Hitler her gesehen" zu bezeichnen.

Hillgruber verlegt die Planung des Kolonialreiches in die Monate nach dem Waffenstillstand mit Frankreich. Nur durch diese falsche Terminierung kann er begründen, daß die Phasenverschiebung durch den Hitler zur Unzeit aufgezwungenen Westkrieg zustandegekommen war. Nun weiß Hillgruber natürlich, daß die Planungen und Vorarbeiten bereits vor dem Waffenstillstand, ja sogar vor Beginn des Westfeldzuges eingeleitet waren. Er erwähnt sogar, daß Hitler am 23. Januar 1940 bereits „entschieden" hatte, „daß die Fragen der Wiedergewinnung der deutschen Kolonien" vom Auswärtigen Amt bearbeitet werden sollten[37].

Das war unbestritten fünf Monate vor dem Waffenstillstand. Zu diesem Zeitpunkt konnten über den weiteren Verlauf des Krieges, besonders über die Phase der Eroberung des europäischen Kontinents (ohne die Sowjetunion) noch keine Aussagen gemacht werden. Wenn dennoch die Wiedergewinnung der deutschen Kolonien bearbeitet werden sollte, der Beginn des Ausgriffs in die Welt, konnte von einer Phasenverschiebung keine Rede sein. Hillgruber kann auch nicht ausweichen mit der Erklärung, es habe sich bis zum Frankreichfeldzug nur um die Wiedergewinnung der früheren deutschen Kolonien gehandelt; er fragt ausdrücklich, welche Vorstellungen über Größe und Bedeutung des neuen Kolonialreiches in Afrika ... bis zu diesem Zeitpunkt (15. 6.) entwickelt worden waren.[38]

Es gibt noch eine weitere Erklärung für diese so gar nicht in die Vorstellung der etablierten Geschichtsschreibung passende Kolonialpolitik. Sie ist von Moltmann betont worden, es handelt sich um die Ablenkungstheorie[39]. Die Kolonialforderung Hitlers sei von ihm immer wieder erhoben worden, um von seinen weitreichenden Zielen in Osteuropa abzulenken, ist Moltmanns Deutung. Der Verfasser erspart sich eine Auseinandersetzung mit dieser ungewöhnlichen, um nicht zu sagen absurden Theorie. Selbst Hillgruber kann offenbar an der Meinung seines Fachkollegen keinen Gefallen finden. Er begnügt sich jedoch mit einem milden Urteil, er findet sie „vereinfachend"[40].

Die kolonialen Pläne Hitlers sind vielfach belegt und auch nicht ernsthaft bestritten, wie wir gesehen haben. Und ebenso ist deutlich geworden, daß eine Beschäftigung Hitlers mit Ostfragen zu diesem Zeitpunkt nicht feststellbar ist. Würde die etablierte Geschichtsschreibung, vor allem Hillgruber und Hildebrand, die Kolonialpläne nicht verharmlosen, so würde das erhebliche Relativierung, wenn nicht gar Aufhebung ihrer Vorstellungen über die Schaffung von Lebensraum im Osten bedeuten. Deswegen können beide nicht zu einer realistischen Würdigung der Kolonialpläne Hitlers in diesem Zeitraum kommen.

Nun war die Kolonialforderung nicht auf die Zeit gegen Ende des Frankreichfeldzuges beschränkt. Auch beim Molotow-Besuch wurde sie von Hitler als Punkt 2 gegenüber Molotow erhoben[41]. Zu den Gebieten, die Deutschland erworben hatte und für deren volle Nutzbarmachung es hundert Jahre benötigen würde, sei eine gewisse koloniale Ergänzung in Zentralafrika notwendig, hatte Hitler bemerkt. Bemerkenswert an den Punkten 1 und 2, die gegenüber Molotow geäußert wurden, scheint dem Verfasser die Verbindung zwischen Raumgewinnung im Osten, die zu dem Zeitpunkt für Hitler abgeschlossen war, und der kolonialen Ergänzung zu sein. Schon vorher hatte sich Ribbentrop gegenüber Molotow ähnlich geäußert[42]. Deutschland habe seine Interessensphären mit der UdSSR festgelegt. Nach der Durchführung der Neuordnung in Westeuropa werde Deutschland „seine Raumexpansion auch in südlicher Richtung, d. h. in Zentralafrika, im

Gebiet der ehemaligen deutschen Kolonien finden". Ribbentrop drückte sich hier geographisch ungenau aus, denn die ehemaligen Kolonien sind nicht identisch mit Zentralafrika.

Aber auch nach Molotows ergebnislosen Besuch und selbst noch nach Stalins Forderung vom 25. November 1940 hielt Hitler an seiner kolonialen Linie fest. In seinem Gespräch mit dem jugoslawischen Außenminister Cincar-Marković am 28. November 1940 bekundete er deutsches Desinteresse an territorialen Erwerbungen auf dem Balkan. Die bisherigen Kriegserfolge sowie seine zukünftigen Kolonien nähmen seine Arbeitskraft voll in Anspruch[43]. Auch in diesem Gespräch betonte Hitler, daß er für die Entwicklung der neugewonnenen Ostgebiete hundert Jahre benötige. Deutschland war in Hitlers Augen im Osten offensichtlich gesättigt.

d) Lösung der Judenfrage durch Schaffung des Mandatsgebietes Madagaskar

Die Forderung nach Schaffung eines großen mittelafrikanischen Kolonialreiches paßt nicht in die Vorstellungen der etablierten Geschichtsschreibung von der Raumgewinnung in Osteuropa als Hauptziel des Hitlerschen Expansionsdranges.

Um einen „rassenideologischen Vernichtungskrieg", der auch das osteuropäische Judentum vernichten sollte, habe es sich bei Hitlers Ostkrieg gehandelt, das ist Hillgrubers These. Wie verträgt sie sich mit den Planungen, auf Madagaskar ein Mandatsgebiet für das europäische Judentum zu schaffen? In den Akten zur auswärtigen deutschen Politik findet sich eine Aufzeichnung des Legationssekretärs Rademacher über die Lösung der Judenfrage im Friedensvertrag[44]. Hauptpunkt dieser Aufzeichnung ist: Frankreich muß im Friedensvertrag die Insel Madagaskar für die Lösung der Judenfrage zur Verfügung stellen und seine rd. 25 000 dort ansässigen Franzosen aussiedeln und entschädigen. In dem militärisch nicht erforderlichen Teil der Insel sollen die Juden unter Aufsicht eines deutschen Polizeigouverneurs, der seinerseits dem Reichsführer SS unterstehen soll, angesiedelt werden. Sie sollen Selbstverwaltung erhalten mit eigenen Bürgermeistern, eigener Polizei, eigener Post und Bahnverwaltung usw. Ihre kulturelle, wirtschaftliche und justizmäßige Selbstverwaltung betont die Aufzeichnung.

Da Madagaskar nur Mandatsgebiet werden sollte, war keine deutsche Staatsangehörigkeit für die Bewohner vorgesehen. „Allen nach Madagaskar deportierten Juden wird ... von den einzelnen europäischen Ländern die Staatsangehörigkeit dieser Länder aberkannt. Sie werden dafür Angehörige des Mandates Madagaskar."

Nun handelte es sich hierbei nicht um die Idee eines einzelnen. Vom 15. August stammt eine Aufzeichnung des Gesandten Luther, des Leiters der Deutschlandabteilung des Auswärtigen Amtes.[45] Rademacher ließ Luther am 16. August eine aus dem Reichssicherheitshauptamt stammende, umfassendere Ausarbeitung über den Madagaskarplan übersenden und den Hinweis hinzufügen, daß SS-Gruppenführer Heydrich sich deswegen auch mit dem Reichsaußenministerium in Verbindung gesetzt habe. Aus einer weiteren Aufzeichnung Rademachers für Luther geht hervor, daß der Plan mit anderen deutschen Regierungsstellen diskutiert worden war.[46]

Auch Eichmann wurde im August 1940 beauftragt, einen Madagaskarplan auszuarbeiten; einer seiner Mitarbeiter erhielt den Auftrag, das Madagaskarproblem im französischen Kolonialministerium zu studieren. Von Eichmann wird berichtet, daß er sich das ganze nächste Jahr (also offenbar bis zum Beginn des Ostfeldzuges) mit der Madagaskarfrage beschäftigt habe[47]. Heydrich soll Himmlers Zustimmung noch im selben Monat erhalten haben. Letzterer hat den Plan dann Göring in seiner Eigenschaft als Reichsmarschall vorgelegt.

Wie weit war Hitler über diese Pläne informiert und mit ihnen einverstanden? Es gibt mehrere Hinweise auf Hitlers Einverständnis. Nach Hildebrand[48] habe Hitler dem Madagaskarplan angehangen bis zu dem Zeitpunkt, „da der rassenbiologische Vernichtungskrieg gegen Rußland, Bolschewismus und Judentum begann". Aus mehreren Darstellungen wissen wir, daß Hitler in seinem Gespräch mit Mussolini am 18. Juni 1940 den Gedanken der Ansiedlung der Juden auf Madagaskar geäußert hat[49]. Die Tatsache, daß in dem gleichzeitigen Gespräch zwischen Ciano und Ribbentrop Hitlers Gedanke, auf Madagaskar ein jüdisches Reservat einzurichten, erörtert wurde, vervollständigt die Hinweise auf Hitlers Mitwisserschaft und sein Einverständnis.

Hitlers Mitwisserschaft muß auch deshalb angenommen werden, weil die „Ansiedlung der Juden in Madagaskar ein alter Vorschlag" war[50]. Schon in einer Besprechung vom 12. November 1938 hatte Göring erwähnt, daß Hitler die Ansiedlung der Juden auf dieser Insel erwäge. Auch die französische Regierung trug sich mit Ansiedlungsplänen der Juden auf Madagaskar, wie der damalige Außenminister Bonnet Ribbentrop bei den deutsch-französischen Verhandlungen am 7. Dezember 1938 berichtete.

Der Chefdolmetscher Schmidt brachte den Plan mit einer allgemeinen Abschwächung des Hitlerschen Antisemitismus in Verbindung; sein „fanatischer Zorn" auf die Juden schien nachgelassen zu haben[51]. Und Schmidt berichtet von einer Bemerkung Hitlers zu Mussolini am 18. Juni 1940 über die Möglichkeit, einen jüdischen Staat auf Madagaskar zu errichten. Das sollte im Rahmen der Neuordnung des französischen Kolonialreiches geschehen.

In einem Gespräch Hitlers mit Raeder am 20. Juni wurde auch über den Madagaskarplan gesprochen. Und schließlich berichtete Luther in der oben erwähnten Aufzeichnung vom 15. August 1940 von einer Besprechung mit dem Botschafter Abetz. Dieser habe anläßlich eines Vortrages über Frankreich von Hitler erfahren, daß er beabsichtige, nach dem Krieg sämtliche Juden aus Europa zu evakuieren[52]. Dabei muß berücksichtigt werden, daß damals das Kriegsende als unmittelbar bevorstehend angenommen wurde. Es darf nicht weiter verwundern, daß der Madagaskarplan bei Hillgruber keine große Beachtung erfährt. Widerspricht er doch zwei unabänderlichen Grundüberzeugungen Hillgrubers. Zum einen seiner Vorstellung, Hitler habe einen rassenideologischen Vernichtungskrieg geplant und er habe zum anderen von dem Gedanken, einen Ostkrieg zu führen, nie abgelassen. Von beiden war aber im Juni 1940 keine Rede. Aber auch für Hillgruber gibt es nur eine „einzige Quelle, die Aufschluß darüber gibt, daß sich Hitler den Madagaskarplan . . . im Sommer 1940 vorübergehend zu eigen machte"[53] Das ist das obenerwähnte Gespräch vom 20. Juni 1940 zwischen Hitler und Raeder, in dem es auch über die Entschädigung Portugals für an das geplante deutsche Mittelafrikareich abzutretende Gebiete Nordangolas ging. Hitler versprach, den Vorschlag der Marine, dafür Madagaskar zu verwenden, zu prüfen, obwohl er selbst die Insel „für die Judenunterbringung . . . verwenden wollte."

Angesichts der vielen Hinweise, die die Madagaskarlösung als die im Sommer 1940 ausschließlich herrschende Lösung der Judenfrage erscheinen lassen, ist es unverständlich, wie Jäckel den Sommer 1940 als Zeitpunkt für die „Endlösung" der Judenfrage ansehen kann. Er stützt sich auf „eine unscheinbare und zumeist übersehene Quelle", den Masseur Himmlers, Kersten[54]. Dieser hatte nach dem Kriege berichtet, Himmler habe ihm erzählt, er sei nach dem Frankreichfeldzug ins Führerhauptquartier gerufen worden, wo ihm Hitler eröffnet habe, daß er die Ausrottung der europäischen Juden durchzuführen habe. Der Verfasser hat Hemmungen, solche „Bettgeschichten" als Quelle anzusehen. Ihm scheint es sicher zu sein, daß im Sommer 1940 an eine „Endlösung" der Judenfrage im Sinne ihrer Vernichtung nicht gedacht war.

Der Madagaskarplan war auch für Hitler kein auf die kurzen Sommermonate beschränkter Gedanke. Beim Besuch des ungarischen Ministerpräsidenten Graf Teleki am 20. November 1940 in Wien warf er die Judenfrage auf und erklärte, daß bei Friedensschluß alle Juden aus Europa herausgebracht werden müßten[55]. Hitler bezeichnete die Lösung der Judenfrage als eine der größten Aufgaben des Friedens. Er habe die Absicht, in dem zukünftigen Friedensvertrag für alle Staaten, die sich an einer Lösung beteiligen wollten, eine solche dadurch vorzusehen, daß Frankreich veranlaßt sein sollte, einige seiner Besitzungen zur Verfügung zu stellen. Bemerkenswert an dieser Aussage ist das Datum. Hitlers Äußerungen sind *nach* dem enttäuschenden Molotow-Besuch gefallen, zu einem Zeitpunkt also, an dem der Gedanke eines „rassenideologischen Vernichtungskriegs" nach den Vorstellungen der etablierten Geschichtsschreibung in Hitlers Überlegungen schon weit fortgeschritten sein mußte. Doch Hitler wollte die Juden nicht vernichten, sondern aus Europa aussiedeln und ihnen neuen Lebensraum im Indischen Ozean unweit von Afrika geben. . . .

2. Hitlers Hoffnung auf Großbritanniens Einsicht und die britische Verweigerung

a) Chamberlains Entschlossenheit zur Fortführung des Krieges

Schon nach dem gewonnenen Polenfeldzug hatte Hitler in Verkennung des britischen Kriegs- und Vernichtungswillens geglaubt, die Briten würden nach Verlust ihres polnischen Festlanddegens zur Beendigung des Krieges bereit sein. Er hatte ihnen in seiner Reichstagsrede vom 6. Oktober 1939 ein Friedensangebot gemacht. Der britische Premierminister Chamberlain war besorgt über die Wirkung der nach nationalsozialistischer Meinung durchaus „attraktiven Vorschläge" auf die offenbar gar nicht kriegswillige britische Bevölkerung[56]. Das aber konnte Chamberlains Entschlossenheit zur Fortführung des Krieges nicht im geringsten beeinträchtigen.

Der „Appeaser" Chamberlain, der heute noch in weiten Kreisen Deutschlands als Friedenspolitiker gilt, war zu keinerlei Friedensverhandlungen mit der deutschen Regierung bereit.

Ein Lord Noel-Buxton führte mit Chamberlain einen aufschlußreichen Briefwechsel[57], dem am 23. Februar 1940 ein von vielen Peers unterzeichnetes Memorandum folgte[58]. Vorausgegangen war ein Briefwechsel Chamberlains mit einem Lord Brocket[59,60]. Besorgnis über die Fortdauer des Krieges und vorsichtige Vorwürfe über unterlassene Friedensfühler enthalten alle diese Vorstöße, wobei die Unterstellung, sie wollten einen Frieden um jeden Preis, energisch zurückgewiesen wird.

In einem Brief Lord Buxtons vom 9. Februar 1940 bezieht sich dieser auf Äußerungen Chamberlains vom Anfang des Krieges. Seine wiederholten Versicherungen für einen Frieden zum frühestmöglichen Zeitpunkt seien hoffnungsvoll als ein Zeichen beurteilt worden, daß er noch nicht vollständig (completely) in das Lager derjenigen übergegangen sei, die entschlossen seien, den Krieg bis zur Vernichtung Deutschlands zu führen. Nun aber würden von Engländern angeregte Vermittlungsaktionen durch den Papst, Mussolini (damals noch neutral) oder den holländischen Ministerpräsidenten zur Herbeiführung eines Friedens nicht angenommen; es handle sich nicht um einen Frieden um jeden

Preis. Ein erstaunliches Eingeständnis folgte dieser Aufforderung. Man solle sich nicht auf einen einseitigen Rechtsstandpunkt zurückziehen. Die früheren britischen Politiker und ihre Verbündeten seien zumindest teilweise für Ereignisse verantwortlich, die zum Kriege geführt hatten.

Verhandlungen mit den offiziellen und anerkannten Herrschern Deutschlands würden ein natürlicher Vorgang sein. Aber da die britische Regierung Verhandlungen mit Hitler ablehne, müsse sie erklären, mit welchen anderen Personen in Deutschland sie verhandeln würde. Wenn auch nicht mit Göring, und wenn sie sich weigere, überhaupt mit jemand zu verhandeln, solle sie es die Briten und die Welt wissen lassen.

Zu Beginn des Krieges wurde den Briten versichert, daß sie gegen Hitler und nicht gegen das deutsche Volk kämpfen. Jetzt aber glaube man in England wie in Deutschland, daß beide Länder um ihre Existenz kämpfen. Und die Deutschen glaubten dies aus gutem Grund wegen Äußerungen einflußreicher Kreise in England und Frankreich und nicht wegen der Goebbelspropaganda, daß wir sie erneut zerstören oder verkrüppeln wollen. Die Wirkung dieser Haltung werde eine Einigung des deutschen Volkes hinter Hitler zur Verteidigung des Landes sein.

Wenn es absolut feststehe, daß Hitlers Hauptziel die Zerstörung Britanniens sei, sei Widerstand bis zum bitteren Ende absolut notwendig. Aber die Aggression habe sich nicht gegen Großbritannien gerichtet, und nach Meinung von Lord Noel-Buxton gebe es starke Gründe, daß Chamberlain diesen Punkt sorgfältig überprüfen sollte.

Chamberlain überließ Halifax die Antwort auf das Memorandum[61]. Dieser glaubte nicht daran, daß die in dem Memorandum aufgezeigten Bedingungen von Deutschland erfüllt würden. Dabei waren die wichtigsten, nämlich die Wiederherstellung von Polen und der Tschechoslowakei bei der Rückkehr Danzigs, des Korridors und des Sudetenlandes in das Reich von Deutschland bereits akzeptiert worden. Darüber hinaus sah Halifax Schwierigkeiten in den USA. Eine wichtige Bemerkung hinsichtlich der Rolle, die die USA schon damals bei bedeutenden Fragen spielten. Wenn man die Briefe analysiert, muß man den Eindruck erhalten, daß die britische Führung den Ausgleich nicht wollte.

Chamberlain hatte seine Gedanken schon am 2. Februar 1940 in einem Antwortbrief an Lord Brocket und am 12. Februar in einem solchen an Lord Buxton niedergelegt. Lord Brocket warf er vor, Frieden um jeden Preis haben zu wollen. Aber auch das wäre nur ein Friede auf Zeit. Er (Chamberlain) wolle zwar keinen Rachefrieden und wolle Deutschland nicht in kleine Stücke zerschneiden. Aber Deutschland müsse einen neuen Geist annehmen, müsse sich von den Gangstern befreien und die Welt davon überzeugen, daß es in Zukunft bereit sei, mit anderen zivilisierten Völkern nicht nur auf der Basis von Gleichheit, sondern von gemeinsamen Zielen und Idealen zu kooperieren.

Diese Forderungen bedeuteten die Kapitulation und die Abschaffung des nationalsozialistischen Regimes. Natürlich wußte Chamberlain, daß das nur durch eine Revolution erreichbar war, die ihrerseits nur nach einem totalen Sieg über Deutschland möglich war. Er bestätigte durch diese Ausführungen die gegen ihn erhobenen Vorwürfe, er wolle die Vernichtung Deutschlands und keinen gerechten Frieden. Schließlich kommt er zu der (nicht erstaunlichen) Feststellung, bisher sei kein Anzeichen erkennbar, daß die gegenwärtige Regierung in Deutschland oder irgendeines ihrer Mitglieder auf der von ihm angegebenen Grundlage zu Verhandlungen bereit sei. Solange das nicht der Fall sei, müsse er fortfahren, dem Land härtesten Kampf zu empfehlen.

Lord Buxtons Einwand, daß die Aggression sich nicht direkt gegen Großbritannien gerichtet habe, wies er zurück. Die Geschichte der vergangenen Jahre habe bewiesen, daß Hitler ein Aggressions- und Expansionsprogramm verfolge. Nach Österreich, der Tschechoslowakei und Polen würden Frankreich und das britische Empire an die Reihe kommen. In München habe er der „tragic sequence" Halt gebieten wollen, aber Hitler habe diese Chance verworfen. Und deshalb sei England in den Krieg eingetreten, nicht nur zur Verteidigung Polens, sondern auch Frankreichs und des Empires. Kein Wort erwähnte er über seine eigene Tagebucheintragung vom 8. Oktober 1939, aus der man schließen konnte, daß Hitlers Vorschläge durchaus verhandlungsfähig waren.[62]

Chamberlain behielt seine jeden Verständigungsfrieden ablehnende Haltung auch noch nach seiner Ablösung als Ministerpräsident bei. In einer weltweit verbreiteten Rundfunkansprache, die nach Meinung der Zeitungen dazu bestimmt war, Gerüchten entgegenzutreten, daß Teile des britischen Kabinetts Frieden anstrebten, wies er solche Vermutungen zurück. Wer glaube, daß ein Mitglied der Regierung einer solchen Bestrebung zustimmen würde, „was just playing the Nazi-game".[63]

b) Hitlers Reichstagsrede vom 19. Juli 1940

Einzelheiten dieser friedensfreundlichen Bewegung in Großbritannien waren der deutschen Führung sicher nicht bekannt. Aber über die grundsätzlich ablehnende Haltung des britischen Ministerpräsidenten dürfte bei ihr kein Zweifel bestanden haben. Wenn schon ein angeblich friedfertiger Mann wie Chamberlain keine Bereitschaft zu Verhandlungen erkennen ließ, wieviel weniger konnte man auf Nachgiebigkeit bei einem Mann wie seinen Nachfolger Churchill rechnen[64], der in den Vorkriegsjahren keinen Zweifel an seinem Vernichtungswillen gegenüber Deutschland gelassen hatte.

Gewiß, das Jahr 1940 mußte mit den Niederlagen der Westmächte in Norwegen und auch auf dem Festland einen britischen Sieg über Deutschland ziemlich aussichtslos erscheinen lassen. Aber die britische Führung war sich der strategischen Vorteile ihrer Insellage bewußt. Und hatte sie nicht die Masse ihres Heeres bei Dünkirchen gerettet? Das alles berücksichtigte die deutsche Führung nicht, als Hitler in seiner Reichstagsrede vom 19. Juli 1940 den Briten erneut ein Verhandlungsangebot machte.

Sicherlich war die Rede in erster Linie ein triumphaler Bericht über die deutschen Erfolge. Aber war es nicht bedeutsam, daß im Augenblick des größten deutschen Triumphes in der neueren Geschichte deutscher Friedenswille so deutlich bekundet wurde?

c) War Hitlers Verständigungswille gegenüber England aufrichtig?

Es war Hitler schon vor seiner Reichstagsrede fast zur Gewißheit geworden, daß Churchill nicht zum Frieden bereit war. In seiner Unterhausrede vom 18. Juni und in einer Rundfunkerklärung vom 14. Juli 1940 hatte Churchill seinen Entschluß zur Fortsetzung des Kampfes bekundet. Inoffizielle deutsche Fühlungsaufnahmen waren erfolglos geblieben. Seinen Worten ließ Churchill Taten folgen, die seine Unnachgiebigkeit erkennen ließen. Am 3. Juli gab er seiner Flotte den Befehl, das Feuer auf die im Hafen von Mers-el-Kébir ankernden und nicht zur Übergabe bereiten Teile der Kriegsmarine des ehemaligen französischen Verbündeten zu eröffnen. Er wollte verhindern, daß diese Schiffe bei einer Fortsetzung des Kampfes gegen Großbritannien verwendet werden konnten.

Dieser Überfall auf den früheren Verbündeten mußte bei Hitler letzte noch mögliche Zweifel an Churchills Kriegswillen beseitigen. So brachte seine Reichstagsrede vom 19. Juli auch kein detailliertes Friedensangebot, sondern nur einen allgemeinen „Appell an die Vernunft". Und wer Zweifel an der Aufrichtigkeit des Hitlerschen Angebotes und seines Friedenswillens hat, möge diese Worte nachlesen. „Meine Absicht war es nicht, Kriege zu führen, sondern einen neuen Sozialstaat von höchster Kultur aufzubauen. Jedes Jahr dieses Krieges beraubt mich dieser Arbeit." Und unter Hinweis auf Churchills Rede vom 14. Juli 1940 wies er auf dessen Kriegswillen hin und erklärte – ganz im Sinne seiner vielen Versuche, besonders vor dem Kriege mit England zu einem Ausgleich zu kommen –, daß die Fortsetzung des Krieges zur Zerstörung eines Weltreiches führen werde, „das zu vernichten oder auch nur zu schädigen niemals meine Absicht war".

Wer in Hitler nur den Welteroberer sieht und seine friedlichen Aufbaupläne nicht erkennen will, kann solche Worte nur als Versuch der Irreführung beurteilen. Aber was hätte Hitler veranlassen sollen, gerade bei dieser Gelegenheit an solche Pläne zu erinnern, wenn sie nicht seinen ureigensten Absichten entsprochen hätten? Und waren es nicht die wiederholten Versuche Hitlers, unter Nichtberücksichtigung der britischen außenpolitischen Traditionen möglichst zu einem Bündnis mit England zu kommen, die auch bei Nationalsozialisten auf Kritik stießen, weil sie aufrichtig waren[65]. Wenn Hitler in seiner Rede prophezeite, daß der Kampf nur „mit der vollständigen Zertrümmerung des einen der beiden Kämpfenden enden wird", und er gewiß war, „es wird England sein", so hatte er sich zweifach geirrt. Vollständig zertrümmert wurde Deutschland, aber auch das britische Weltreich hörte auf zu existieren.

IV. Die Sowjetunion sichert ihre Paktanteile

1. Das Schicksal der baltischen Staaten

Bei den Verhandlungen der Westmächte mit der Sowjetunion im Juli/August 1939 spielte die Frage des Schicksals der baltischen Staaten eine große Rolle. Wie weitgehend dabei die Forderungen der Sowjetunion waren, kann man u. a. der Unterhaus-Erklärung des parlamentarischen Staatssekretärs Butler vom 31. Juli 1939 entnehmen, in der er ausführte, daß die Westmächte nicht bereit seien, an dem Hauptverhandlungsgegenstand der Unabhängigkeit der baltischen Staaten zu rühren.[1]

Hier sei nicht auf die Verhandlungen im einzelnen eingegangen. Es muß die Feststellung genügen, daß die Forderungen der Sowjetunion so weitgehend waren und die westliche Seite zu so umfangreichen Zugeständnissen bereit war[2], daß auch die deutsche Seite bei entsprechenden Verhandlungen den Sowjets sehr entgegenkommen mußte.

So erklärte das Reich die baltischen Staaten (zunächst ohne Litauen) als Teile der sowjetischen Interessensphäre. Offenbar waren die Verhandlungen von deutscher Seite sehr oberflächlich geführt. Man hatte versäumt, wesentliche Begriffe zu klären und wichtige mündliche Zusagen schriftlich festzulegen.

Ribbentrop hatte unter „Interessensphäre" verstanden, daß „der interessierte Staat mit den Regierungen der zur Interessensphäre gehörenden Länder ihn allein angehende Verhandlungen führt und der andere Staat sich ausdrücklich desinteressiert."[3]

Eine solche Definition schließt ein, daß die Existenz der betroffenen Staaten nicht berührt ist. Ribbentrop fühlte sich in dieser Auffassung bestätigt, als Stalin ihm bei der Behandlung dieser Frage zugesagt hatte, daß er nicht an die innere Struktur dieser Staaten rühren wolle.[3] Eine entsprechende schriftliche Zusage wurde aber in den Vertragstext nicht aufgenommen. Das gilt auch für die Berücksichtigung deutscher Wirtschaftsinteressen, die schon bei den Verhandlungen des deutschen Gesandten Schnurre mit dem sowjetischen Geschäftsträger Astachow Ende Juli/Anfang August in Berlin eine Rolle gespielt hatten.[4] Eine ähnliche Versicherung hatten Stalin und Molotow auch bei den im Herbst 1939 mit den baltischen Staaten geführten Verhandlungen über Beistandsverpflichtungen abgegeben; man wolle ihre souveränen Rechte nicht beeinträchtigen, weder ihre Gesellschaftsordnung noch ihr Wirtschaftssystem ändern.[5] Diese sowjetischen Zusagen ermöglichten es den baltischen Staaten, der Errichtung von sowjetischen Flottenstützpunkten, von Flugbasen und der Verlegung von Truppeneinheiten dorthin zuzustimmen.

An diesen Verhältnissen hatte sich bis zum Frankreichfeldzug nichts Wesentliches geändert. Die schnellen deutschen Siege kamen den Sowjets jedoch überraschend. Ihre Presse verhielt sich zurückhaltend gegenüber der deutschen Siegeszuversicht; der Krieg könne noch lange dauern, schrieb die „Iswestija", und „Krasnaja Svezda" (der „Rote Stern"), das Organ der Roten Armee, vermerkte zu den deutschen Erfolgen, daß der große Krieg erst an seinem Anfang stehe und neue Überraschungen ständig erwartet werden könnten.[6] Das waren keine freundschaftlichen Äußerungen.

Die deutschen Siege im Westen trieben die Sowjets zur Eile an. Am 14. Juni stellten sie Litauen ein Ultimatum und marschierten am 15. Juni ein. Am 17. Juni waren Lettland und Estland an der Reihe. Überraschend war, daß die Aktion mit dem westlichsten der baltischen Staaten, nämlich mit Litauen, begonnen wurde. Das mußte als besonders gegen das Reich gerichtet empfunden werden, obwohl Deutschland angesichts seiner militärischen Schwäche im Osten zu irgendeiner Gegenaktion gar nicht in der Lage gewesen wäre und auch eine solche gar nicht beabsichtigt hatte. Molotow soll dem litauischen Gesandten auf dessen Frage, warum mit Litauen begonnen werde, geantwortet haben, daß das im Hinblick auf Deutschland geschehe.[7]

Aufschlußreich ist im Zusammenhang mit dem Sowjet-Ultimatum an die baltischen Staaten ein Bericht des deutschen Gesandten in Riga an das Auswärtige Amt vom 16. Juni 1940. Er sagt: „Pro-russisch eingestellte Kreise verbreiten augenblicklich mit großer Intensität die Behauptung, daß die ganze Aktion sich ausschließlich gegen Deutschland richte und binnen kurzem in eine Offensive auf deutsches Gebiet übergehen wird." Der Bericht schwächte ein wenig ab, indem er es für wahrscheinlich hielt, daß die Aktion zwar gegen Deutschland gemeint, aber aus wachsenden Sorgen angesichts der deutschen Überlegenheit entstanden und defensiver Natur sei.[8]

Auch die „Neue Zürcher Zeitung" (NZZ) ist der Auffassung, daß Stalin im Baltikum ein fait accompli schaffen wollte, das „nicht nur Schutz gegen künftige Invasionen verschaffen, sondern zugleich auch die kommunistische Einflußsphäre weit nach Westen vorschieben soll". Und die NZZ ergänzt diese Auffassung durch eine Meldung der Agentur Havas, daß in Litauen 30 Divisionen der Roten Armee, darunter „Stoßtruppen" stehen. Von anderen Grenzen, darunter denen gegen Polen und im Norden, wurde gleichfalls von Truppenbewegungen berichtet.

Die Weltöffentlichkeit muß wohl auch diesen Eindruck gehabt haben. Denn die „Tass" fühlte sich am 23. Juni zu der Erklärung veranlaßt, daß sich die Besetzung der baltischen Staaten nicht gegen Deutschland richte. Sie solle nicht irgendwelchen Druck auf das Reich ausüben, sondern die Durchführung des gegenseitigen Beistandspaktes sichern.[10] Die Konzentration der sowjetischen Truppen sei nicht durch die Unzufriedenheit der Sowjetunion über die deutschen Erfolge im Westen hervorgerufen, sie solle auch nicht eine Verschlechterung der deutsch-sowjetischen Beziehungen erkennbar werden lassen. Ob dieses aufschlußreiche Dementi etwaiges Mißtrauen bei Hitler und dem deutschen Generalstab und bestehende Zweifel an den sowjetischen Absichten beseitigt hat? Über die Stärke der eingesetzten sowjetischen Truppen gingen die Meinungen weit auseinander. In dem oben erwähnten Dementi wandte „Tass" sich gegen Gerüchte, daß 100–150 Sowjet-Divisionen an der litauisch-deutschen Grenze konzentriert seien. In den baltischen Ländern befänden sich nur 18–20 Divisionen der Roten Armee, die über das ganze Gebiet verteilt und nicht an der Grenze konzentriert seien.

Die NZZ berichtete, daß die Sowjets ursprünglich eine halbe Million Mann ins Baltikum schicken wollten.[11] Bedeutsam ist ein weiterer Teil des Berichtes, der wahrscheinlich auf Beobachtungen beruht. Die Truppen führten große Vorräte an Kriegsmaterial, vor allem an Benzin, mit; das lasse auf geplante weiträumige Operationen schließen. So stellt der Bericht dann auch fest, daß eine Bedrohung Ostpreußens sich deutlich abzeichne.

Zusammen mit dem oben zitierten Bericht des deutschen Gesandten in Riga läßt diese Meldung die Vermutung nicht abwegig erscheinen, daß weitergehende Pläne der Sowjets vorhanden waren und nur die schnellen Erfolge der deutschen Wehrmacht in Frankreich ihre Realisierung verhindert haben.

Da die sowjetischen Archive der freien Forschung nicht zur Verfügung stehen, ist die Anzahl der eingesetzten sowjetischen Divisionen bisher nicht eindeutig geklärt und damit die wichtige Frage offen, ob die Sowjetunion mit der Besetzung der baltischen Staaten unter Ausnutzung der deutschen Bindung im Westen und in der Erwartung eines längeren Feldzuges weitergehende Absichten verfolgt hatte.

Es ist möglich, daß die Besetzung des Baltikums Hitler nicht weiter beunruhigt hat. Sicher hat ihm nicht gefallen, daß die Sowjets entgegen den Abmachungen den sogenannten litauischen Zipfel, das Gebiet um Mariampol, das Deutschland zugesprochen war, mitbesetzten. Und die langwierigen Verhandlungen über eine Entschädigung für dieses Gebiet haben sicher keine pro-sowjetischen Gefühle in Hitler geweckt. Für Mariampol hatte Deutschland bei Abschluß des Grenz- und Freundschaftsvertrages vom 28. September 1939 besonderes Interesse bekundet. Die Sowjets beließen es nicht bei der militärischen Besetzung des Baltikums. Am 21. Juli wurde die Eingliederung der drei baltischen Republiken in die Union der Sozialistischen Sowjetrepubliken vorgenommen und auf allen Gebieten die sowjetische Gesellschaftsordnung eingeführt.[12] Das bedeutete die Expansion des bolschewistischen Systems nach Westen, was sicher nicht von Deutschland beabsichtigt war.[13]

2. Bessarabien und die Bukowina

Einen Tag nach dem Waffenstillstand mit Frankreich, am 23. Juni 1940, eröffnete Molotow dem deutschen Botschafter Graf von der Schulenburg, daß die sofortige Lösung der Bessarabien-Frage notwendig geworden sei. Während die Besetzung der baltischen Staaten von Deutschland nicht nur deshalb hingenommen worden war, weil sie eine Maßnahme darstellte, die keine Folgewirkung in dem betreffenden Raum haben konnte und auch nicht über erwartete Grenzveränderungen – mit Ausnahme von Mariampol – hinausging, lag es bei der für Bessarabien angekündigten sowjetischen Maßnahme völlig anders.

Zunächst einmal forderte die Sowjetunion zusätzlich auch die Abtretung der Bukowina. Das kam völlig unerwartet, war doch die Bukowina altes österreichisches Kronland gewesen und hatte nie während ihrer ganzen Geschichte zu Rußland gehört. Zudem war sie Siedlungsgebiet vieler Deutscher.[14] Die Sowjetunion begründete ihren Anspruch mit dem großen Anteil von Ukrainern an der Bevölkerung. Und sie fügte eine ungewöhnliche ergänzende Begründung hinzu. Die Abtretung sei Entgelt für die widerrechtliche 22jährige Besetzung von Bessarabien.[15] (Mitteilung des sowjetischen Premierministers an den deutschen Gesandten vom 27. Juni 1940.)

Russen gab es in der Bukowina genauso wenige wie in Bessarabien, dessen drei Millionen Menschen sich nach Angabe des rumänischen Ministerpräsidenten gegenüber dem deutschen Botschafter aus zwei Millionen Rumänen, achtzigtausend Deutschen, einigen Tausend Ukrainern, vielen Juden und nur wenigen Russen zusammensetzte.[16] Die realistisch urteilenden Briten sahen nur strategische Gründe für die sowjetische Forderung[17]. Sie war ein Stück vom sowjetischen Imperialismus.

Es gelang zwar der deutschen Diplomatie, den sowjetischen Anspruch zunächst auf die Nordbukowina zu beschränken, die Sowjetunion gab aber ihre Forderung auf die südliche Bukowina nie auf. Sehr viel unangenehmer als die baltische Frage empfand die deutsche Führung die sowjetische Forderung auf Lösung der Bessarabien-Frage. Gewiß, der grundsätzliche Anspruch der Sowjetunion wurde durchaus anerkannt. Bessarabien war 1812 von den Türken an das Zarenreich abgetreten worden und durch die Friedensschlüsse nach dem Ersten Weltkrieg an Rumänien gekommen. Die deutsche Diplomatie mußte anerkennen, daß es sich um ein Stück berechtigter Revisionsforderung handelte. Aber Bessarabien grenzte an einen Raum, der aufgrund der ungerechten Friedensschlüsse voller revisionistischer Gegensätze und damit voller Spannungen war. Die Ungarn und die Bulgaren standen auf dem Sprung, ihre Wünsche anzumelden, und wurden von der Sowjetunion darin bestärkt, ihre Forderungen notfalls mit Waffengewalt durchzusetzen.

Für wie gefahrvoll die Lage in deutscher Sicht war, zeigt eine Aufzeichnung des Staatssekretärs im Auswärtigen Amt, von Weizsäcker, für den Reichsaußenminister, in der er unter anderen zu treffenden Maßnahmen die sofortige Forderung an Ungarn und Bulgarien aufführte, für den Fall einer friedlichen oder gewaltsamen Lösung der Bessarabien-Frage weiter stillzuhalten. Weizsäkker verwies dabei auf vorangegangene Gespräche[18].

Außer der Dobrudscha forderten die Bulgaren einen Zugang zur Ägäis; das hätte zusätzliche Verwicklungen mit der Türkei gebracht, die gegen jegliche Veränderung des Status quo an den Meerengen war. Deutschland war aber an Ruhe auf dem Balkan interessiert. Rumänien war Deutschlands wichtigster Versorger mit Getreide und vor allem mit Rohöl. Sein Ausfall hätte die ohnehin schon starke wirtschaftliche Abhängigkeit des Reiches von der Sowjetunion noch vergrößert. Wenn es nicht gelungen wäre, die Rote Armee bei ihrem Einmarsch auf Bessarabien zu beschränken und sie sich die rumänischen Ölfelder geholt hätte, hätten die Sowjets Deutschland in puncto Brennstoff spätestens im kommenden Frühjahr abgedrosselt.[19]

Schon bei der Besprechung mit Mussolini und Ciano am 18. Juni 1940[20] hatten Hitler und Ribbentrop die Italiener auf die deutsche Abneigung gegen territoriale Veränderungen in Südosteuropa hingewiesen und die Italiener vor einer Aggression gegen Jugoslawien und der Unterstützung der ungarischen Revisionswünsche gewarnt.

Entsprechend dieser Einstellung wies Schulenburg die Sowjets darauf hin, daß ihr Vorgehen in der Bessarabienfrage von Deutschland als sehr unangenehm empfunden wurde. Die sowjetische Berechtigung wurde nicht bestritten, aber die Befürchtung einer Verwicklung Rumäniens in den Krieg mit den wirtschaftlichen Nachteilen für Deutschland betont. Schulenburg erklärte wörtlich: „Ich hätte die Befürchtung, daß außenpolitische Schwierigkeiten Rumäniens, das uns zur Zeit kriegs- und lebenswichtige Rohstoffe in großer Menge liefert, zu einer schweren Beeinträchtigung der deutschen Interessen führen würde"[21].

Militärische Machtmittel im Osten, um seinen Wünschen Nachdruck zu verleihen, besaß Deutschland nicht. So blieb nur der Rat an den König von Rumänien, den sowjetischen Forderungen nachzugeben.

Es läßt sich nicht bestreiten, daß sowjetische Initiativen den Anstoß zu diesen Veränderungen gegeben haben. Bevor wir in einem folgenden Abschnitt die Frage „Sicherheit oder Expansion" untersuchen, soll auf die nahezu simple Erklärung eines Teiles der etablierten Geschichtsschreibung zu diesem Thema hingewiesen werden. Danach trägt Hitler letztlich die Schuld an diesen Ereignissen. Die Spannungen im Baltikum und um Bessarabien sind nur die sowjetische Reaktion auf deutsche Maßnahmen, die auf dem Entschluß beruhen, die Sowjetunion anzugreifen.[22]

Krummacher-Lange müssen zwar zugeben, daß Stalin „praktisch den Interessenkonflikt ausgelöst hatte, aber dieser bildete nicht etwa das Anfangsglied einer Ursachenkette"[23]. „Der nachprüfbare Kern der Tatsachenzusammenhänge" sei, daß „Hitler sein altes Ziel niemals aus den Augen verloren oder gar aufgegeben hatte". Das sowjetische Verhalten war also nach dieser Auffassung nur reaktiv und defensiv und wurde durch Hitler ausgelöst. Daß die Bukowina in diese Vorstellungen eigentlich nicht hineinpaßte, wird übergangen, denn schließlich war die Sowjetunion, wenn auch zum „zweiten Male" nur „ein klein wenig über die vereinbarte Interessengrenze hinaus vorgedrungen[24].

Für Förster[25] war es die von Hitler im Sommer beschlossene Wendung nach Osten, „durch die neben Finnland (auch) Rumänien ins Blickfeld der deutschen Strategie rückte". Diese Betrachtungsweise übersieht großzügig, daß der Fall Bessarabien schon vor der „Wendung nach Osten" eingetreten war.

3. Sicherheit oder Expansion?

In einer Erklärung der Moskauer Rundfunksender vom 7. Juni 1940 hieß es, die UdSSR sei entschlossen, die Aufrechterhaltung der Unabhängigkeit der Balkanstaaten mit allen Mitteln durchzusetzen.[26] Wenn sich diese Erklärung auch speziell gegen vermutete italienische Absichten richtete und auf den Balkan bezogen war,

war die Wendung, Moskau betrachte die völlige Unabhängigkeit gewisser Staaten als unerläßlich für seine eigene Sicherheit, doch von allgemeiner Bedeutung.

Man kann der sowjetischen Feststellung, daß ein Gürtel unabhängiger – man muß hinzufügen nichtexpansiver – Staaten Sicherheit bedeutet, zustimmen, und sicher dienten die Maßnahmen gegenüber den baltischen Staaten bis zum Frankreich-Feldzug der Erhöhung der sowjetischen Sicherheit. Nur wenn nach sowjetischer Definition allein die Unabhängigkeit der Grenzstaaten unerläßlich für die sowjetische Sicherheit war, konnte dann ihre Annexion noch mit dem Sicherheitsbedürfnis der Sowjetunion erklärt werden, oder war sie nicht bereits ein Akt der Expansion? Es ist oben gezeigt worden, daß mit der von vielen Seiten als Defensivmaßnahme gedeuteten Besetzung der baltischen Staaten eine Ausrüstung der dabei eingesetzten Truppen verbunden war, die auf Offensivabsichten schließen läßt. Gewiß, der schlüssige Beweis für solche Absichten ist nicht erbracht. Aber es gibt weitere Hinweise, die nicht gerade für reine Defensivabsichten sprechen. Dazu gehören verschiedene aggressive, gegen Deutschland gerichtete Zeitungsartikel, von denen einer sogar einen förmlichen Protest Ribbentrops hervorgerufen hatte. Dazu gehört auch der vielzitierte Bericht des neuernannten jugoslawischen Moskauer Gesandten Gavrilović[27], der aufgrund vieler Gespräche auch mit Molotow zu der Auffassung gekommen war, daß die Sowjetunion mit Vorbereitungen für einen Krieg gegen Deutschland beschäftigt war.

Auf die verschiedenen Maßnahmen zur Intensivierung der sowjetischen Rüstungsindustrie wird unten verwiesen werden, ebenso auf die keineswegs nur auf die Sicherheit der Sowjetunion bedachte Rede des Außenministers Molotow[28]. Hier seien schon sibyllinische Sätze angeführt, die auf expansive Absichten der UdSSR schließen lassen. „Wir haben viele Erfolge gehabt, aber wir beabsichtigen nicht, uns mit dem zufrieden zu geben, was wir erreicht haben." Auch wenn Molotow eine defensive Begründung einschob und den Zustand der Mobilisierung mit der Notwendigkeit des Vorbereitetseins auf die Abwehr eines Angriffs begründete, muß er sich doch fragen lassen, wie er „neue und noch glorreichere Erfolge für die Sowjetunion" erzielen wollte ohne eine expansive Politik und ohne Kriegführung. Und mußte nicht für die deutsche Führung die Annahme naheliegen, daß sich solche angestrebten Erfolge nur auf dem Festland, d. h. in erster Linie gegen das Reich erringen ließen? Die deutsche Geschichtsschreibung im Gefolge der Sieger hat ihre Meinung unbeeinflußt von solchen Überlegungen gebildet.

„Aufbau einer strategischen Sicherheitszone in Ost-Mittel-Europa" ist Teil einer Kapitelüberschrift in Hillgrubers „Strategie"[29]. Und neben Hillgruber sei unter vielen anderen noch Fest genannt[30], der die diplomatischen Verstimmungen zwischen Deutschland und der Sowjetunion „auf die rücksichtslosen Versuche Moskaus" zurückführt, „das eigene Vorfeld gegen die furchteinflößend gestiegene Macht des Reiches abzusichern". Dazu gehört für Fest die Annexion der baltischen Staaten wie auch großer Teile von Rumänien. Die auch darüber hinausgehende aktive Balkanpolitik der Sowjetunion erklärt Fest „mit zähem Widerstand", den Moskau den deutschen Einflußbemühungen entgegensetzte.

Nun, wir wissen, daß die Sowjetunion unter dem Trauma der kapitalistischen Einkreisung litt und sich bedroht fühlte. Andererseits fühlte sie sich als Bannerträger der kommunistischen Weltrevolution, die nur durch sowjetische Angriffe verwirklicht werden konnte. Eine neuere Untersuchung[31] weist auf Veränderungen der sowjetischen Außenpolitik hin, in der „offensive Vorstellungen Platz fanden und auch der proletarische Internationalismus bald in neuer Form belebt wurde".

Aber schon 1947 hat Byrnes auf Expansion als ein bestimmendes Element der sowjetischen Außenpolitik hingewiesen. Es sei in der russischen Geschichte verwurzelt, sei keine kommunistische Erfindung, nur die (ausführenden) Persönlichkeiten und die Taktik hätten sich verändert.[32] Und Byrnes stellt weiter fest – quasi als vorweggenommene Erklärung für die einseitige Beurteilung der etablierten Historiker –, daß selbst die Sowjetunion bei einer Analyse ihrer Motive es schwer finden würde, genau festzustellen, wo Sicherheit endet und Expansion beginnt[33].

36 Jahre später verläßt eine deutsche Historikerin die einseitige Position ihrer Kollegen. Sie leugnet den offensiven Teil der sowjetischen Außenpolitik nicht, die nach ihrer Definition eine

„Synthese von defensivem Sicherheitsdenken und dem Interesse an einem offensiven Ausbau des sowjetischen Gesellschaftssystems bildete"[34]. Allerdings fehlt die Erkenntnis, daß die Sowjetunion als Erbe des zaristischen Rußlands nicht nur ideologische Expansion, sondern wie imperialistische Staaten auch territoriale Expansion betrieben hat. Und dazu gehört der sowjetische Aufmarsch nach den Annexionen des Juni 1940, vor allem in den weit nach Westen vorspringenden Frontbalkonen von Lemberg und Bialystok. „Keine zur Verteidigung gegliederte Truppe wird sich derartig in einem in den Feind hineinreichenden Bereich massieren", hat Halder in Nürnberg ausgesagt. Wie wenig die sowjetische Gliederung zur Verteidigung geeignet war, hat sich dann 1941 in den großen Kesselschlachten erwiesen.

Und Topitsch weist darauf hin, daß die Entschlüsse für die Truppenkonzentration im Raum Bialystok nach der Darstellung Schukows schon im Sommer 1940 gefaßt worden seien[35]. Und der sowjetische Generalmajor Grigorenko bemerkt sachverständig zu der Gliederung der sowjetischen Truppen, sie sei nur begründet, wenn sie für eine Überraschungsoffensive bestimmt gewesen sei.[36]

Sicherheit oder Expansion? Dem Verfasser scheint, daß die sowjetische Strategie 1940 auf eine *Offensive* eingestellt war.

4. Die deutsche Reaktion auf die sowjetischen Maßnahmen

Haben die sowjetischen Maßnahmen des Monats Juni 1940 das deutsch-sowjetische Verhältnis belastet?

Beginnen wir mit der etablierten Geschichtsschreibung, mit ihrem führenden Repräsentanten Hillgruber! Ein Eingeständnis, daß Hitlers Wendung zum Osten und seine folgenden Pläne für einen Ostfeldzug eine Reaktion auf erkannte sowjetische Absichten für eine West-Expansion darstellten, müßte seine gesamten Thesen zum Einsturz bringen. Und so leugnet er, in seinem Sinne folgerichtig, daß ein „Kausalzusammenhang zwischen diesem aus ganz prinzipiellen ‚axiomatischen' Vorstellungen erwachsenen Überlegungen Hitlers und den Zügen der sowjetischen Politik im

Juni 1940 (... und auch sonstigen politischen Aktivität in ganz Südosteuropa) besteht".

Da Hillgruber ein vorsichtiger Mann ist, sagt er es nicht so kategorisch, sondern faßt seine Begründung in die Worte, daß es „aus den Quellen nicht zu ermitteln ist"[37]. Er begründet aber noch weiter und beginnt mit einer unbewiesenen Behauptung. Der Eroberungszug nach Osten sei für Hitler das entscheidende Ziel schlechthin gewesen. Stalin habe tun und lassen können, was er wollte, die Durchführung des Eroberungszuges habe nicht von mehr oder weniger begrenzten Handlungen abgehangen. Und so ist eine Verknüpfung mit Einzelvorgängen in der realen Politik[38] in Form von Ursache und Wirkung wenig wahrscheinlich.

Hillgrubers Buch ist mit einer sehr großen Sachkenntnis geschrieben; es überrascht immer wieder durch die Darstellung ganz richtig erkannter Einzelvorgänge, die aber nicht in die Prämisse seiner „axiomatischen" Vorstellung passen und infolgedessen auch nicht zu entsprechenden Schlußfolgerungen bei ihm führen können.

Er erkennt im Grunde recht positiv im Sinne unserer Eingangsfrage, daß es seit Anfang Juli zu „ für die Entwicklung des deutsch-sowjetischen Verhältnisses im Herbst 1940 durchaus bedeutsamen politischen und militärischen Gegenzügen Hitlers gegen diese sowjetische Politik" gekommen ist. Na also, denkt der Leser und sieht nicht mehr den „Aggressor" Hitler, sondern den auf sowjetische Vorstöße reagierenden deutschen Staatsmann. Der weiter vorausdenkende Leser kann sich vorstellen, daß so die dadurch entstandenen und sich weiter entwickelnden Spannungen schließlich zu einer gewaltsamen Eruption führen müssen. Das aber würde der Denkungsweise einfacher Gemüter entsprechen. Für Hillgruber dagegen liegen diese „durchaus bedeutsamen politischen und militärischen Gegenzüge Hitlers... auf einer anderen Ebene als seine [Hitlers] grundsätzlichen Überlegungen hinsichtlich eines Ostkrieges". Und in einer Anmerkung relativiert er sein obiges Eingeständnis hinsichtlich der Gegenzüge Hitlers. Sie stehen mit den aus ganz anderen Motiven erwachsenen Absichten Hitlers, die militärische Ostlösung so bald wie möglich durchzuführen, nur insofern im Zusammenhang, als es darum ging, die deutsche Aufmarschbasis für einen Ostfeldzug nicht durch sowjetische Vorstöße in diesen Raum hinein zu schmal werden zu lassen[39].

Da haben wir es wieder, Hitlers finstere Ostpläne sind an allem schuld. Wenn er diese nicht gehegt hätte, wäre er den sowjetischen Vorstößen wohl nicht entgegengetreten – er hätte ja keinen Grund mehr dazu gehabt – und hätte die Bolschewisierung Südosteuropas und Finnlands geschehen lassen können.

Wie haben andere Autoren die aufgetretenen Gegensätze gesehen? Wenn wir von Anhängern der Hillgruberschen Thesen absehen, erkennen wir bei anderen die Einsicht, daß die Besetzung des litauischen Zipfels von Mariampol und die anschließenden langwierigen Verhandlungen sowie die Besetzung der Nordbukowina und die nicht aufgegebene Forderung auf die Südbukowina eine Belastung des deutsch-sowjetischen Verhältnisses dargestellt haben.

Das gilt auch für die Tatsache, daß die Sowjetunion in keiner im deutschen Sinne positiven Art und Weise auf die deutsche Überraschung bei der Ankündigung des sowjetischen Vorgehens gegen Bessarabien reagiert hatte. Die deutschen Bedenken, daß durch das sowjetische Vorgehen ein mit militärischen Mitteln ausgetragener territorialer Revisionsprozeß ausgelöst werden und zu beachtlichen Versorgungsstörungen in diesem für Deutschland so wichtigen Rohstoffgebiet führen könnte, fand keine Beachtung durch die Sowjets.

Hören wir nochmals Byrnes! Er stellt lakonisch fest, „Hitler begins to be irritated"[40]. Der gewaltsame Anschluß der baltischen Staaten an die UdSSR sei der Anfang von Spaltungen in der Hitler-Stalin-Partnerschaft gewesen. Und der Anspruch der Sowjetunion auf die Bukowina habe zur Spaltung beigetragen.

Hitler selbst hat sich in seinem politischen Testament in dieser Sache geäußert. „Das Verhalten der Sowjets im Sommer 1940, die sich das Baltikum und Bessarabien einverleibten, während wir alle Hände voll zu tun hatten, ließ nicht den geringsten Zweifel über ihre wahren Ziele aufkommen. Und wenn solche noch bestanden hätten, der Besuch Molotows im November hatte sie völlig zerstreut."[41]

Nun könnte man das als nachträgliche Betrachtung am Ende eines verlorenen Krieges abtun, aber liest man den Bericht über Hitlers Gespräch mit Ciano vom 7. Juli 1940[42], so erhält man den

Eindruck, daß er die weitgesteckten Ziele der Sowjetunion erkannt hatte. Bei einer Auseinandersetzung zwischen Rumänien und Ungarn werde auch die UdSSR wieder lebendig werden. Die Rote Armee werde die Donau überschreiten und auf ihr altes historisches Ziel Byzanz, die Dardanellen und Konstantinopel vorrücken. Und auch hier äußert er seine Befürchtung, daß England und Rußland unter dem Eindruck möglicher Ereignisse auf dem Balkan „eine Gemeinsamkeit ihrer Interessen entdeckten".

Die sowjetischen Maßnahmen im Juni 1940 hatten den realpolitisch denkenden Engländern deutlich gemacht, daß echte deutsch-sowjetische Interessengegensätze bestanden. Die sehr stark im Historischen wurzelnden britischen Politiker konnten sich durchaus eine Vergrößerung und Verschärfung dieser Gegensätze im traditionell umstrittenen Balkanraum vorstellen. Man kann wohl annehmen, daß die Eile, mit der die Sowjets ihre Schritte unternahmen, den Briten angezeigt hat, daß Moskau um die Verwirklichung seiner Absichten nach einem vollendeten deutschen Sieg im Westen bangte, weil ein so erstarktes Deutschland Schwierigkeiten bei der Einlösung der gegebenen Zugeständnisse machen würde. Auf jeden Fall sahen die Briten in dem sowjetischen Ausgreifen den Beginn einer neuen Ära im deutsch-sowjetischen Verhältnis.

Die Sowjets täten tatsächlich alles nur irgendwie Mögliche, um ihre eigenen Abmachungen mit den Deutschen zu sabotieren, stellt der britische Historiker Woodward für den Juni 1940 fest; auf beiden Seiten gebe es Spannungen[43].

Ein anderer Beobachter, Gafencu, der langjährige rumänische Außenminister und spätere Gesandte in Moskau, sah die Bedeutung des sowjetischen Vorgehens ähnlich[44].

Bleiben wir bei den Urteilen ausländischer Beobachter! Sie haben den Vorteil, daß sie die Ereignisse vorurteilsfreier, nicht durch Voreingenommenheit, durch Schuldgefühle, Umerziehung und ähnliche Komplexe eines unbefangenen Urteilvermögens beraubt, beurteilen.

Der Schwede Allard wird uns mehrfach begegnen. Er sieht in der überstürzten Besetzung Bessarabiens und der eigenmächtigen Annexion der Nordbukowina einen ernsten Mißgriff Stalins, „der bald den Grund zu den ersten Meinungsverschiedenheiten zwischen den beiden Verbündeten legen sollte"[45]. Er geht noch einen Schritt weiter und ist der Auffassung, Hitler habe zum ersten Mal zu fürchten begonnen, „daß die Sowjetunion einmal in der Zukunft versuchen würde, vorübergehende Schwierigkeiten Deutschlands im Krieg mit Großbritannien auszunutzen, um ihre territoriale Expansion auf Kosten vieler deutscher Interessen vorzunehmen"[45]. Und während im allgemeinen die Bedeutung der Besetzung Mariampols nicht gesehen wird (oder werden soll, die Bezeichnung „litauischer Zipfel' weist darauf hin) –, ist Allard der Meinung, daß die Annexion der Bukowina wegen der vorausgegangenen Besetzung des auch von den Sowjets anerkannt zur deutschen Interessensphäre gehörenden Gebietes um Mariampol einen um so stärkeren Eindruck auf Hitler gemacht hat. Allard steigert sich in seiner Analyse der Hitlerschen Überlegungen. Er spekuliert nicht, sondern stellt fest, Hitler gewann immer mehr die Überzeugung, „daß Stalin systematisch versuchen werde, erforderliche Voraussetzungen zu schaffen, um Deutschland, sobald sich eine günstige Gelegenheit bot, starkem politischen, militärischen oder wirtschaftlichen Druck aussetzen zu können".

Das hat mit deutschen Angriffsabsichten nichts zu tun, und Überlegungen, solchen Situationen zuvorzukommen (praevenire), sind bei derartigen Erkenntnissen weder unbegründet noch erstaunlich.[46]

Deutsche Stimmen, die den Juni-Ereignissen eine ähnliche Bedeutung beimessen, sind selten. Der Einfluß Hillgrubers ist zu groß (s. oben). Allerdings hat er in dieser Frage in seiner Frühzeit anders geurteilt. In der (zusammen mit Seraphim geführten) Auseinandersetzung mit Weinberg[47] stellen die beiden deutschen Autoren fest, daß die Annexion der Nordbukowina „durchaus überraschend erfolgte" und „als das Moment betrachtet werden muß, das die weitere Entwicklung in Südosteuropa auslöste".

V. Die Juli-Entscheidungen

1. Halders selbständige Überlegungen

In diesem Kapitel, das gewissermaßen in dem Entschluß Hitlers gipfelt, die Sowjetunion anzugreifen, wird die Untersuchung der Gründe, die zu diesem Entschluß geführt haben, besonders bedeutsam. Handelt es sich um die Verwirklichung der in „Mein Kampf" entwickelten Ideen, oder handelt es sich um die Konsequenz aus der politischen, strategischen und militärischen Entwicklung, wie sie sich besonders aus der militärischen Niederlage Frankreichs ergeben hatte? Oder waren gar Faktoren vorhanden, die bereits vorher zur vor allem militärischen Beobachtung der Sowjetunion veranlaßt hatten?

Es wird im allgemeinen zu wenig beachtet, daß der deutsch-sowjetische Vertrag sich – abgesehen von Bessarabien – nicht mit der Balkanfrage beschäftigte. Sicher gab es dort keine großen politischen, aber doch sehr starke wirtschaftliche Interessen. Weizen und vor allem das rumänische Öl[1] waren besonders bei einer längeren Kriegsdauer Güter, auf die die deutsche Kriegführung nicht verzichten konnte. Zu ihrer Sicherstellung wurden jedoch keinerlei Offensivabsichten entwickelt, Beruhigung auf dem Balkan war das Ziel. Überlegungen fanden statt, wie Deutschland einer möglichen Bedrohung entgegentreten konnte.

So nahm der Chef der deutschen Abwehr schon im Dezember 1939 Verbindung mit den rumänischen Sicherheitskräften auf[2]. Und im Januar 1940 begannen im OKH nach einer Besprechung zwischen Keitel und Halder Überlegungen über Maßnahmen zum Schutze der rumänischen Ölfelder.

Aber nicht nur mit der speziellen Frage der Sicherung der rumänischen Ölquellen beschäftigte man sich im OKH. Am 8. November 1939 gab es eine Studie des Generalleutnants Hollidt, des Chefs des Generalstabes Ober-Ost, über die Abwehr eines denkbaren sowjetischen Angriffs, den man allerdings nicht als bevorstehend ansah.

Die durch den Abschluß des sowjetisch-finnischen Winterkrieges 1939/40 veränderte Lage, die in dem Krieg gemachten Erfahrungen und die Stützpunktforderungen der Sowjetunion an die baltischen Staaten ließen das OKH am 21. März 1940 eine neue Lagebeurteilung erstellen. Neben diesen offiziellen Studien gab es eine Reihe von Memoranden, die aus der Feder des früheren Generalstabschefs Beck stammten und sich kritisch mit Hitlers Politik und Strategie auseinandersetzten.[3] Die Warnung vor Rußland war eines ihrer Themen. Es soll hier nicht im einzelnen eine Auseinandersetzung mit den Thesen der Studien und den Beckschen Memoranden vorgenommen werden. Es soll nur festgestellt werden, daß die Verträge vom 23. August 1939 und vom 28. September 1939 nicht dazu geführt haben, daß man sich im deutschen Generalstab nicht mehr mit der Sowjetunion beschäftigte.

Um den Westfeldzug mit überlegenen Kräften führen zu können, war es zu einer weitgehenden Entblößung der deutschen Ostgrenze gekommen, so weitgehend, daß sie im Grunde ein durch „Nibelungentreue" verbundenes deutsch-sowjetisches Verhältnis voraussetzte anstelle eines bloßen Nichtangriffspaktes, der allerdings durch das Grenz- und Freundschaftsabkommen vom 28. September 1939 ergänzt worden war. Sechs Landesschützen- und vier reguläre Infanteriedivisionen schützten die Ostgrenze; von diesen befanden sich Ende Mai noch zwei Divisionen auf dem Marsch in den Westen.

Angesichts dieser auch für spannungslose Verhältnisse ungewöhnlichen Truppenverteilung bedurfte es wohl kaum noch militärischen Sachverstandes, aber auch keines äußeren Anlasses, um eine Umverteilung dieser Truppenstationierung vorzunehmen, sobald es die Gesamtlage erlaubte. Auch ein Befehl des Obersten Befehlshabers war für eine solche Routinemaßnahme nicht erforderlich.

So begann das OKH noch vor Beendigung des Westfeldzuges die Verlegung von 15 Divisionen in den Osten zu planen, eine Zahl, die am 25. Juni in einer Besprechung Halders mit den wichtigsten Abteilungsleitern des Generalstabs des Heeres auf 24 erhöht wurde (darunter vier Panzerdivisionen und zwei motorisierte Infanteriedivisionen).

Wir wissen nicht, ob die sowjetische Besetzung der baltischen Länder Halder zu dieser Vermehrung veranlaßt hat (ein Befehl

Hitlers lag nicht vor). Daß sie Hitler jedoch beschäftigt hat, muß angenommen werden[4]. Hinsichtlich Bessarabiens liegt immerhin seine Äußerung vor, wir hätten ein großes Interesse daran, „daß es in den Balkanländern nicht zum Krieg kommt". Das zeigt, daß eine solche Möglichkeit immerhin in seinen Überlegungen enthalten war. Das war wiederum angesichts der ungarischen und der bulgarischen Revisionsforderungen gegenüber Rumänien nicht weiter verwunderlich.

Das am 15. Juni 1940 von ihm geäußerte Wort, das der „Schaffung von Schlagkraft im Osten" galt, läßt darauf schließen, daß ihn die Lage im Osten angesichts der sowjetischen Aktionen gegen die baltischen Länder und Rumänien zu neuen Überlegungen veranlaßt hatte[5]. Und diese konnten nur als Defensivverstärkung gemeint sein. Auch die „Schlagkraft im Osten" war nicht als erste Stufe des „Aufbaues einer Angriffsarmee" gedacht.

Halders Befehl für das in den Osten zu verlegende AOK 18 gab Anlaß zu weitgehenden Erörterungen. Die Charakterisierung der der 18. Armee zugewiesenen Aufgabe als einer „offensiven Grenzsicherung"[6] hat eine gewisse Berechtigung, da die Kräfte zur Verteidigung am oberen San und in Ostpreußen so bereitgestellt werden sollten, daß „sowjetische Angriffsvorbereitungen durch einen eigenen Angriff zerschlagen werden konnten". Es gab keine deutsche Strategie, die sich gegenüber der zahlenmäßig überlegenen Sowjetunion ausschließlich auf Verteidigung einrichtete. Dieser Erkenntnis entsprach der Befehl für das AOK 18. Aber es ist die Frage zu stellen, wie man mit so schwachen Kräften, wie eine einzige Armee sie darstellte, einen Angriff durchführen wollte. Es entbehrt daher jeder realen Grundlage, aus der Formulierung, „Vorkehrungen für alle Fälle" zu treffen, eine Linie zu konstruieren, die „über eine offensive Grenzsicherung hinaus zu einem präventiven Schlag gegen die Sowjetunion" führte, „um diese auf eine Macht zweiten Ranges herabzudrücken"[6].

Über ein reagierendes Verhalten hinaus muß einem jeden Generalstab eigenes vorausschauendes Denken und Planen nicht nur zugebilligt, sondern geradezu von ihm erwartet werden. Das war im Falle des deutschen Generalstabes nach dem Sieg über Frankreich im besonderen Maße der Fall.

Wir wissen aus der Vorgeschichte des Westfeldzuges, wie stark

Hitler auf die operative Planung Einfluß genommen und sogar den Operationsplan des Generalstabes umgestoßen hatte[7]. Der deutsche Generalstab des Sommers 1940 mußte also im besonderen Maße darauf bedacht sein, auf die militärischen Konsequenzen möglicher politischer Entwicklungen vorbereitet zu sein. Das hat nichts mit Zweifel an der beherrschenden Stellung Hitlers zu tun[8,9].

Wir haben oben auf die Studie Hollidts vom 8. November 1939 und die Ausarbeitung vom 21. März 1940 über die Abwehr eines theoretisch möglichen sowjetischen Angriffs verwiesen. Beides waren Studien, die nach einem die militärische Situation verändernden Krieg angestellt wurden. Wieviel mehr waren Überlegungen nach einem gewonnenen Sieg, wie ihn der Westfeldzug darzustellen schien, erforderlich! Das hatte mit Angriffsüberlegungen als Ausgangspunkt, wie sie ein großer Teil der etablierten Geschichtsschreibung sogar Halder unterstellt, nichts zu tun. Wenn sich dennoch bei solchen Überlegungen ergibt, daß Auseinandersetzungen mit einem anderen Staat offensiv geführt werden müssen, läßt das nicht auf von vornherein bestehende Angriffsabsichten schließen; um so weniger, wenn ein seiner Natur nach unpolitischer Generalstab die realen Möglichkeiten des gegenseitigen Verhältnisses zweier Staaten untersucht.

Da die beiden obenerwähnten Studien überholt waren, mußte ein verantwortungsbewußter Generalstabschef auch ohne einen besonderen Befehl seines obersten Befehlshabers den Auftrag für die Anfertigung einer neuen, sich mit der Sowjetunion beschäftigenden Ausarbeitung erteilen. Das geschah am 3. Juli 1940. Dem Oberst i.G. v. Greifenberg wurde der O Qu I Dienst übertragen, und er erhielt gleichzeitig den Auftrag, ‚die Frage des Ostens" zu „behandeln". Sie sei von dem Gesichtspunkt aus zu betrachten, „wie ein militärischer Schlag gegen Rußland zu führen sei, um ihm die Anerkennung der beherrschenden Rolle Deutschlands in Europa abzuringen"[10]. Damit hatte Halder zwar die defensive Haltung im Befehl für das AOK 18 verlassen, er war aber bei einer militärischen Begründung eines Angriffs gegen die Sowjetunion geblieben, die auch in der Formulierung „Anerkennung der beherrschenden Rolle Deutschlands in Europa" enthalten ist. Es fehlen die eigentlichen, für die Auseinandersetzung mit der

UdSSR entscheidenden Begriffe, wie Antibolschewismus, Lebensraum und Rassenideologie, völlig. Und es muß ausdrücklich betont werden, daß dieser Befehl Halders ohne einen vorangegangenen Befehl Hitlers erteilt worden war.

Dem Gespräch vom 30. Juni 1940 zwischen Weizsäcker und Halder mißt ein Teil der Geschichtsschreibung für Halders Entscheidungen große Bedeutung zu. Greifen wir zwei Punkte aus den Äußerungen Weizsäckers heraus, die die Auffassung Hitlers darstellen sollen. „Es seien dessen (Hitlers) Augen . . . stark auf den Osten gerichtet", und „England wird voraussichtlich noch einer Demonstration unserer militärischen Macht bedürfen, ehe es nachgibt und uns den Rücken freiläßt für den Osten."[11]

Nun klingt die erste Bemerkung nicht gerade offensiv, sie kann eigentlich mindestens genauso defensiv ausgelegt werden. Die zweite Bemerkung steht im Widerspruch zu dem, was Hitler im Juli geäußert hat. Rußland als Festlandsdegen Englands war seine Deutung der britischen Ablehnung seiner Friedensbereitschaft. Deswegen mußte die Sowjetunion besiegt werden, um England friedensbereit zu machen. Jetzt aber soll England angegriffen werden (Demonstration unserer militärischen Gewalt), damit der Angriff gegen den Osten nach Besiegung Englands erfolgen kann. Sollte Hitler seine Meinung so schnell geändert haben? Jedenfalls kann der Verfasser aus dieser von Weizsäcker übermittelten angeblichen Äußerung Hitlers keine Entschlossenheit zum Angriff auf die Sowjetunion herauslesen. Er wird in seiner Auffassung bestärkt durch die folgende Bemerkung Halders, daß im ganzen Zufriedenheit mit Rußlands Beschränkung bestand (gemeint war wohl der „Verzicht" auf die Südbukowina).

Zunächst einmal ist der Auffassung zu widersprechen, daß es die Mitteilung Weizsäckers war, die Halder hatte initiativ werden lassen[12]. Diese Darstellung übersieht, daß das Gespräch am 30. Juni 1939 stattgefunden hat, Halders Weisungen für die Verlegung der Divisionen aber schon am 16. und 26. Juni erfolgt waren. Auch der vieldiskutierte und analysierte Auftrag Halders an die 18. Armee, die unter General von Küchler für die Ostverbände zuständig war, war vor dem 30. Juni erteilt worden.

Foerster meint, Weizsäcker habe bereits Ende Juni von Hitlers Gedanken erfahren. Er kann uns aber nicht angeben, wann und bei welcher Gelegenheit Weizsäcker eine entsprechende Mitteilung oder Äußerung Hitlers erhalten oder erfahren hat.[13] Schreiber[14] kann in diesem Punkt auch nicht weiterhelfen. Er schließt aus Weizsäckers Bemerkung, daß er ahnte, um was es Hitler ging. Das kann nach Schreibers Deutung der damaligen Absicht Hitlers, „die programmatisch vorgegebene Idee, im Osten Lebensraum zu verwirklichen", nur die bei Weizsäcker anzunehmende Kenntnis von „Mein Kampf" gewesen sein.

Von den neueren Historikern kommt Klink nach Meinung des Verfassers dem richtigen Sachverhalt am nächsten[15]. Er bezweifelt zunächst – wohl auch weil Quellenangaben fehlen –, daß Hitler die Äußerung getan hat, und deutet dann das Gespräch Weizsäcker–Halder als einen Austausch übereinstimmender Meinungen.

Diese Auffassung Klinks teilt der Verfasser. Die von Halder getroffenen Anordnungen, die vor der Aussprache mit Weizsäcker ergangen waren, beweisen, wie weit Halder selbständig aufgrund eigener Lagebeurteilung seine Entscheidungen getroffen hatte. Der Verfasser kann sich deshalb nicht der Meinung Jacobsens anschließen, die Aussprache mit Weizsäcker habe Halder veranlaßt, „die Möglichkeiten eines Feldzuges gegen die Sowjetunion prüfen zu lassen".[16] Richtig und den Tatsachen entsprechend ist dann die von Jacobsen hinzugefügte Ergänzung: „zumal sich seine Dienststelle mit solchen Aufgaben bisher in keiner Weise beschäftigt hatte".

2. Der 13. Juli 1940

Die bereits im Juni erkennbar gewordene Tätigkeit in der Ostfrage setzte sich Anfang Juli fort, ohne daß eine Einschaltung Hitlers festgestellt werden konnte[17]. Im Gegenteil, eine Weisung Hitlers vom 9. Juli 1940 mit der Forderung, daß im Laufe von drei Jahren die Ausrüstung für das 120-Divisionen-Heer ... bereitzustellen sei, war eine Ergänzung der vorausgegangenen Befehle für die Schwerpunktverlagerung der Rüstung und die Umgliederung des Heeres. Sie hätte eigentlich dämpfend auf die Eilfertigkeit der Heeresführung wirken müssen.

Am 11. Juli hatte Halder eine Besprechung mit von Etzdorff,

dem Vertreter des Auswärtigen Amtes beim OKW. Sie sprachen auch über die Möglichkeit eines sowjetisch-britischen Zusammengehens. Eine Verständigung dieser beiden Staaten über den Iran hielten sie nicht für ausgeschlossen. Das Gespenst von 1908 tauchte auf, eine Verständigung von „Bär und Walfisch"[18].

Zwei Tage später, am 13. Juli[19], in einer Besprechung Hitlers mit Halder, die in der Hauptsache dem Angriff auf England und einer „militärischen Betrachtung der politischen Lage" gewidmet war, warf Hitler die Frage auf, „warum England den Weg zum Frieden nicht gehen will". Halders Antwort ist in zweifacher Beziehung interessant. „Hitler sieht ebenso wie wir die Lösung der Frage darin, daß England noch eine Hoffnung auf Rußland hat." „Ebenso wie wir" bedeutet eine Bestätigung der obigen Ausführungen, daß das OKH ohne Einwirkung Hitlers, ja im Grunde noch vor ihm, zu der Erkenntnis der sowjetischen Gegnerschaft gekommen war. Und während bei der unmittelbaren Wiedergabe Hitlerscher Gedanken immer von Englands Hoffnung auf Amerika und Rußland (auch in dieser Reihenfolge) die Rede ist, geht es hier nur um die Hoffnung auf Moskau. Das ist die spezifische Sicht des OKH, dessen Gedanken auf Rußland konzentriert waren.

Hitler rechnet damit, England mit Gewalt zwingen zu müssen, fährt Halder fort. Das würde er aber nur ungern tun, denn es bedeute die Zerstörung des britischen Weltreiches, von der Deutschland keinen Nutzen haben würde; „nur Japan, Amerika und andere wären die Nutznießer des mit deutschem Blut Erreichten . . ." Diese Einschätzung des Empires als eines im übernationalen Interesse zu erhaltenden Ordnungsfaktors in der Welt hat Hitler eigentlich nie verlassen; sie hat zum Verlust des Krieges in erheblichem Maße beigetragen[20].

Wenn man den axiomatischen Vorstellungen Hillgrubers und seiner Anhänger folgt, ist aus dieser Einsicht bereits jetzt die erst später gezogene Folgerung zu erwähnen. Wenn man England nicht direkt militärisch zum Frieden zwingen will, muß man es auf einem Umweg durch Vernichtung der Macht tun, auf die es noch seine Hoffnung setzt, die Sowjetunion. Davon ist aber in dieser Besprechung nicht die Rede. Es war offenbar kein Axiom. Im Gegenteil, „das Interesse Rußlands, uns nicht zu groß werden zu lassen, wird anerkannt", heißt es. Eine erstaunliche Formulierung, denn sie bedeutet das Einverständnis mit einer gewissen berechtigten Rivalität der Sowjetunion, die man nicht beseitigen will[21].

Zwanzig von den im Juni zur Auflösung bestimmten 35 Divisionen sollen nicht aufgelöst werden, liest man bei Halder[22]. Die in ihnen enthaltenen Arbeitskräfte sollen nur durch Beurlaubung der Heimat zugeführt werden, um die Divisionen sofort wieder greifbar zu haben.

Es soll wohl der Eindruck erweckt werden, als ob das ein Befehl Hitlers gewesen ist, obwohl er gar nicht in die damalige Beurteilung der Lage durch Hitler paßt. Der Bearbeiter hat einen Zusatz „Vorschlag des Oberbefehlshabers des Heeres" hinzugefügt. Dieser Vorschlag des Oberbefehlshabers des Heeres, der die schnelle Wiederaufstellung der Divisionen ermöglichte, zeigt, daß man beim Oberbefehlshaber des Heeres die Lage nicht so optimistisch beurteilte wie in der politischen Führung. Es ist nicht eindeutig zu erkennen, ob Hitler den Vorschlag des Oberbefehlshabers des Heeres in einen Befehl verwandelt hat oder die Regelung innerhalb des OKH selbständig erfolgt ist. Daß es sich nicht um Wiedergabe Hitlerscher Ansichten auch in dieser Aufzeichnung handelt, geht aus dem Zusatz hervor: „Buhle beauftragt, Auswirkungen zu überlegen...". Es wird ausdrücklich hinzugefügt, daß diese Beauftragung durch den Chef des Generalstabes des Heeres erfolgte.

3. Die Überlegungen verdichten sich: Der 21. Juli 1940

Für den 21. Juli 1940 hatte Hitler die Oberbefehlshaber der Wehrmachtsteile zu einer Besprechung ohne ihre Generalstabschefs befohlen. Halder war also nicht dabei, wurde aber durch von Brauchitsch über die Besprechung unterrichtet und hat diese Unterrichtung unter dem 22. Juli in seinem Tagebuch festgehalten[23]. Diese Niederschrift ist eine Mischung aus den Gedanken Hitlers und denen von Brauchitschs. Außerdem verfügen wir noch über eine Aufzeichnung Raeders[24], die nicht in allen Punkten mit der Halders übereinstimmt.

Die Besprechung fand zwei Tage nach Hitlers Reichstagsrede

vom 19. Juli 1940 statt. Wenn auch eine Ablehnung des deutschen Friedensangebotes erst durch eine Rede von Halifax am 22. Juli ganz klar wurde, war sie den Informierten natürlich schon vorher bekannt. So stand die Frage nach den Gründen für die britische Ablehnung im Vordergrund. Und hier sieht Hitler die britische Hoffnung auf einen Umschwung in Amerika an erster Stelle; dann folgt der kurze Satz „Hoffnung auf Rußland". Hier wird also nicht die direkte deutsch-sowjetische Konfrontation erhofft. Hitler glaubt vielmehr, die britischen Möglichkeiten in der Schaffung von Unruhe auf dem Balkan „via Rußland" erkennen zu können. Das soll den Entzug von Betriebsstoff und die Lahmlegung der deutschen Luftflotte bewirken. Und England würde zusätzlich den gleichen Zweck erreichen „durch Einstellung Rußlands gegen uns und Angriffe auf unsere Hydrieranlagen"[25].

Aus diesen Erkenntnissen folgen aber immer noch keine Überlegungen, einen Krieg gegen die Sowjetunion zu führen. Noch ist die Invasion aus dem Gedankenkreis Hitlers nicht verschwunden. Das Übersetzen auf die Insel erscheint ihm jedoch als ein großes Risiko. Deshalb kann es erst dazu kommen, „wenn kein anderer Weg offen ist, um mit England zum Schluß zu kommen". Von der Beseitigung des „Festlanddegens" ist noch keine Rede. Im Gegenteil: Zum Sieg über England wird eine Art Auflage des späteren Kontinentalblocks in Aussicht genommen. „Wenn England weiter Krieg führen will, dann wird versucht werden, alles politisch gegen England einzuspannen, Spanien, Italien, Rußland." Die Einbeziehung Rußlands in solche Überlegungen läßt doch nicht darauf schließen, daß Hitler zu diesem Zeitpunkt von dem Plan, die Sowjetunion zu vernichten, erfüllt war.[26]

Und militärisch sollte der Krieg mit Luftwaffe und mit U-Booten geführt werden, worüber Anfang August die endgültige Entscheidung gefällt werden sollte. Ein Entschluß, gegen die Sowjetunion den Kampf zu beginnen, kann aus diesem Stand der Entwicklung nicht herausgelesen werden.

Und es bedarf noch einer Erklärung, warum die USA vor der Sowjetunion als der Staat genannt wird, auf dem die britischen Hoffnungen ruhten. Die Spannungen zwischen Deutschland und den USA verstärkten sich laufend, die Rede Roosevelts vom 19. Juli 1940 stellte einen vorläufigen Höhepunkt dar. Die USA mußten Hitler auch noch am 21. Juli beschäftigen, nicht so sehr aber die Sowjetunion, für die er in seiner Reichstagsrede vom 19. Juli noch erstaunliche, jede Konfliktmöglichkeit leugnende Worte gefunden hatte.

Nun kann und soll nicht geleugnet werden, daß in Hitlers Überlegungen hinsichtlich der Sowjetunion sich eine gewisse Unruhe eingeschlichen hat. „Stalin kokettiert mit England, um England im Kampf zu erhalten und uns zu binden, um Zeit zu haben, das zu nehmen, was er nehmen will und was nicht mehr genommen werden kann, wenn Frieden ausbricht"[27], ist Hitlers richtige Deutung der sowjetischen Haltung. Aber er sieht „keine Anzeichen für russische Aktivität" gegenüber Deutschland.

Dabei hätte er durchaus Veranlassung gehabt, mißtrauischer zu sein. Am 13. Juli haben die Sowjets den Deutschen Mitteilung über das Gespräch Stalins mit Cripps, dem britischen Botschafter in Moskau, gemacht. Leichtes Mißtrauen schwingt in Hitlers Worten mit, wenn er mitteilt, daß die Besprechung offiziell eine Ablehnung Stalins gegen England erkennen läßt. Waren die sowjetischen Annexionen und ihre Begleitumstände so ganz ohne Eindruck geblieben? Das ist kaum anzunehmen[28]. Aus dieser noch nicht schwerwiegenden Veränderung der Hitlerschen Gedanken über die politischen und militärischen Aktivitäten der Sowjetunion folgte seine Weisung, das russische Problem in Angriff zu nehmen. Es seien „gedankliche Vorbereitungen" zu treffen.

Damit habe der Oberbefehlshaber des Heeres zum ersten Male Weisung erhalten, Vorbereitungen für einen Feldzug gegen die Sowjetunion zu treffen, meint Jacobsen[29]. Diese Auslegung geht zu weit. Es handelt sich nur um eine Weisung für *gedankliche* Vorbereitungen[30]. Läßt man das Wort „gedanklich" fort, ist der Sprung zu weitergehenden Formulierungen nicht weit. Und so entnimmt Hillgruber aus Hitlers Hinweis „das für Hitler wichtigste Problem einer Durchführung des Eroberungszuges nach Osten"[31]. Auch eine andere Bemerkung Jacobsens zu den „gedanklichen Vorbereitungen" muß zurückgewiesen werden. Er behauptet, daß zuvor Überlegungen für einen Feldzug gegen die Sowjetunion durch das „Oberkommando des Heeres aufgrund der Anregungen Hitlers seit Anfang Juli angestellt" worden waren.[32]

Und die Weisung, die Rote Armee zu schlagen oder so weit

russischen Boden in die Hand zu bekommen, als nötig ist, um feindliche Luftangriffe gegen Berlin und das schlesische Industriegebiet zu verhindern, klingt nicht nach einer Weisung Hitlers. Zumindest gibt sie nichts her für Hillgrubers Eroberungskriegsthese. Der Gedanke, daß es sich hier um die Wiedergabe der Vorstellungen des Oberbefehlshabers des Heeres durch Halder handelt, liegt sehr nahe. Darauf verweist auch Halders Formulierung „dem Führer ist gemeldet worden", und dann folgen die konkreten politischen Ziele mit Aufmarschdauer und der Operationsdurchführung.

Aber selbst wenn sie von Hitler stammen sollten – was angesichts der unsicheren Quellenlage nicht auszuschließen ist –, ergeben sie das Bild eines mäßigen, gegenüber der Sowjetunion in seinen Forderungen sehr zurückhaltenden Hitler. Nichts von Antibolschewismus, Lebensraum und rassenideologischem Vernichtungskrieg.

Nachdem Hitler (Brauchitsch) sich so nahezu defensiv geäußert hatte, folgen konkrete politische Ziele; die Schaffung eines ukrainischen Reiches, eines baltischen Staatenbundes, Weißrußland und Finnland werden erwähnt und das Baltikum ein „Pfahl im Fleisch" genannt.[33] Für die Erreichung dieses politischen Zieles wurden 80–100 Divisionen für erforderlich gehalten, denen Rußland 50–75 gute Divisionen entgegenstellen könne.

Es ist bereits mehrfach bestritten worden, daß diese Angaben von Hitler stammen. Die Zahl der Divisionen zumindest habe Brauchitsch beigetragen, und die politischen Ziele entsprächen Zielen, wie sie dem militärischen Denken und den entsprechenden Plänen aus der Zeit des Ersten Weltkrieges entsprochen hätten; sie blieben sogar noch weit hinter der im Ersten Weltkrieg entwickelten Ostkonzeption zurück[34]. Auch in diesem Punkt wird die Urheberschaft Hitlers bestritten[35]. Bezeichnenderweise schließen auch diese operativen Überlegungen wiederum mit defensiven Zielsetzungen, Schutz Berlins, der schlesischen Gebiete und der rumänischen Ölzentren.

Nach diesen militärischen Ausführungen wandte sich Hitler dann wieder dem Verhältnis Rußland–England zu. „Beide wollen zueinander" stellt er fest. Die Russen hätten Angst, sich Deutschland gegenüber zu kompromittieren, und wollten keinen Krieg.

Und wenn er die (verspätete) sowjetische Mitteilung über das Stalin-Cripps-Gespräch etwas mißtrauisch „offiziell" leicht abgewertet hatte, bezeichnet er die (vermeintliche) „Ablehnung" Englands durch Stalin als erfreulich. Er betont dabei besonders, Rußland habe in dem Gespräch zu erkennen gegeben, daß es „nicht die Führung und Zusammenfassung auf dem Balkan in Anspruch nehmen" wolle[36]. Ein Reibungs- und möglicher Kriegsgrund fiel damit weg.

Jedoch war Hitlers Beunruhigung über die sowjetische Haltung nicht ganz beseitigt. Wenn schon die Wiederaufnahme der sowjetisch-jugoslawischen Beziehung vom Ende Juni nicht in seine Vorstellungen paßte, so erst recht nicht das Gespräch, das der neuernannte jugoslawische Gesandte mit dem sowjetischen Staatspräsidenten Kalinin geführt hatte. Hier wie auch in weiteren abgehörten Gesprächen wurde offen zum Kampf gegen Deutschland aufgefordert.[37,38]

Wenig Beachtung hat in der Geschichtsschreibung die Aufzeichnung Raeders über den 21. Juli 1940 gefunden. Hillgruber[39] meint, daß sie „stark systematisiert" sei und „daher Hitlers Gedankengang nicht mit Sicherheit wirklich korrekt wiedergibt". Das ist keine überzeugende Argumentation. Auch Raeder hebt die Luftbedrohung Deutschlands vom Osten hervor, stellt Hillgruber fest, aber über die beabsichtigte Ostoffensive bringt er überhaupt nichts. Das paßt natürlich nicht in Hillgrubers Vorstellungen, denn das würde ja bedeuten, daß die Ostfragen keineswegs jenen Schwerpunkt in dieser Besprechung gebildet haben, der ihnen von der etablierten Geschichtsschreibung zugewiesen wird. Auf diese Erklärung kann Hillgruber natürlich nicht kommen. Er hält es vielmehr für möglich („möglicherweise"), daß Raeder – wie später am 31. Juli – die Besprechung vorzeitig verlassen hat. Auch diese Vermutung stellt keine überzeugende Argumentation dar.

Eine wichtige Bemerkung Hitlers, die bei Halder fehlt, finden wir bei Raeder wieder. Bei Hitlers Ausführungen über Englands Gründe für die Fortführung des Krieges heißt es bei Halder nur: zweitens Hoffnung auf Rußland. Diese lapidare Feststellung wird bei Raeder ergänzt: „... dessen Eintritt in den Krieg besonders durch die Luftbedrohung Deutschlands unangenehm wäre". Das wäre der Fall nicht nur durch die unmittelbare Bedrohung, sondern auch durch den dadurch erforderlichen Abzug starker deutscher Luftstreitkräfte von der Westfront, die für die Luftkriegführung gegen England dringend benötigt wurden.[40] Wenn man dann noch liest, daß „eine schnelle Beendigung des Krieges ... im Interesse des deutschen Volkes" liegt, kann man sich schwer vorstellen, daß gleichzeitig eine Ostoffensive beabsichtigt wurde, es sei denn zur Abwendung der aus dem Osten kommenden Luftbedrohung. Dann aber entfallen alle expansiven Ostkriegsvorstellungen.

Es muß noch Stellung genommen werden zu den im letzten Julidrittel diskutierten Plänen, einen Herbstfeldzug durchzuführen. Es ist in der Literatur umstritten, von wem dieser Gedanke ausgegangen ist. In den Aufzeichnungen Halders über den 21. Juli lesen wir, „dem Führer ist gemeldet". Danach war Hitler nicht der Urheber. Vieles spricht dafür, daß der Gedanke aus dem OKH stammte, obwohl von Brauchitsch und Halder offensichtlich nicht für die Urheberschaft in Frage kommen. Das OKW auch nicht, denn von Jodl und Keitel erfolgt nach einigen Tagen die eindeutige Ablehnung solcher Herbstpläne. Die Herbstfeldzugfrage wird vor allen Dingen von denen positiv beantwortet, die von einem frühzeitigen prinzipiellen Entschluß Hitlers, die Sowjetunion anzugreifen, überzeugt sind.

Übersehen oder zu wenig berücksichtigt wird bei der Erörterung dieser Frage, daß es sich nicht um die Frage eines Herbst*angriffes* handelte, sondern um einen Herbst*aufmarsch* zur Abwehr möglich erscheinender sowjetischer (lokaler) Vorstöße.

Das geht auch aus der Aussage Jodls vor dem Nürnberger Militärgericht hervor. Über die Lagebesprechung vom 29. Juli 1940 hat Jodl wie folgt ausgesagt: „Der Führer behielt mich nach der Lagebesprechung allein zurück und sagte mir überraschend, er habe Sorge, daß Rußland noch vor dem Winter in Rumänien weitere Besetzungen vornehmen könnte und uns damit das rumänische Ölgebiet, das die ‚conditio sine qua non' für unsere Kriegsführung war, wegnehmen könnte. Er frug mich, ob wir nicht sofort einen Aufmarsch durchführen könnten, um noch im Herbst bereit zu sein, einer solchen russischen Absicht mit starken Kräften entgegenzutreten. Das ist nahezu der Wortlaut, mit dem er sich geäußert hat, und alle anderen Darstellungen sind falsch."[40a]

Hitler hatte drei große Aufmärsche durchführen lassen (Sudeten, Polen, Westfeldzug), die jeder viele Monate in Anspruch genommen hatten, und er sollte durch eine noch nicht einmal von höchster Wehrmachts- oder Heeresstelle stammende Meldung über eine benötigte kurze Aufmarschzeit seine Erfahrungen wegwischen lassen? Unwahrscheinlich! Erst recht, wenn er, wie Warlimont ausgesagt hat, schon im August hätte angreifen wollen.

Weinberg hat sich mit der Transportfrage beschäftigt. Aus seinen Untersuchungen ist zu entnehmen, daß die Befehle für die Transporte der 18. Armee, der ersten vom Westen nach Osten transportierten größeren Einheit, offenbar erst gegen Ende Juli ergangen waren[41]; das waren sechs Wochen, nachdem die ersten Überlegungen im OKH über die Verlegung angestellt waren, und nun wollte man im August nicht nur eine Armee, sondern eine aus mehreren Armeen bestehende Angriffsstreitmacht im Osten aufmarschieren lassen! Es ist verwunderlich, daß es überhaupt noch zu der von Irving beschriebenen Ausbreitung der „Eisenbahnkarten auf dem großen Marmortisch des Berghofes" kommen mußte, um zu einem negativen „Ergebnis der transporttechnischen Prüfung" zu kommen[42].

Der Verfasser hat in seinem Buch „War es Hitlers Krieg?" darauf hingewiesen, daß der deutsche Angriffstermin gegen Polen zu einem großen Teil vom zu erwartenden Wetter und den dadurch bedingten Wegeverhältnissen abhängig gewesen war. Gerade Hitler hatte auf diesen Punkt hingewiesen, und nun sollte eine Berücksichtigung solcher Überlegungen bei einer Kriegführung in noch weiter östlich gelegenen Gebieten mit noch schlechteren Klima- und Wegeverhältnissen keine Rolle gespielt haben? Nicht glaubhaft.

4. Der bedeutungsvolle 31. Juli

Die Diskussion über Hitlers Entschluß vom 31. Juli 1940, die Sowjetunion anzugreifen, hat jahrzehntelang die Historiker und Publizisten beschäftigt, die sich anmaßten, historische Urteile abzugeben, zuletzt noch 1982 in der Kontroverse Hillgruber–Stegemann[43]. Hat Hitler den Entschluß zum Krieg gegen die

Sowjetunion als Vollzug seines in „Mein Kampf" niedergelegten angeblichen „Programms" zur „Gewinnung von Lebensraum im Osten" und zur Vernichtung des jüdischen Bolschewismus (oder nach Hillgruber: zur Ausrottung der Juden) getroffen, oder haben realpolitische Gründe die Auseinandersetzung unausweichlich gemacht? Auf diese Fragestellung kann man die Diskussion komprimieren. Dabei soll nicht übersehen werden, daß die ausschließliche Bezugnahme auf „Mein Kampf" teilweise ergänzt wird durch Zuerkennung einer funktionalen Bedeutung des Ostfeldzuges, wie Hillgruber sie – allerdings ohne Absicherung durch Quellen – innerhalb von Hitlers angeblicher „Weltstrategie" sieht.

Es kann und soll nicht Aufgabe dieses Buchabschnittes sein, in einer geschlossenen Abhandlung Stellung zu der umfangreichen Diskussion zu beziehen. Das würde den Rahmen dieses Buches sprengen. Der Verfasser will sich vielmehr darauf beschränken, auf Punkte hinzuweisen, die nach seiner Meinung in der Diskussion nicht genug berücksichtigt worden sind.

Dabei soll nicht – wie es in der gesamten Auseinandersetzung im überreichlichen Maße geschehen ist – mit Vermutungen, unfundierten Behauptungen und dem reichlichen Gebrauch des Wortes „wahrscheinlich" operiert werden. Der Verfasser ist bestrebt, sich an belegbare Aussagen zu halten.

Auch am 31. Juli stand wie bei allen anderen Besprechungen jener Tage die Frage der Invasion Englands im Mittelpunkt. Wenn man den Notizen Halders[44] folgt, muß auffallen, daß die Ausführungen Raeders und die Bemerkungen Hitlers nicht sehr optimistisch klangen. Der Eindruck verstärkt sich, nachdem Raeder die Besprechung verlassen hatte. Hitler zeigt sich zwar von der Leistung der Marine befriedigt, aber er „betont seine Skepsis gegenüber technischen Möglichkeiten", vermerkt Halder. Das kann doch nur bedeuten, daß er die Ausrüstung der deutschen Kriegsmarine, eine Invasion Englands durchzuführen, für nicht ausreichend hielt. Offensichtlich nimmt er angesichts der zahlenmäßigen Überlegenheit der britischen Marine entscheidende „Einwirkungsmöglichkeiten des Feindes" an. Auf 8–15 % je nach Schiffstyp der britischen Marine setzt er die deutsche Flottenstärke an und kommt dann zu dem Urteil, daß die deutschen Seeabwehrmöglichkeiten – wohl gegen britische Angriffe auf eine deutsche Invasionsflotte – gleich null sind. Es bleiben die Minen, die Hitler als nicht voll zuverlässig beurteilt, und die Küstenartillerie, die zwar das Prädikat „gut" erhält, aber wohl nur beschränkt für die Unterstützung einer Invasion in Frage kam. Als letztes erwähnt Hitler ohne Urteil die Luftwaffe. Zu dieser skeptischen Beurteilung des Kräfteverhältnisses kommen dann offensichtlich noch Bedenken hinsichtlich des Wetters bei einem im Herbst durchzuführenden Unternehmen. Das alles mußte Hitler die Invasion als ein risikoreiches Unternehmen erscheinen lassen. Meine „Entscheidung wird immer berücksichtigen, daß wir nichts umsonst riskieren", vermerkt Halder als Äußerung Hitlers, der den Gedanken an eine Invasion wohl bereits aufgegeben hatte.

So war der nächste Gedankenschritt zwangsläufig. Wenn England durch eine Invasion nicht zur Aufgabe gezwungen werden konnte, müssen die deutschen Hoffnungen ausgeschaltet werden, daß „England bewegt werden könnte, noch auf eine Änderung zu hoffen". „Englands Hoffnung ist Rußland und Amerika." Hier hat gegenüber dem 21. Juli eine Änderung in der Reihenfolge stattgefunden. Während am 21. noch Amerika an erster Stelle gestanden hatte und Rußland nur ohne zusätzliche Bemerkung Halders an zweiter Stelle erwähnt wird, liegt das Schwergewicht jetzt bei Rußland. Halder gibt auch Hitlers Begründung dafür an: „Wenn Hoffnung auf Rußland wegfällt, fällt auch Amerika weg, weil (mit) Wegfall Rußlands eine Aufwertung Japans in Ostasien in ungeheurem Maße erfolgt. Zwei Fliegen konnte man gewissermaßen mit einer Klappe schlagen, nicht nur eine, sondern beide Hoffnungen Englands aus der Welt schaffen."

Nun waren das nicht nur theoretische Überlegungen Hitlers. Die Engländer seien schon „ganz down" gewesen und seien nun in ihrem Widerstandswillen wieder aufgerichtet, glaubte er zu wissen, wobei es in Halders Aufzeichnungen unklar bleibt, ob die Bemerkung „abgehörte Gespräche" sich auch auf den aufgelebten britischen Widerstandswillen oder nur auf Hitlers Feststellung bezog, daß Rußland „unangenehm berührt von der schnellen Entwicklung der westeuropäischen Lage" gewesen sei.

Aus dieser Beurteilung der Lage – Hitler betont nochmals, daß die Zerschlagung Rußlands Tilgung der letzten Hoffnung Englands bedeute[45], folgt der Entschluß, im Frühjahr 1941 Rußland zu erledigen. Und um gewissermaßen letzte Zweifel über die Gründe für diesen Entschluß zu beseitigen, beginnt dieser mit den Worten: „Im Zuge dieser Auseinandersetzung muß Rußland erledigt werden." Das unterstreicht den funktionalen Charakter des geplanten Ostfeldzuges als das Mittel, England zum Nachgeben zu bringen, in eindeutiger Weise[46]. Dabei ist es unerheblich festzustellen, daß Hitler sich wiederum über den Willen Englands, Deutschland zu vernichten, getäuscht hat. Der Verfasser hat wie kaum ein anderer Historiker in seinen Büchern auf diese für die gesamte Entwicklung vor und während des Krieges entscheidende Fehlbeurteilung durch Hitler hingewiesen. Das berechtigt ihn sozusagen dazu, erneut auf ein solches Fehlurteil Hitlers hinzuweisen, das den entscheidenden Beitrag zum Verlust des Krieges bedeutete.

Es gibt noch eine weitere Fehlrechnung Hitlers in seinem Entschluß. Auch nach einer Zerschlagung der Sowjetunion wäre die deutsche Fähigkeit zu erfolgreicher Invasion nicht größer geworden. Die Unterlegenheit der deutschen Flotte wäre nicht verkleinert, aber die eigenen Abwehrkräfte Englands sowohl zu Wasser als auch im Lande erheblich verstärkt worden. Dazu wäre die wachsende Rüstungskraft der USA gekommen, die nur z. T. durch das von sowjetischer Bedrohung befreite Japan absorbiert worden wäre.

Angesichts dieser eindeutigen Zuordnung seiner Überlegung, den britischen Festlandsdegen zu vernichten, wird es nicht überraschen, daß Hitler auch am 31. Juli kein Wort über andere Ziele, die er mit der Zerschlagung der Sowjetunion anstrebte, fallenließ. Wir hören weder vom „Lebensraum" noch von den anderen „Programmpunkten"[47]. War Hitler ein so geschickter „Verdränger"? Oder gar ein höchst virtuoser Lügner? Dem Verfasser sind solche Erklärungen zu simpel; zudem entbehren sie einsichtiger Begründungen. Das schließt nicht aus, daß Hitler sich *nach* der endgültigen Entschlußfassung im Frühjahr 1941 „wieder mit dem ursprünglichen ideologischen Gegensatz des Nationalsozialismus zum Bolschewismus identifizierte", aber *nicht vorher*[48].

Man soll auch nicht mit der Erklärung kommen, der seit Wochen mit dem Gedanken an eine militärische Auseinandersetzung mit der Sowjetunion beschäftigte Halder sei darauf so fixiert gewesen, daß er, angetan von Hitlers militärischen Darlegungen, die politisch-ideologischen Bemerkungen überhört habe. Auch vom Antibolschewismus war nicht die Rede, und das wäre doch eine Begründung für die Überlegung zum Angriff gewesen, die auch die ideologisch nicht geschulten Militärs verstanden und der sie zugestimmt hätten. Auch der Begriff „Lebensraum" war kein Fremdwort für deutsche Generale des Jahres 1940. Hans Grimms Buch „Volk ohne Raum" hatte ein Teil von ihnen sicherlich gelesen; zumindest der Titel des Romans war in aller Ohr. Der Verfasser hat den ganzen Krieg im deutschen Offizierskorps mitgemacht. Er hat manche erstaunlich reaktionäre, antinazistische Äußerung gehört und ist ihr entgegengetreten, aber daß die britische Weigerung als Vorwand dienen mußte, um den Militärs die Notwendigkeit eines Rußlandfeldzuges plausibel zu machen, ist ihm nie gesagt worden. Er kann sich auch nicht der Meinung mancher Historiker (u. a. Haffner) anschließen, Hitler habe Lebensraum gemeint und den Militärs strategische Ziele angegeben. Dafür gibt es keine Belege, nicht einmal Hinweise, nur spekulative Vermutungen.

Handelte es sich am 31. Juli um einen endgültigen unabänderlichen Entschluß, wie vielfach behauptet wird? Die Worte „endgültig" und „unabänderlich" haben bei Hitler keine absolute Bedeutung gehabt. Als markantestes Beispiel hierfür sei auf den 30. Mai 1938 verwiesen. Auf dem Höhepunkt der sogenannten „Maikrise" hatte Hitler entschieden: „Es ist mein unabänderlicher Entschluß, die Tschechoslowakei in absehbarer Zeit durch eine militärische Aktion zu zerschlagen." Der Verfasser hat nachgewiesen, daß Hitler drei Wochen später, am 18. Juni, den Entwurf für eine neue Weisung herausgab, in dem von einem „unabänderlichen Entschluß" nicht mehr die Rede war[49].

Ein so objektiver und dem Meinungsstreit deutscher Historiker enthobener Verfasser wie der schwedische Diplomat Allard stellt fest, daß das Ergebnis der nach dem 31. Juli eingeleiteten operativen Studien für einen Feldzug zwar zu einem grundsätzlichen Beschluß für einen Angriff Mitte Mai 1941 führte, was aber keine endgültige, unwiderrufliche Entscheidung bedeutet hätte. „Sowohl die Frage, ob überhaupt ein Feldzug gegen die Sowjetunion geführt werden sollte, als auch die des geeigneten Zeitpunktes dafür waren noch offen"[50].

Von dem damaligen Chef des Organisationsamtes des deutschen Generalstabes, General Buhle, stammt eine Stellungnahme zum 31. Juli 1940. Hitler habe sich alle Entscheidungen immer bis zuletzt vorbehalten, heißt es darin.[51] In anderen Zusammenhängen wird ähnliches häufiger berichtet, dann allerdings oft verbunden mit dem Vorwurf des Zögerns und der Unentschlossenheit.

Es wird überraschen, daß wir in der Reihe unserer „Zeugen" auch Hillgruber aufführen, zwar nicht den Autor Hillgruber der späten fünfziger und sechziger Jahre nach seiner „Wende", sondern den von 1954. Zusammen mit Seraphim veröffentlichte er, wie schon oben erwähnt, in den Vierteljahrsheften für Zeitgeschichte einen Aufsatz über Hitlers Entschluß zum Angriff auf Rußland[52]. In diesem Aufsatz wird u. a. auch über die Vernehmung Halders im Wilhelmstraßenprozeß berichtet. Halder hatte unter Eid über Hitlers Ausführungen am 31. Juli ausgesagt, daß Hitler auch den Gedanken zum Ausdruck gebracht habe, „daß er im Frühjahr 1941 mit der Möglichkeit rechne, Rußland angreifen zu müssen, und gab einige operative Gesichtspunkte, wie er sich die Führung eines solchen Krieges denke". Zwei Punkte sind von Bedeutung. Erstens war ein Angriff auf die Sowjetunion für Hitler kein fester Entschluß, sondern nur eine Möglichkeit, und zweitens wäre der Angriff nicht aufgrund einer freien Entscheidung erfolgt, sondern Deutschland hätte Rußland angreifen müssen. Wir erfahren leider nicht, was ihn dazu gezwungen hätte. Hillgruber und Seraphim stützten ihre Aussage durch den Hinweis, Halder habe sein Merkbuch (sein sog. Tagebuch) bei seiner Aussage in Händen gehabt. Damit entfalle der Einwand, Halder habe sich nicht mehr an die Besprechung erinnern können.

Wir bleiben noch bei den bemerkenswerten Ausführungen von Seraphim und Hillgruber, auch wenn sie in ihrer Bedeutung von den Verfassern später abgemindert sind. Sie wenden sich ausdrücklich gegen Weinbergs These vom endgültigen Angriffsentschluß Hitlers Ende Juli. Sie sei nicht haltbar. Hitler habe seine Politik nach dem 31. Juli nicht zielbewußt und ausschließlich auf die Vorbereitung eines Angriffskrieges als einzigen Ausweg dargestellt. Das Gegenteil sei der Fall gewesen. Vielmehr habe Hitler versucht, die Regelung der Beziehungen auf politischem Wege zu erreichen. Alles sei (im Sommer 1940) noch im Fluß gewesen. Fest habe nur die Grundkonzeption gestanden, eine Lösung mit Rußland möglichst auf politischem Wege zu erreichen. Sollte das nicht möglich sein, bleibe nur der Weg der Gewalt. Damit bestätigen Seraphim und Hillgruber, daß Hitler eine Politik des „So *oder* so" betrieben hat, wie der Verfasser sie unten dargestellt hat.

Zitieren wir als letztes (es gäbe viele weitere) noch eine ausländische Stimme. Butlers quasi offiziöse „Grand Strategy" hält in ihrem ersten Band fest, daß Hitlers Entscheidung nicht unwiderruflich war. Erst im Dezember sei die Weisung für „Barbarossa" ausgegeben worden.[53] Und im Band II dieser Reihe wird die These ergänzt durch den Hinweis, daß es sich nur um Planungsentscheidungen gehandelt habe, die Hitler während der nächsten neun Monate völlige Freiheit gelassen hätten, seine Politik umzukehren[54].

Aus dem Text Halders geht nicht hervor, daß die Weisung Hitlers endgültig war. Alle angestellten Überlegungen der Historiker können daher nur Vermutungen enthalten. Das Wort „wahrscheinlich" spielt bei allen eine große Rolle, auch bei Hillgruber. Wir kommen weiter, wenn wir die Frage untersuchen, wie General Halder selber seine Niederschrift beurteilt hat. Mit einem Schreiben an Hillgruber vom 5. Oktober 1954 liegt eine direkte Äußerung von ihm vor. Weisen wir noch einmal auf diese schon mehrfach zitierte Aussage Halders hin. Brauchitsch und ihm schien die Besprechung vom 31. Juli „keine endgültige Entschlußbildung zum Ausdruck zu bringen, sondern nur einen Startschuß für die vorausschauend zu treffende Vorbereitung".[55, 56] Und ein ergänzender Hinweis Halders bestätigt das oben Gesagte. „Wir hatten ähnliche Fälle schon mehrmals erlebt."

Nun kann gegen die Aussage der Einwand erhoben werden, sie sei *nach* dem Kriege erfolgt, und die Objektivität solcher Nachkriegsaussagen sei durch das Bestreben, sich selbst zu entlasten, stark eingeschränkt. Prüfen wir deshalb, ob es Äußerungen Halders vor Beginn des Ostfeldzuges gibt, die den Schluß zulassen, daß es sich für ihn nicht um einen endgültigen Entschluß gehandelt hatte.

Am 27. August[57] beklagte er sich, daß das Heer für alles bereit sein solle, ohne daß eine klare Auftragserteilung erfolge. Offenbar war der unabänderliche Entschluß für ihn kein Befehl, der Zweifel über die zu treffenden Maßnahmen ausschloß. Die Weisung Nr. 18 vom 12. November 1940 war für ihn so weitschweifend, daß ihm Zweifel kamen, ob die Planung für den Ostkrieg noch entscheidend war. Dazu kann auch der in der Weisung enthaltene Hinweis beigetragen haben[58], daß politische Besprechungen mit dem Ziel, die Haltung Rußlands für die nächste Zeit zu klären, eingeleitet worden seien. Wahrscheinlich war ihm als militärischem Fachmann im Unterschied zu zivilen Historikern die anschließende Bemerkung, daß unabhängig vom Ergebnis dieser Besprechungen „alle schon mündlich befohlenen Vorbereitungen für den Osten fortzuführen" seien, eine Selbstverständlichkeit. Der Mehrzahl der Historiker dagegen war das ein Beweis für die Existenz der Hitlerschen Angriffsabsichten. Zwei weitere Eintragungen Halders lassen auch nicht darauf schließen, daß er den 31. Juli als die „ultima ratio" angesehen hat. Am 24. Oktober drückte er die Hoffnung auf Teilnahme der Sowjetunion am abgeschlossenen Dreimächtepakt aus[59]. Dann würde der Krieg gegen Großbritannien mit aller Kraft durch eine Invasion fortgeführt werden. Und nach der Besprechung in der Reichskanzlei vom 4. November notierte Halder, daß der Entschluß über den Ostfeldzug immer noch offen sei. Und Fabry weist auf Greiner hin und erklärt, daß sich das Wort „fester Entschluß" auch für das Unternehmen „Felix" findet und keine Realisierung gefunden hat[60]. Und am 1. November notierte er bei der Erwähnung des bevorstehenden Molotow-Besuches, der Führer hoffe, Rußland in die Front gegen England einreihen zu können[61].

Auf zwei weitere Punkte sei noch hingewiesen. In der Besprechung vom 31. Juli hatte Hitler auch auf die Bedeutung einer Zerschlagung Rußlands für Japans Stellung in Ostasien hingewiesen. Wie vertragen sich mit einer solchen wichtigen Feststellung die starken Bemühungen der deutschen Außenpolitik bis Anfang 1941, eine sowjetisch-japanische Annäherung herbeizuführen? Sie mußten – wie im Herbst 1941 erwiesen – zu einer Stärkung der Position der UdSSR führen. Unverständlich eine solche Politik, wenn man die Sowjetunion zerschlagen wollte. Aber wollte man das im Spätsommer 1940?

Hitlers Politik ist immer eine solche des „So oder so" gewesen[62], das galt für die Vorgeschichte von München 1938 wie auch für seine Politik in der Danzigfrage. Mit „one way or the other by the end of August" hat der britische Historiker Aster die deutsche Politik im August 1939 beschrieben. Der amerikanische Historiker Lukacs[63] meint, diese Politik auch in Hitlers Weisung Nr. 16 über die Vorbereitung einer Landungsoperation gegen England vom 16. Juli 1940 zu erkennen. Wegen der fehlenden Verständigungsbereitschaft Englands habe er sich entschlossen, „eine Landungsoperation gegen England vorzubereiten und, wenn nötig, durchzuführen."[64]

Und auch die „Weisung Nr. 21: Fall Barbarossa" vom 18. Dezember 1940, die ja von fast allen Historikern als der nunmehr unbestritten endgültige Entschluß Hitlers für den Angriff auf die Sowjetunion gilt, enthält nicht zu übersehende Einschränkungen.[65] Es handele sich um Vorsichtsmaßnahmen für den Fall, „daß Rußland seine bisherige Haltung gegen uns ändern sollte", verfügte Hitler. Höchste Geheimhaltung sei erforderlich. „Sonst besteht die Gefahr, daß durch ein Bekanntwerden unserer Vorbereitungen, deren Durchführung zeitlich noch nicht festliegt, schwerste politische und militärische Nachteile entstehen." Wie können politische Nachteile entstehen, wenn man zur militärischen Ausführung entschlossen ist? Und politische Nachteile konnten doch nur eintreten, wenn man eine mögliche politische Lösung nicht für ausgeschlossen hielt.

Es gibt noch eine weitere aufschlußreiche Bemerkung in dieser Weisung Hitlers.[66] „Den Aufmarsch gegen Sowjetrußland werde ich gegebenenfalls acht Wochen vor dem beabsichtigten Operationsbeginn befehlen." Der Eintritt des Falles (Rußland) steht noch nicht fest. Falls er gegeben ist, werde ich den Aufmarsch befehlen, ist des Verfassers Deutung dieser Worte Hitlers. Hitlers Überlegungen, Englands Festlanddegen Rußland vernichten zu müssen, um England zum Frieden zu veranlassen, waren also nicht nur auf die letzten Julitage beschränkt. Am 27. Dezember[67] begründete er seinen Entschluß zum Angriff auf die Sowjetunion wiederum mit der Notwendigkeit, den letzten auf dem Kontinent verbliebenen Feind zu vernichten, bevor sich dieser mit England vereinige. Und am 8. Januar 1941 wurde er noch ausführlicher in diesem Punkt. „Britannien wird in seinem Kampf von den Hoffnungen getragen, die es auf die Vereinigten Staaten und Rußland setzt... die nächste Zeit wird es Englands Ziel sein, Rußlands ganze Stärke gegen uns in Bewegung zu setzen..."

Und zum letzten Mal hat Hitler sich zu dieser Frage in seinem politischen Testament geäußert[68]. Für ihn hatte es Ende 1940 keine Hoffnung mehr gegeben, den Krieg im Westen durch eine Invasion zu beenden. Die britische Führung hatte sich so lange gegen einen „ehrlichen Friedensschluß" gesträubt, „als noch eine im innersten Wesen reichsfeindliche Macht in Europa selbst ungeschlagen blieb. Das einzige Mittel, die Engländer zum Frieden zu zwingen, war, ihnen durch Vernichtung der Roten Armee die Hoffnung zu nehmen, uns auf dem Kontinent einen ebenbürtigen Gegner entgegenzustellen. Es blieb uns keine andere Wahl, als den Faktor Rußland aus dem europäischen Kraftfeld herauszulösen."

5. Über den Zeitpunkt des Entschlusses

Bei der Entscheidung der Frage, ob es sich am 31. Juli um den unabänderlichen Entschluß Hitlers gehandelt hatte, ist es erforderlich, spätere Aussagen über den Zeitpunkt des Entschlusses heranzuziehen. Daher soll ausschließlich auf die Aussagen Beteiligter zurückgegriffen werden.

Hitler selbst hat sich in seinem politischen Testament dazu geäußert[69]. „Ich faßte meinen Entschluß sofort nach Molotows Novemberbesuch in Berlin." Hitler selbst hat auch seine Begründung dafür gegeben. „Ich habe von diesem Augenblick an gewußt, „daß über kurz oder lang Stalin abfallen und ins alliierte Lager übergehen würde." Auf seine weitere Begründung werden wir bei der Behandlung des Molotow-Besuches eingehen.

Über die Frage, ob es sich um einen *endgültigen* Entschluß gehandelt habe, hat Hitler sich in seinem Testament nicht ausgelassen. Wir haben oben auf die in der Weisung Nr. 21 vom 18. Dezember enthaltenen Vorbehalte Hitlers hingewiesen, die sie wie auch weitere noch aufzuzeigende Fakten nicht als einen endgültigen Entschluß erscheinen lassen. Der 31. Juli findet überhaupt keine Erwähnung. Dieses offenbar völlige Verschwinden aus Hitlers Erinnerung läßt darauf schließen, daß es sich an diesem Tage nicht um einen unabänderlichen Entschluß gehandelt hat.

Die anderen zum inneren Führungskreis zählenden Mitarbeiter Hitlers, so Göring, Ribbentrop und Jodl, stimmen überein, daß die jugoslawischen Ereignisse von Anfang April 1941 für den endgültigen Entschluß Hitlers entscheidend gewesen waren, wobei der Abschluß des sowjetisch-jugoslawischen Nichtangriffspaktes vom 5. April, der die wahren Absichten Stalins nach Meinung der deutschen Politiker enthüllte, gewissermaßen das I-Tüpfelchen darstellte.

So sagte Göring vor dem Nürnberger Tribunal aus[70], daß die letzte Entscheidung erst nach dem Simović-Putsch in Jugoslawien gefallen sei.[71] Vorher habe Hitler nur „allgemeine Vorbereitungen mit einschränkenden Kautelen" getroffen. Den „tatsächlichen Angriff" habe er sich damals gleich – Göring bezog sich auf eine Unterredung mit Hitler im Spätherbst 1940 in Berchtesgaden – noch vorbehalten.

Jodls Aussage ist hinsichtlich der Bedeutung der jugoslawischen Ereignisse vielleicht noch eindeutiger. Sie hätten den letzten Ausschlag gegeben; bis dahin seien immer noch Zweifel bei Hitler vorhanden gewesen[72].

Während bei den mehr militärisch denkenden Offizieren Göring und Jodl die Vorstellung vom Einfluß der jugoslawischen Ereignisse allgemeiner Natur ist, konzentriert sie sich bei dem Außenpolitiker Ribbentrop auf das konkrete politische Ereignis. Sein Verteidiger verweist auf den Abschluß des jugoslawischen Nichtangriffs- und Freundschaftspaktes mit der UdSSR. Seine Frage nach der Wirkung dieses Vertragsabschlusses auf Deutschland beantwortete Ribbentrop eindeutig, „die Wirkung auf den Führer schien ihm eine Bestätigung dessen zu sein, daß Rußland sich von der Politik des Jahres 1939 entfernt hatte. Er empfand es als einen Affront." Ribbentrop bestätigte, daß Hitler ihm weitere diplomatische Schritte gegenüber Moskau verboten hatte. Er, Ribbentrop, habe vorgeschlagen, in verstärktem Maße die Haltung Rußlands zu klären. Hitler habe das abgelehnt mit der Begründung, es werde keinen Zweck haben und an der Haltung Rußlands nichts ändern[73].

Ein amerikanischer Historiker, der sehr ausdrücklich die Auffassung von einer späten Entschlußfassung Hitlers vertritt, betont, daß Hitler Ribbentrop von seiner endgültigen Entscheidung erst am 6. April, dem Tag des Bekanntwerdens des sowjetisch-jugoslawischen Vertrages, unterrichtet habe[74]. Auch das spricht für den Einfluß dieses feindseligen Verhaltens der Sowjetunion auf Hitlers Entschlußfassung.

Ein letzter Grund sei angeführt. Im politischen Testament schreibt Hitler, der Befehl zum Angriff auf die Sowjetunion sei der schwerste Entschluß seines Lebens gewesen[75]. Dieser Eindruck ist bestätigt. Dann kann es nicht überraschen, daß Hitler mit dem endgültigen Entschluß so lange gewartet hatte.

Man wende gegen die vor dem IMT gemachten Aussagen nicht ein, sie seien von Angeklagten zu ihrer Selbstverteidigung gemacht worden. Eine darauf abgestellte Analyse ergibt nach Auffassung des Verfassers, daß das für die in dieser Arbeit herangezogenen Beispiele nicht zutrifft.

VI. Hitlers Befürchtungen über ein mögliches britisch-sowjetisches Zusammengehen

1. Die britische Reaktion auf den sowjetischen Einmarsch in Polen

War es den Briten bei ihrem Ultimatum vom 3. September 1939 an Deutschland um die Rettung Polens gegangen oder um den erwünschten Kriegsgrund zur Verwirklichung „langfristiger Zielvorstellungen" (Hillgruber)? Warum aber reagierte man nur auf den Angreifer Deutschland und nicht in der gleichen oder ähnlichen Weise auf den Einmarsch sowjetischer Truppen in Polen am 18. September 1939? Völkerrechtlich bestand zwischen dem deutschen und dem sowjetischen Verhalten kein Unterschied. In beiden Fällen handelte es sich um Aggressionen.

Nun hat die britische Politik sich stets dadurch ausgezeichnet, daß sie gleichartige Vorgänge nicht mit gleichen Maßstäben maß und be- oder verurteilte. Maßstab waren immer die britischen Interessen. Von einem Ultimatum an die Sowjetunion wie an Deutschland war keine Rede, nicht einmal eine Abberufung des britischen Botschafters in Moskau fand statt. Solche und ähnliche Aktionen hätten das wichtige Ziel der britischen Diplomatie gefährdet. Sie mußte versuchen, das durch den deutsch-sowjetischen Vertrag vom 23. August 1939 verlorene Rennen um die sowjetische Mithilfe bei dem Sieg über Deutschland wieder aufzunehmen und doch noch in der Sowjetunion einen Bundesgenossen zu finden.

Dabei gab es genügend britisch-sowjetische Interessengegensätze, die ein Zusammengehen erschweren mußten. Es waren nicht nur die alten, aus der Geschichte übernommenen, darunter die Dardanellenfrage und Persien. Die weitgehenden Zugeständnisse, die Hitler im geheimen Zusatzprotokoll vom 23. August gemacht hatte, waren schwerlich von den Briten zu überbieten. Im Gegenteil.

Zunächst wurde versucht, die Handelsbeziehungen mit der Sowjetunion zu verbessern. Aber auch das stieß auf erhebliche

Schwierigkeiten. Die Sowjets waren nicht bereit, auf die von den Briten erhobene verständliche Forderung, daß von ihnen gelieferte strategische Waren nicht an die Deutschen weitergeliefert werden sollten, einzugehen. Die Wirkung der britischen Blockade gegen Deutschland, ihre schon im Ersten Weltkrieg erprobte Waffe war schon durch die Lieferung von in der Sowjetunion erzeugten Gütern erheblich eingeschränkt. Jetzt sollte diese Einschränkung noch vergrößert werden durch Waren, die die Sowjetunion von Großbritannien und anderen Ländern bezog. Schwer vorstellbar.

So war es nicht verwunderlich, daß die vom sowjetischen Londoner Botschafter Maiskij im März 1940 angebotene Eröffnung von Handelsgesprächen wegen dieser Frage nicht von der Stelle kam.

2. Die Cripps-Mission

Um die Handelsgespräche voranzubringen, entschloß sich die britische Regierung, einen Mann „linker Couleur", den Labourabgeordneten Sir Stafford Cripps, nach Moskau zu schicken. Sicher spielte die Hoffnung dabei eine Rolle, daß die linke Herkunft von Cripps die Gespräche erleichtern würde. Formale Schwierigkeiten jedoch tauchten auf. Die Briten wollten Cripps als Sonderbotschafter, als „special ambassador" entsenden. Die Sowjets bestanden jedoch auf Cripps als ordentlichem Botschafter. Nun war dieser Posten naturgemäß besetzt.

Am 29. Mai 1940 teilte der britische Parlamentarische Staatssekretär Butler dem sowjetischen Botschafter Maiskij mit, daß der amtierende britische Botschafter, Sir William Seeds, abgelöst würde und Sir Stafford Cripps an seine Stelle treten sollte. So konnte Cripps schließlich seine Reise antreten.

Nicht gerade begeistert von den Sowjets aufgenommen, konnte Cripps dann am 14. Juni Molotow einen Besuch abstatten. Die deutschen Erfolge in Frankreich hatten seine Gesprächsposition nicht gerade verbessert. Er trat daher auch politisch zurückhaltend auf und schlug vor, die politischen Fragen zurückzustellen, bis die Handelsverhandlungen auf den Weg gebracht seien[1]. Auf eine solche Verschiebung ließ Molotow sich jedoch nicht ein. Er verwies

Cripps in den Handelsfragen an den dafür zuständigen Volkskommissar Mikojan und wollte von ihm wissen, an welche politischen Fragen er gedacht hatte.

Ohne daß schon Reibungspunkte deutlich geworden waren, war es den politisch erfahrenen Briten natürlich klar, wo künftige deutsch-sowjetische Gegensätze bestehen würden. Da das in einem Gebiet sein würde, in dem auch sie wie im Ersten Weltkrieg eine Front gegen Deutschland aufbauen konnten, nannte Cripps den Balkan neben dem Fernen Osten. Er meinte, daß ein gemeinsames sowjetisch-britisches Interesse bestehe, die Unabhängigkeit der Balkanstaaten gegen deutsche und italienische Aggressionen zu verteidigen. Die Sowjetunion möge helfen, die Balkanstaaten zu diesem Zweck zusammenzufassen.

Nicht nur wegen der besonderen sowjetischen Absichten auf dem Balkan – noch war die sowjetische Besetzung Bessarabiens und der nördlichen Bukowina nicht erfolgt – zeigte Molotow großes Interesse für Cripps' Ausführungen. Freilich nicht für den Fernen Osten. Zu einer Unterhaltung darüber ließ er es – angeblich aus Zeitmangel – nicht kommen. An Rumänien bekundete er besonderes Interesse. Das war angesichts der bevorstehenden Besetzung von Bessarabien nicht weiter verwunderlich.

Anders war es schon mit der Aufnahme des Cripps-Vorschlages über die Bildung eines Balkanblocks. Daß ein solcher Block nur eine antideutsche Tendenz haben konnte und sollte, war nicht zu leugnen. Und wenn Molotow eine solche antideutsche Blockbildung nicht zurückwies, war das für die Briten eine Bestätigung, daß sie eine schwache Stelle im deutsch-sowjetischen Verhältnis berührt hatten. Schon am 12. Juni hatte Cripps bei seiner Ankunft in Moskau eine Erklärung abgegeben, die in dieselbe Richtung zielte. Cripps hatte aber auch begriffen, daß alle Versuche, die Sowjetunion in eine antideutsche Front einzubeziehen, eine eindeutige Bereitschaftserklärung der USA für Zusammenarbeit zur Voraussetzung hatten.[2]

Während über den Inhalt des Gesprächs zwischen Molotow und Cripps in der Geschichtswissenschaft Übereinstimmung besteht, vor allem auch aufgrund der telegrafischen Mitteilung von Cripps an seine Regierung, ist das hinsichtlich des Gespräches Cripps–Stalin nicht der Fall.

Cripps hatte zunächst Schwierigkeiten, überhaupt einen Termin zu erhalten. Ursprünglich war ein Empfang von Cripps durch Stalin nicht vorgesehen. Zwischen der ursprünglichen Ablehnung und dem am 1. Juli durchgeführten Empfang lag die Kapitulation Frankreichs. England gewann dadurch in den Augen Stalins eine größere Bedeutung. Schließlich schlug Halifax vor, der Premierminister solle eine Botschaft durch Cripps an Stalin schicken, der sich sicher nicht weigern würde, Cripps zu deren Übergabe zu empfangen, was dann auch der Fall war.

Auch hinsichtlich von Terminen für die Fortsetzung der Gespräche mit Molotow wie auch des am 15. Juni mit Mikojan stattgefundenen Wirtschaftsgespräches schwiegen die Sowjets.

Churchill (seit dem 10. Mai 1940 Premierminister) wies in seiner Botschaft darauf hin, daß seit der durch die Entscheidung der Sowjetunion vom August 1939 für Deutschland bedingten Verschlechterung der britisch-sowjetischen Beziehungen ein wichtiges Ereignis zu neuer Beratung Veranlassung gebe: die Errichtung einer deutschen Hegemonie über den Kontinent. Diese zu verhindern, sei das Ziel der britischen Politik in ihrem eigenen Interesse, aber auch um das übrige Europa von deutscher Herrschaft zu befreien. Die Sowjetunion müsse selbst entscheiden, inwieweit das deutsche Streben nach Hegemonie über Europa ihr eigenes Interesse bedrohe[3].

Schließlich kam es dann am 1. Juli 1940 von 6.30 Uhr nachmittags bis 9.15 Uhr abends zu dem von den Briten so sehr gewünschten Gespräch Stalin–Cripps[4].

Über die Ausführungen Stalins gibt es besonders in einem entscheidenden Punkt sehr unterschiedliche Aussagen.

Aufgrund der Konsultativverpflichtung des § 3 des deutsch-sowjetischen Vertrages vom 23. August 1939 überreichte Molotow im Auftrage Stalins dem deutschen Botschafter in Moskau am 13. Juli eine Aufzeichnung über das Gespräch zwischen Stalin und Cripps.[5] Das war zwar nicht sehr schnell gehandelt, aber immerhin war die Verpflichtung erfüllt. In dieser Aufzeichnung hieß es: Auf die Ausführungen von Cripps, in denen dieser über das von ihm bereits Molotow Gesagte hinaus die Auffassung vertrat, der Sowjetunion gebühre die Zusammenfassung und Führung der Balkanstaaten zum Zwecke der Erhaltung des status quo, habe

Stalin geantwortet, er sehe keine Gefahr der Vorherrschaft eines Landes in Europa. Noch weniger bestehe nach seiner Auffassung die Gefahr eines Überschluckens der europäischen Gebiete durch Deutschland. Er sei auch „nicht der Meinung, daß die deutschen militärischen Erfolge die Sowjetunion und ihre freundschaftlichen Beziehungen zu Deutschland bedrohten". Diese Beziehungen beruhten auf den grundlegenden staatlichen Interessen der beiden Länder. Das zerstörte alte europäische Gleichgewicht sei auch nicht im sowjetischen Interesse gewesen, und die Sowjetunion werde alle Maßnahmen gegen seine Wiederherstellung treffen.

Die Sowjetunion bestreite England das Recht, sich in den deutsch-sowjetischen Handel einzumischen. Die Sowjetunion werde weiterhin von ihr im Ausland eingekaufte Buntmetalle nach Deutschland exportieren. Wenn England das nicht anerkenne, „so sei ein Handel zwischen England und der Sowjetunion ausgeschlossen".

Das waren klare und eindeutige Worte, mit denen die Reichsregierung zufrieden sein konnte. So können denn wohl auch die Worte des Dankes für die Information, die Ribbentrop durch Schulenburg übermitteln ließ, aufrichtig gewesen sein, soweit nicht allein schon die Tatsache der Unterredung Stalin–Cripps selbst bei der deutschen Führung Mißtrauen erregt hatte. Und das scheint doch in nicht unerheblichem Maße der Fall gewesen zu sein.

So glaubt der britische Historiker Hinsley[6], daß deutsche Marineakten desselben Zeitraumes bewiesen, wie sehr Hitler über das Stalin-Cripps-Gespräch beunruhigt gewesen sei und einen britischen Versuch, Rußland von Deutschland abzuspalten, befürchtete.

Auch der deutsche Historiker Fabry[7] meint, Hitler habe im Juli 1940 Anlaß gehabt, eine sowjetisch-britische Allianz nicht nur für möglich, sondern sogar für wahrscheinlich zu halten.

Wenn man den offiziösen britischen Historiker Woodward liest[8], findet man eine Übereinstimmung mit der den Deutschen übergebenen sowjetischen Aufzeichnung. Ein zusätzlicher Punkt aus Stalins Ausführungen, den die Sowjets unterschlagen hatten, wird allerdings erwähnt. Stalin habe davon gesprochen, daß Deutschlands Verlangen nach dem rumänischen Öl gefährlich sei.

Das war eine Bemerkung, die den Briten, für die, wie wir noch sehen werden, das rumänische Öl ein Zentralproblem darstellte, wie Musik in den Ohren geklungen haben muß. Sie zeigt aber auch, wie berechtigt Hitlers Sorge über eine Inbesitznahme der rumänischen Ölquellen durch die Sowjets war.

3. Die Zweifel

Erste Zweifel an dem Wahrheitsgehalt der sowjetischen Aufzeichnungen des Stalin-Cripps-Gespräches wurden sehr schnell laut. In einem Telegramm des Leiters der politischen Abteilung des Auswärtigen Amtes, Woermann, an die Botschafter in Ankara und in Moskau vom 22. Juli 1940[9] wurde auf ein Gespräch von Cripps mit dem türkischen Botschafter in Moskau hingewiesen. Er habe Stalin zur Zusammenarbeit mit England geneigt gefunden, hatte Cripps geäußert. Gegenüber dem Moskauer US-amerikanischen Botschafter Steinhardt[10] hatte Cripps sich noch deutlicher geäußert. Stalin habe deutlich gemacht, daß seine Politik darin bestehe, eine Verflechtung in den Krieg zu vermeiden, insbesondere einen Konflikt mit der deutschen Armee. Stalin hatte zugegeben, daß Deutschland die einzige wirkliche Gefahr für die Sowjetunion bilde und daß ein deutscher Sieg die Sowjetunion in eine schwierige, wenn nicht gefährliche Situation bringen mußte. Jede Änderung der sowjetischen Politik zur damaligen Zeit würde jedoch eine deutsche Invasion provozieren. Er ziehe es vor, eine Auseinandersetzung mit Deutschland später, unter Umständen auch ohne Verbündete, zu führen, da selbst nach einem deutschen Sieg über Großbritannien die deutsche Militärmacht beträchtlich geschwächt sei und es für die „Nazileaders" schwierig sein würde, das deutsche Volk zu einer erneuten großen militärischen Anstrengung zu bringen. Stalin vergaß zu erwähnen, daß er auch auf eine größere eigene Stärke hoffte und deswegen den Konflikt hinausschieben wollte.

Auch Kennedy, der Londoner US-Botschafter, berichtete am 22. September 1940 in diesem Sinne an seine Regierung aufgrund einer Information, die er unmittelbar vom britischen Außenminister Halifax erhalten hatte.[11] Das klang nun erheblich anders als das, was der deutschen Regierung offiziell mitgeteilt worden war. Und so schreibt denn auch der keineswegs deutschfreundliche britische Historiker Leach von einem lügenhaften Bericht (mendacious report) Stalins[12].

Eine so unmißverständliche Deutung der sowjetischen Mitteilung an die Reichsregierung paßt natürlich nicht in die Linie der deutschen Geschichtsschreibung der Umerziehung, und so handelte es sich für Hillgruber auch nur um „offenkundig ad usum delphini präparierte Mitteilungen Molotows"[13].

Im Grunde konnten die Briten mit dem Ergebnis ihres ersten Vorstoßes bei den Sowjets zufrieden sein. Mehr war nach der kompletten Niederlage im Westen angesichts ihres eigenen Bedrohtseins durch eine deutsche Invasion nach einer gewaltigen Demonstration deutscher militärischer Macht und Überlegenheit nicht zu erwarten. Denn was konnten die Briten bieten? Stalin hatte zu verstehen gegeben, daß das sowjetische Verhältnis zu Deutschland Risse aufwies und daß ein Seitenwechsel bei veränderter Gesamtlage durchaus möglich sei. Eine grundsätzliche Zurückweisung der Briten war nicht erfolgt.

Und die Briten hatten Stalin durchaus bereitgefunden, zur Vervollständigung der von ihnen angestrebten Konstellation einem Ausgleich mit den Türken zuzustimmen. Nur war er bei eigenem Bemühen bei den Türken auf wenig Gegenliebe gestoßen. Die Meerengenfrage war ein unüberwindbares Hindernis. Die Sowjets wollten im Grunde die Kontrolle über die Dardanellen und sie nur für Kriegsschiffe der Anrainerstaaten des Schwarzen Meeres offenhalten. Das hätte auch britische Kriegsschiffe ausgeschlossen. Die Bereitschaft der Briten, einer solchen Lösung zuzustimmen, war ein Hinweis darauf, wie weit sie zu gehen bereit waren – bis zur Aufgabe einer ein Jahrhundert lang eingenommenen Position in der Meerengenfrage –, um die Sowjets für ein britisch-sowjetisch-türkisches Zusammengehen gegen Deutschland zu gewinnen. Aber das Festhalten der Türken an dem 1936 geschlossenen Abkommen von Montreux verhinderte das Zustandekommen dieses Teils der britischen Planung[14].

Eigentlich sollten diese Angaben ausreichen, um zu der Feststellung zu gelangen, daß Stalin in seiner Aufzeichnung für die Reichsregierung nicht die Wahrheit gesagt hatte, daß er „das

95

englische Angebot nicht so kategorisch ablehnte, wie er Berlin glauben machen wollte" (Krecker), daß er die entscheidende antideutsche Tendenz unterschlagen hatte. Aber würde das nicht die deutsche Seite in der Schuld- und Ursachenfrage entlasten? Eine solche Interpretation muß von der etablierten Geschichtsschreibung ausgeschlossen werden. Deshalb muß „diese Version der Äußerungen Stalins mit einer gewissen Skepsis betrachtet werden"[15]. Zwar kann man der in verschiedenen Berichten vorkommenden Version „keine anderen Tatbestände" oder gar Quellen entgegensetzen und die Version „damit einwandfrei widerlegen". Man muß deshalb zu dem in der Zeitgeschichte so sehr beliebten Mittel greifen, zu Vermutungen.

In diesem Fall begründet Hillgruber[16] seine Skepsis auf die Annahme, es sei „nicht sehr wahrscheinlich", daß der hintergründige, verschlagene, kluge Verhandlungtaktiker Stalin schon bei seinem ersten Empfang des neuen britischen Botschafters diesem gegenüber mit einer solchen Vertraulichkeit sprechen würde. Das ist alles. Kann man mit einer solchen Vermutung die zitierten Quellen widerlegen? Kaum.

Nun soll an dieser Stelle aber auch vermerkt werden, daß Hillgruber dennoch zu einer realistischen Würdigung der Ergebnisse des Cripps-Besuches kommt. Trotz der mageren direkten Ergebnisse der Mission von Cripps müsse ihre Bedeutung hoch eingeschätzt werden. „Ein Positionswechsel der Sowjetunion" – das war das Entscheidende – „blieb zumal bei längerer Kriegsdauer immer möglich."[17]

Und Hillgruber schließt diesen Abschnitt mit der richtigen, im Grunde Hitlers Auffassung rechtfertigenden Feststellung, „daß die britisch-sowjetischen Gespräche als Ausdruck einer in näherer oder ferner Zukunft möglichen politischen Kombination e i n wichtiges Moment bei der Analyse der Situation im Sommer 1940 auf deutscher Seite darstellen müßten"[17]. Auch die Sperrung des Wortes „ein" kann die Bedeutung dieser Feststellung nicht mindern.

4. Das beschränkte britisch-sowjetische Wirtschaftsab-
kommen vom 27. August 1940

Die Bedeutung der Feststellung im vorigen Abschnitt wird auch nicht durch die mageren Ergebnisse der britisch-sowjetischen Wirtschaftsverhandlungen eingeschränkt.

Verschiedene Faktoren erschwerten die Position von Cripps bei den Verhandlungen. Die Sowjets waren noch nicht bereit, die Deutschen zu provozieren durch Unterstützung der britischen Absicht, die Blockade gegen Deutschland durch von den Briten verlangte Einschränkungen des Re-Exportes wirkungsvoller zu gestalten[18]. Eigene Interessen spielten bei den Sowjets zunehmend eine Rolle. Mit der Einverleibung der baltischen Staaten in die UdSSR erhielt die Frage der in London von den Briten zurückgehaltenen baltischen Vermögensbestände aller Art großes Gewicht. Ihre Nichtfreigabe durch die Engländer war ein entscheidender Grund für Mikojans ausweichendes Verhalten in der Frage eines umfassenden Handelsabkommens[19]. Politische Gründe kamen für die Sowjets hinzu. Noch fehlte der Glaube an einen britischen Sieg über Deutschland.

Dazu kam eine Verstimmung auf sowjetischer Seite über die im deutschen Weißbuch enthaltenen Enthüllungen. Aus den in La Charité von deutschen Truppen erbeuteten Dokumenten ging die anglo-französische Absicht hervor, die sowjetischen Ölquellen bei Baku zu bombardieren. Das trug nicht zu einer Erleichterung der Crippsschen Verhandlungsposition bei[20].

Resigniert stellte MacLean, ein Angehöriger des Foreign Office, zu einem Cripps-Bericht über Mikojans Verhalten fest, dessen Verhandlungslinie lasse keinen Zweifel daran, daß die Sowjets nicht „scharf" auf Annäherung oder auch nur auf ein umfassendes Handelsabkommen seien.

So kam trotz langer Verhandlungen als Ergebnis nur ein Abkommen „sowjetischer Flachs gegen britischen Kautschuk" heraus, „a limited and isolated barter deal", das Mikojan am 22. August 1940 vorschlug[21].

5. Die realpolitische Beurteilung des deutsch-sowjetischen Verhältnisses durch die Briten

Bei aller Hoffnung, die sich die Briten auf eine Verschlechterung des deutsch-sowjetischen Verhältnisses machten, sie blieben bei einer realpolitischen Betrachtungsweise. Sie war frei von fast irrationalen Vorstellungen. Man findet keine Anknüpfung an „Mein Kampf"; angebliche deutsche Ziele wie Lebensraum oder gar die Absicht, einen rassenideologischen Vernichtungskrieg zu führen, existierten für die Briten offensichtlich nicht. Schon bei den Gesprächen, die Cripps mit Molotow und Stalin führte, fehlte jegliche Erwähnung solcher Gefahren, die aus Hitlers Ausführungen in „Mein Kampf" abzuleiten gewesen wären. Statt dessen beschränkte Cripps sich darauf, die Sowjets hinsichtlich der deutschen Balkanabsichten zu aktivieren.

Auch bei der Wiedergabe der Ansicht des Foreign Office über die Gespräche durch Woodward[22] fehlt jeder Hinweis auf etwaige langfristige aus „Mein Kampf" herzuleitende Ziele. Stalin war nicht bereit gewesen, den Briten zuzustimmen, daß die Möglichkeit einer deutschen Beherrschung Rußlands drohte und russischen Übertritt auf die Seite der Alliierten erforderlich machte. Hätte es nicht nahegelegen, daß die britische Seite zur Verstärkung ihrer Argumente Zitate aus „Mein Kampf" heranzog? Denn es ist doch wohl nicht anzunehmen, daß das Buch im Foreign Office unbekannt war. Und wenn das der Fall gewesen und nur in Vergessenheit geraten sein sollte, ein Leitartikel eines der damals bekanntesten Journalisten, J. L. Garvins in „The Observer", hätte es dem Foreign Office in Erinnerung gebracht[23].

Aber auch Garvin kam zu der Erkenntnis, daß trotz der Kenntnis des Hitlerschen Buches Stalins Realismus nicht einen einzigen Finger rühren würde, um Großbritannien durch militärischen Beistand zu helfen. Anders sei es vielleicht auf längere Sicht, wenn Großbritannien geschlagen sei. Aber zunächst würde Stalin opportunistisch die Stunde nutzen und seinen Machtbereich erweitern. Nun taucht aber in einer Sitzung des Kriegskabinetts doch der Begriff (sogar in deutsch) „mit Drang nach Osten" auf[24]. Aber das ist nicht der speziell mit „Mein Kampf" verbundene. Es ist der „traditional ‚Drang und die nach Osten gehende' policy". Sie ist hier auch nicht nach Rußland, sondern wie vor 1914 über die Straits, die Dardanellen, nach Kleinasien in den Nahen Osten gerichtet, um Kontrolle über die Ölquellen des Irak zu gewinnen. Es gibt eine „Note for Cabinet" vom 9. Oktober 1940. Sie trägt die Überschrift: „Possible ‚Drang nach Osten‘ through Balcans und across Anatolia"[25]. Das weitere Ziel bei dieser Planung war, Ägypten vom Norden her anzugreifen. Das hatte also mit der üblichen Interpretation des „Drangs nach Osten" nichts zu tun.

Auch bei dieser Besprechung mit dem Chiefs-of-Staff-Committee, dem Ausschuß der Stabschefs der einzelnen Teile der britischen Streitkräfte, hätte sich Gelegenheit geboten, auf die Gefahren für die Sowjetunion hinzuweisen. Statt dessen lieferten die Stabschefs einen Beitrag zur Relativierung des Begriffes „Drang nach Osten", wie er oben dargestellt wurde[26]. Aber auch dieser „traditional ‚Drang‘" hätte zu einem Zusammenstoß zwischen deutschen und sowjetischen Interessen führen müssen. Und so wird in dieser Sitzung des Kriegskabinetts festgelegt, es diene dem britischen Vorteil, überall an solchen Plätzen Deutschland und Rußland in Konflikt miteinander zu bringen.

6. Der britische Versuch vom 22. Oktober 1940, Molotows bevorstehenden Berlin-Besuch zu stören

Die britischen Versuche, eine Wende der sowjetischen Außenpolitik herbeizuführen, hatten also zu keinem greifbaren Ergebnis geführt. Das gilt auch für den Versuch, einen Ausgleich Sowjetunion–Türkei herbeizuführen. Zu tief war das Mißtrauen der Türken gegenüber den Sowjets. Sie wußten sehr gut, daß die Ziele der Sowjets wie die traditionelle zaristische Politik auf die Beherrschung der Meerengen gerichtet war.

Wenn auch die britische Politik keine konkreten Ergebnisse erzielt hatte, so waren vor allem durch das Stalin-Cripps-Gespräch doch wichtige Erkenntnisse gewonnen, und der Boden war vorbereitet worden. Die traditionsreiche britische Politik war erfahren genug, um zu wissen, daß manche Ziele erst nach zähem, geduldigem Warten und langwierigen Verhandlungen erreicht werden können.

Nach den Juni/Juli-Gesprächen hatte das britisch-sowjetische Verhältnis durch die Einverleibung der baltischen Staaten eine erhebliche Belastung erfahren. Wir haben schon oben bei der Behandlung der britisch-sowjetischen Wirtschaftsverhandlungen gesehen, wie Fortschritte auf dem Handelssektor dadurch sehr eingeschränkt wurden. Das war im politischen Bereich genauso der Fall. Vor allem schränkte die erforderliche Rücksichtnahme auf die USA die Briten in ihrer Entscheidungsfreiheit stark ein. Während die pragmatischen Briten mit ihrer langen außenpolitischen Erfahrung zu Konzessionen bereit waren, lehnten die USA die Anerkennung der durch Gewalt vorgenommenen Gebietsveränderungen ab.

Im Oktober jedoch glaubten die Briten, etwa zeitgleich mit den sowjetischen Vorbereitungen des Molotow-Besuches, einen neuen Vorstoß unternehmen zu können. Diesmal waren sie zu nach ihren Begriffen erheblichen Zugeständnissen bereit[27]. Darunter befand sich die Bereitschaft zur de-facto-Anerkennung der sowjetischen Annexion des Baltikums, Bessarabiens und der nördlichen Bukowina. Ostpolen hatte Cripps eigenmächtig hinzugefügt. Das war zwar treulos gegenüber den betroffenen Völkern, aber es reichte an die russische Forderung nach der de-jure-Anerkennung nicht heran. Die anderen britischen Verpflichtungen waren eigentlich Selbstverständlichkeiten bei einem grundlegenden Kurswechsel.

Die Briten wollten nach dem Krieg keine gegen die Sowjetunion gerichtete Koalition bilden oder sich einer solchen anschließen; die Sowjetunion sollte nach dem Sieg über Deutschland konsultiert und ihr Territorium garantiert werden.

Das war alles viel zu wenig im Vergleich zu dem, was Deutschland bieten konnte, und zu dem, was Molotow bei seinem Berliner Besuch forderte.

Offenbar erhielt Großbritannien nie eine offizielle Antwort auf sein von Cripps dem stellvertretenden sowjetischen Außenminister Wyschinski überreichtes Memorandum. Cripps faßte die Veröffentlichung eines sowjetischen Kommuniqués über den bevorstehenden Berliner Besuch Molotows als Beweis dafür auf, daß Deutschland mit der Sowjetunion ein neues Abkommen treffen würde und daß das britische Angebot abgelehnt war.

Wyschinski stellte zwar einige Rückfragen, aber nach einiger

Zeit deutete er an, daß die Sowjetunion das Angebot nicht annehmen könne[28]. Der Londoner Sowjetbotschafter Maiskij war in einem Gespräch mit dem Parlamentarischen Unterstaatssekretär am 27. November 1940 deutlicher. Es sei besser, die Briten erhielten keine offizielle Antwort, da die britischen Vorschläge keine Substanz enthielten. Butler war natürlich völlig anderer Auffassung. „Im Gegenteil", erwiderte er, sie enthielten wertvolle Hinweise auf die britische Haltung. Das sei nicht genug, war Maiskijs Entgegnung, wir lebten im Dschungel, und „eine Wohnzimmersprache" sei wertlos[29]. Es war nicht genug, um die Sowjets zu einem Frontwechsel zu veranlassen. Aber hat das britische Angebot doch nicht Einfluß auf die maßlosen sowjetischen Forderungen vom 25. November gegenüber Deutschland gehabt?

Die „Neue Zürcher Zeitung" vom 20. Dezember 1940 beschreibt die sowjetische Haltung in einem Kommentar wie folgt: Rußland scheut einen wirklichen Bruch mit London. Es beschränkt sich darauf, den Sperling in die Hand zu bekommen (Schiffe und baltisches Gold), es behält aber die Taube auf dem Dach, eine Generalbereinigung mit England, im Auge.

Acht Wochen später, am 18. Februar 1941, ging „die Neue Zürcher Zeitung" in ihrer Beurteilung einen Schritt weiter. Sie stellte fest, die Auffassung sei weitverbreitet, daß die Meinungsunterschiede, die zwischen England und der russischen Regierung standen und noch stehen, so geringfügig seien, daß auch heute noch damit gerechnet wird, daß Moskau nur den geeigneten Moment abwarten wolle, um an der Seite Englands die Niederlage Deutschlands zu besiegeln.

7. Von Halifax zu Eden – die erhoffte Besserung im britisch-sowjetischen Verhältnis

Die Briten ließen nicht locker. Am 23. Dezember 1940 löste Eden Lord Halifax in der Leitung des Foreign Office ab. An diesen Wechsel knüpften sich große Erwartungen hinsichtlich des britisch-sowjetischen Verhältnisses. Halifax sei ein richtiges Hindernis (a stumbling block) für die Verbesserung der britisch-sowjetischen Beziehungen gewesen. Sein Verstand sei zu starr und seine antisowjetischen Vorurteile zu tief gewesen, schrieb der „Daily Mirror" am 30. Dezember 1940. Eden dagegen besitze eine scharfsinnige realistische Einschätzung der Bedeutung Rußlands für die große Kriegsstrategie. Ohne Sympathien für die politischen Grundsätze der Sowjetunion erkenne er den latenten Antagonismus zwischen Deutschland und Rußland. Maiskij und er setzten sich für engere britisch-russische Zusammenarbeit ein[30]. Dazu kam es aber zum Leidwesen der Briten noch nicht. Cripps gelang es erst nach Londoner Beschwerden[31], am 1. Februar 1941 ein Interview bei Molotow zu erhalten. Aber es war eine in den entscheidenden Fragen ergebnislose Unterredung[32]. Molotow habe ihn nur aus taktischen Gründen empfangen, berichtete Cripps am 2. Februar nach London. Das Interview habe keine Änderung in der sowjetischen Haltung gebracht. Zur Zeit habe es keinen Zweck, neue Anstrengungen zur Erreichung eines „understanding" mit der Sowjetunion zu machen[33].

Die alten Streitfragen, so de-jure- oder de-facto-Anerkennung, das baltische Gold in London und die anderen Vermögenswerte sowie die baltischen Schiffe, stellten immer noch das entscheidende Hindernis für eine britisch-sowjetische Annäherung dar. Allerdings war das sowjetische Zögern auch durch die Stalinsche Politik bestimmt, bis zum Herbst 1941 noch ohne eine militärische Auseinandersetzung mit Deutschland auszukommen.

Im April war man immer noch nicht weitergekommen. Am 16. war Maiskij bei Eden[34]. Dieser warnte die Sowjets. Nach seiner Meinung sei die Sowjetunion militärisch durch Deutschland bedroht. Deshalb sei eine sowjetisch-britische Annäherung wünschenswert. Das sei nach der Beseitigung gewisser Hindernisse möglich, meinte Maiskij. Und nun folgt dazu eine Bemerkung von Sir O. Sargent, einem Angehörigen des Foreign Office, die aufzeigt, wie weit die Briten bereits von den USA abhängig waren. Es sei zu überlegen, ob nicht die Zeit gekommen sei, den USA zu sagen, wie sehr wir an der Verbesserung der britisch-sowjetischen Beziehungen arbeiten. Besonders soll auf die für diesen Zweck notwendigen Konzessionen in der baltischen Frage hingewiesen werden.

Während Eden Maiskij „bearbeitete", hatte Cripps sich am 11. April 1941 an Wyschinski gewandt und auf die Gefahr hingewiesen, die die Lage auf dem Balkan für die Sowjetunion darstelle[35]. Die Deutschen würden sich gegen die Sowjetunion wenden; deshalb sei es für diese höchste Zeit, die Initiative zu militärischen Maßnahmen gegen Deutschland zu ergreifen, gegebenenfalls in Zusammenarbeit mit der Türkei. Dann hätte Deutschland es mit einer dreifachen Front zu tun.

Aber auch im weiteren Verlauf der britisch-sowjetischen Beziehungen kam es nicht zu konkreten Abmachungen, und das trotz der Warnungen über den bevorstehenden deutschen Angriff auf die Sowjetunion, die den Sowjets von britischer Seite zugingen. Als Cripps die Sowjetunion am 6. Juni 1941 verließ, betrachtete er seine Mission als gescheitert. Das war sie eigentlich nur bei oberflächlicher Betrachtung. In Wirklichkeit hatte sie den Boden bereitet für ein mögliches britisch-sowjetisches Zusammengehen. Beide Seiten wußten, daß sie in der Gegnerschaft zu Deutschland übereinstimmten und daß es nur taktische Fragen waren, die einem sofortigen Zusammengehen entgegenstanden. Eine grundsätzliche Ablehnung hatten die Briten nicht erfahren.

Rußland wollte sich nicht für britische Interessen einspannen lassen, es wollte den Konflikt hinausschieben bis zur Komplettierung der sowjetischen Rüstung, und es wollte sich nicht als Festlandsdegen für britische Interessen einspannen lassen, sondern erst eingreifen, wenn eigene Interessen das erforderten.

Halder hatte das schon sehr frühzeitig erkannt. Am 22. Juli schrieb er in sein Tagebuch: „Stalin kokettiert mit England, um England im Kampf zu erhalten und um uns zu binden, um Zeit zu gewinnen, das zu nehmen, was er nehmen will und was nicht mehr genommen werden kann, wenn der Friede ausbricht."

Hitler hatte begriffen, daß beide Mächte seine Gegner waren.

VII. Der sowjetische Imperialismus

1. Die Wiederaufnahme der imperialistischen Politik der Zaren und die außenpolitischen Grundsätze Stalins

Die russische Expansionspolitik, im 13. Jahrhundert als „Sammlung der russischen Erde"[1] begonnen, hatte im Laufe der Jahrhunderte vor allem im Osten bis an den Pazifischen Ozean ein Ausmaß gewonnen, das die britische Expansionspolitik an annektierter Landfläche weit übertraf. Aber auch der Drang nach Westen und nach Südeuropa war beträchtlich. Die Russen strebten danach, das Erbe von Byzanz anzutreten, und dadurch wurde der Raum zwischen der Donaumündung und den Meerengen, der Balkan, ein hervorragendes Ziel russischer Außenpolitik. Im 19. Jahrhundert kam zu dem territorialen Ziel ein politisches, die Staatsgrenzen übergreifendes, übervölkisches Ziel, der Panslawismus. Die Russen wurden zur führenden Macht dieser die Vereinigung aller Slawen anstrebenden Bewegung.

Geopolitisches Ziel war der Weg an das freie Meer; die Ostsee und das Schwarze Meer sollten russische Binnenmeere werden.

Der Erste Weltkrieg beendete diese Politik nicht nur, sondern brachte auch mit der Verwirklichung des in den Friedensverträgen angestrebten Selbstbestimmungsrechts der Völker einen nicht unerheblichen Gebietsverlust im Westen des Zarenreiches, den auch die Revolution nicht hatte verhindern können.

Zwanzig Jahre benötigte die Sowjetunion zu ihrer inneren Konsolidierung. Es waren zwei Jahrzehnte, in denen keine Annexion – von einigen arktischen Inseln abgesehen – stattfand. Mit dem Hitler-Stalin-Pakt vom August 1939 und besonders mit dem geheimen Zusatzprotokoll wurde jedoch als eine erste Stufe die alte Expansionspolitik wieder aufgenommen. Beschränkte die Sowjetunion sich zunächst auf die Beanspruchung der verlorenen westlichen Gebiete als Interessensphäre und zur Errichtung von militärischen Stützpunkten, Ziele, die man bei Verweigerung – wie im Falle Finnland – mit militärischen Mitteln durchzusetzen versuchte, so schritt die UdSSR unter dem Eindruck des deutschen Sieges im Westen Ende Juni 1940 zur Besetzung und

Annexion der baltischen Staaten und Bessarabiens mit der Nordbukowina. Die drei Staaten und Bessarabien wurden in die UdSSR eingegliedert.

Mochte es zunächst erscheinen, als handle es sich um Wiederherstellung des alten territorialen Zustandes, so ließ doch die Besetzung des Zipfels von Mariampol und die beabsichtigte Besetzung der ganzen Bukowina – eines Gebietes, das nie zu Rußland gehört hatte – darauf schließen, daß die sowjetische Führung expandieren wollte. Die Zahl der für das Baltikum bereitgestellten Divisionen wird man vor Öffnung der sowjetischen Archive wohl nie ganz ermitteln können; man ist also auf Vermutungen angewiesen. Für Bessarabien werden allgemein 30 Divisionen angenommen. Das läßt doch darauf schließen, daß mehr beabsichtigt war als die Wiedergewinnung verlorener Gebiete, was nur durch den schnellen deutschen Erfolg im Westen nicht zur Ausführung kam.

Ein Teil der etablierten Historiker kann keine Restitutionsansprüche und schon gar nicht Expansionsabsichten in den sowjetischen Besetzungsmaßnahmen erkennen. Nehmen wir als Beispiel Fest[2]. Für ihn waren es (zwar) „rücksichtslose Versuche Moskaus, das eigene Vorfeld gegen die furchteinflößend gestiegene Macht des Reiches abzusichern, indem es sowohl die baltischen Staaten als auch Teile Rumäniens annektierte". Dabei übersieht Fest, daß die sowjetischen Vorbereitungen für die Unternehmungen bereits vor den großen deutschen Siegen im Westen begonnen haben mußten. Es waren also für Fest reine Defensivmaßnahmen gegen vermeintliche deutsche Aggressionsabsichten. Und für den Balkan drückt Fest das noch deutlicher aus. Dort setzte die Sowjetunion den deutschen Einflußbemühungen zähen Widerstand entgegen; das ist seine Deutung.

In dem damaligen Moskauer Gesandten Rumäniens, Gafencu, haben wir einen zeitgenössischen Beobachter, noch dazu „vor Ort", der die Dinge realpolitischer sieht als Fest. In einem seiner Lageberichte an die rumänische Regierung vom Sommer 1940 bezieht er sich auf vorhergehende Berichte und schreibt, „daß die Sowjetunion sich in einem Stadium der Expansion befindet, die ihre Grenzen noch nicht gefunden hat". Er sieht eine Reihe von Faktoren für den Beweis der immer größer werdenden Bedeutung, „die die Sowjetunion dem Faktor ,Macht' und der internationalen Rolle des unbegrenzten Sowjetreiches zumißt".[3]

Nun haben wir noch eine zeitgenössische Stimme, die bei der Beurteilung des sowjetischen Vorgehens keine Defensivabsichten unterstellt. Sie sieht sowjetische weltpolitische Interessen und imperiale Tendenzen, was in jedem Fall Expansion bedeutet. „Die Nachrichten, die in den letzten Stunden aus Moskau und Bukarest gekommen sind, lassen erkennen", schreibt die „Neue Zürcher Zeitung"[4], „daß die Sowjetregierung nicht länger den Zuschauer bei der Neuverteilung Europas spielen, sondern die Wiederherstellung des alten russischen Imperiums ohne Sentiment durchsetzen will". Aber die „Neue Zürcher Zeitung" sieht nicht nur eine Wiederaufnahme der imperialistischen Politik des Zarenreiches, sie übersieht nicht die mit der Annexion verbundenen revolutionären Tendenzen. „Der Umsturz, der sich in der vergangenen Woche in Estland abgespielt und zur Aufrichtung einer sozialistischen Regierung geführt hat..., läßt erkennen, daß Sowjetrußland über seinen weltpolitischen Interessen und militärischen Verteidigungsmaßnahmen auch die Verwirklichung seines revolutionären Programms niemals vergißt." Und im weiteren Verlauf spricht der Verfasser des Artikels von „offen zutage liegenden Sowjetisierungstendenzen".

Eine Äußerung, die Molotow am 30. Juni 1940 gegenüber dem damaligen litauischen Außenminister getan hat, kennzeichnet die sowjetischen Absichten: „Wir sind jetzt mehr denn je überzeugt davon, daß der glänzende Genosse Lenin sich nicht geirrt hat, wenn er behauptet, daß der Zweite Weltkrieg uns in Europa an die Macht bringt, wie uns der Erste in Rußland an die Macht half"[5]. Und Molotow erteilte dem Litauer den Rat, „Ihr Volk in das Sowjetsystem einzuführen, das in der Zukunft ganz Europa beherrschen wird".

Von den deutschen Autoren interpretiert Fabry[6] solche Äußerungen und Feststellungen. Nach ihm sind Imperialismus und bolschewistische Ideologie deckungsgleich geworden. Anders Hillgruber. Er erkennt eine solche Identität in seinem Hauptwerk nicht[7]. Ein wesentlicher Unterschied zu Hitler bestand für ihn darin, daß Stalin „sich in der großen Politik niemals für oder gegen etwas aus Gründen der Weltrevolutionsideologie entschied, sondern daß bei ihm stets Gesichtspunkte einer rational kalkulierten Machtpolitik eindeutig den Vorrang behielten".

Auch noch in seinem Buch über die sowjetische Außenpolitik im Zweiten Weltkrieg[8] hat die sozialrevolutionäre Umgestaltung, welche die Besitzergreifung der baltischen Staaten sowie Bessarabiens und der Nordbukowina begleitete, „eine dienende Funktion gegenüber den strategischen Intensionen Stalins". Denn nach sowjetischer Auffassung gewährleiste nur eine „völlige Angleichung der gesellschaftlich-politischen Struktur der das Vorfeld bildenden Gebiete wirkliche Sicherheit für die Sowjetunion". Sie ist aber nach Hillgruber nicht das eigentliche Ziel. Er kann zwar nicht leugnen, daß solche Machterweiterungen auch eine Stärkung des sozialistischen Staates im Blick auf revolutionäre Fernziele darstellen. „Doch spielten diese bei Stalin nur als vage Vorstellungen für eine ganz weite Zukunft eine Rolle." Die Ideologie wird den Zielen einer imperialen Machtpolitik untergeordnet. Diese Bedeutungslosigkeit der „Weltrevolutionsideologie" für Stalins Entscheidungen sei ein wesentlicher Unterschied zu Hitler, der nach anfänglicher „machiavellistischer Flexibilität in seiner Außenpolitik zur unmittelbaren Verwirklichung seiner rassenideologischen und raumpolitischen Fernziele" übergegangen sei.

Die vorliegende Arbeit wird u. a. aufzeigen, inwieweit diese Analyse zutrifft. Aber auch für Hillgruber ist es nicht die einzige Deutung geblieben, wenn er an einer anderen Stelle von den „expansionsmäßig realpolitischen und ideologisch begründeten Kriegszielen" der sowjetischen Außenpolitik schreibt. Mit dieser Aussage ist die Unterordnung der Ideologie aufgehoben. Ideologische Kriegsziele treten gleichberechtigt neben die anderen.

Auf dem Parteitag 1925 hatte Stalin die Grundsätze der sowjetischen Außenpolitik dargelegt[9]. Stalin wußte, daß die Verwirklichung des letzten sowjetischen Zieles, die Weltrevolution, ihn in den Konflikt mit den kapitalistischen Staaten bringen mußte. Diese Staaten hatten viele Gegensätze untereinander. Diese galt es mit dem Ziel gegenseitiger Schwächung zu vertiefen. Eine Verwicklung der Sowjetunion in diese Auseinandersetzung mußte vermieden werden. Es kam für sie darauf an, die Zeit der Kriege der kapitalistischen Staaten gegeneinander zu nutzen und sich vorzubereiten auf die letzte weltrevolutionäre Auseinandersetzung. Es galt, das eigene Gewicht einzubringen, wenn sich die kapitalistischen Staaten soweit geschwächt hatten, daß der Sieg des Bolschewismus sicher war.

Der Sowjetunion war es gelungen, in einer ersten Phase der kapitalistischen Auseinandersetzungen neutral zu bleiben und sogar durch Gebietserwerbungen ihre Stellung zu verstärken. Noch waren die Kämpfe der kapitalistischen Staaten untereinander nicht beendet, die Sowjetunion wartete das Ergebnis des für sie unvermeidbaren anglo-amerikanischen Kampfes mit Deutschland ab.

2. Die militärischen Vorbereitungen der Sowjetunion

a) Der sowjetische Aufmarsch

Die mäßigen Erfolge der Roten Armee im Finnlandkrieg, dieser erste expansive Versuch der Sowjetunion, über die Grenzen von 1919 hinauszugreifen, hatten der sowjetischen Führung gezeigt, daß die Rote Armee in ihrer damaligen Struktur für weitergesteckte Ziele nicht ausreichte. Erste Reformen wurden jetzt in ihr eingeleitet, nicht erst nach dem Frankreichfeldzug und aus Furcht vor möglichen deutschen Angriffen, wie vielfach zu lesen ist. Der Frankreichfeldzug hatte jedoch im vollen Umfang eine Bestätigung der schon im Polenfeldzug gemachten Feststellungen gebracht, daß die modernen Kriege weitgehend durch operative Bewegungen schneller, zum Teil gepanzerter Verbände entschieden wurden. Diese Erkenntnis führte in der Sowjetunion zur Bildung solcher Verbände, der mechanisierten Korps, die aus jeweils zwei Panzerdivisionen und einer motorisierten Division (wie die deutsche Gliederung nach dem Frankreichfeldzug) bestanden. Mit dieser erneuten Bildung selbständiger schneller Verbände wurden die Auflösung dieser Verbände und die Verwendung der Panzerkräfte als Unterstützungswaffe für die Infanterie, wie sie Ende der dreißiger Jahre vorgenommen war, wieder aufgehoben.

Aber auch vor Vollendung der Strukturveränderungen war die Rote Armee zu Offensivoperationen aufmarschiert. Die genaue Zahl der bereitgestellten Verbände wird man nie ermitteln können. Wenn auch die Zahl von angeblich 100 allein im Nordabschnitt bereitgestellten Divisionen wohl zu hoch angesetzt ist, so muß man doch feststellen, daß die wahrscheinlich zutreffende Zahl von je 30 Divisionen im Baltikum und in Bessarabien für die eigentliche Besetzungsaufgabe viel zu groß war. Da einerseits mit einem so schnellen Erfolg Deutschlands im Westkrieg nicht gerechnet werden konnte und andererseits Widerstand der baltischen Staaten und Rumäniens auch angesichts der deutschen „Beschäftigung" im Westen nicht erwartet werden konnte, da die baltischen Staaten ja bereits durch die schon 1939 erfolgte Besetzung von Stützpunkten nahezu fest in sowjetischer Hand waren, müssen weiterreichende Ziele der sowjetischen Führung schon für den Sommer 1940 angenommen werden. Dafür spricht nicht nur die Zahl der Divisionen, sondern auch die Ausrüstung, über die Teile der eingesetzten Verbände verfügten.

Der schnelle deutsche Erfolg gegen Frankreich ließ über die Besetzung hinausgehende sowjetische Pläne nicht zur Auswirkung kommen. Es wurde jedoch eine Verteilung der sowjetischen Truppen vorgenommen, von der man auf Offensivabsichten schließen muß. Gemeint ist die starke Massierung von schon vorhandenen Panzer- und motorisierten Verbänden in den vorspringenden, weit in die von Deutschland besetzten Gebiete hineinreichenden balkonartigen Vorsprünge von Bialystok und Lemberg. Wie ungünstig diese Aufstellung in einem Verteidigungsfall war, haben die großen Anfangserfolge der deutschen Wehrmacht 1941 gezeigt. Die riesigen Kesselschlachten, vor allem in der Mitte der Front, aber auch im Lemberger Raum, wären ohne diesen sowjetischen Aufmarsch nicht so erfolgreich verlaufen. Es handelte sich also um eine Truppenverteilung für offensive und nicht für defensive Absichten.

Es gibt Äußerungen bedeutender sowjetischer Heerführer, die die sowjetischen Offensivabsichten bestätigen[10]. Die Maßnahmen der UdSSR waren nicht als Reaktion auf deutsche Offensivvorbereitungen getroffen worden. Sie waren im Sommer 1940, als die Entscheidung für eine sowjetische Truppenkonzentration im Raum von Bialystok getroffen wurde, noch gar nicht erkennbar. Topitsch führt eine Äußerung des sowjetischen Generalmajors Grigorenko an, der die Stationierung von „mehr als (der) Hälfte der Truppen unseres westlichen Sondermilitärbezirks ... im Gebiet um Bialystok und westlich davon" als „für eine Überraschungsoffensive bestimmt" dargestellt hat. Und er erklärt, wie ungeeignet eine solche Aufstellung für die Verteidigung war, da sie für eine Umfassung durch den Gegner beste Voraussetzungen bot.

Das mußte der sowjetischen Führung natürlich auch klar gewesen sein. Wenn sie dennoch an einer solchen Versammlung ihrer Verbände festhielt, müssen offensive Absichten bestanden haben, und man kann das nicht mit der Bemerkung abtun, es habe sich um eine Fehlentscheidung des Jahres 1940 gehandelt. So kommt dann auch Hoffmann zu dem Urteil, „daß die militärischen Vorbereitungen an der Westgrenze nicht etwa als Reaktion auf den 1940 noch gar nicht angelaufenen deutschen Aufmarsch, sondern als Ausdruck eigener Ambitionen aufzufassen sind"[11].

Nun gilt das nicht nur für den Mittelabschnitt, sondern auch für den Lemberger Abschnitt, für den „ein Zeugnis von womöglich noch größerer Autorität" (Topitsch) vorliegt. Der spätere Marschall Bagramjan urteilt wie folgt: „Den nach Westen vorspringenden Raum mit einer so großen Stadt wie Lwow (Lemberg) betrachten wir als günstiges Aufmarschgebiet für den Fall, daß wir zu breiten Angriffsoperationen übergehen müßten. Nicht zufällig waren in dieser Richtung zwei unserer voll aufgefüllten und kampffähigsten mechanisierten Korps, das 4. und 8., konzentriert worden."[12]

Das sind klare Aussagen für sehr frühe sowjetische Offensivabsichten. Sie passen natürlich überhaupt nicht in das Konzept der deutschen etablierten Geschichtsschreibung. Für sie sind solche Maßnahmen, wie zum Beispiel „weitere Verstärkung der Kräfte in den westlichen Militärbezirken", „keine klar durchdachten Maßnahmen, sondern Ausdruck von Nervosität"[13]. Es waren „keine weiteren Schritte im Sinne einer systematisch angelegten Planung".

Natürlich kann auch Hillgruber „die auffällige Konzentration starker sowjetischer Kräfte in den Grenzvorsprüngen von Bialystok und Lemberg sowie im Baltikum" nicht übersehen. Dafür hat er eine Erklärung, deren Naivität auch nicht dadurch gerechtfertigt ist, daß er sie von einem anderen angesehenen Historiker bezogen hat. Die Konzentration hatte nicht etwa operative Gründe. Sie erkläre sich „wohl vor allem aus dem Bestreben der sowjetischen Regierung, die Bevölkerung in diesen Gebieten . . . niederzuhalten und ihr die Möglichkeit zu nehmen, im Kriegsfall sogleich zu den Deutschen überzugehen". Und diese Begründung wird noch hergesuchter, wenn sie sich auf eine aus dem deutschen Aufmarsch entspringende Hoffnung auf Befreiung von der sowjetischen Herrschaft stützt, was zumindest für die überwiegend weißrussische Bevölkerung im Vorsprung von Bialystok kaum zutraf. Nun sollte Hillgruber dabei berücksichtigen – was er natürlich weiß –, daß der eigentliche deutsche Aufmarsch nicht vor April 1941 begonnen hatte, die sowjetischen Truppenkonzentrationen in den Frontvorsprüngen aber schon 1940 vorgenommen worden waren. Und genauso weiß er natürlich, daß zur Niederhaltung der unterdrückten Bevölkerung NKWD-Truppen vorgesehen und auch in ausreichender Zahl vorhanden waren.

Mechanisierte Korps, ausgesprochene Offensivtruppen, waren für solche Zwecke denkbar ungeeignet. Aber zuzugeben, daß sowjetische Angriffsverbände zu ihrem eigentlichen Zweck dort stationiert waren, hätte eine Entlastung für die deutsche Politik bedeutet. Das mußte vermieden werden.

Überraschen kann es nicht, daß u. a. die Verschleppung von rund 55000 Personen aus den baltischen Ländern vor dem deutschen Angriff auch „in diesem Zusammenhang gesehen werden" (Hillgruber) muß. Auch das klingt nach Rechtfertigung sowjetischer Maßnahmen.

b) Die neue Militärdoktrin
und die Reorganisation der Roten Armee

Revolutionäre Zeiten haben fast immer zur Veränderung der militärischen Theorien geführt. Wenn es sich um echte, durch neue Ideen und gesellschaftliche Veränderungen getragene Revolutionen handelte, waren ihre Träger von dem Willen zur Ausbreitung ihrer neuen Ideen erfüllt. Das Beispiel der Französischen Revolution mit ihrer sich nicht auf Frankreich beschränkenden revolutionären Forderung „Krieg den Palästen, Friede den Hütten" war auf Revolutionierung des europäischen Kontinents gerichtet. Nicht anders konnte es bei einem Staat wie der Sowjetunion sein, der die Weltrevolution sich zum Ziel gesetzt hatte. Sie konnte nur durch Angriff realisiert werden, eine Defensive gegen kapitalistische Aggressoren konnte zwar erforderlich sein, aber nicht zum entscheidenden Prinzip beim Aufbau einer revolutionären Armee werden.

Dieser Offensivgedanke ist in der 1939 revidierten Felddienstordnung der Roten Armee zum Ausdruck gekommen[14]. Im Falle eines („aufgezwungenen") Krieges wird die Rote Armee die offensivste aller Armeen sein. „Wir werden den Krieg offensiv führen und ihn auf das Territorium des Gegners tragen."[15]

Und Hoffmann[16] kommt zu der Feststellung, daß die sowjetische Kriegstheorie ganz auf den Offensivgedanken zugeschnitten war. Sie war darauf eingestellt, „im Kriegsfall unverzüglich auch in Abwehr eines Angriffs eine großangelegte Offensive auf das Territorium des Gegners zu tragen". Daß die „Rote Armee die offensivste aller Armeen sein werde" und dementsprechend im Kriegsfall ohne Verzug auf das Gebiet des Gegners überzugehen hatte, war nach Hoffmann unbestritten.

Die deutsche Geschichtsschreibung prinzipieller Verteufelung der eigenen Geschichte schreibt stets in einem vorwurfsvollen Ton, der ein solches Verhalten als besonders verwerflich hinstellt, vom „deutschen Überfall" auf die Sowjetunion. Nun waren deutsche Kriegsvorbereitungen und -absichten in den Augen der Geschichtsschreibung im Sinne der Sieger, und die Entwicklung scharfer gegensätzlicher Interessen bis zum Kriegsausbruch so weit fortgeschritten, daß sie eigentlich für keinen Beteiligten und auch keinen neutralen Beobachter zu übersehen waren. Der Kriegsbeginn konnte nur als „Überfall" empfunden werden, da er nicht erklärt wurde, wie es bis dahin üblich war.

Nur stand die deutsche Führung mit einem solchen „barbarischen Verhalten" nicht allein da. Hoffmann[17] beschreibt, daß die sowjetische Kriegstheorie von der Annahme ausging, „daß Kriege heute nicht mehr erklärt werden", „da jeder Angreifer das natürliche Bestreben habe, sich den Vorteil des Überraschungsmomentes zu sichern". Und die sowjetische Führung konnte schon deshalb nicht überrascht sein, da „nach der Kriegslehre der Sowjetunion der Grundsatz galt, daß neuzeitliche Kriege ohne Kriegserklärung mit einem überraschenden Angriff beginnen".

Und so entbehrte das Argument von dem Überraschtsein der Sowjetunion jeder Grundlage.[18]

Der Offensivgedanke beherrschte die Rote Armee derart, daß Defensive und Rückzug bei der Ausbildung der Truppe und Schulung der Stäbe gröblichst vernachlässigt wurden. Das war auch einer der Gründe für die katastrophale Niederlage der Roten Armee zu Beginn des Krieges.

Ein Wort noch einmal zu den Stärken der 1940 bei Besetzung der baltischen Staaten und Bessarabiens beteiligten sowjetischen Verbände. Die „Prawda" sah sich zu einem Dementi umlaufender Gerüchte veranlaßt, wonach 100 Divisionen in den baltischen Staaten aufmarschiert seien. Nun mag diese Zahl zu hoch gegriffen sein, der Hintergrund eines solchen Gerüchts ist aber sicher die sehr verbreitete Vorstellung, daß sehr viele Truppen eingesetzt waren; anders wäre ein Dementi nicht erforderlich gewesen. Selbst die in der Geschichtsschreibung angenommene Zahl von je 30 Divisionen für die Besetzung des Baltikums und Bessarabiens ist zu groß für die gestellte Aufgabe. Im Baltikum waren dazu die strategisch wichtigen Punkte bereits von der Roten Armee besetzt; mit einem deutschen Eingreifen war angesichts der völligen Entblößung der deutschen Ostfront nicht zu rechnen, und in Bessarabien hätte die Rote Armee es nur mit einem unwahrscheinlichen Widerstand der nicht sehr kampfkräftigen rumänischen Armee zu tun gehabt. Es müssen also sowjetische Pläne angenommen werden, die über die beschränkten Besetzungsziele hinausgingen und nur durch die schnelle Beendigung des Frankreichfeldzuges nicht zur Ausführung gekommen waren.

Das sind keine theoretischen Überlegungen. Im Oktober 1940 erfuhr die deutsche Führung durch einen erbeuteten sowjetischen Originalbefehl, daß die Rote Armee in Südosteuropa über die Besetzung Bessarabiens hinausgehende Pläne hatte, die eine Bedrohung der Ölfelder von Ploesti darstellten[19]. Die Pruth-Übergänge sollten in Besitz genommen werden und die errichteten Brückenköpfe als Ausgangspunkte für eine Offensive nach Rumänien hinein benutzt werden.

Es muß abschließend noch einmal ausdrücklich betont werden, daß es sich nicht um sowjetische Defensivmaßnahmen gegen einen befürchteten deutschen Angriff handelte. Das Ende des Frankreichfeldzuges war nicht abzusehen, als die sowjetischen Vorbereitungen für solche Maßnahmen begannen. Und über die Entschlossenheit Englands, den Kampf fortzusetzen, wurde sich die sowjetische Führung nicht erst bei der Besprechung Stalins mit Cripps am 1. Juli klar. Man kann Pietrow (Petrov) zustimmen, wenn sie feststellt, daß es keinerlei Anhaltspunkte dafür gab, „daß das Stalin-Regime zur damaligen Zeit befürchtete, Deutschland könne sich nach eingetretener Ruhe auf dem Kriegsschauplatz im Westen eine Ostfront gegen die UdSSR schaffen"[20].

c) Sowjetische Rüstungsmaßnahmen

Für ihre offensiven Absichten vergrößerte die Sowjetunion ihre ohnehin schon leistungsfähige Rüstungsindustrie durch eine Reihe von Maßnahmen, die die Arbeitsleistungen der Werktätigen erhöhen und damit den Rüstungsausstoß vergrößern sollten. Die Verschlechterung der Arbeitsbedingungen fand ihren Ausdruck in dem am 26. Juni 1940 verabschiedeten Gesetz „über den Übergang zum achtstündigen Arbeitstag (statt bisher 7), zur siebentägigen Arbeitswoche und über das Verbot des selbständigen Arbeitsplatzwechsels der Arbeiter und der Angestellten der Betriebe und Institutionen".

Gleichzeitig erließ das Präsidium des Obersten Sowjets der UdSSR eine Verordnung zur Festigung der Arbeitsdisziplin bei den Traktoristen, Mähdrescherführern und verwandten Berufen. Es waren lauter Maßnahmen, die die sowjetische Industrie auf Kriegsbedingungen einstellten.[21]

Molotow bezog sich in seiner Rede vom 1. August 1940 (siehe unten) auch auf diese Veränderungen und sprach von der Vorbereitung anderer Maßnahmen, um die „Verteidigungskapazität immer weiter zu entwickeln und zu sichern". Das ganze Volk müsse in einen „Zustand der Mobilisierung" versetzt werden. Das war eine Art totaler Mobilmachung, die in Deutschland erst 1943/ 44 erfolgte[22].

Die eindrucksvollen Ergebnisse der sowjetischen Rüstungsindustrie sind mehrfach beschrieben worden[23]. Hier sei nur noch einmal besonders daran erinnert, daß die Rote Armee von den allen deutschen Panzern und auch allen deutschen Panzerabwehrgeschützen (mit Ausnahme der 8,8-cm-Flak) überlegenen Typen KW und T 34 bis Juni 1941 schon 1861 Stück erhielt.

Die sowjetischen Vorbereitungen beschränkten sich nicht nur auf Operationspläne, zahlenmäßige Verstärkung der Verbände und Rüstungsmaßnahmen. Auch der Stärkung der inneren Kampfbereitschaft wandte die sowjetische Führung große Aufmerksamkeit zu, sowohl durch Stärkung der Moral als auch durch eine scharfe Strafgesetzgebung[24].

Die Aufgabe der politischen Führung war es, jeden Rotarmisten zu einem „seiner sozialistischen Heimat grenzenlos ergebenen Kämpfer" zu erziehen, zu einem hohen Sowjetpatriotismus. Er hatte „bis zur letzten Patrone, bis zum letzten Blutstropfen zu kämpfen". Er durfte sich nicht ergeben. Gefangenschaft war gleichbedeutend mit Desertion und Verrat. Sie war in der Roten Armee unter schwerste Strafe gestellt. Nach dem Zweiten Weltkrieg wurden alle Angehörigen der Roten Armee, die in deutsche Gefangenschaft geraten waren, als Volksfeinde und Verräter angesehen. Schon nach dem sowjetisch-finnischen Krieg wurden alle in Kriegsgefangenschaft geratenen Angehörigen der Roten Armee nach Rückkehr aus Kriegsgefangenschaft abtransportiert und nicht mehr gesehen. Die wieder eingeführten Kommissare und das Wirken des NKWD trugen mit vielen Einschüchterungsmaßnahmen zur Verschärfung der Disziplin bei.

3. Molotows Rede vom 1. August 1940

Und dann kam Molotows Rede vom 1. August 1940. Sie war ein Meisterstück in bezug auf Auslegungsmöglichkeiten. Auf der einen Seite enthielt sie ein Bekenntnis zur deutsch-sowjetischen Zusammenarbeit und wiederholte – „almost word for word"[25] das Tass-Kommuniqué vom 23. Juni 1940, in dem Spekulationen der britischen Presse über Unstimmigkeiten zwischen Deutschland und der Sowjetunion zurückgewiesen wurden und die Beziehungen als auf grundlegenden staatlichen Interessen ruhend beschrieben wurden. Dann aber waren Andeutungen in der Rede enthalten, die in britischen Augen zumindest in einer gewundenen, klugen und zweideutigen Art erkennen ließen: Der Redner war

115

nicht unzufrieden, vielmehr erleichtert, daß Großbritannien den Kampf nicht aufgegeben hatte[26].

Ein ähnlicher Ton der Genugtuung konnte aus Molotows Worten entnommen werden, daß das Ende des Krieges noch nicht zu erkennen sei. Ein neues Stadium des Krieges schien ihm erreicht zu sein, eine Auseinandersetzung zwischen Deutschland und Italien auf der einen und Großbritannien und den USA auf der anderen Seite. Mit der Erwähnung der USA in diesem Zusammenhang hatte Molotow offensichtlich beabsichtigt, meint Werth[25], daß die deutschen Aussichten, den Krieg zu gewinnen, notwendigerweise nicht gut waren.

In einem langen Leitartikel vom 4. August 1940 befaßt sich auch „The Observer" mit Molotows Rede[27]. Er bringt die in diesem Zeitraum immer wiederkehrende Linie vom Zweifel an der Nichtexistenz deutsch-sowjetischer Gegensätze. Die jahrhundertealte „Eastern-question" sei nicht tot, auch wenn Berlin und Moskau das der Welt immer wieder erzählen. Die Welt glaubt ihnen aber nicht, wie auch Deutschland und Rußland einander nicht trauen. Mit gegenseitigen Vorbehalten hätten sie sich auf Frieden und Kompromiß festgelegt, aber sie befänden sich in einer Art Lauerstellung, „both wait to see". Rußland erwarte, daß der Krieg sich weiter ausbreitet. In der betreffenden Zeit vermehre die Sowjetunion ihre Rüstung und begrüße den Verschleiß von deutschem Material aller Art, besonders der Luftwaffe. Und dann taucht ein Gedanke auf, der mehr und mehr in historischen Betrachtungen die Haltung der Sowjetunion in diesem Kriegsstadium erklärt, die Sowjetunion hoffe bei einem solchen Kriegsverlauf am Ende die letzte Entscheidungsgewalt zu erlangen.

Wir wissen nicht, inwieweit eine solche Deutung der sowjetischen Politik von der deutschen Führung geteilt wurde; mit Argwohn jedoch mußte sie weitere Ausführungen Molotows zur Kenntnis nehmen, in denen er stolz auf das von der Sowjetunion Erreichte hinwies, anschließend aber feststellte, daß die Sowjetunion sich mit dem Erreichten nicht zufriedengeben könne; neue und noch ruhmvollere Erfolge sollten erzielt werden. Um das zu erreichen, müßten die Sowjets sich immer mehr der Worte Stalins bewußt sein, daß wir unser ganzes Volk in einem Zustand der Mobilmachung halten müssen, auf ein Vorbereitetsein angesichts der Gefahr eines militärischen Angriffs, daß kein Ereignis, keine Listen unserer Feinde uns überraschen. Wenn wir uns dessen immer bewußt sind, werden wir neue und noch ruhmreichere Erfolge für die Sowjetunion erringen[28]. Es ist in unserem Zusammenhang zweitrangig, wo diese Erfolge erzielt werden sollten. Entscheidend ist, daß sie nur durch sowjetische Aggressionen erreicht werden konnten. Sicher war die im Juni durch Deutschland vorenthaltene Südbukowina auch damit gemeint. Finnland und die Türkei waren weitere Ziele sowjetischer Expansion[29].

Selbst bei einer Beschränkung auf diese drei Ziele war eine Auseinandersetzung mit Deutschland unvermeidlich, weil damit, wie noch aufgezeigt wird, wesentliche deutsche Interessen berührt wurden. Sollte Molotow in seiner Rede aber schon an die Ziele gedacht haben, die er bei seinem Berliner Besuch am 12./13. November 1940 enthüllte, so war ein Kampf auf Leben und Tod zwischen dem Deutschen Reich und der Sowjetunion vorprogrammiert.

Man muß schon Fabrys milder Beurteilung zustimmen, daß „Molotows Rede ihrem Wortlaut nach nicht dazu beigetragen hatte, Hitlers (im Juli gewachsenes) Mißtrauen gegenüber Stalins Absichten zu mindern"[30].

Eine realistische Betrachtung über die Rede und insbesondere über das deutsch-sowjetische Verhältnis stellte die „Neue Zürcher Zeitung" vom 3. August 1940 an[31]. Molotows Versicherung, daß das deutsch-russische Verhältnis trotz der britischen Störungsversuche unverändert sei, könne zutreffen, meint die Zeitung. Das dürfe aber angesichts der Zuspitzung der Verhältnisse auf dem Balkan nicht zu ernst genommen werden. Der Pakt mit Deutschland passe in die gegenwärtige russische Politik. Stalin werde ihn aber kündigen, sobald er für ihn wertlos sei. Stalin werde nicht nur über russische Interessen im Baltikum wachen, sondern auch in Südosteuropa und im Schwarzen Meer, und nicht in diesen Gebieten das Spiel Deutschlands spielen. Ein russisches Überwerfen mit Deutschland wegen des Balkans sei durchaus möglich, sicher nicht aus Liebe der Sowjets zu England.

4. Die antideutsche Einstellung der Sowjetunion

Was hatte Hitlers Mißtrauen gegenüber der Sowjetunion wachsen lassen? Wir haben gesehen, daß Hitler den Demobilmachungsbefehl erlassen hatte, als sich der Sieg über Frankreich abzeichnete und er auf britische Einsicht hoffte. An einen Krieg mit der Sowjetunion hatte er offensichtlich nicht gedacht. Diese Einstellung änderte sich im Juli 1940, nicht, weil auf dem Höhepunkt des Sieges im Westen, im Siegestaumel alte Ideen aus „Mein Kampf" in ihm wieder wach wurden. Eine Reihe von Faktoren bewirkte die sich nicht ruckartig vollziehende Veränderung.

Es wurde schon darauf hingewiesen, daß die deutsche Führung über die Moskauer Auslegung des Begriffes „Interessensphäre" als Vernichtung der Existenz baltischer Staaten und der Annexion Bessarabiens überrascht war. Die sowjetische Forderung nach der Bukowina traf nicht auf deutsche Bereitwilligkeit. Es gelang zwar der deutschen Führung, Stalin auf die Nordbukowina zu beschränken, aber Berlin wußte auch, daß die Sowjetunion ihren Anspruch auf die Südbukowina nicht aufgegeben hatte. Es gab für die Bukowina-Forderung keine ethnischen oder historischen Rechtfertigungen. Die deutsche Seite erkannte, daß nur machtpolitische Erwägungen von Seiten der Sowjetunion vorlagen, die den sowjetischen Einfluß über Rumänien verstärken sollten und eine gegen Deutschland gerichtete Bedrohung der Ölquellen von Ploesti darstellten.

Mit Mißtrauen hatten Hitler die Gespräche des britischen Botschafters Cripps erfüllt, wenn er auch noch nicht wissen konnte, daß Stalin Cripps erklärt hatte, er rechne für das Frühjahr 1941 auf eine Auseinandersetzung mit Deutschland. Das stimmte mit Ausführungen auf einem sowjetischen Gewerkschaftskongreß überein, wo über bevorstehende schwere Prüfungen für die Sowjetunion gesprochen wurde[32]. Da von deutscher Seite zu diesem Zeitpunkt keinerlei Angriffsabsichten bestanden, konnte von solchen Äußerungen nur auf Absichten der Sowjetunion geschlossen werden.

Wenn man auch deutscherseits zur Kenntnis nahm, daß die Besprechungen Stalin–Cripps „offiziell eine erfreuliche Ablehnung Stalins gegen England erkennen" ließen[33], so war man doch auf deutscher Seite mißtrauisch hinsichtlich der wahren sowjetischen Absichten. „Die wirkliche Stimmung in Rußland kommt aber bei anderen Gelegenheiten (Gespräch Kalinins, damaliger Staatspräsident, mit jugoslawischem Gesandten) zum Ausdruck. Hier wird zum Kampf gegen Deutschland und dazu aufgefordert, sich „in einen Block zusammenzuschließen"[34].

Deutschfeindliche Absichten kamen auch in anderen sowjetischen Veröffentlichungen zum Ausdruck, was im Falle einer Rigaer Zeitung zu einem förmlichen diplomatischen Protest durch Ribbentrop führte.

Hitler hatte sich in der Besprechung vom 31. Juli 1940 bei der Begründung seiner Angriffsabsicht auf die Sowjetunion auch auf abgehörte Gespräche bezogen[34]. Dazu kamen aber auch Berichte von Moskauer Diplomaten fremder Mächte an ihre Regierungen über ihre Gespräche vor allem mit Molotow. Wir wissen nicht, auf welchem Weg die deutsche Abwehr in den Besitz solcher Dokumente gelangte. Das ist eine Frage von sekundärer Bedeutung. Wichtig ist in diesem Zusammenhang nur, daß dies an ihrem Wahrheitsgehalt nichts ändert. Einige solcher Berichte sind von besonderer Wichtigkeit[35]. Einmal waren es Telegramme des griechischen Gesandten in Moskau an seine Regierung, dann aber besonders die schon mehrfach zitierten Berichte des jugoslawischen Gesandten Gavrilović über seine Gespräche nicht nur mit Molotow, sondern auch mit Cripps und dem türkischen und französischen Botschafter.

Aus ihnen mußte Hitler den Eindruck gewinnen, daß die sowjetische Führung einen Krieg mit Deutschland für unvermeidlich hielt. Da sie ihre Vorbereitungen noch nicht abgeschlossen hatte, die deutsche Überlegenheit im Westfeldzug aber in auffälliger Weise demonstriert worden war, mußte es die Politik der Sowjetunion sein, Zeit zu gewinnen und zumindest den Winter 1940/41 zu überstehen. Diese Berichte haben sicherlich entscheidend dazu beigetragen, daß Hitler die Demobilmachungsbefehle aufhob und Verstärkung der Rüstung befahl. Wenn Hitler die Überzeugung gewonnen haben sollte, daß die Sowjetunion einen für sie geeigneten Zeitpunkt für die Auseinandersetzung mit Deutschland abwartete, lag es nahe, es dazu gar nicht kommen zu lassen, sondern dem zuvorzukommen. *Der Gedanke eines Präventivkrieges wurde geboren.*

Wir wissen, daß an Hitler im letzten Julidrittel der Gedanke eines Herbstfeldzuges gegen die Sowjetunion herangetragen worden war und er Keitel und Jodl zu einer Stellungnahme aufforderte. Diese mußte wegen der Kürze der zur Verfügung stehenden Zeit negativ ausfallen, auch nur für einen Aufmarsch zur Abwehr sowjetischer Übergriffe. Das hätte sich Hitler auch selbst sagen können. Wenn er dennoch auf die ein wenig ungewöhnliche Idee eines Herbstfeldzuges kam, auch wenn er nur Abwehrfeldzug gewesen sein sollte, lagen ihr sicherlich keine fundierten Überlegungen und Pläne zugrunde. Man muß vielmehr annehmen, daß unerwartete Nachrichten als schnelle Reaktion Überlegungen über eine begrenzte Präventivmaßnahme auslösten, die besonders auch dem Schutze der rumänischen Ölfelder dienen sollte.

Der Verfasser teilt die Auffassung Fabrys nur z. T., wenn dieser in Berichten von Gavrilović und anderen „eine plausible Erklärung sieht", daß „Hitler sich mit dem Gedanken trug, im Herbst die Sowjetunion anzugreifen"[36]. Der Verfasser hat bei anderer Gelegenheit darauf hingewiesen, daß es sich nur um die Vorbereitung von Abwehrmaßnahmen gehandelt hatte. Schon wegen der vorgeschrittenen Jahreszeit konnte es sich nur um solche Teilmaßnahmen handeln und nicht um eine Offensive gegen die UdSSR.

Die etablierte Geschichtsschreibung hat bis zum Überdruß Hitlers Willen zur Gewinnung von Lebensraum usw. dargestellt und als Gründe für den „Überfall" auf die Sowjetunion angegeben. Es ist ihr bisher noch nicht gelungen, überzeugend Hitlers angebliche Herbstfeldzugüberlegungen anders zu erklären.

VIII. Das deutsche Interesse an einem friedlichen Südosteuropa führt zum Wiener Schiedsspruch

1. Die deutschen Beziehungen zu Südosteuropa

Der südosteuropäische Raum hat in der deutschen Geschichte im weitesten Sinne immer eine bedeutende Rolle gespielt. In der Abwehr der Türkengefahr nahmen die deutschen Kontingente den ersten Platz ein, deutsche Siedler schufen im 18. Jahrhundert für die den südosteuropäischen Raum ordnende und beherrschende Monarchie der Habsburger die Voraussetzungen. Dieser Kolonisation war die mittelalterliche Besiedlung des Karpatenraumes vorausgegangen.

Nach dem Verlust des deutschen Einflusses infolge der Friedensverträge von 1919/20, die den Donauraum durch die Auflösung der Doppelmonarchie der Habsburger in Einzelstaaten zersplitterte und französischen Einfluß dominieren ließ, veränderten der „Anschluß" und die Bildung des Großdeutschen Reiches die Verhältnisse entscheidend.

Die dreißiger Jahre aber hatten auch das Wiedererstarken der Sowjetunion gebracht, die als Führungsmacht des Panslawismus und mit dem expansiven Streben nach den Meerengen die beherrschende Rolle im südosteuropäischen Raum anstrebte. Zu diesen beiden Antriebsfaktoren, Panslawismus und Meerengen, kam jetzt noch das Prinzip der Weltrevolution.

Mit dem Anschluß hatte Hitler auch die alten habsburgisch-russischen Gegensätze geerbt. War der Einfluß Wiens nach der Zerstörung der Doppelmonarchie erheblich geschrumpft, so mußte seine Bedeutung als Teil und Vorposten einer immer mehr erstarkenden europäischen Zentralmacht, die im alten Einflußraum stärkere Wirkung ausübte, erheblich ansteigen. Das mußte zu einem Zusammenstoß der deutschen und der sowjetischen Interessen führen, die von den erfahrenen britischen Politikern erkannt und durch ständige Betonung – mit der Mission von Cripps beginnend – in zunehmendem Maße zur Trübung des deutsch-sowjetischen Verhältnisses benutzt wurde.

Auch ohne expansive Absichten des Dritten Reiches war allein die starke deutsche Wirtschaftsmacht ein Faktor, der die südosteuropäischen Staaten in Deutschlands Bann zog. Der vorwiegend agrarische südosteuropäische Raum, der noch dazu über wertvolle industriell nutzbare Bodenschätze verfügte, bildete eine natürliche Ergänzung zum deutschen Industriestaat. Zu diesen Ergänzungsmöglichkeiten kam die relativ günstige Transportlage. Im Kriegsfall war die Sicherung der Zufuhr unabhängig von Blockademaßnahmen der Seemächte garantiert.

Im beiderseitigen Interesse wurden die gegenseitigen Wirtschaftsbeziehungen unter Führung der deutschen Seite systematisch ab 1938 – nicht erst nach Kriegsbeginn – ausgebaut und intensiviert. Vor dem Kriege importierte Deutschland aus dem Südostraum über die Hälfte seines gesamten Getreide- und Viehbedarfs, mehr als ein Drittel an Genußmitteln, Aluminium kam zu 45% aus Jugoslawien und Griechenland, und Jugoslawien lieferte z. B. 90% des Zinnbedarfs und hatte erheblichen Anteil an der Kupferversorgung des Dritten Reiches. Neben einem hohen Anteil an den deutschen Getreideimporten war der rumänische Erdölexport nach Deutschland von größter Bedeutung[1].

2. Ploesti als zentrales Problem

Am 10. September 1940 empfing Hitler den ungarischen Gesandten Graf Sztojay[2]. 1939 habe es für Deutschland „zwei lebenswichtige Faktoren" gegeben, führte Hitler aus, das schwedische Eisenerz und das rumänische Petroleum. Das erste Problem sei überbrückt. Deutschland sei „mit einer Produktion von 44 Millionen Tonnen Eisen in Konkurrenz zu Amerika der große Machtfaktor. Das zweite Problem, das Petroleum, sei trotz der gestiegenen Eigenproduktion immer noch wichtig. Er hoffe, sich dieses durch die Befriedungspolitik im Balkan... auch gesichert zu haben".

Die deutsche Ölversorgung aus Rumänien war von Kriegsbeginn an bedroht. Zunächst weniger durch offenen Krieg als durch subversive Tätigkeit. So ist es nicht verwunderlich, daß zunächst der Chef der deutschen Abwehr, Admiral Canaris, im Dezember 1939 Verbindung mit rumänischen Sicherheitsdienststellen aufnahm[3]. Aber im Januar 1940 begann nach einer Besprechung zwischen Keitel und Halder der deutsche Generalstab mit Operationsstudien zur Sicherung der rumänischen Ölfelder. Im Zeichen der deutsch-sowjetischen Verständigung kam die Bedrohung nicht aus der Sowjetunion, sondern von der Macht, die die Bedeutung kriegswirtschaftlicher Maßnahmen am stärksten von allen kriegführenden Staaten erkannt hatte, nämlich von Großbritannien. Ein eigener Ausschuß unter Leitung von Lord Hankey beschäftigte sich mit der Frage der deutschen Ölversorgung. Im Juni 1940 lag dem britischen Kriegskabinett bereits der vierte Bericht dieses Ausschusses vor[4].

Die Junisitzungen 1940 hatten das Kriegskabinett im besonderen Maße mit der deutschen Ölversorgung beschäftigt. Es ist anzunehmen, daß die britische Führung unter dem Einfluß der militärischen Niederlage in Europa verstärkt zu Maßnahmen greifen wollte, die wirtschaftliche Versorgung Deutschlands zu stören. Eine besondere Bedeutung in dieser Beziehung kam der Sitzung vom 8. Juni 1940 zu[5]. An diesem Tag wurden Maßnahmen erörtert, um die Ölmenge zu reduzieren, die Deutschland von Rumänien aus erreichte. Es sollten alle Möglichkeiten irregulärer Operationen geprüft werden. Dazu gehörte auch die Verminung des deutschen Donausektors. Die Donaustaaten sollten darüber verständigt werden, auch daß England nicht garantieren könne, daß die Minen die neutralen Teile der Donau nicht erreichten und daß somit die Neutralitätspflicht verletzt würde. Weitere Sabotageaktionen wurden erörtert.

Das berührte natürlich den Bereich der auswärtigen Politik, und so war eine Stellungnahme des britischen Außenministers erforderlich. Er empfand keine moralischen Skrupel (he felt no moral scruples), solche Pläne zu billigen. Es bestünden natürlich politische Einwände gegen solche Pläne. Aber er sei darauf eingestellt, solche politischen Argumente außer Acht zu lassen – nun kommt eine typisch britische realpolitische Argumentation –, vorausgesetzt, daß es eine reelle Erfolgschance gebe.

Grundlage für diese Entscheidung war am Tage vorher der oben schon erwähnte Bericht des Hankey-Ausschusses[6]. Bisher sei es

Großbritannien ziemlich gut gelungen, die Deutschland von Rumänien zukommende Ölmenge zu begrenzen. Aber nun entwickele sich die Lage sehr ungünstig. Die Deutschen hätten in Rumänien beinahe alle britischen Pläne vereitelt. Wenn keine drastischen Aktionen unternommen würden, die Verbindungen zwischen Deutschland und Rumänien zu unterbrechen, würde Deutschland erheblich größere Ölmengen erhalten. Die Aussicht, die Ölquellen zu zerstören (gemeint ist wohl durch Luftangriffe), schien ziemlich gering zu sein. Deshalb bleibe nur das Mittel der Sabotage.

Sechs Wochen später beschäftigte sich das Kabinett erneut mit der Ölfrage[7]... Die deutsche Lage sei durch die notwendige Mitversorgung der eroberten Länder schwieriger geworden. Maßnahmen gegen deutsche, italienische und französische Raffinerien wurden erörtert, aber auch eine Unterbrechung der Verbindung per Fluß und Schiene und natürlich auch wieder andere Sabotageakte.

Warum dieser ausführliche Bericht über die britischen Überlegungen zur Behinderung der deutschen Ölversorgung? Er soll ein Beitrag zum Verständnis für die Notwendigkeit deutscher Maßnahmen zur Sicherung der Ölquellen sein.

Die Briten hatten noch vor den Sowjets die Ölquellen bedroht. Sie sahen den sowjetischen Vorstoß nach Bessarabien nicht als ein isoliertes Unternehmen zur Wiederherstellung der Grenzen von 1918, sondern brachten ihn auch in Verbindung mit der Ölversorgung. Sie glaubten zunächst nicht, daß die Sowjets an der Donaumündung haltmachen würden, sondern vermuteten, daß der Stoß sich weiter südwärts auf Konstanza richten würde, den wichtigsten rumänischen Ausfuhrhafen für Getreide und Öl[8], zu dem auch die Pipeline von den rumänischen Ölquellen führte.

Am 1. Juli hatten die Rumänen mit Deutschland ein Abkommen geschlossen, das eine erhebliche Steigerung der rumänischen Öllieferungen vorsah. Fast gleichzeitig aber versuchten die Rumänen, die deutsche Regierung durch Alarmmeldungen über sowjetische Vorbereitungen zur Überschreitung der festgesetzten Demarkationslinie zwecks Annäherung an die Ölfelder oder gar zu deren Besetzung zu beunruhigen und Deutschland auf die rumänische Seite zu ziehen.

In einem entsprechenden Bericht des deutschen Gesandten in Bukarest, Fabricius, an das Auswärtige Amt wurde auch der Wunsch des rumänischen Königs nach Entsendung einer deutschen Militärmission nach Bukarest übermittelt[9]. In einem August-Bericht des deutschen Militärattachés, Oberst Wahlen, heißt es, daß der rumänische Generalstab einen sowjetischen Angriff für bevorstehend hält. Oberst Wahlen gab eine sehr sachliche Stellungnahme ab. Wenngleich auch Nachrichten des rumänischen Generalstabes für erheblich übertrieben gehalten würden, sei doch Besorgnis über die Lage an der rumänischen Front nicht unberechtigt, denn ein Teil der Meldungen werde vom deutschen Nachrichtendienst bestätigt[10].

Zweierlei muß aus dem Geschilderten festgehalten werden. Erstens, um die Entsendung einer deutschen Militärmission, die, wenn sie wirkungsvoll sein sollte, mit dem Eintreffen von Truppenverbänden verbunden sein mußte, wurde von rumänischer Seite gebeten. Und zweitens, der Grund für diese rumänische Bitte waren nicht Gerüchte, sondern sowjetische Maßnahmen, die allerdings in ihrem Umfang nicht abzuschätzen waren.

Hitler hielt sich in der Frage der Entsendung einer Militärmission zunächst völlig zurück. Wenn er wirklich vom „Drang nach Osten" erfüllt gewesen wäre, wie ihm immer unterstellt wird, hätte er diese Aufforderung des rumänischen Königs begierig aufgreifen und Truppen nach Rumänien in Marsch setzen müssen. Was ihn tatsächlich bewegte, brachte er in dem schon zitierten Gespräch mit dem ungarischen Gesandten zum Ausdruck[11]. „Außer diesen Ölinteressen habe er keine Veranlassung gehabt, für Rumänien einzutreten, das bis in die letzte Zeit eine perfide Politik betrieben habe, angefangen mit dem völlig unmotivierten und sinnlosen Eintritt in den Weltkrieg auf seiten der Entente und seiner Nachkriegspolitik... Auch der König Carol sei ein wenig zuverlässiger Herr gewesen... In der Erkenntnis, daß die rumänischen Ölquellen für einen langen Krieg von ausschlaggebender Wichtigkeit seien, habe er mit dem Duce beschlossen, das wertvolle Gebiet selbst zu schützen."

3. *Hitler braucht Ruhe auf dem Balkan*

Zur Sicherung der kriegswichtigen Ölquellen und im Interesse einer reibungslosen Förderung benötigte Hitler vor allem Ruhe auf dem Balkan. Zwei Störfaktoren haben wir bereits genannt: britische Sabotage und sowjetische Annexionsabsichten. Ein dritter zog drohend am Horizont auf, ein Krieg zwischen Balkanstaaten.

Hitlers Befürchtung, daß ein solcher ausbrechen könne, war schon am 7. Juli beim Besuch Cianos bei Hitler zur Sprache gekommen[12]. Ciano hatte von einem möglichen italienischen Angriff gegen Jugoslawien gesprochen, um Kroatien zu nehmen. Hitler hatte auf das schärfste widersprochen. Ein solches Vorgehen Italiens bedeute den Beginn eines neuen Balkankrieges. Vor allem Ungarn habe noch beträchtliche Revisionsforderungen gegenüber Rumänien aus dem Vertrag von Trianon, die es sofort geltend machen würde. Und das um so mehr, als der andere Gegner Ungarns, Jugoslawien, dann durch den italienischen Angriff gebunden wäre.

Revisionsforderungen gegenüber Rumänien hinsichtlich der Dobrudscha hatten aber auch die Bulgaren. Sie würden sich im Falle eines Krieges ebenfalls ihren Anteil holen.

In diesen kriegerischen Verwicklungen würden die Sowjets nicht ruhig bleiben. Die Sowjets hatten vor der Besetzung Bessarabiens in einem Gespräch zwischen dem italienischen Botschafter Rosso und Molotow zu erkennen gegeben, daß sie die rumänischen und bulgarischen Revisionsforderungen unterstützen würden[13]. Sie würden zudem ihr aufgeschobenes Ziel, die Südbukowina, zu realisieren versuchen. Schon das würde sie näher an die Ölquellen heranbringen. Sie würden aber darüber hinaus die Donau überschreiten, um sich mit den Bulgaren zu treffen. Bei den Bulgaren waren seit der starken Unterstützung, die die Russen ihnen in ihrem Unabhängigkeitskampf gegen die Türken geleistet hatten, große panslawistische Gefühle vorhanden. Aber es gab auch eine starke kommunistische Bewegung unter ihnen. Diese russisch-bulgarische Verbindung würde den Sowjets helfen, ihrem alten historischen Ziel, den Meerengen, näher zu kommen. Diese Gefahr einer sowjetischen Intervention sah die deutsche

Politik im Zusammenhang mit den nationalen Gegensätzen in Südosteuropa. Bei einem solchen sowjetischen Vorstoß könnten sich Berührungen mit den Briten ergeben, und die Briten und Sowjets könnten ihre gemeinsamen Interessen entdecken. Hitlers im Juli 1940 entstandene und ihn bis zum Juni 1941 nahezu beherrschende Befürchtung über ein britisch-sowjetisches Zusammengehen fand hier einen ersten Niederschlag.

Und in der Ferne tauchte das Bild einer neuen Saloniki-Front auf.

Das alles hätte einen Balkan im Aufruhr ergeben, der die Ölförderung stark eingeschränkt und den Transport nahezu unmöglich gemacht hätte.

Die Italiener mußten ihre Absichten auf Kroatien zurückstellen. Die Gegensätze zwischen den Balkanstaaten konnten jedoch nicht so schnell beigelegt werden. Die Gefahr eines Krieges wurde Ende August groß, zudem trafen in Berlin Meldungen über starke sowjetische Truppenkonzentrationen an der rumänischen Grenze ein, sodaß Hitler am 28. August Weisung erteilte, alle Vorbereitungen zu treffen, um das Erdölgebiet gegebenenfalls sofort besetzen zu können. Es war die erste Weisung für ein (beschränktes) offensives Vorgehen im Osten.

Zur Realisierung wurde in Wien das Generalkommando XL aus der 13. Infanteriedivision (mot) und der 2. und 9. Panzerdivision gebildet[14].

Der Wiener Schiedsspruch (siehe unten) machte diese Vorbereitungen jedoch unnötig. Die Weisung wurde wegen Beruhigung der Lage nicht mehr unterzeichnet und ausgegeben.

4. Der Wiener Schiedsspruch

Nun hatte die deutsche Politik natürlich nicht nur (viel zu spät) militärische Vorbereitungen zur Sicherung der deutschen Ölversorgung im Falle eines kriegerischen Konfliktes um Rumänien getroffen. In Zusammenarbeit mit den Italienern waren diplomatische Vorbereitungen angestellt worden, einen Konflikt überhaupt zu vermeiden. Dabei ging es im wesentlichen um die weitgesteckten ungarischen Revisionsansprüche. Eine rumänischbulgarische Verständigung über die Süddobrudscha war dagegen durch Verhandlungen zwischen den beiden beteiligten Staaten relativ leicht zu erreichen.

Jedoch brachen die Verhandlungen zwischen Ungarn und Rumänien am 24. August zusammen, und die Gefahr eines Krieges stand bevor. Damit wurden deutsche Interessen unmittelbar berührt. In einer Unterredung zwischen Hitler und dem italienischen Außenminister Ciano in Anwesenheit von Ribbentrop und den beiderseitigen Botschaftern am 28. August auf dem Obersalzberg faßte Hitler die entscheidenden Punkte zusammen, die für eine Beurteilung der Gesamtlage in Betracht kamen[15]. An erster Stelle nannte er ein rein materielles Element, das jedoch für die Kriegführung von außerordentlicher Wichtigkeit sei, die Petroleumversorgung.[16] Das ist für die Beurteilung des deutschen Engagements in Südosteuropa, nicht nur für den speziellen Streitfall Revision des Vertrages von Trianon von hervorragender Bedeutung. Nicht nur für Deutschland, so sagte Hitler, sondern auch für Italien sei das Petroleum äußerst bedeutsam. Überraschend zu diesem Zeitpunkt und aufschlußreich für Hitlers offenbar stark auf den Westen, d. h. gegen England und nicht gegen die Sowjetunion gerichtete Überlegungen muß die Erwähnung Spaniens in diesem Zusammenhang sein. Die Spanier würden vielleicht bereit sein, in den Konflikt einzutreten. In diesem Fall müßten sie neben anderen materiellen Unterstützungen auch einen Zuschuß von 30–50000 t monatlich an Petroleum erhalten. Bei Ausfall des rumänischen Öls wäre Deutschland unter keinen Umständen in der Lage, den spanischen und italienischen Bedarf zu decken. Auch für Deutschland würde es eine Erschwerung der Kriegführung und eine große Einschränkung des normalen wirtschaftlichen Verbrauches nach sich ziehen, eine wahrscheinlich zu optimistische Beurteilung der Folgen für die deutsche Kriegführung bei Ausfall des rumänischen Öls.

Am 12. September beurteilte Hitler in seinem Gespräch mit dem ungarischen Gesandten Sztojay[17] die durch einen möglichen Ausfall der rumänischen Ölversorgung entstehende Lage erheblich pessimistischer. Er wies besonders auf die italienische Abhängigkeit vom rumänischen Öl hin, und da Deutschland mit Italien auf Gedeih und Verderb verbunden sei, gehe uns eine Notlage

Italiens genauso an. Hitler steigerte sich im Verlauf der Unterredung. Ein Verlust der Ölquellen sei das Schlimmste, was Deutschland zur Zeit zustoßen könne. Mehrfach betonte er noch, daß Deutschland nur am Öl interessiert sei. Und wiederum bezeichnend für seine defensive Haltung war seine Bemerkung, daß schon viel gewonnen wäre, wenn es gelänge, die Auflösung Rumäniens hinauszuschieben. Das entspräche dem nicht ideellen, sondern materiellen Ölinteresse Deutschlands. Wäre dem aber nicht durch eine Besetzung der Ölquellen besser entsprochen worden? Es findet sich keine Andeutung solcher Überlegungen.

In einer Unterredung mit dem spanischen Geschäftsträger am 30. August hatte Weizsäcker den gleichen Standpunkt vertreten; das deutsche Interesse habe seinen Ursprung im Wirtschaftlichen, in unserem Interesse für das dortige Öl und Getreide. Diese deutschen Bedürfnisse wären bei einem ungarisch-rumänischen Krieg nicht mehr befriedigt worden[18].

Als genauso entscheidend für die Beeinflussung der Lage führte Hitler die Frage der Kriegsausweitung an. Er hielt eine Intervention der Sowjets für möglich. Ihre Interessengrenze sei nicht bekannt, ihr Vorgehen werde nur durch die Umstände begrenzt. Wenn z. B. zur Zeit die Moldau als Interessengrenze angegeben würde – allein eine solche Ausweitung hätte die Sowjets in eine bedrohliche Nähe zu den Erdölquellen von Ploesti gebracht –, so würden solche begrenzten Ziele durch „den Siegeszug der Waffen über den Haufen geworfen". Das würde für die Zukunft eine große Erschwerung der Lage Deutschlands und Italiens bedeuten.

Was war dran an dieser Befürchtung Hitlers? Nach Weinberg hatten die Deutschen am 24. August Gerüchte über Truppenkonzentrationen der Roten Armee an der rumänischen Grenze verbreitet, um die Rumänen durch Furchteinflößung auf die deutsche Linie zu zwingen.[19] Der hinter dieser Behauptung liegende Gedankengang ist offensichtlich. Sowjetische Angriffsabsichten müssen geleugnet werden, um den Thesen vom deutschen „Drang nach Osten" nichts an Glaubwürdigkeit zu nehmen.

Nun gibt es eine Reihe von Aussagen, die den sowjetischen Aufmarsch an der rumänischen Grenze bestätigen.[20] Und die „Neue Zürcher Zeitung" schrieb vom „Waffengerassel an der bessarabischen Grenze", mit dem die Sowjetunion „Rumänien in die Arme der Achsenmächte trieb"[21]. Der damalige rumänische Gesandte in Moskau und frühere Außenminister Gafencu hat sich ausführlich über die Lage geäußert[22]. Er berichtet von verschiedenen Grenzzwischenfällen, „die in den Reihen der rumänischen Armee einige Opfer verursacht hatten" und die er im sowjetischen Außenministerium zur Sprache bringen wollte. Statt dessen wurde er aufgefordert, ins Ministerium zu kommen, wo Dekanosov, der spätere Botschafter in Berlin, ihm in „tiefernstem Ton" eine Verbalnote übermittelte, „die eine Warnung in drohenden Ausdrücken enthielt".

Und am folgenden Tag, dem Tag des Wiener Schiedsspruches, veröffentlichte ein Tass-Kommuniqué die drohende Note, ohne die entkräftende und widerlegende Antwort Gafencus zu erwähnen. In seinem Bericht an seine Regierung hatte er sich bemüht, den ernsten Charakter der Ausführungen Dekanosovs „so weit wie möglich abzuschwächen". Er war „um so peinlicher überrascht", später zu erfahren, „daß der drohende Einbruch der Roten Armee in die Moldau das entscheidende Argument der Wiener Schiedsrichter gewesen war, um Rumänien ihren Schiedsspruch aufzuzwingen".

Diese Beurteilung entspricht auch der Stellungnahme der „Neuen Zürcher Zeitung", die aufgrund von Indizien feststellen zu können glaubt, daß „die Schnelligkeit, mit der der deutsch-italienische Schiedsspruch gefällt wurde, durch die Absicht diktiert worden ist, einem russischen Einmarsch zuvorzukommen"[21]. Die Zeitung kommt dann zu der Erkenntnis, daß „in den Beziehungen zwischen beiden Regierungen etwas wie eine Stockung eingetreten ist". Und als weiterer Beweis für diese Feststellung fügt sie hinzu, Stalin lasse nicht ohne Grund durch seine amtliche Nachrichtenagentur erklären, „daß er den deutschen Botschafter seit mehr als einem halben Jahr nicht mehr empfangen habe".

Die Sowjets waren verbittert über die Tatsache, daß sie zu den Wiener Verhandlungen nicht eingeladen waren. Wie wenig in der Nichteinschaltung der Sowjetunion in die Verhandlung eine antisowjetische Einstellung zu sehen ist, geht aus einem Telegramm („ganz geheim") Ribbentrops an den deutschen Botschafter, von Mackensen, hervor[23]. Ribbentrop forderte ihn auf, Ciano anzurufen und ihm als deutsche Stellungnahme zu italienisch-sowjetischen Verhandlungen auszurichten, daß eine weitere Verbesserung der italienisch-sowjetischen Beziehung von Deutschland „im Rahmen unserer Gesamtpolitik" selbstverständlich begrüßt würde. Eine Einschaltung der Sowjetunion in die Balkanfrage schien hingegen, nachdem die Achse die drei Staaten Rumänien, Ungarn und Bulgarien auf den Verhandlungsweg gebracht hatte, nicht im Achseninteresse zu liegen. Anders wäre es gewesen, wenn Gewähr dafür bestanden hätte, daß eine Einschaltung Rußlands zu einer weiteren Beruhigung in diesen Gebieten beigetragen hätte. Dies schien Ribbentrop nach den vorausgegangenen Ereignissen (Bessarabien, Dobrudscha und der kommunistischen Agitation in Bulgarien) nicht der Fall zu sein. Vielmehr schien ihm durch eine weitere Einschaltung Rußlands eine Einigung zwischen den drei Staaten erschwert, indem diese versuchen würden, eine Großmacht gegen die andere auszuspielen. Und der Reichsaußenminister fügte ein weiteres Argument hinzu, das für die deutsche Motivation in dieser südosteuropäischen Auseinandersetzung von Bedeutung war. Durch die Einbeziehung der Sowjetunion würde in den rein territorialen Revisionsfragen „leicht das ideologische Moment hineingetragen, mit offensichtlichen Konsequenzen".

Hitler fügte in der Besprechung vom 28. August noch „ein weiteres Element hinzu, das berücksichtigt werden müsse". Es sei keineswegs sicher, wie Ungarn den Kampf bestehen würde. Kämpfe es allein, seien die Erfolgsaussichten angesichts seiner Waffenausrüstung und inneren Verfassung nicht sehr groß. Dazu kämen Unruhen in den 1939 erworbenen Gebieten. Zudem bestehe durchaus die Möglichkeit, „daß Rußland über den Kamm der Karpaten vordringe". Es ergebe sich, daß ein Konflikt auf dem Balkan für Deutschland und Italien nur schädlich sein könne und es daher im Interesse beider Länder liege, einen Konflikt zu vermeiden.

Die deutschen Generäle teilten seine Auffassung, fügte Hitler hinzu[24]. Es würde einen allgemeinen Brand auf dem Balkan geben. Als Folge würden die Petroleumquellen nicht nur für einige Monate gesperrt, sondern für immer vernichtet werden.

Auch die Italiener stimmten, wie Ciano ausdrücklich im Auftrag Mussolinis erklärte, der Auffassung Hitlers zu, daß ein

Konflikt wegen der Rückwirkung auf die Versorgung Italiens „um jeden Preis vermieden werden müsse".

Einen Krieg auf dem Balkan unter allen Umständen zu vermeiden, veranlaßte Hitler, sich einzuschalten und die beteiligten Mächte zu einer Konferenz nach Wien einzuladen. Die defensive Haltung der Achsenmächte, das Ziel, die Ruhe auf dem Balkan zu erhalten, wird nirgends bestritten. Wer also war der unruhestiftende Aggressor?

Einem beiden Seiten gerecht werdenden Schiedsspruch standen erhebliche Schwierigkeiten gegenüber. Es waren nicht nur die wenig maßvollen Forderungen der Ungarn, die zwei Drittel des umstrittenen Gebietes Siebenbürgen, das sie 1920 im Vertrag von Trianon verloren hatten, beanspruchten, obwohl ihren anderthalb Millionen Ungarn drei Millionen Rumänen gegenüberstanden. Dazu kamen 600 000–700 000 Deutsche. Erschwerend war auch die Tatsache, daß die Ungarn (vor allem die Szekler) im Osten und die Rumänen im Westen des umstrittenen Gebietes siedelten.

Es bedurfte also erheblicher deutsch-italienischer Einwirkung, um den beiden Kontrahenten die Notwendigkeit einer Lösung, die von beiden Seiten Zugeständnisse erforderte, verständlich zu machen. Das war nicht durch Verhandlungen, sondern nur durch einen auferlegten Schiedsspruch möglich. Die Schwierigkeiten bestanden darin, einerseits die ungarischen Forderungen zu befriedigen, aber auch andererseits so zu bemessen, daß Rumänien nicht zusammenbrach. „Dann wäre der Osten in dieses Gebiet eingedrungen, und das erste Ende hätte man nicht absehen können"[16].

Nordsiebenbürgen und das Szekler-Land mußte Rumänien abtreten. „Ungarn erhielt nur zwei Fünftel seines verlorenen Gebietes zurück, während Rumänien drei Fünftel seines Gewinnes aus dem Weltkrieg behielt", erklärte Ribbentrop am 22. November 1940 dem unzufriedenen Ministerpräsidenten, General Antonescu[25], bei dessen Berliner Besuch am 22. November 1940. Der Spruch sei sehr sorgfältig nach historischen und geographischen Gesichtspunkten abgewogen worden.

Nun waren zwar auch die Ungarn mit dem Schiedsspruch nicht zufrieden, da ihnen nicht das ganze Siebenbürgen mit seiner Mehrheit aus Rumänen und Deutschen zugefallen war. Aber am unzufriedensten waren natürlich die Rumänen. Bei einem Besuch in Rom hatte der rumänische Ministerpräsident Antonescu erklärt, Rumänien werde niemals seinen Anspruch auf das ihm durch den Wiener Schiedsspruch genommene Gebiet aufgeben[25].

„Anläßlich des Besuches Antonescus in Berlin am 22. November nahm Ribbentrop Bezug auf diese Äußerung und forderte Antonescu zu einer nüchternen Betrachtung der Lage auf[26]. Er werde dann zu der Erkenntnis kommen, daß ohne den Schiedsspruch und die anschließende deutsch-italienische Garantie der Grenzen Rumäniens dieses Land wahrscheinlich aufgehört hätte, als unabhängiger Staat zu existieren. Man habe am Vorabend eines ungarischen Angriffs gestanden. Der Konflikt wäre keineswegs isoliert geblieben. Sowjetrußland hätte sicherlich eingegriffen, und das hätte Rumäniens Ende bedeutet.

Ohne die Auferlegung des Schiedsspruches durch die Achsenmächte, ohne die Zusicherung beider Parteien, daß sie den Schiedsspruch bedingungslos annehmen würden, wäre es zu monatelangen Verhandlungen gekommen. Darüber wäre der Krieg ausgebrochen, und Rumänien hätte aufgehört zu existieren. Im übrigen hätte sich der Schiedsspruch hinsichtlich der abzutretenden Gebiete „ungefähr in der Mitte zwischen den letzten ungarischen Forderungen und der letzten rumänischen Konzession" gehalten. Man habe eine Synthese finden müssen zwischen den ungarischen Forderungen und dem rumänischen Entgegenkommen, ebenso eine solche zwischen den ethnographischen und historischen Gegebenheiten.

5. Die Garantie für den rumänischen Reststaat

Mit dem Wiener Schiedsspruch war eine deutsch-italienische Garantie für den rumänischen Reststaat verbunden.

Diese Garantie ist von der etablierten Geschichtsschreibung als Beweis für die antisowjetische Politik Hitlers herangezogen und herausgestellt worden. Greifen wir einige dieser Autoren und ihre Auffassung heraus!

Nach Hillgruber „gab Hitler klar die antisowjetische Spitze seiner Balkanpolitik zu erkennen"[27]. Das hört sich gewollt nach deutscher offensiver Politik an, denn nur eine solche Politik bedarf einer Spitze. Hillgruber widerspricht sich selbst mit dieser Formulierung, denn eine Seite vorher[28], als er die krisenhafte Zuspitzung des ungarisch-rumänischen Verhältnisses bis zu einem möglichen Kriegsausbruch erwähnte, konnte er nicht umhin festzustellen, „daß ein Eingreifen der Sowjetunion mit dem Ziel der Besetzung des rumänischen Erdölgebietes befürchtet werden müßte". Wäre das keine ausgesprochene, gegen Deutschland gerichtete Aggressionshandlung gewesen, bei der es nicht um den Zwang ging, sich Erdöl, von dem die Sowjets genug hatten, zu beschaffen, sondern den Deutschen Schwierigkeiten zu bereiten? Man sollte zumindest in diesem Fall nicht von einer antisowjetischen Spitze der deutschen Balkanpolitik sprechen, sondern von einer antideutschen der Sowjets.

Hillgrubers Begründung ist äußerst schwach. Er verweist in einer Anmerkung auf eine Erklärung Hitlers vor deutschen Militärattachés am 31. August. „Die Russen sollen wissen, daß Deutschland auf Rumänien entscheidend Wert legt."[29] Als ob die Sowjets sich der Bedeutung der rumänischen Erdölquellen für die deutsche Kriegführung nicht auch ohne die Garantie bewußt gewesen wären! Und „klar" zu erkennen, wie Hillgruber schreibt, hat Hitler die „antisowjetische Spitze in keiner Verlautbarung gegeben...". „Klar" ist eigentlich nur, daß es sich bei Hillgrubers Aussage um eine sehr subjektive Deutung der Hitlerschen Balkanpolitik handelt.

Weinberg sieht den antisowjetischen Aspekt noch schärfer ausgeprägt als Hillgruber. Für ihn ist die Garantie eine Folge der Hitlerschen Entscheidung, die Sowjetunion anzugreifen[30]. Schon am 31. Juli habe Hitler geäußert, daß Deutschland die ungarisch-rumänischen Gegensätze schlichten und anschließend Rumänien eine Garantie geben werde. Das klingt sehr unwahrscheinlich, und in dem Halderschen Kriegstagebuch ist kein entsprechender Hinweis vorhanden[31]. Weinbergs Grundeinstellung wird auch aus einer anderen Aussage erkennbar. Im allgemeinen besteht in der Geschichtsschreibung kein Zweifel darüber, daß im August sowjetische Truppenkonzentrationen an der rumänischen Grenze stattgefunden haben. Für Weinberg handelte es sich jedoch um von Deutschland verbreitete Gerüchte, die den Rumänen Furcht einflößen und sie dadurch zwingen sollten, den deutschen Weisungen zu folgen.[32]

Am 24. August waren die direkten ungarisch-rumänischen Verhandlungen gescheitert, und die Gefahr einer ungarischen Aggression, um die 1920 verlorenen Gebiete gewaltsam zurückzuholen, war außerordentlich akut.

Schon am 26. August berichtete Halder[33] von einem Gespräch des Oberbefehlshabers des Heeres mit Hitler, der zur Vermeidung eines Krieges einen Schiedsspruch der Achsenmächte und eine Garantie für den rumänischen Reststaat in Erwägung ziehe. Bei dem bereits oben erwähnten Gespräch vom 28. August über den zu fällenden Schiedsspruch wurde die Frage diskutiert, „ob es nicht angebracht wäre, eine Zusicherung bezüglich des weiteren Bestandes des rumänischen Staates zu geben, da ja dessen Integrität nach Regelung der Streitfrage in Italiens und Deutschlands Interesse läge"[34]. Eine solche Zusicherung stelle den wertvollsten Beitrag dar, den Deutschland und Italien für die Zukunft Rumäniens liefern könnten. Von der Sowjetunion war bei diesem Gespräch keine Rede.

Wenn es noch unklar war, gegen wen sich das Garantieversprechen richtete, so ergaben die folgenden Ausführungen Klarheit. Es sei wichtig, taktisch sehr klug vorzugehen und die Garantie zunächst nur Rumänien gegenüber zu erwähnen. „Erhielte Ungarn vorzeitig Kenntnis von dem Garantieversprechen an Rumänien, so würde es sich möglicherweise auf überhaupt keinen Kompromiß einlassen, da wohl anzunehmen sei, daß es einer Kompromißlösung immer nur mit dem Hintergedanken zustimmen würde, zu einem späteren Zeitpunkt die Rumänienfrage erneut aufzurollen. Auch den Rumänen müsse geraten werden, in ihrem eigenen Interesse den Ungarn gegenüber von einem deutsch-italienischen Garantieangebot zunächst nichts verlauten zu lassen."

Drei Punkte müssen aus dieser Erklärung entnommen werden. Einmal bestätigt sich das schon oben erwähnte deutsche Interesse an Ruhe auf dem Balkan und um dementsprechenden Bemühungen zur Konfliktbeilegung. Zweitens muß auffallen, daß von der Sowjetunion im Zusammenhang mit der Garantie keine Rede ist. Und drittens kann überhaupt nicht übersehen werden, daß sich die

Garantie gegen Ungarn richtete, von dem zu Recht angenommen wurde, daß es einer Kompromißlösung – und nur eine solche kam in Frage – nur zustimmen würde, um bei entsprechender Gelegenheit seine nicht befriedigten weitergehenden Forderungen erneut vorzutragen oder gar gewaltsam durchzusetzen.

Hitler hat schon am 26. August in der Unterredung mit dem Oberbefehlshaber des Heeres[33] die Möglichkeit erwähnt, den Rumänen eine Garantie gegen die Ungarn zu geben. Zwar sprach Hitler auch seine Sorgen aus, daß die Russen bei einem ungarischen Angriff aufmarschieren würden, aber da er es dazu durch seinen Schiedsspruch gar nicht kommen lassen wollte, war es auch nicht erforderlich, eine gegen die Sowjetunion gerichtete Garantie zu erwägen.

Auch die schon mehrfach genannte Unterredung mit dem ungarischen Gesandten Graf Sztojay ist für die mit der Garantie verfolgten Absichten aufschlußreich[35]. Zwar konnte Hitler dem Ungarn gegenüber nicht die Garantie als gegen Ungarn gerichtet begründen. Aber die Sowjetunion wird auch nicht als Objekt der Garantie bezeichnet. Im Gegenteil. Hitler betonte das freundschaftliche Verhältnis, das Deutschland mit Rußland hatte. Mit diesen Ausführungen soll nicht geleugnet werden, daß die Garantie sich auch gegen andere, die Grenzen Rumäniens bedrohende Staaten richtete. Sie sollte den mit dem Schiedsspruch realisierten Status erhalten. Ihm, Hitler, sei es nicht leichtgefallen, die Garantie zu geben, aber sie sei das einzige Äquivalent für die Rumänen gewesen, die sich ohne sie dem Wiener Schiedsspruch nicht hätten unterwerfen können, erklärte Hitler dem ungarischen Gesandten.

Dennoch waren die Rumänen mit dem Schiedsspruch nicht einverstanden und wollten die Alternative ohne Garantie – das Ende ihrer Existenz als unabhängiger Staat – nicht erkennen. Bei einem Besuch in Rom vom 14.–16. November hatte Antonescu dem dortigen deutschen Geschäftsträger erklärt, Rumänien werde niemals seinen Anspruch auf das ihm durch den Wiener Schiedsspruch abgenommene Gebiet aufgeben[36].

Bei Antonescus Besuch in Berlin am 22. November bezog sich Ribbentrop auf die obigen Äußerungen des rumänischen Ministerpräsidenten[37]. Ribbentrop wiederholte, von deutscher Seite sei mehrfach geäußert worden, daß nur die Garantie die rumänische staatliche Existenz gerettet habe. Er betonte erneut, daß Deutschland Ungarn unmißverständlich erklärt habe, es werde einen Krieg auf dem Balkan wegen Gefährdung der Ölfelder niemals zulassen. Es habe Rumänien zu großzügigen Revisionen veranlaßt und ihm dafür die Garantie angeboten. Und obwohl Ribbentrop auch auf Konzentration starker russischer Kräfte an der rumänischen Grenze hinwies, gab er nicht den geringsten Hinweis darauf, daß die Garantie gegen die Sowjetunion gerichtet sein könnte.

Es kann und soll mit diesen Ausführungen nicht geleugnet werden, daß die Garantie den sowjetischen Interessen zuwiderlief und für ihre südlichen expansiven Absichten ein entscheidendes Hindernis war. Aber diese Einsicht bedeutet nicht anzuerkennen, daß die Garantie in einer solchen Absicht und Zielsetzung ursprünglich ausgesprochen war. Auch dann nicht, wenn man Gafencus Überraschung teilt, als er erfuhr, „daß der drohende russische Einbruch in die Moldau das entscheidende Argument der Wiener Schiedsrichter gewesen war, um Rumänien ihren Schiedsspruch aufzuzwingen".[38]

Über ein pikantes Intermezzo aus Gafencus Darstellungen sei berichtet. „Warum haben Sie diese Garantie gegeben?" hatte Molotow den deutschen Botschafter von der Schulenburg gefragt. „Sie wußten doch, daß wir gar nicht die Absicht hatten, Rumänien anzugreifen." „Gerade deshalb haben wir sie gegeben", antwortete von der Schulenburg. „Sie hatten uns zur Genüge gesagt, daß Sie gegen dieses Land keine Forderungen mehr hätten; so konnte unsere Garantie in keiner Weise stören." Abgesehen von dem vergnüglichen Aspekt dieser Unterhaltung muß man ihr entnehmen, daß sich offensichtlich deutsch-sowjetische Interessengegensätze entwickelt hatten.

6. Die Folgen des Wiener Schiedsspruches für das deutsch-sowjetische Verhältnis

Die unmittelbaren Folgen des Wiener Schiedsspruches trafen zunächst Rumänien als das am stärksten betroffene Land. König Carol dankte zugunsten seines Sohnes Michael ab, und General Antonescu übernahm die Regierung.

Die übernational entscheidenden Folgen jedoch betrafen das deutsch-sowjetische Verhältnis. Der Wiener Schiedsspruch habe die gemeinsame deutsch-sowjetische Politik besiegelt, ist behauptet worden. Eine solche Politik hat es aber vorher nicht gegeben, nur ein gewisses paralleles Verhalten gegenüber beide Staaten berührenden Interessen. Allerdings muß man wohl der Feststellung der „Neuen Zürcher Zeitung" zustimmen, daß „in den Beziehungen zwischen beiden Regierungen etwas wie eine Stokkung eingetreten ist".[39] Das ging auch aus der schon oben erwähnten Erklärung Stalins hervor, daß er seit über einem halben Jahr den deutschen Botschafter nicht gesehen habe.

Richtig ist auch, daß durch die an Rumänien gegebene Garantie der Sowjetunion der Weg nach Süden versperrt wurde. Dabei war es für die Sowjetunion von sekundärer Bedeutung, ob die Garantie von der deutschen Regierung von Anfang an als antisowjetische Maßnahme erteilt wurde, wie von der etablierten Geschichtsschreibung behauptet wird, oder ob sich das gewissermaßen als ein Nebenprodukt der deutschen Absicht ergeben hat, im Interesse der deutschen Ölversorgung jeden Konflikt auf dem Balkan zu verhindern.

Die grundsätzliche Bedeutung dieser Frage für das deutsch-sowjetische Verhältnis hat Weinberg in einer Auseinandersetzung mit Gafencu herausgestellt[40]. Weinberg hält die deutsch-sowjetischen Balkangegensätze für das Ergebnis von Hitlers Entschluß, die Sowjetunion anzugreifen, während Gafencu sie für die Ursache des Entschlusses hält. Mit anderen Worten: Haben die Interessengegensätze zum Krieg geführt, oder sind die Gegensätze von Hitler provoziert worden, da er sich zum Krieg gegen die Sowjetunion entschlossen hatte?

Weinberg stimmt zwar Gafencus Auffassung zu, daß Hitler ein unberechenbarer, emotional handelnder Mensch gewesen sei, der seine Entschlüsse häufig geändert habe. Aber der Entschluß, die Sowjetunion anzugreifen, sei eine der wenigen Ausnahmen gewesen. Beweise für diese Behauptung bringt Weinberg allerdings nicht.

Der deutsch-sowjetische Gegensatz begann mit einem Notenwechsel über einen Punkt von sekundärer Bedeutung. Der Reichsaußenminister ließ sowjetische Vorwürfe, Deutschland habe „durch sein Vorgehen in Wien Artikel III des deutsch-russischen Nichtangriffspaktes vom 23. August 1939 über die Konsultation verletzt" und habe die Sowjetunion vor vollendete Tatsachen gestellt, durch den deutschen Botschafter in Moskau zurückweisen.[41]

Die Wiedergabe von Einzelheiten dieser Noten würde den Rahmen dieser Arbeit sprengen. Hingewiesen werden muß jedoch auf den von Ribbentrop angeschlagenen verbindlichen Ton unter Betonung der freundschaftlichen Beziehungen Deutschlands zur Sowjetunion sowie auf den Schlußsatz, daß die Reichsregierung „wohl nicht zu Unrecht" glaube, „mit ihrer Befriedungsaktion im Donauraum allen Anrainern dieser Gebiete einen wesentlichen Dienst geleistet" zu haben. Eine objektiv sicher richtige Feststellung.

Den Höhepunkt des Notenwechsels stellte die sowjetische Note vom 21. September 1940[42] dar.

Zunächst wies die Sowjetunion erneut auf die Nichtbeachtung des Artikels III des Vertrages vom 23. August 1939 hin; man habe sie mit vollendeten Tatsachen konfrontiert. Die deutsche Regierung habe ausdrücklich am 23. Juni auf eine Anfrage der Sowjetunion erklärt, daß sich die Konsultations- und Informationspflicht auf die Länder Südosteuropas und des Balkans beziehe. Bei einer rechtzeitigen Konsultation wäre es auch nicht zu einer weiteren Verbreitung der erhobenen Behauptung gekommen, die Garantie habe sich gegen die Sowjetunion gerichtet. Eine rechtzeitige Information hätte der Sowjetunion Gelegenheit gegeben, das Reich zu überzeugen, daß die Sowjetunion keine Verletzung der territorialen Integrität Rumäniens beabsichtige. Auffallen muß, daß die sowjetische Erwiderung keine ausdrückliche Erklärung dafür enthält, daß nach ihrer Auffassung die Garantie nicht gegen die Sowjetunion gerichtet sei.

Dagegen wird ausdrücklich der in dem deutschen Memorandum vom 9. September 1940 zum Ausdruck kommenden Auffassung widersprochen, daß die Sowjetunion nach der Lösung der Bessarabienfrage ein ausschließlich deutsches Interesse sowohl an der rumänischen Frage als auch an anderen Fragen des Donaubeckens anerkannt habe. Weder mündlich noch schriftlich habe die Sowjetunion ein solches deutsches Recht zugestanden. Die sowjetische Erklärung bewegte sich mit dieser Feststellung auf der Linie Molotows, der, wie schon erwähnt, am 1. August erklärt hatte, daß die Sowjetunion sich nicht mit dem Erreichten zufriedengeben könne.

Das sowjetische Memorandum wies die deutschen Gegenvorwürfe hinsichtlich entsprechender sowjetischer Versäumnisse im Baltikum zurück; die Sowjetunion habe sich korrekt im Rahmen des Artikels III gehalten, auch hinsichtlich Bessarabiens und der Bukowina.

Für das Versagen der deutschen Seite bei der Verpflichtung zur Konsultation könne die Sowjetunion keine Rechtfertigung finden. Falls jedoch der Artikel III des deutsch-russischen Vertrages für Deutschland zu viele Unbequemlichkeiten und Beschränkungen böte, sei die Sowjetunion bereit, über die Frage der Verbesserung oder Aufgabe dieses Artikels zu verhandeln.[43]

Das war nicht gerade ein freundliches Memorandum. Es hat aber Hitler nicht davon abgehalten, seine Politik der Herstellung einer engeren Verbindung zur Sowjetunion fortzusetzen. Ihr erstes Ergebnis war der Anfang Oktober konzipierte und mit Datum vom 13. Oktober abgesandte Brief Ribbentrops an Stalin. Schon vorher war die deutsche Antwort auf eine sowjetische Note vom 14. September „wohlwollend und ganz auf Versöhnlichkeit gestimmt" (Gafencu).

So gerieten durch den Wiener Schiedsspruch und die russische Reaktion auf ihn die beiden Paktmächte auf dem Balkan in einen offenen Gegensatz, urteilt Erdmann[44], und nach Fabry[45] besiegelt das sowjetische Memorandum vom 21. September das Ende der am 23. August und 28. September 1939 begonnenen deutschsowjetischen Politik. Der Verfasser wird in seinen weiteren Ausführungen zeigen, daß er zumindest für die deutsche Seite diese Beurteilung nicht für zutreffend hält.

7. Die deutsche Militärmission

Schon am 2. Juli hatte König Carol um die Entsendung einer deutschen Militärmission als Lehrtruppe für den Aufbau des rumänischen Heeres gebeten, nachdem er am 1. Juli auf das Beistandsversprechen der Engländer vom 13. April 1939 verzichtet hatte. Hitler hatte die Bitte Carols abgelehnt mit dem Hinweis, daß zunächst die territorialen Probleme Rumäniens mit seinen Nachbarn geregelt sein müßten.

Nach dem Wiener Schiedsspruch und der Abdankung Carols erneuerte Antonescu die Bitte, und Hitler sagte zu. Nun verfolgte die deutsche Führung nicht nur uneigennützige, auf den Aufbau des rumänischen Heeres gerichtete Zwecke. In einem Erlaß Keitels vom 21. September 1940[46] über die deutsche Militärmission war auch von den „wirklichen Aufgaben, die weder den Rumänen noch der eigenen Truppe gegenüber in Erscheinung treten dürfen", die Rede. Sie lauteten: a) das Ölgebiet gegenüber einer dritten Macht und vor Zerstörung schützen, b) die rumänische Wehrmacht nach einem straffen, auf die deutschen Interessen ausgerichteten Plan zur Lösung bestimmter Aufgaben zu befähigen, c) für den Fall eines uns aufgezwungenen Krieges mit Sowjetrußland den Einsatz deutscher und rumänischer Kräfte von Rumänien aus vorzubereiten.

Nun sind gegen den Punkt a) keine Einwände erhoben worden. Es wird wohl auch heute noch als selbstverständlich unterstellt, daß Deutschland, das im August/September Vorbereitungen zum Einmarsch in Rumänien zum Schutze der deutschen Ölinteressen treffen mußte, deutschen Lehrtruppen auch solche Schutzaufgaben zuwies. Und daß man auch im Zusammenhang mit den Schutzaufgaben keine rumänische Feld-, Wald- und Wiesenwehrmacht heranbilden wollte, sondern nur eine solche, die zur Lösung bestimmter Aufgaben befähigt war, ist auch verständlich. Größten Wert legte die deutsche Militärmission deshalb auf die Heranbildung von Elitedivisionen; zwei motorisierte und eine Panzerdivision waren zunächst u. a. vorgesehen. Das erklärt den Punkt b). Wenn somit über die beiden ersten Punkte Einverständnis herrschte, schieden sich die Geister bei der Interpretation des Punktes c). Waren damit der deutschen

Militärmission Angriffs- oder Verteidigungsaufgaben zugewiesen?

Nehmen wir aus der Gruppe derer, die eine Zuweisung von
Angriffsaufgaben behaupten, Hillgruber heraus. Wir haben schon
seine Deutung der Garantie als antisowjetische Spitze der Hitlerschen Balkanpolitik erwähnt. Dazu gehört auch „der Entschluß
zur Entsendung einer Militärmission". „Er bedeutet in seiner
Konsequenz die militärische Abriegelung Südosteuropas gegen
ein weiteres Vordringen der Sowjetunion"[47]. Nun war das ja schon
eine Folge der Garantie gewesen, also nichts Neues. Das Neue
besteht in der Fortsetzung der Hillgruberschen Interpretation. Die
Militärmission bedeutet „zugleich aber auch die Verbreiterung der
Basis für einen Angriff auf die Sowjetunion."

Dieser extremen Interpretation stellen wir das andere Extrem,
repräsentiert von dem britischen Historiker Woodward, gegenüber. Er betrachtet die Militärmission als die erste Rate einer
deutschen Streitmacht für die Verteidigung Rumäniens gegen die
UdSSR[48]. Diesen Defensivauftrag der deutschen Militärmission
entnahm Woodward dem Text des Punktes c) der Weisung. Dabei
führte er noch nicht einmal die für die Deutung entscheidenden
Worte: „für den Fall eines uns aufgezwungenen Krieges mit
Sowjetrußland" an, der ja keinen deutschen Angriffsentschluß
unterstellt. Bei der Interpretation des Punktes c) als Ausdruck der
deutschen Angriffsabsicht wird im allgemeinen die Tatsache nicht
berücksichtigt, daß der Entschluß zum Angriff auf die Sowjetunion noch gar nicht gefaßt war und detaillierte Angriffspläne – von
Studien abgesehen –[49] mit einem eingebauten rumänischen Süd-
flügel noch gar nicht bestanden. Dagegen wurde von rumänischer
Seite immer wieder auf die Gefahr eines sowjetischen Einfalles
hingewiesen. So auch von Marschall Antonescu anläßlich seines
Berliner Besuches vom 22./23. November. Und auch wohl im
Zusammenhang mit dieser Warnung hatte der Chef der deutschen
Militärmission, General Hansen, am 26. November „Richtlinien
für das Verhalten der deutschen Truppen im Falle eines russischen
Übergriffs auf Rumänien" erhalten[50]. Grenzzwischenfälle sollten
unbeachtet bleiben, hieß es. „Die Abwehr russischer Angriffe
aber im Bereich der deutschen Streitkräfte zu Lande und in der
Luft müsse ‚gewährleistet sein'..."

Am 12. Dezember meldete General Hansen „seine Absichten für den Einsatz der deutschen Lehrtruppe bei sowjetischen militärischen Maßnahmen". Angesichts der Konzentrierung der Roten Armee an der rumänischen Grenze „müsse mit einem Vorstoß über Galatz nach Westen zur Abschneidung der Moldauprovinz und mit einem Vorgehen aus der Bukowina in südöstlicher Richtung zur Aufrollung der Pruthfront gerechnet werden".

Die Rumänen beabsichtigten, bei einem sowjetischen Angriff das Moldaugebiet zu räumen und auf eine Linie Donau-Braila-Karpaten zurückzugehen. Demgegenüber habe die deutsche Heeresmission vorgeschlagen, die Moldau mit Unterstützung der deutschen 13. Division (mot) zu verteidigen. Die deutsche 16. Panzerdivision sollte als Reserve dienen und die Verbände der deutschen Luftwaffenmission den Schutz der Ölfelder übernehmen. Diese Pläne erhielten das Einverständnis Hitlers[51].

Der Verfasser hat natürlich nicht ohne Grund diese „Absichten" dargestellt. Er wollte aufzeigen, daß die deutsche Militärmission nicht zu Offensivvorbereitungen nach Rumänien entsandt worden war, wie so häufig behauptet wird, gewissermaßen als vorweggenommener Teil des „Barbarossa-Planes". Daß ein etablierter Historiker wie Hildebrand diese Defensivaufgaben anführt, ist zusätzlich interessant, ebenso die Tatsache, daß Hildebrand und andere keine Folgerungen aus dieser Erkenntnis ziehen.

Das gilt z. B. auch für das militärgeschichtliche Forschungsamt (MGFA). Im Band 4 der Veröffentlichung[52] stellt Förster fest, daß in Keitels Formulierung der „wirklichen Aufgaben" die offensiven und defensiven Absichten, die die deutsche Führung mit der Verlegung der deutschen Truppen nach Rumänien gegenüber der Sowjetunion hatte, verbunden sind. Ein solcher interpretatorischer Kompromiß kann nach Meinung des Verfassers auch nicht herausgelesen werden. Und wenn Förster für Ende Juli feststellt, daß Hitler damals einen Angriff deutscher Truppen aus Rumänien noch nicht erwogen hatte, bleibt er uns den Beweis dafür schuldig, warum sich seine Überlegungen bis Mitte September geändert haben sollten.

Der Verfasser hat bei der Lektüre des Bandes 4 des Militärgeschichtlichen Forschungsamtes mehrfach Widersprüche zwischen den Aussagen der einzelnen Autoren[53] festgestellt. So berichtet

Förster[54], daß Antonescu eine Militärmission nicht genügte. Er strebte ein Militärbündnis an und wollte deutsche Truppen im Lande haben, weil er „einen sowjetischen Angriff jederzeit für möglich hielt". Und die defensiven Absichten werden unterstrichen durch den Flug des Generals von Tippelskirch, Oberquartiermeister IV im deutschen Generalstab, Mitte September nach Bukarest[54]. Er sollte feststellen, was man an Lehrtruppen zu benötigen glaubte.

Wenn das deutsche Oberkommando die Entsendung von deutschen Lehrtruppen als vorbereitende Maßnahmen für geplante Offensivoperationen gedacht hätte, wäre ein solcher Erkundungsauftrag für den Oberquartiermeister nicht erforderlich gewesen. Dann hätten rein generalstäblerische Überlegungen in Berlin Zahl und Waffengattung der deutschen Militärmission bestimmt. Und man hätte nicht den Oberquartiermeister, sondern einen für operative Aufgaben zuständigen Offizier entsandt.

Eine letzte Bemerkung: Der große Anteil der Luftwaffe an der Militärmission mit den Flakverbänden[55] läßt nicht auf offensive Absichten schließen. Und für Hillgrubers[56] phantasiereiche Annahme, es handle sich bei der Militärmission um den Aufbau eines Riegels, aus dem später ein deutscher Angriff auf die Sowjetunion mit Flankenstoß unterstützt werden könnte, gibt es keine Anhaltspunkte.

Ähnlich wie Hillgruber urteilt Förster[57] und bringt gleichfalls keinerlei Beweise für seine Meinung. Für ihn sind die „Lehrtruppen" in Anlehnung an „die Operationsstudie Ost" des Obersten i. G. von Loßberg vom 15. September 1940 vorausbefördertes Personal des deutschen Südflügels. Da er aber nun die Gefährdung des Erdölgebietes nicht übersehen kann, haben sie auch Schutz des Erdölgebietes als Aufgabe. Die Frage muß noch gestellt werden, ob König Carol am 2. Juli 1940 bei der Bitte um Entsendung einer Militärmission schon an einen deutschen Angriff auf die Sowjetunion gedacht hat.

Auch das britische Kriegskabinett hat sich mit den deutschen Abwehrmaßnahmen beschäftigt. In einem Wochenbericht vom 19. Oktober werden solche Maßnahmen beschrieben.[58] Flakeinheiten hätten um Ploesti Stellung bezogen, und vier Flugplätze in der Nachbarschaft Ploestis wurden von Jagdverbänden der deutschen Luftwaffe benützt für die Verteidigung des Ölgebietes. Die Briten wußten zu berichten, daß ein viel umfassenderes System zum Schutze der Ölquellen erwogen wurde. Eine „Vorwärtsverteidigung" (a forward line of airdefences) sollte in Bulgarien errichtet werden, verbunden mit einem Beobachtungs- und Horchsystem sowohl in Plowdiw im Süden als auch in Lom, also in der Nordostecke Bulgariens.

Mit diesen britischen Erkenntnissen kommt ein neues Element in die Aufgaben der deutschen Militärmission, das von der Geschichtsschreibung nicht ausreichend berücksichtigt worden ist, die Abwehr der Bedrohung der Ölquellen nicht nur gegen die Sowjets, sondern, wenn man die britischen Akten studiert, in mindestens demselben, wenn nicht in stärkerem Maße, gegen die Briten. Das galt in zunehmendem Umfang mit der Indienststellung von britischen Fernbombern. Und gewissermaßen als ein Beweis dafür, daß es sich nicht um unberechtigte Maßnahmen handelte, stellt der Bericht fest, daß sich der Deutschen trotz der umfangreichen Abwehrmaßnahmen (extensive measures) große Nervosität bemächtigt habe. Diese Nervosität habe sich auch der Zivilbevölkerung bemächtigt, die das Gebiet zu verlassen beginne.

Eine sehr wichtige Feststellung müssen wir in diesem Zusammenhang treffen. Der notwendige Schutz der Ölquellen hatte die deutsche Führung gezwungen, sich nicht nur in Rumänien festzusetzen, sondern auch auf Bulgarien überzugreifen. Nicht der Hitler immer wieder unterstellte Expansionismus trieb ihn dazu, die Balkanhalbinsel als deutsches Interessengebiet zu betrachten und durch deutsche Truppen zu sichern, sondern die Sicherstellung der für die deutsche Kriegführung notwendigen Ölversorgung und damit Sicherung der deutschen Einflußsphäre. Das Übergreifen auf Bulgarien war nicht Teil einer deutschen Offensivplanung gegen die Sowjetunion. Es bedeutete jedoch zwangsläufig den Ausschluß der Sowjetunion aus diesem Gebiet und damit eine nicht unerhebliche Verschärfung des deutsch-sowjetischen Gegensatzes.

8. Differenzen um die Donau

In der Frage der Donaukommissionen begannen deutsch-sowjetische Gegensätze sich im September 1940 abzuzeichnen, deren Höhepunkt im November auf einer von Deutschland in Bukarest einberufenen Konferenz lag. Es gab zwei Donaukommissionen, die Internationale Donaukommission für die Verwaltung der Donau zwischen Ulm und Braila und die Europäische Kommission für die Verwaltung der Seedonau zwischen Braila und der Mündung[59].

Anfang September 1940 hatte Deutschland eine Konferenz in Wien einberufen, in der über die Ersetzung der in Versailles geschaffenen Internationalen Donaukommission, der auch noch Frankreich und Großbritannien angehörten, durch eine provisorische Regelung entschieden werden sollte. Die Sowjetunion als Nichtanlieger der oberen Donau war nicht eingeladen. Am 11. September teilte Wyschinski dem deutschen Botschafter von der Schulenburg sein Erstaunen darüber mit, *alle* Probleme interessierten die Sowjetunion. Damit beanspruchte die Sowjetunion ein Mitspracherecht in gewissen mitteleuropäischen Fragen und Einfluß bis nach Wien.

Am 14. September eröffnete Molotow dem deutschen Botschafter sein Einverständnis mit der Abschaffung der Internationalen Donaukommission, forderte aber gleichzeitig die Auflösung der Europäischen Kommission und die Schaffung einer einheitlichen Donaukommission von Preßburg bis zur Mündung, der nur die sieben Uferstaaten (einschließlich der Sowjetunion) angehören sollten. Es waren mit diesem Vorschlag nicht nur England und Frankreich ausgeschlossen, sondern auch Italien, was, wie die Sowjetunion wissen mußte, nicht Deutschlands Zustimmung finden konnte.

Mehr noch als die Internationale Donaukommission empfanden die Sowjets die nach dem Krimkrieg geschaffene Europäische Kommission, der England, Frankreich, Italien, Rumänien und Deutschland seit 1939 angehörten (Rußland seit 1917 nicht mehr), als ein lästiges Hindernis. Die Kommission hatte technische und administrative Aufgaben und verfügte über Polizei- und Justizgewalt.

Auf der seit dem 20. Oktober 1940 tagenden Konferenz kam es Anfang November zu ernsten Spannungen zwischen dem Reich und der Sowjetunion in der Frage der Verwaltung der sogenannten „Seedonau" bis zur Errichtung einer Gesamt-Donau-Kommission. Deutschland, Italien und Rumänien hatten vorgeschlagen, daß bis dahin die Kontrolle durch die drei Mächte und die UdSSR ausgeübt werden solle, während die Sowjetunion nur eine sowjetisch-rumänische Verwaltung wollte. Moskau hielt an diesem Ziel fest, erklärte sich aber als Kompromißlösung mit der Bildung eines Liquidationskomitees aus den Bevollmächtigten der vier Konferenzstaaten einverstanden[60].

Kennzeichnend für die Schärfe der Gegensätze ist ein Bericht des deutschen Gesandten in Bukarest an das Auswärtige Amt vom 3. November 1940[61], in dem er feststellte, das sture Festhalten der Sowjets an ihrem Vorschlag über die Seedonau-Kommission zeige, daß sie Deutschland von der Donaumündung abdrängen und keine Politik der gesunden Verständigung, sondern „der Erpressung an Deutschland im Donau- und Schwarzmeer-Raum treiben wollten". „Man nimmt hier vielfach an", fährt der Bericht fort, daß „die Russen schon fest mit unserem Gegner verbunden sind, jedenfalls aber auf dem Balkan uns politische, vielleicht nicht gerade wirtschaftliche Schwierigkeiten machen wollen."

Weitere Einzelheiten der Konferenz, die am 21. Dezember auf unbestimmte Zeit vertagt wurde, interessieren im Zusammenhang dieser Arbeit nicht. Ihre Bedeutung für das deutsch-sowjetische Verhältnis hat Gafencu mit knappen Worten beschrieben: „Rußland deckt die Karten auf; seine Forderungen machen einen unüberbrückbaren Gegensatz zwischen den russischen und den deutschen Interessen sichtbar[62]."

Im Unterschied zu der „intransigenten" (Gafencu) Haltung der Sowjetunion bemühte sich die deutsche Politik um eine vermittelnde Rolle. Kennzeichnend dafür ist das deutsche Verhalten gegenüber der sowjetischen Besetzung einiger Inseln im Kilia-Arm der Donau, die nicht innerhalb der historischen Grenzen Bessarabiens lagen und somit unter das deutsche Garantieversprechen fielen. In dieser und in anderen Einzelfragen hatte Ribbentrop entschieden, „daß wir uns nicht zum Wortführer derartiger rumänischer Einzelwünsche in Moskau machen sollten".[63]

Dieser nachgiebigen deutschen Haltung hatte schon eine Weisung vom 5. November 1940 auf dem Höhepunkt der Krise entsprochen, auf der die deutsche Gesandtschaft in Bukarest angewiesen worden war, einen offenen Konflikt mit der Sowjetregierung zu vermeiden[64].

Die durch die gegensätzlichen Interessen hervorgerufenen Spannungen bestanden weiter. Für Gafencu war der Kampf um die Donaumündung ein „zweiter Riß im Moskauer Abkommen".[65] Aber noch galt, was ein britischer Chefredakteur schon am 15. September 1940 über die „Danubian situation" und die sowjetische Forderung nach Mitspracherecht in allen die Donau betreffenden Fragen beschrieben hatte, daß die Moskauer und Berliner Entscheidung, nicht in einen Krieg gegeneinander gezogen zu werden, weiterhin Bestand hatte[66].

IX. Finnland wird zum deutsch-sowjetischen Problem

1. Deutschlands Zurückhaltung im sowjetisch-finnischen Winterkrieg von 1939/40

Im geheimen Zusatzprotokoll des deutsch-sowjetischen Nichtangriffsvertrages vom 23. August 1939 war Finnland als zur sowjetischen Interessensphäre gehörig erklärt worden. Wir haben bereits bei der Behandlung der baltischen Staaten gesehen, daß deutscherseits keine realen Vorstellungen über das bestanden, was die Sowjetunion unter einer solchen Zugehörigkeit verstand. Auf deutscher Seite kam man nicht auf den Gedanken, daß die Sowjets darunter eine Annexion der betroffenen Staaten verstanden.

Im Oktober 1939 stellte die Sowjetunion den Finnen ähnliche Forderungen wie den baltischen Staaten. Im Mittelpunkt stand die Forderung nach einer Verbesserung ihrer Position auf der karelischen Landenge, wofür sie einen Gebietstausch vorschlugen. Eine Verlegung der finnisch-sowjetischen Grenze, die hier nur 20 Meilen entfernt von Leningrad verlief, war das Ziel und die Schaffung eines Flottenstützpunktes bei Hangö. Die Verhandlungen scheiterten, und am 30. November 1939 eröffneten die Sowjets den Krieg gegen Finnland.

In dieser finnisch-sowjetischen Auseinandersetzung nahm Deutschland eine strikte Neutralität ein, eine kalte Neutralität, wie Sven Hedin in seiner Unterredung mit Hitler am 5. Dezember 1940 noch im Nachhinein mißbilligend sagte[1]. Keinerlei Unterstützung Finnlands, vor allem mit Waffen, fand statt. In diesem Gespräch mit Sven Hedin begründete Hitler seine damalige Haltung. Die Möglichkeit, daß England unter dem Vorwand der Finnlandhilfe eine Front im Norden aufrichtete, habe bestanden, und der Krieg im Westen habe noch nicht stattgefunden. So habe er nicht helfen können, denn wenn Rußland damals gegen Deutschland gestanden hätte, wäre das „eine große Erschwerung für den damals vor ihm stehenden Kampf gewesen".

2. Finnlands Bedeutung für die deutsche Rohstoffversorgung

Unter den für die deutsche Versorgung mit Rohstoffen wichtigen Gütern aus Finnland stand Nickelerz an erster Stelle und überragte unter anderem Holz und Molybdän bei weitem. 95 % des deutschen Nickelbedarfes mußten eingeführt werden, und da die Versorgung aus Übersee während des Krieges ausfiel, rückte Finnland mit Abstand an die erste Stelle. Dazu kam, daß der deutsche Nickelvorrat nur für zehn Monate reichte[2].

Unverständlich ist, wenn Weinberg zwar die Bedeutung des Balkans für Deutschland wegen des rumänischen Öls hervorhebt, aber ein gleiches Rohstoffinteresse Deutschlands an Finnland nicht feststellen kann, obwohl er die Nickelvorkommen erwähnt. „There was then, however, no really important German interest in Finland, predetermined other than that country's predetermined role in the war on Russia" (Weinberg, S. 134). Ähnlich urteilte auch Förster, der für den Umschwung in Hitlers Haltung zugunsten Finnlands keine ökonomischen Motive erkennen kann.

Selbst wenn wir im Osten durch Eroberungen weiter Gebiete fast alle für den Bestand eines Volkes notwendigen Rohstoffe erhielten, werde uns Nickel später immer noch fehlen, führte Hitler in dem Gespräch mit Sven Hedin aus. Dabei sei Nickel für die Herstellung hochwertigen Stahles unersetzbar. „Es sei daher notwendig, uns im Frieden in Form von Nickelmünzen eine starke Nickelreserve zuzulegen."[2]

Die Versorgung mit Nickelerz war für die deutsche Kriegführung von ähnlicher Wichtigkeit wie die mit Erdöl. Starke Nickelerzvorkommen befanden sich im Norden Finnlands, bei Petsamo nahe der finnisch-norwegischen Grenze. Sie wurden als unverzichtbar für die deutsche Versorgung angesehen[3]. Die Folge war, daß Deutschland nach dem Ende des sowjetisch-finnischen Krieges im April 1940 durch den Legationsrat Schnurre positiv verlaufende Verhandlungen über die Lieferung von Nickelerz aufnahm, die Anfang Juli bei Besuch einer finnischen Wirtschaftsdelegation in Berlin fortgesetzt wurden[4].

Es erscheint dem Verfasser wichtig, mit Angabe dieser Daten festzuhalten, daß das deutsche Interesse am Petsamo-Nickel zu einem Zeitpunkt geäußert wurde, als noch keinerlei Trübung des deutsch-sowjetischen Verhältnisses feststellbar war. Die Verhandlungen waren insofern erfolgreich, als 75 % der Nickelerz-Produktion Finnlands für Deutschland vorgesehen wurden. Eine Beteiligung der Sowjetunion an den Verhandlungen hatte zu dieser Zeit noch nicht stattgefunden, worauf der Vorsitzende des deutsch-finnischen Regierungsausschusses im Oktober 1940 in Berlin ausdrücklich hinwies[5].

Das änderte sich, als am 14. Juni 1940 die Sowjets mit ihrer Forderung auftraten. Sie verlangten nicht nur eine Beteiligung an der Ausbeute, was eine Verringerung des deutschen Anteils zur Folge hatte, sondern die Übertragung der einer kanadischen Gesellschaft gehörenden Konzession auf die Sowjetunion, um dadurch den allein entscheidenden Einfluß zu erlangen.

Die deutsche Reaktion auf diese sowjetische Forderung, deren politischer Charakter unübersehbar war, da wirtschaftlicher Bedarf der Sowjetunion nicht bestand[6], war sehr zurückhaltend. Die Sowjetunion wußte von diesen Verhandlungen, und es mußte ihr klar sein, daß sie mit ihrer Forderung wichtigste deutsche Interessen störte. Botschafter von der Schulenburg sollte Molotow erklären, daß wir infolge unseres Bedarfes auch im Sinne freundschaftlicher Zusammenarbeit mit der UdSSR annähmen, daß von dort keine Einwendungen gegen die Zuerkennung des größten Teiles der finnischen Nickelproduktion an Deutschland erhoben würden.[7]

Selbst Hillgruber[8] kann nicht umhin, von einer Gegenaktion der sowjetischen Regierung zu schreiben, die er sogar für politisch bedeutsamer hält als die sowjetische Forderung nach einer Beteiligung an der Befestigung der Alandsinseln. Dazu muß festgestellt werden, daß mit der deutschen Forderung keine politischen antisowjetischen Absichten verbunden waren. Der Nebeneffekt, Unabhängigkeit von sowjetischen Lieferungen, kann nicht antisowjetisch gedeutet werden. Hillgrubers Versuch, die Forderung als einen Eingriff in die sowjetische Interessensphäre darzustellen, erscheint erheblich konstruiert.

Zwei Tatsachen sollten beachtet werden: Die sowjetische Forderung wurde erhoben, als der deutsch-finnische Handelsvertrag vor dem Abschluß stand. Auch von diesen Verhandlungen wußte die Sowjetunion. Der finnische Gesandte in Berlin drückte dem Leiter der politischen Abteilung des Auswärtigen Amtes seine Befriedigung darüber aus, „daß ein Vertragsabschluß gelungen war, obwohl wegen der von der Sowjetunion kommenden Schwierigkeit die Nickelfrage noch nicht gelöst werden konnte[9]. Und zweitens ist der Zeitpunkt von Bedeutung. Der Juni 1940 ist der Monat der sowjetischen Westexpansion. Gleichzeitig werden die Forderungen an die Flügelmächte gerichtet, an Rumänien die territorialen, und gegenüber Finnland erfolgte nach teilweisem Scheitern der sowjetischen Gebietsansprüche im Friedensvertrag vom März 1940 eine Beschränkung auf wirtschaftliche Forderungen[10] [11]. Diese Beschränkung war aber nur vordergründig. Die Sowjetunion verfügte über ausreichende eigene Nickelerzvorkommen und benötigte die finnischen Vorräte nicht. Durch ihre Ansprüche wollte sie die Kontrolle über die so wichtige Nickelerzversorgung Deutschlands in die Hand bekommen.

Die deutsche Position bestand weiterhin in Nachgiebigkeit. In einer an den deutschen Botschafter in Moskau gerichteten Information[12] wird darauf hingewiesen, daß die Forderung auf 75 % der finnischen Nickelerzausbeute nur eine Zwischenlösung darstellen solle, „da wir später in Friedensverhandlungen Abtretung der ganzen kanadischen Konzession verlangt hätten". Eine deutsche Konzession oder Beteiligung an der Konzession komme aber nach dem Vorschlag der Sowjets für alle Zukunft nicht mehr in Betracht. Diese deutsche Einsicht erfolgte, obwohl man sich darüber klar war, daß eine Annahme des sowjetischen Vorschlages „Abhängigkeit in Nickelfragen von der Sowjetregierung bedeuten" würde, denn „Tempo, Umfang und Technik der Ausbeutung der Nickelgruben würden völlig vom guten oder schlechten Willen der Sowjetunion abhängen". Zufriedengeben könne die deutsche Regierung sich mit einer solchen Lösung nicht.

Trotz dieser Erkenntnis veranlaßte Weizsäcker die deutsche Botschaft in Moskau, Molotow mitzuteilen, daß Deutschland bereit sei, die Beschränkung auf 60 % als Zwischenlösung anzunehmen, „wenn es auch erheblich hinter dem zurückbleibe, was wir mit der finnischen Regierung vor Anmeldung der sowjetischen Forderungen bereits abgesprochen hatten". Die Neuregelung der Konzessionsfrage sollte unabhängig davon weiter betrieben werden[13].

Ein Gespräch Schulenburgs mit Molotow vom 17. Juli 1940[14] machte die unnachgiebige sowjetische Haltung erneut deutlich. Die Sowjetunion betrachtet das Petsamo-Gebiet als ihre ausschließliche Domäne, wo sie keinen Dritten – also offenbar auch nicht Deutschland, fügte Schulenburg hinzu – auftreten sehen möchte. Die Sowjetunion sei politisch und wirtschaftlich am Petsamo-Gebiet besonders interessiert. Sie hielt die deutschen Interessen durch Überlassung des größeren Teiles der dortigen Nickelerzausbeute für in vollem Umfang gewahrt.

Die deutsche Seite wich weiter zurück. Am 30. Juli wies Weizsäcker Schulenburg an, Molotow mitzuteilen, daß deutsch-finnische Verhandlungen über eine Konzession in Petsamo nicht stattgefunden hätten, da Finnland an den kanadischen Konzessionsverhältnissen nicht rühren wollte[15]. Deutschland beschränke sich auf den zwischen den I. G. Farben und der Petsamo-Nickelgesellschaft abgeschlossenen Liefervertrag[16].

Nun entstand jedoch eine neue Schwierigkeit. Der finnische Außenminister machte den deutschen Gesandten darauf aufmerksam, daß die sowjetische Regierung sich mit der Überlassung von 60 % der Nickelerzausbeute an Deutschland nur für das Jahr 1940 einverstanden erklärt hatte, während der ursprüngliche Liefervertrag für einen längeren Zeitraum abgeschlossen war. Die Beschränkung auf 1940 besitze schon wegen der nötigen Investitionen keinerlei Wert[17]. Man muß wohl auch noch darauf hinweisen, daß fast zwei Drittel des Jahres 1940 bereits vergangen waren, um die negative Absicht der Sowjetunion zu erkennen.

Am 6. September kam es erneut zu einer Besprechung zwischen Molotow und Schulenburg[18] über die Begrenzung der Lieferungen auf das Jahr 1940. Wieder wich Molotow aus, erklärte, daß die Frage zum Gegenstand weiterer Besprechungen gemacht werden müsse und verwies schließlich solche weiteren Besprechungen an den für solche Fragen zuständigen Volkskommissar Mikojan.

In einem Anschlußtelegramm[19] deutete Schulenburg die Lage richtig. Er wies darauf hin, die Erklärung Molotows zeige, „daß wir trotz unseres Verzichtes auf Erwerb der Konzession bei der

Durchführung vertraglich festgesetzter Nickelerzlieferungen an uns auf Schwierigkeiten von seiten der Sowjetregierung stoßen werden, sobald sie die Konzession erworben hat oder anderweitig vollendeten Einfluß auf das Petsamo-Gebiet ausüben kann". Schulenburg wußte auch nicht, was zu tun war. Einerseits wollte er wegen wirtschaftlicher Nachteile durch Petsamo keinen „ neuen schwerwiegenden Streitpunkt" mit der Sowjetunion schaffen, andererseits könne man den von Molotow eingenommenen Standpunkt nicht widerspruchslos hinnehmen, waren seine Überlegungen. Schließlich fiel seiner versöhnlichen Natur nichts anderes ein, als die Sowjets darauf hinzuweisen, daß Deutschland sich auf die bewußten 60 % beschränkt habe, „um uns mit den uns bekanntgewordenen sowjetischen Wünschen in Einklang zu halten". Es ist nicht klar geworden, was Schulenburg sich von solchen Erklärungen versprochen hatte. Bei seiner langjährigen Tätigkeit in Moskau sollte ihm eigentlich klar geworden sein, daß man damit keinen Eindruck auf die Sowjets machte.

Weizsäckers Nachgiebigkeit ging noch weiter. Am 17. September sprach ihn der finnische Gesandte auf die Petsamo-Nickelfrage an[20], „ob Deutschland den Finnen nicht behilflich sein könne, dem russischen Drängen auf Bewilligung der Konzession an Rußland auszuweichen". Weizsäcker erklärte dem Gesandten, daß er ihm keine Hoffnung auf Einschaltung Deutschlands in dieser Frage machen könne.

Drei Wochen nach dieser Aussage Weizsäckers war eine Wandlung in der Haltung des Auswärtigen Amtes eingetreten[21]. Man befürchtete, daß die Finnen dem ständigen Druck der Sowjets in der Konzessionsfrage nicht standhalten könnten und den Sowjets die Konzession erteilen würden. Das würde eine sehr unangenehme und nachteilige Lage für Deutschland ergeben. Die deutschen Nickeleinkäufe würden dadurch beendet werden. Aber darüber hinaus würde Sowjetrußland mit der Konzession „auch den ausschließlichen territorialen Einfluß in diesem Gebiet erwerben und damit unmittelbar an das von uns militärisch gesicherte Gebiet von Kirkenes angrenzen".

Der Ratschlag war, man müsse über die bisher geübte Praxis der Beschränkung auf die Nickelverträge hinausgehen, den finnischen Widerstandswillen in der Konzessionsfrage stärken und den Finnen sagen, daß sie die Konzessionsfrage in der Schwebe halten und nicht durch Übertragung der Rechte an Moskau eine endgültige Tatsache schaffen sollten.

Eine Unterstützung der finnischen Haltung in Moskau brauche nicht stattzufinden.

Die Kursänderung Hitlers gegenüber Finnland hatte bereits Anfang August begonnen. Hitler genehmigte Waffenlieferungen an Finnland. Keitel ließ am 10. August Weizsäcker wissen, daß die Gefahr eines neuen finnisch-sowjetischen Krieges bestehe und empfahl dem Auswärtigen Amt, in Moskau zu intervenieren, um ungestörte Rohstoffbelieferung Deutschlands sicherzustellen. Nach mehreren Besprechungen mit dem OKW und OKM gab Hitler Anweisungen, eine Kräftegruppe in Nordnorwegen aufzustellen. Nicht als Nordflügel eines deutschen Angriffs auf die Sowjetunion, sondern um bei einem sowjetischen Angriff gegen Finnland Nordfinnland und das wichtige Petsamo-Gebiet zur Sicherstellung der deutschen Nickelversorgung besetzen zu können.

Gerade die Bedrohung der deutschen Nickelversorgung führte Hitler zur Annäherung an Finnland und nicht etwa eine Rückkehr Hitlers zur militärischen Ostlösung seines Programmes, wie mehrfach geäußert wird.

Als Ausdruck einer veränderten deutschen Haltung muß auch das am 1. Oktober geschlossene sogenannte Veltjens-Abkommen angesehen werden, eine zwischen einer Berliner Firma des Oberstleutnants Veltjens, hinter dem der Reichsmarschall Göring stand, und dem finnischen Wehrminister getroffene Abmachung über gegenseitige Lieferungen (Nickelerz gegen Waffen). Von den Einzelheiten dieses Abkommens interessiert in unserem Zusammenhang nur der Abschnitt 7, in dem sich der finnische Staat verpflichtete, dem Großdeutschen Reich zu denselben Bedingungen, wie von anderen Interessenten gefordert oder angeboten, ein Vorkaufsrecht auf alle das Großdeutsche Reich interessierenden Konzessionen in Finnland einzuräumen, soweit der finnische Staat sie im Ausland anzubieten beabsichtige[22].

Es ist den Akten nicht eindeutig zu entnehmen, wieweit das sogenannte Veltjens-Abkommen unter Beteiligung des Auswärtigen Amtes abgeschlossen wurde. Jedenfalls hat es das Auswärtige

Amt nicht daran gehindert, weiterhin vor einer weiteren Entwicklung der Konzessionsfrage erneut zurückzuweichen.

Die Reichsregierung erklärte sich gegenüber der finnischen Regierung bereit, ihrer Absicht zuzustimmen, die Konzession an eine gemischte finnisch-sowjetische Gesellschaft zu übertragen, wenn u. a. „der deutsche Anspruch auf zeitlich unbegrenzte Lieferung von 60% der Ausbeute aufrechterhalten bleibt"[23].

Schon vorher, schon im Zusammenhang mit dem bevorstehenden Besuch Molotows, hatte sich auch Ribbentrop zurückhaltend geäußert. Der Reichsaußenminister möchte nicht, heißt es in einer Aufzeichnung Schnurres, daß die Petsamo-Frage im gegenwärtigen Augenblick zu einem strittigen Punkt mit den Russen wird[24].

Beim Besuch Molotows in Berlin spielte die Petsamo-Frage keine Rolle. Vierzehn Tage später, am 20. November, kamen gegensätzliche deutsch-sowjetische Auffassungen in einem Gespräch zwischen Molotow und Schulenburg zum Ausdruck[25]. Und die Reichsregierung bestand auf Einhaltung der deutsch-finnischen Lieferverträge. Dagegen betonte Molotow wiederholt, „daß die Sowjetregierung Verpflichtungen aus den deutsch-finnischen Verträgen nicht übernehmen könne". Er erklärte sich zwar bereit, einen Vertrag mit dem Reich über die Nickelerzlieferung abzuschließen, aber das hätte das Deutsche Reich in Nickelfragen völlig abhängig von der Sowjetunion gemacht, eine unannehmbare Lage.

Es war den Finnen gelungen, bis zum Kriegsbeginn 1941 mit Erfolg ihre hinhaltende Taktik in der Konzessionsfrage (mit indirekter deutscher Unterstützung) fortzusetzen.

Die Frage erscheint berechtigt, warum der Verfasser in dieser Ausführlichkeit eine im großen Zusammenhang relativ unbedeutende Frage erörtert hat. Von etablierten Historikern wird das deutsche Vorgehen in Finnland als Teil der deutschen Offensivvorbereitungen gegen die Sowjetunion dargestellt. Mit diesen Ausführungen sollte deutlich gemacht werden, daß ein großes kriegswirtschaftliches deutsches Interesse an dem wichtigen Rohstoff Nickelerz bestand[26], daß das deutsche Interesse an deutsch-finnischen Verhandlungen vor dem Einschreiten der Sowjets geltend gemacht worden war und daß die Sowjets kein echtes wirtschaftliches, sondern nur ein machtpolitisches Interesse an dieser Frage hatten. Es sollte in den einzelnen Stationen aufgezeigt werden, wie weit die deutsche Seite vor den Moskauer Forderungen zurückgewichen war[27]. Aus dem deutschen Verhalten in den gegensätzlichen wirtschaftlichen Positionen können keine Rückschlüsse auf deutsche Offensivabsichten gezogen werden. Auch diese Erkenntnis sollte die Darstellung vermitteln.

3. Erneute Bedrohung Finnlands durch die Sowjetunion im Sommer 1940

Die Wiederannäherung von Deutschland und Finnland schon wenige Wochen nach dem sowjetisch-finnischen Friedensvertrag (12. März 1940 in Moskau) hatte, wie aufgezeigt wurde, gewichtige wirtschaftliche Gründe. Sie ist nicht erst durch Hitlers Rückkehr zur militärischen „Ostlösung" seines Programmes und die damit verbundenen strategischen Überlegungen über die Einbeziehung Skandinaviens ausgelöst[28], auch nicht durch sein angebliches strategisches Konzept zur Eroberung von Lebensraum im Osten. Wir wollen den in sich widerspruchsvollen Darlegungen Überschärs nicht im einzelnen folgen. Wir stimmen auch nicht mit ihm überein, wenn er feststellt, daß Hitler eine Verstärkung der deutschen Kräfte in Nordnorwegen befohlen hatte, um einer sowjetischen Okkupation Nordfinnlands entgegenzuwirken. Aufgabe dieser Verstärkung sollte es vielmehr sein, im Falle eines sowjetischen Angriffs gegen Finnland das wichtige Nickelerzgebiet von Petsamo in Besitz zu nehmen und damit die deutsche Versorgung mit Nickelerz sicherzustellen[29]. Mit der Lebensraumfrage hatte das nicht das geringste zu tun[30].

Im Verlauf der weiteren Entwicklung bestand auf deutscher Seite offenbar auch die Befürchtung, daß die Sowjetunion „ihre Position deshalb in Finnland verstärken wollte, um Deutschland nördlich zu überflügeln und in unmittelbarer Nähe der für Deutschland in diesem Kriege lebenswichtigen, nicht nur sehr entscheidenden schwedischen Erzfelder zu stehen"[31].

Sicher unabhängig von Görings Aussage, mit dem sich zu identifizieren er energisch ablehnen würde, kommt Überschär zu der Feststellung, daß für die Sowjetunion das Petsamo-Gebiet als

Ausgangspunkt eines Vordringens zur norwegischen Atlantikküste von großem Wert sein könnte[32].

Das erforderte vorbereitende Abwehrmaßnahmen. Dazu gehörte auch die häufig als Beweis für den Angriffsentschluß Hitlers angeführte Weisung zur Befestigung der nordnorwegischen Fjorde und die Bildung einer besonderen Kräftegruppe. Selbst Überschär kann nicht übersehen, daß Hitler „im Hinblick auf das sich zuspitzende sowjetisch-finnische Verhältnis Anweisungen zum militärischen Ausbau des nordnorwegischen Raumes" gab, „so daß sowjetische Angriffe dort aussichtslos sein würden und eine Basis für die Besetzung von Petsamo geschaffen würde"[33].

Die Anzeichen, daß die Sowjets auch in Finnland zu einer „endgültigen Lösung" kommen wollten[35], waren unübersehbar. Zeitlich zusammen mit der Forderung nach Übertragung der Petsamo-Nickel Konzession verlangten die Sowjets Beteiligung an der Befestigung der Alandsinseln oder an der Kontrolle ihrer Demilitarisierung[36].

Hitler soll stark beunruhigt gewesen sein, als er hörte, daß die Sowjetunion einen neuen Angriff auf Finnland plante und die Operationsbereitschaft für den 15. August 1940 festgesetzt worden war. In großer Zahl eingehende Geheimdienstmeldungen verstärkten ab Mitte Juli 1940 bei Hitler und im OKW den Eindruck, daß die Sowjetführung einen ähnlichen Gewaltstreich gegenüber Finnland wie kurz zuvor im Baltikum bei der Einverleibung von Estland, Lettland und Litauen beabsichtigte[37].

Zusätzliche Nahrung erhielten die Meldungen und Gerüchte durch Molotows Ausführungen vom 1. August vor dem Obersten Sowjet. In drei Aufsätzen beschäftigte sich allein die seriöse „Neue Zürcher Zeitung" mit den sowjetischen Absichten[38].

„Noch schlimmer sieht die Zukunft Finnlands aus", schrieb die Zeitung. „Molotows scheinheilige Klage über die angebliche Verfolgung sowjetfreundlicher Kreise in Finnland wirkt, namentlich wenn man bedenkt, daß aus der benachbarten finno-karelischen Republik unter Leitung Kuusinens eine leidenschaftliche Propaganda gegen die finnischen „Volksunterdrücker" munter fortgeführt wird, wie die Ankündigung einer neuen russischen Befreiungsaktion". Und der Aufsatz unterstellt der sowjetischen Führung, daß sie in der Annahme, der Krieg entferne sich weiter von ihr nach Westen, nur auf den geeigneten Augenblick warte, um das finnische „Ärgernis" zu beseitigen. Was man hat, das hat man, sei auch die Quintessenz von Molotows „Tour d'Horizon". In dem letzten Aufsatz schwächte die Zeitung allerdings ein wenig ab. Sie betonte aber, daß Molotow in seiner Rede über die finnisch-sowjetischen Beziehungen „einige so bedrohliche Bemerkungen gemacht hatte, daß man – namentlich nach den ersten telegraphischen Meldungen – an der Absicht der sowjetischen Regierung, mit Finnland unter den gleichen Vorwänden und in derselben brutalen Art kurzen Prozeß zu machen, kaum zweifeln konnte".

Die Zeitung räumte dann ein, daß der vollständig vorliegende Text „weniger kriegerisch" klingt, als man annehmen mußte. Es habe auch freundliche Ausblicke in die zukünftige Gestaltung des russisch-finnischen Verhältnisses gegeben.

Am Ende habe Molotow dann wieder einen anderen Ton angeschlagen und sich warnend ausgesprochen über die „Repressivmaßnahmen gegen gesellschaftliche Schichten des Landes, die bestrebt seien, die gutnachbarlichen Beziehungen zur Sowjetunion zu kräftigen".

Fünf Monate seien seit dem Friedensschluß vergangen, fährt die Zeitung fort, in denen die finnische Regierung immer wieder Nachgiebigkeit gegenüber russischen Wünschen und Zumutungen an den Tag gelegt habe. Das aber habe nichts genutzt. Moskau ließ sich in seinen geheimen Absichten nicht beirren und nicht abschrecken, „einen Konflikt einfach an den Haaren herbeizuziehen". Die Zeitung führte einige sowjetische Forderungen auf und bemerkte dazu, „das alles schien einer Schikanierungspolitik zu entspringen, die Ablehnung von seiten der finnischen Seite provozieren und den Sowjets Anlaß zum Einschreiten geben sollte".

Der Leser kann erneut fragen: Warum diese ausführliche Wiedergabe der Aufsätze der „Neuen Zürcher Zeitung"? Einen wichtigen Grund dafür, den der Verfasser in seinen Büchern immer wieder zu berücksichtigen bemüht ist, sieht er in der Aufgabe, soviel wie möglich zeitgenössische, vor allem ausländische Aussagen heranzuziehen. Das erscheint ihm angesichts des Vorgehens vor allem der deutschen Zeitgeschichtsschreibung besonders erforderlich zu sein. Sie stellt nicht objektiv dar, wie es gewesen ist, sondern urteilt und verurteilt von einem voreingenommenen, nachträglich gebildeten Standpunkt aus.

Der zweite Grund ist folgender: Es soll vor allem darauf hingewiesen werden, daß Artikel geschrieben sind und die sowjetische Aggressionspolitik in einem Zeitraum darstellen, in dem die deutsche Ostpolitik sich nach Auffassung der Etablierten zum Angriff entschlossen haben soll, und daß deutsche militärische Maßnahmen im Norden Europas nur diesem Zweck dienen und nicht der Sicherung deutscher Interessen im Falle eines sowjetischen Angriffs auf Finnland[39].

In seinem Buch hat Überschär sich am ausführlichsten mit den Problemen in Finnland beschäftigt. Der Verfasser stimmt weitgehend mit seinen Einzelschilderungen überein, denen auch Hillgruber zustimmt[40]. Unverständlich bleibt ihm aber dann dessen Feststellung, die sich in keiner Weise aus seiner Darstellung ergibt, sondern unvermittelt getroffen wurde, daß „Hitler Finnland vom Beginn seiner Pläne im Juli 1940 für das Ziel, die Vernichtung des Bolschewismus und der Sowjetunion sowie die Erringung von Lebensraum im Osten als potentiellen Teilnehmer an einem Ostfeldzug... mit ‚einbezogen' hat"[41].

Da Überschär nun für seine gewalttätige Schlußfolgerung jegliche Beweise fehlen, macht er hinsichtlich der von ihm behaupteten „Einbeziehung" die Einschränkung, „wenn auch nicht in konkreter Form". Welchen realen Wert haben Behauptungen, denen Fakten zur Begründung fehlen und die nur abstrakten Vorstellungen und vorgefaßten Meinungen entsprungen sind[42]?

Noch schlimmer wird es, wenn Feststellungen getroffen werden, denen unrichtige Fakten zugrundegelegt werden. Die meisten – auch etablierten – Historiker sind sich darüber einig, daß Hitlers rasche und entscheidende Wendung zugunsten Helsinkis und die Erlaubnis für bis dahin zurückgehaltenen Waffenlieferungen im Zusammenhang mit den erwarteten sowjetischen Plänen gegen Finnland standen. Um so überraschter war der Verfasser, als er lesen mußte, daß es zu dieser Wendung gekommen war, „als Hitler wieder auf sein strategisches Konzept, die Eroberung von Lebensraum durch einen Krieg gegen die Sowjetunion, zurückgekommen war"[43].

Hitler hat in dem oben erwähnten Gespräch mit Sven Hedin[44] zu der Frage eines zweiten sowjetisch-finnischen Krieges Stellung genommen. „Er glaube, daß dieser Krieg dort oben endgültig verhindert worden ist, obwohl er überzeugt sei, daß ihn die russische Führung beabsichtigt habe." Hitler führte das offensichtlich auf seine Intervention zurück. „Er habe den Russen eindeutig erklärt, daß er einen weiteren Krieg in der Ostsee nicht für passend halte." Er wiederholte diese Bemerkung im Laufe des Gespräches. Ohne ungehinderten Zugang zu den sowjetischen Archiven wird es nicht möglich sein zu entscheiden, warum die Sowjets ihre Absicht, Finnland erneut anzugreifen, im Spätsommer 1940 aufgegeben haben. Nach den uns zur Zeit zugänglichen Unterlagen hat diese Absicht bestanden, und entsprechende Vorbereitungen waren getroffen. Haben Hitlers Interventionen und die geschilderten deutschen Abwehrmaßnahmen zur Sicherstellung der deutschen Versorgung mit Nickelerz und zum Schutze der nordnorwegischen Küste sie an der Realisierung ihrer Pläne gehindert?

Es muß auf das Datum dieses Gespräches, 5. Dezember 1940, hingewiesen werden. Das war dreizehn Tage vor Ausgabe der „Weisung Nr. 21 Fall ‚Barbarossa'" und sechs Tage vor der Absage des Unternehmens „Felix" (Angriff auf Gibraltar). Bedeutsam scheint dem Autor zu sein, daß Hitler noch fast unmittelbar vor der Barbarossa-Weisung so großen Wert auf die Tatsache legte, einen Krieg in der Ostsee verhindert zu haben. Bedeutsam ist auch seine mehrfach getroffene Feststellung, „daß dieser Krieg nicht kommen würde".

Man steht auch hier vor der Entscheidung, entweder Hitler für einen permanenten, außergewöhnlichen Lügner zu halten, wie es ein großer Teil der etablierten Geschichtsschreibung tut, oder aber hinsichtlich eines Krieges mit der Sowjetunion auf die in den Weisungen Nr. 18 vom 12. November 1940 und Nr. 21 „Barbarossa" vom 18. Dezember 1940 enthaltenen Vorbehalte hinzuweisen[45]. Nimmt man mit Hofer das erste an, wäre Hitler nahezu ein zweiter Münchhausen und allein schon wegen seiner kaum noch zu steigernden Fähigkeit, konsequent zu lügen, ein Fall für den Psychiater.

Nun gibt es in diesem Gespräch mit Sven Hedin für diesen Zusammenhang noch eine andere wichtige Bemerkung Hitlers. „Er sei immer noch in einen schweren Kampf verwickelt", erklärte er seinem Gesprächspartner. Man müßte in Kenntnis des bevorstehenden „Barbarossa"-Befehls und beeinflußt durch die etablierte Geschichtsschreibung, nach der Hitler seit Ende Juli 1940 zum Angriff auf die Sowjetunion fest entschlossen und besessen von diesem Gedanken war, annehmen, damit sei dieser Kampf gemeint. Doch dazu erfährt man, daß man sich in dieser Annahme geirrt hat. „Er wünsche in diesem Kampf keinerlei Ausweitungen", fuhr Hitler fort. „Er müsse seinen Rücken freihalten, und deshalb möchte er einen Konflikt mit Rußland vermeiden." Und seine weiteren Worte lassen eindeutig erkennen, daß er England, den Kampf gegen England meinte.

Und noch eine Bemerkung Hitlers verdient herausgestellt zu werden. Er rühmte die hohe Qualität der deutschen Armee. Er könne mit jedem Problem fertig werden, mit jeder nur denkbaren Kombination in der Welt. Aber er suche keine Händel, da er Frieden wolle. Daher habe er den Russen zu verstehen gegeben, daß er in Finnland keinen Krieg wünsche.

Das deutsch-sowjetische Verhältnis erfuhr in den folgenden Monaten durch das verstärkte Interesse, das Deutschland an Finnland nahm, insbesondere auch durch den Transport deutscher Truppen durch Finnland und durch die zur Sicherung der Transporte erforderliche Anwesenheit deutscher Truppen in Finnland eine Verschlechterung. Ihren Höhepunkt erreichte sie anläßlich des Molotow-Besuches. Man muß schon Weinbergs Feststellung zustimmen, ohne seine Begründung zu übernehmen, daß ein Spalt, eine Verstimmung in dem deutsch-sowjetischen Verhältnis dadurch entstanden war[46].

X. Der Dreimächtepakt

1. Zur Entstehung des Paktes

Nach Beseitigung der Balkankrise durch die Wiener Entscheidung zwang die weltpolitische Entwicklung Hitler mit ihrem wichtigsten Punkt, der stärkeren Einbeziehung der USA in den europäischen Konflikt, die in dem Zerstörer-Abkommen vom 20. August 1940[1] einen vorläufigen Höhepunkt erreichte, zu einer Ausweitung der deutschen außenpolitischen Aktivitäten. Durch die Entsendung des Sonderbeauftragten Stahmer am 7. September 1940 nach Tokio sollten die Verhandlungen über den Abschluß eines Dreierpaktes Deutschland–Italien–Japan eingeleitet werden.

Das deutsch-japanische Verhältnis, das durch das 1936 mit deutlicher antisowjetischer Spitze abgeschlossene Antikomintern-Abkommen weitgehend bestimmt war, hatte durch den deutsch-sowjetischen Nichtangriffspakt vom 23. August 1939 einen entscheidenden Bruch erlitten. Denn der im mandschurisch-mongolischen Grenzgebiet ausgetragene sowjetisch-japanische Konflikt hatte im Juli 1939 in der für die Japaner verlustreichen Schlacht von Chalchin-Gol – um eine Schlacht zwischen starken Verbänden, nicht um Grenzscharmützel hatte es sich gehandelt – einen Höhepunkt erreicht. Die Japaner faßten den deutsch-sowjetischen Vertrag als eine Unterstützung der sowjetischen Position durch Deutschland auf.

Versuche Ribbentrops im September 1939, für die weltpolitische Auseinandersetzung eine Viererkoalition aus Deutschland, Italien, Japan und der Sowjetunion zu schaffen, mußten scheitern. Die deutsche Diplomatie mußte sich damit zufriedengeben, daß es im Herbst 1939 – nicht ohne ihre Mithilfe – zu einem Waffenstillstand in der sowjetisch-japanischen Auseinandersetzung kam.

Die Veränderung der weltpolitischen Lage 1940 ermöglichte eine Wiederannäherung von Deutschland und Japan wie auch Überlegungen hinsichtlich einer Einbeziehung der Sowjetunion. So schlug der deutsche Sonderbeauftragte Stahmer vor, zunächst eine Übereinkunft Deutschland–Italien–Japan als sofort erreichbar herzustellen. Danach aber müßten unmittelbar anschließend Gespräche mit der Sowjetunion aufgenommen werden. Schon bei diesen ersten Besprechungen erklärt Stahmer die Bereitschaft der deutschen Regierung, dabei vermittelnd tätig zu werden, behilflich zu sein, die immer noch bestehenden sowjetisch-japanischen Gegensätze auszuräumen, was in einem Schreiben des deutschen Botschafters Ott an den japanischen Außenminister Matsuoka vom Tage der Vertragsunterzeichnung ausdrücklich bestätigt wurde[2]. Die Verhandlungen kamen sehr schnell voran, Italien wurde erst am 20. September eingeschaltet, und am 27. September kam es in Berlin bereits zur Unterzeichnung des Dreimächtepaktes[3].

In sechs Artikeln sollte der mit der Unterzeichnung in Kraft tretende und auf zehn Jahre „in Geltung" bleibende Vertrag als eine „Voraussetzung für einen dauerhaften Frieden" eine neue Ordnung der Dinge schaffen. Es war „der Wunsch der drei Regierungen, die Zusammenarbeit auf solche Nationen . . . auszudehnen, die geneigt sind, ihren Bemühungen eine ähnliche Richtung zu geben . . ."

Die beiden ersten Artikel sahen die jeweilige Führung der Vertragspartner bei der Schaffung einer neuen Ordnung in Europa und im großasiatischen Raum vor. Der Artikel 3 betraf die Beistandspflicht mit politischen, wirtschaftlichen und militärischen Mitteln, „falls einer der drei vertragschließenden Teile von einer Macht angegriffen wird, die gegenwärtig nicht in den europäischen Krieg oder in den chinesisch-japanischen Konflikt verwickelt ist."

Von besonderer Bedeutung hinsichtlich der Zielsetzung war jedoch der Artikel 5. In ihm erklärten die drei Mächte, „daß die vorstehenden Abmachungen in keiner Weise den politischen Status berühren, der gegenwärtig zwischen jedem der vertragschließenden Teile und Sowjetrußland besteht".

Für die Zielsetzung des Paktes war dieser Artikel 5 von entscheidender Bedeutung. Er sollte deutlich machen, daß sich der Pakt ausschließlich gegen die USA richtete, und zwar nicht als Offensivpakt[4]. Das Ziel war vielmehr, die USA aus dem Krieg herauszuhalten. Man wußte, daß es in den USA sehr starke isolationistische, friedensbereite Kreise gab, die im scharfen Widerstand zu dem unverkennbaren Kriegskurs Roosevelts standen. Den USA sollte auch deutlich werden, daß sie bei einem Kriegseintritt mit einer Auseinandersetzung auf zwei Ozeanen zu rechnen hatten.

In aller zweifelsfreien Deutlichkeit hat Ribbentrop in seiner Vernehmung in dem Nürnberger Schauprozeß[5] diese auf die USA gerichtete Tendenz des Paktes zum Ausdruck gebracht. „Der Abschluß des Dreimächtepaktes sollte ja gerade die USA aus dem Kriege heraushalten, indem es damals unser Wunsch war, daß dadurch Kreise in den USA gestärkt werden möchten, die für den Frieden und für gute Beziehungen mit Deutschland arbeiteten." An anderer Stelle betonte Ribbentrop erneut den Defensivcharakter. Mit dem beabsichtigten Heraushalten der USA erhoffte man sich, dann doch noch zum Frieden mit England zu kommen, „zu einem Kompromißfrieden ... den wir während des ganzen Krieges niemals aus den Augen verloren und letzten Endes immer angestrebt haben."

Es soll nicht Aufgabe dieser Arbeit sein, auf das Irreale solcher Vorstellungen einzugehen; es soll darauf hingewiesen werden, daß „dem Pakte selber ... nicht, wie das so oft behauptet worden ist, irgendwelche aggressive oder Weltherrschaftspläne unterlegen" haben[6].

Eine Stütze finden diese Ausführungen Ribbentrops in den deutschen Akten. In einem Schreiben des Reichsaußenministers an die Moskauer Botschaft vom 26. September 1940 stößt man fast auf dieselben Worte, mit denen Ribbentrop vor dem IMT den Zweck des Vertrages erklärt hatte[7]. „Dieses Bündnis ist ausschließlich entsprechend seinem Entstehungsgrund gegen amerikanische[8] Kriegshetzer gerichtet", heißt es in Punkt 2 dieses Schreibens. Und der Punkt 3 betont, daß der Vertrag „selbstverständlich gegenüber Amerika[8] keinerlei offensive Ziele" verfolgt, „sein ausschließlicher Zweck ist vielmehr, die zum Kriegseintritt Amerikas treibenden Kräfte zur Vernunft zu bringen, indem ihnen unmißverständlich vor Augen geführt wird, daß sie es, wenn sie in den gegenwärtigen Kampf eingreifen, automatisch zunächst mit den drei Großmächten als Gegner zu tun haben würden".

So kommt denn auch Sommer[9] zu der Feststellung, daß „das Dreierbündnis in der Tat ein Instrument zur Verhütung der

Kriegsausweitung" war. „Sein Charakter war, was die Kernbe-stimmungen des Artikels 3 anbetraf, defensiv und präventiv"[10].

Das einzugestehen, muß Sommer schwergefallen sein, denn die Einschränkung folgt auf dem Fuße. Der Vertrag „war im letzten Grunde das Werkzeug einer durch und durch aggressiven Politik", denn die angestrebten „Neuordnungen Europas und Asiens" bedeuteten „die Vergewaltigung kleinerer Völker". Aber Som-mer muß dennoch zugeben, daß es beim besten Willen „kein Offensivbündnis zu konkreten Zwecken" genannt werden kann. Das genügt für unsere Betrachtung, sie soll nicht dem Zweck dienen, zu klären, weshalb Sommer sich selbst widerspricht.

Zwei zeitgenössische britische Stimmen betonen den auf die USA bezogenen Charakter des Paktes. In einer Sitzung des britischen Kriegskabinetts vom 2. Oktober 1940[11] stand auch ein Memorandum des Außenministers über den „German–Italian–Japanese-Treaty" auf der Tagesordnung. Unter dem Punkt 10 wurden auch die Absichten behandelt, die den USA galten. Sie müßten erkennen, daß sie einen Kampf an zwei Fronten zu führen hätten, wenn sie „in our defence" in den Krieg mit Deutschland mit eintreten würden. Und ganz im Sinne der deutschen Absichten war im War Cabinet zu erfahren, manche Amerikaner könnten zu der Erkenntnis kommen, daß es besser sei, die Rolle eines wohlwollenden Neutralen zu spielen als die einer geplagten krieg-führenden Macht. Auch die Wochenzeitung „The Observer" vom 2. Oktober betonte die gegen die USA gerichtete Absicht (anti-american), wies aber auch auf die antibritische hin[12].

Die Frage drängt sich natürlich auf: Welchen Einfluß sollte der Pakt auf das Verhältnis zur Sowjetunion haben? Wir haben bereits festgestellt, daß im deutsch-sowjetischen Verhältnis im Monat September erhebliche Spannungen, hervorgerufen in erster Linie durch den Wiener Schiedsspruch und durch die Garantie an Rumänien vom 30. August, eingetreten waren, die dann zu der sowjetischen Note vom 21. September mit ihren Beschwerden geführt hatten[13]. Auf deutscher Seite war die Einbeziehung der Sowjetunion jedoch schon bei der Einweisung Stahmers angespro-chen worden, so daß man unter keinen Umständen von einer antisowjetischen Absicht sprechen kann.

Was haben zeitgenössische Beobachter zu dieser Frage geäu-

166

ßert? In einem Leitartikel hat die „Neue Zürcher Zeitung" dazu Stellung genommen[15]. Sie stellt den Pakt in einen Gegensatz zum Antikominternpakt. In ihm habe die Ideologie überwogen. Dagegen sei dieser Pakt „deutlich und unverkennbar" ein Militärbündnis. Er richte sich nicht mehr, „jedenfalls nicht in erster und auch nicht in zweiter Linie gegen die Sowjetunion, die vielmehr ausdrücklich durch eine Schutzklausel . . . von den Bündnisbestimmungen ausgenommen wird." Die Zeitung macht allerdings eine Einschränkung, indem sie dieser Schutzklausel eine „unübersehbare Tragweite" zumißt.

Auch der von uns schon erwähnte Observer-Artikel beschäftigt sich mit dem Verhältnis des Paktes zur Sowjetunion. Nun kann er natürlich in dem Sinne, wie der Pakt dort als antiamerikanisch und antibritisch dargestellt ist, auch eine antisowjetische Aufgabe des Paktes herausstellen. Deshalb war der Pakt verdeckt (covertly) antisowjetisch. Das kann in einem etwas übertragenen Sinne gedeutet werden. Das sowjetische „Empire" sei gewissermaßen in einen Schraubstock gepreßt, mit dessen Hilfe es zu gutem Verhalten vom Nahen bis zum Fernen Osten angehalten würde.

Wie sehr man auf deutscher Seite auch nur den Eindruck einer antisowjetischen Tendenz zu vermeiden suchte, zeigt eine Episode bei der Frage der Hinzuziehung des spanischen Außenministers Serrano Suñer (neben anderen Ausländern) als Gast bei der Unterzeichnung des Vertrages. Ciano äußerte Bedenken, ob nicht angesichts der bekannten antibolschewistischen Einstellung der Spanier durch ihre Anwesenheit der Pakt eine starke antirussische Tendenz erhielte. Die britische Regierung war sich keineswegs über diese Frage im klaren, jedenfalls erhielt der britische Botschafter Cripps in Moskau den Auftrag, diesen Fall zu klären.

2. Die beabsichtigte Erweiterung zum Viererpakt

Wie stand es nun mit der Erweiterung des Dreierpakts zum Viererpakt durch Einbeziehung der Sowjetunion? Natürlich gibt es viele Stimmen aus der etablierten Geschichtsschreibung, die es aufgrund der von ihnen vorgenommenen Fixierung Hitlers auf die „Programmziele" aus „Mein Kampf" ablehnen, Hitler ernsthafte

167

Absichten zu unterstellen, die Sowjetunion zu gewinnen. Für Weinberg war es nur eine „Tarnmaßnahme", für Förster[16] „reine Taktik", für Uhlig „ein Einkreisungsinstrument gegen die Sowjetunion" (eine allerdings mit einem Fragezeichen versehene Überschrift, das er auch hätte weglassen können)[17], um nur einige Beispiele zu nennen. Es ist eine Reihe, die sich leicht vermehren ließe; selbst ein Mann wie Gafencu[18] schreibt von einem „dritten Riß" in dem deutsch-sowjetischen Abkommen von 1939.

Und was sagt Hillgruber zu dieser Entwicklung, die ja im Grunde so gar nicht in das von ihm Hitler unterstellte Lebensziel, Vernichtung des Bolschewismus und Gewinnung von Lebensraum im Osten, hineinpaßt? Für ihn ist die Viererpaktfrage nur ein Zwischenspiel, eine Phase auf dem Wege zum Endspiel. In diesem Zwischenspiel will Hitler den Westen ausschalten, um sich dann bei gewonnener Rückenfreiheit im Westen voll gegen den östlichen Gegner wenden zu können.

Soweit ist es aber noch nicht. Zunächst muß Hillgruber zu der Frage der Erweiterung des Dreierpakts zum Viererpakt durch Beitritt der Sowjetunion Stellung beziehen. Und seine Stellungnahme ist bemerkenswert. Die Gewinnung Mussolinis für die Erweiterung durch Hitler am 4. Oktober 1940 ist für Hillgruber der Beginn des Versuches „zur Verwirklichung des wichtigsten Teilstückes dieses Planes, der Einbeziehung der Sowjetunion, von deren Gelingen die erhoffte Wirkung des ganzen Projektes auf die USA und Großbritannien entscheidend abhing"[19]. Hillgruber macht es sich also nicht so einfach wie die anderen genannten Historiker. Was aber, wenn sich bei der Verwirklichung dieses Planes Eigengesetzlichkeiten ergeben, die mit denen in „Mein Kampf" aufgezeigten Zielen nichts mehr zu tun haben? Hillgruber erörtert diese Frage nicht, sie stellt sich ihm gar nicht, weil er Hitler für so besessen von seinem „Lebensziel" hält, daß dieser es gar nicht zu solchen Eigengesetzlichkeiten würde kommen lassen bzw. diese überwinden und die Politik wieder auf die alte Zielsetzung führen würde.

Die Schwierigkeiten, die für den Ausbau des Dreierpaktes zum Viererpakt im deutsch-sowjetischen Verhältnis begründet lagen, waren gering im Vergleich zu denen, die im sowjetisch-japanischen Verhältnis enthalten waren. Es wurde oben schon auf die japanisch-sowjetischen Auseinandersetzungen des Jahres 1939 hingewiesen. Es war gerade erst ein Jahr seit dem Waffenstillstand vergangen, als man die Einbeziehung der Sowjetunion in die Koalition der drei „faschistischen" Mächte erwog. Das bedurfte intensivster Bemühungen, die man allgemein vor allem von der deutschen Seite erwartete.

„Die Bereinigung der alten russisch-japanischen Gegensätze, die einer umfassenden Verständigung mit den totalitären Mächten entgegenstehen, dürfte allerdings nicht unerheblich erleichtert werden, wenn Deutschland dafür eine Vermittlung gewähren würde", schrieb die „Neue Zürcher Zeitung"[20]. Und einige Tage später berichtete sie über die Auffassung der britischen Presse, die annahm, „. . . daß den neuerlichen Bemühungen Berlins, den Abschluß eines Nichtangriffspaktes zwischen Sowjetrußland und Japan anzubahnen, der Erfolg nicht versagt bleiben wird[21]."

Diese Beurteilung steht jedoch in einem gewissen Gegensatz zu der des Foreign Office, die allerdings zwei Monate später erfolgte. In einem Telegramm an Cripps in Moskau hieß es, daß die Deutschen Schwierigkeiten hätten, eine sowjetisch-japanische Verständigung herbeizuführen (daß solche deutschen Bemühungen bestanden, wird dadurch zugegeben). Die sowjetische Politik gegenüber China sei unverändert geblieben, und die Sowjets setzten ihre Unterstützung für General Chiang Kai-shek fort wie bisher[22].

Auf deutscher Seite war volle Bereitschaft vorhanden, sich für eine sowjetisch-japanische Annäherung einzusetzen. So hatte der Sonderbeauftragte Stahmer den Auftrag, in Tokio die deutsche Bereitschaft, einen sowjetisch-japanischen Ausgleich herbeizuführen, zuzusagen. Dementsprechend gehörte zu den fünfzehn Hauptpunkten der Gespräche, die Stahmer und Ott, der deutsche Botschafter in Tokio, am 9. und 10. September mit dem japanischen Außenminister Matsuoka führten, auch die Frage der Annäherung Japan-Sowjetunion[23]. Der Punkt 10 enthielt die Bereitschaft Deutschlands, als ehrlicher Makler für eine Annäherung Japan–Sowjetunion zu wirken[24]. Deutschland könne keine unüberwindbaren Hindernisse auf dem Wege dahin erkennen, heißt es. Und dann folgt gewissermaßen die Erklärung für diese Erkenntnis. Im Gegensatz zu den Behauptungen der britischen Propaganda seien die deutsch-sowjetischen Beziehungen gut.

Moskau erfülle alle seine Verpflichtungen zur vollen deutschen Zufriedenheit.

Und im Entwurf eines geheimen Zusatzprotokolls zum Dreimächtepakt vom 19. September verpflichteten sich in der Geheimnote 2 Deutschland und Italien, für eine Verbesserung der sowjetisch-japanischen Beziehungen einzutreten[25].

Man muß der Feststellung Fabrys zustimmen, daß Ribbentrop alles tat, um Tokio und Moskau einander näherzubringen[26],[27].

Sommer geht sogar noch einen Schritt weiter. Nach ihm ging es Ribbentrop nicht nur um eine Aussöhnung Japans und Rußlands, er wollte vielmehr „die Einbeziehung der Sowjetunion in die deutsch-italienisch-japanische Koalition". Er wollte wie schon 1939 das weltpolitische Dreieck durch Einschluß des Sowjetreiches zu einem unwiderstehlichen Viererblock erweitern[28]. Ribbentrop ging damit über diejenigen hinaus, die sich mit der Unterzeichnung eines sowjetisch-japanischen Nichtangriffspakts begnügten und diesen nur in eine spezielle Beziehung zum Dreierpakt setzen wollten[28].

Auch das Foreign Office erhielt durch seinen Moskauer Botschafter Cripps Kenntnis von solchen deutschen Bemühungen. Cripps' Gewährsmann, der türkische Moskau-Botschafter, zweifelte aber an einem Gelingen. Voraussetzung wäre die Einstellung der sowjetischen Hilfe für China, und das sei nicht zu erwarten[29].

Angesichts dieser vielen unbestreitbaren Zeugnisse deutscher Vermittlertätigkeit für eine sowjetisch-japanische Annäherung ist es unverständlich, wenn u. a. von Uhlig behauptet wird, daß Berlin gegen eine sowjetisch-japanische Annäherung gewesen sei. Japans Begehren nach freundschaftlicher diplomatischer Vermittlung sei in Berlin auf großes Unbehagen gestoßen[30].

Stellt man Überlegungen an über evtl. Hintergründe für eine solche von den Tatsachen abweichende Feststellung, so muß man zu der Erkenntnis kommen, daß es sich nicht um eine auf Uhlig beschränkte Auffassung handelt; sie wird von großen Teilen der etablierten Geschichtsforschung geteilt. Ihre Ausgangspunkte sind die Hitler unterstellten Lebensraumziele und das Ziel der Vernichtung des Bolschewismus und der Sowjetunion.

Nun wird jede militärische Auseinandersetzung am aussichtsreichsten geführt, wenn man den Gegner in einen Mehrfrontenkrieg verwickelt. Zwei Fronten sollten es schon mindestens sein. Im Falle eines deutsch-sowjetischen Konfliktes kam von Nachbarn der Sowjetunion nur Japan als ernsthafter Partner für die Bildung einer zweiten Front in Frage. Eine deutsche Politik, die auf einen Krieg gegen die Sowjetunion abzielte, mußte also alles daransetzen, bestehende sowjetisch-japanische Gegensätze zu vertiefen, damit möglichst starke sowjetische Verbände in Fernen Osten gebunden wurden[31]. Versucht man jedoch, die Sowjetunion und Japan zusammenzuführen, wie es die Berliner Politik zweifellos tat, gab man dadurch zu erkennen, daß man *keinen Konflikt mit der Sowjetunion wollte* und erwartete. War das nicht der Fall, mußte ein solches auf Ausgleich zwischen Japan und der Sowjetunion abzielendes Handeln geradezu verbrecherisch genannt werden. Es ist auch durch keinerlei diplomatische Notwendigkeit zu erklären. Erklärungen, wie sie Teile der etablierten Geschichtsschreibung abgegeben haben, bleiben an der Oberfläche. Sie versuchen jedoch eine Erklärung, während Uhlig auf eine solche überhaupt verzichtet und den Tatbestand der deutschen Bemühungen um einen sowjetisch-japanischen Ausgleich einfach leugnet.

Auf Hillgrubers Zwischenspiel-Erklärung sind wir oben schon eingegangen. Eine Bemerkung muß dazu noch gemacht werden: Wäre es möglich gewesen, das deutsche Volk nach einem „militärischen Zwischenspiel" zu einem weiteren Feldzug, diesmal gegen die Sowjetunion, zu mobilisieren? Wie hätte man dem deutschen Volk verständlich machen wollen, daß ein langjähriger Partner plötzlich zum lebens- und existenzbedrohenden Gegner geworden war?

Nein, die Argumente der etablierten Geschichtsschreibung überzeugen nicht. Der Verfasser stimmt Fabry zu, wenn er die Tatsache, „daß das Reich alle Hebel in Bewegung setzte, um Japan und die UdSSR auszusöhnen", als Beweis dafür nimmt, „daß man in Berlin den deutsch-sowjetischen Pakt über die augenblickliche politische Konstellation hinaus für einen Faktor der Weltpolitik zu machen gedachte, dessen antibritische Zielsetzungen offen zutage lagen"[32]. Das war zwar von Fabry für die Situation vom September 1939 gesagt, es galt aber grundsätzlich auch noch für die Viererpakt-Bemühungen im Herbst 1940, wenn auch inzwischen Ereignisse eingetreten waren, welche die 1939 nur überdeckten deutsch-sowjetischen Interessengegensätze nicht nur sichtbar, sondern auch wirksam werden ließen.

3. Der Kontinentalblock

Die Entwicklung über den Dreierpakt hinaus sollte nicht beim Beitritt nur einer Macht zum Viererpakt stehenbleiben. Das Ziel war ein Kontinentalblock, die Erweiterung eines Viererpaktes durch Hinzutritt der westeuropäischen Staaten Spanien und Frankreich sowie der schon im deutschen Einflußbereich liegenden südosteuropäischen Länder. Die Vorstellung von einem solchen Kontinentalblock war aber nicht erst 1940 zur Tarnung und Ablenkung von „bösartigen" Absichten Hitlers aufgekommen. Das Tagebuch Rosenbergs enthält unter dem 24. September 1939 eine Eintragung über ein Gespräch, das Rosenberg mit dem damaligen Reichsbauernführer Darré geführt hatte, der offensichtlich mit manchen Tendenzen der damaligen politischen Entwicklung unzufrieden war. Dagegen habe er, Rosenberg, auf die „bearbeitete Hoffnung des Kontinentalblocks" hingewiesen. Er konnte im Herbst 1939 natürlich noch nicht in dem Umfang wie 1940 vorgestellt werden, er beschränkte sich für Rosenberg auf Rom, Berlin, Moskau und Tokio, auf den Viererpakt also. Aber trotz der Beschränkung war die mit dem Block von deutscher Seite beabsichtigte Zielsetzung identisch mit der von 1940. „Käme er", schreibt Rosenberg, „dann müßte England schnell Frieden machen, sonst ginge das britische Weltreich hoch. An dieser Möglichkeit hängt jetzt viel, vielleicht alles[33]."

Wir haben oben schon darauf hingewiesen, daß auch Ribbentrop im September 1939 für die weltpolitische Auseinandersetzung eine Viererkoalition gern geschaffen hätte.

Nach dem gewonnenen Frankreichfeldzug kamen die ersten Überlegungen für die Fortführung des Krieges gegen England aus dem OKW. In einer Denkschrift vom 30. Juni 1940 faßte Jodl seine Gedanken über den Krieg gegen England zusammen[34]. In einem Unterabschnitt der Denkschrift über die Weiterführung des Krieges gegen England führt Jodl aus, daß der Kampf gegen das englische Empire nur durch oder über Länder geführt werden könne, die am Zerfall des englischen Weltreiches interessiert seien. Dazu zählt er „in erster Linie" Italien, Spanien, Rußland und Japan.

Drei Wochen später äußerte Hitler sich in ähnlicher Weise. Über dessen Besprechungen mit den Oberbefehlshabern (21. Juli in Berlin) hatte Brauchitsch Halder am 22. Juli berichtet. „Wenn England weiter Krieg führen will, dann wird versucht werden, alles politisch gegen England anzuspannen, Spanien, Italien und Rußland[35]." Die Einbeziehung Spaniens, „um die Feindfront gegen England vom Nordkap bis nach Marokko aufzubauen", hatte Hitler bereits in der Besprechung vom 13. Juli 1940 vorgesehen.[36]

Für Hillgruber[37] bedeuteten alle Überlegungen und Pläne dieser Art die Festlegung in einer „verkehrten" Frontstellung. Denn sie waren ja nicht gegen die Sowjetunion gerichtet.

Der Oktober brachte dann eine rege Aktivität Hitlers, um die „verkehrte Frontstellung" zu zementieren.

Am 4. Oktober traf er sich mit Mussolini am Brenner, und am 20. Oktober abends startete er zu den ergebnislosen Besprechungen mit Franco und Serraño Suñer in Hendaye und mit Pétain und Laval in Montoire. Auf der Rückfahrt erreichte ihn dann die Nachricht vom bevorstehenden italienischen Angriff auf Griechenland, was ihn zur Weiterfahrt nach Florenz veranlaßte, um Mussolini zu treffen.

Das Ganze war von der Zielsetzung her eine äußerst schwierige Reise. Es galt, die divergierenden und zu einem nicht geringen Teil gegensätzlichen Interessen der drei Westmächte Italien, Frankreich, Spanien aufeinander abzustimmen.

Da für die etablierte Geschichtsschreibung Hitlers Einsatz für die Bildung eines Kontinentalblocks ihren Vorstellungen vom „unabänderlichen Entschluß" voll widerspricht, wird die Bedeutung der Oktoberreisetätigkeit Hitlers nicht ausreichend gewürdigt; vielen erscheint sie als Pflichtübung. Der Angelsachse Creveld ist einer der wenigen, der ihre Bedeutung erkannt hat[38].

Dagegen steht Hillgruber, der immer wieder Ribbentrop und nicht Hitler als den eigentlichen Schöpfer des Kontinentalblocks ansieht[39].

Sicher sind auf dieser Reise im übergeordneten Interesse auch Zusagen an einen Staat gemacht worden, die mit solchen an andere Staaten kollidierten. Man hat Hitler in diesem Abschnitt seines politischen Wirkens einen Macchiavellisten genannt[40]. Diese Beurteilung wird dem politischen Sachverhalt gerechter als Hitler selbst, wenn er meinte, daß die „Lösung der Interessengegensätze zwischen Frankreich, Italien, Spanien in Afrika nur durch einen grandiosen Betrug möglich" sei[41].

Hillgruber hat Hitlers Bemühungen um die Schaffung des Kontinentalblocks „halbherzig" genannt. Dieses Urteil verkennt, daß Hitler sich in keinem anderen Abschnitt seines Lebens in einem so starken Maße um die Mitarbeit von Staaten bemüht hat. Er hat sich nicht nur Reiseunbequemlichkeiten ausgesetzt, sondern sich auch in schwierigen Gesprächen bemüht, Pétain und Franco zu überzeugen und für den Eintritt in den Kontinentalblock zu gewinnen. Und dieser Hitler stand im Sommer und Herbst 1940 nach der Eroberung Norwegens und dem Sieg über Frankreich auf dem Höhepunkt seiner politischen Laufbahn. Das festzustellen, ist wichtig, weil das Hitlers persönlichen Einsatz für die Gewinnung der westeuropäischen Staaten für den Kontinentalblock um so bedeutsamer erscheinen und Hillgrubers Beurteilung „halbherzig" als unzutreffend erscheinen läßt.

Gewissermaßen als einen Höhepunkt der im Oktober durchgeführten Bemühungen Hitlers um eine Organisation des Kontinents zur Verhinderung der Kriegsausweitung durch England und für die Einbeziehung der Sowjetunion, ließ er am 13. Oktober Ribbentrop einen langen Brief an Stalin schreiben[42], in der die deutsche Bereitschaft für „eine konsequente Weiterverfolgung dieser Politik der guten Nachbarschaft und eine weitere Vertiefung der politischen und wirtschaftlichen Zusammenarbeit" ausgedrückt wurde[43]. Bei einer solchen Zielsetzung komme „einer unmittelbaren Fühlungnahme zwischen den verantwortlichen Persönlichkeiten beider Länder besondere Bedeutung zu". Und nach einer etwas langatmigen „Rückschau über die Ereignisse seit meinem letzten Besuch in Moskau", die deutlich die Handschrift Hitlers trug und den ausdrücklichen Hinweis auf den Dreierpakt, der sich in keiner Weise gegen die Sowjetunion richte, wies Ribbentrop darauf hin, daß die bestehenden freundschaftlichen

Verhältnisse der vier Mächte Japan, Deutschland, Italien und Sowjetunion untereinander „die gegebenen Elemente einer natürlichen politischen Konstellation seien". Es sei „auch nach der Auffassung des Führers die historische Aufgabe der vier Mächte . . ., ihre Politik auf längste Sicht zu ordnen und durch Abgrenzung ihrer Interessen nach säkulären Maßstäben die zukünftige Entwicklung ihrer Völker in die richtigen Bahnen zu lenken."

Und zur weiteren Klärung „solcher für die Zukunft unserer Völker so entscheidenden Fragen" sprach er im Namen der Reichsregierung eine Einladung zu einem Berlin-Besuch an den sowjetischen Außenminister Molotow aus. Das war nicht als eine Höflichkeitsvisite gedacht, sondern als Klarstellung, daß es sich nach Absicht der deutschen Regierung bei diesem Besuch nicht um ein einmaliges Ereignis handle, sondern um die Möglichkeit zum weiteren Ausbau einer gemeinsamen Politik. Zu einer Fortsetzung des Gedankenaustausches und zum Ausbau der deutsch-sowjetischen Beziehungen nach dem Molotow-Besuch erklärte Ribbentrop seine Bereitschaft, dann selbst wieder nach Moskau zu kommen.

Massiver konnte eigentlich die deutsche Verständigungsbereitschaft nicht zum Ausdruck gebracht werden. Der Angelsachse Creveld, ein nach Auffassung des Verfassers sehr sachlich und objektiv urteilender Historiker[44], stellt daher fest, Hitler sei so sehr an einer Verbesserung der deutsch-sowjetischen Beziehungen interessiert gewesen, daß die Vorbereitungen für einen Rußlandfeldzug im Jahr 1940 immer mehr in den Hintergrund traten, bis im Oktober ein solcher Feldzug als nicht mehr wahrscheinlich angesehen wurde[45].

Das alles paßt natürlich nicht in eine Geschichtsbetrachtung, die vom „unabänderlichen" Entschluß Hitlers zur Ausschaltung der Sowjetunion ausgeht. Aber auch sie kann die hier angeführten Tatsachen nicht übersehen[46]. So muß sie nach Erklärungen suchen.

Auf Hillgrubers Aussage, es handle sich bei der Kontinentalblockkonzeption nur um eine „Zwischenlösung", wurde schon kurz hingewiesen. Auf ihr baut wie auf manchen anderen Thesen Hillgrubers Hildebrand auf[47]. Seine allgemeinen Behauptungen bieten noch weniger Überzeugungsansätze als die Hillgrubers.

Dieser versucht nun, die von ihm nicht zu bestreitende Existenz der Kontinentalblockkonzeption dadurch zu entwerten, daß er unterstellt, Hitler habe sich vor dem Besuch Molotows schon von ihr entfernt gehabt. Überzeugungskräftige Argumente kann Hillgruber für diese These nicht anführen. Die Vorbereitungen für diesen Besuch, die Anfertigung von vollständigen Vertragsunterlagen, sind zu keinem Augenblick abgebrochen worden. Und die Intensität des Hitlerschen Werbens um Molotow (siehe unten) läßt nicht darauf schließen, daß Hitler die Hoffnung aufgegeben hatte, Molotow für den Block zu gewinnen.

Da nun die Tatsache der deutschen Bemühungen um die Einbeziehung der Sowjetunion nicht zu widerlegen ist, verfällt Hillgruber an mehreren Stellen in die fadenscheinige Erklärung, sie seien nicht Hitlers, sondern Ribbentrops Idee gewesen. Nun kam es gar nicht auf die Urheberschaft an. Überlegungen solcher Art waren sicher nicht auf Hitler und Ribbentrop beschränkt, wir hatten oben zum Beispiel auf Rosenberg verwiesen, es kam vielmehr auf die Bereitschaft zu ihrer politischen Anwendung und Durchsetzung an. Und das erforderte, daß Hitler von einer solchen Konzeption überzeugt war.

Auch die Tatsache, daß Ribbentrop und nicht Hitler den Brief vom 13. Oktober an Stalin geschrieben hatte, besagt in der strittigen Frage gar nichts. Einmal wurde schon oben darauf hingewiesen, daß der Brief nach Inhalt und Diktion von Hitler geschrieben worden sein könnte; sodann kann aber doch niemand ernsthaft annehmen, daß Ribbentrop aus eigenem Antrieb und ohne hundertprozentige Ausführung Hitlerscher Gedankengänge einen Brief an Stalin hätte schreiben können und vor allem dürfen. Die Frage des Schreibers ist von gänzlich unerheblicher Bedeutung.

Der Behauptung, Hitler habe nur mit halbem Herzen die Kontinentalblockidee betrieben, trat der Verfasser oben schon entgegen. Die Lektüre des Ribbentrop-(Hitler-)Briefes an Stalin erweckt nicht den Eindruck, als ob Hitler nicht voll hinter dem Vorhaben, die Sowjetunion zu gewinnen, gestanden hat.

Da es nun schwerfiel, die Fakten zu widerlegen und damit der These vom „unabänderlichen Entschluß" erneut Geltung zu verschaffen, verfiel man auf den Ausweg, beides, Kontinentalblockkonzeption sowie Angriffsentschluß, als existent dadurch nachzuweisen, daß man für erstere eine zeitliche Begrenzung annahm. Der „unabänderliche Entschluß" sollte ja ursprünglich im Mai 1941 zur Ausführung kommen. Wenn man nun die Kontinentalblockkonzeption „von vornherein planmäßig auf den Zeitraum bis Mai 1941" begrenzte, konnte man beide als Hitlersche Lösung des deutsch-sowjetischen Verhältnisses darstellen.

Hillgruber ist bei der Behandlung dieser Frage vorsichtig zurückhaltend und meint, die Entscheidung, ob es eine zeitliche Begrenzung der Kontinentalblockidee gegeben habe, müsse offen bleiben. Er erkennt natürlich die Problematik, die in der Vorstellung des Kontinentalblocks als einer vorübergehenden Lösung steckt. Wie aus einer solchen „verkehrten Frontstellung" wieder herauskommen? So fragt er, „ob der Block, einmal zustande gekommen, nicht durch die sich aus den Vereinbarungen ergebenden politischen und militärischen Auswirkungen und Folgen eine Eigengesetzlichkeit entwickelt hätte, die dieser Konzeption möglicherweise für einen längeren Zeitraum Gültigkeit verschafft hätte".

Und es ging dann nicht nur um das Herauskommen aus einem solchen Block, sondern auch um die Fähigkeit, nach dem Austritt mit keinem oder nur kurzem zeitlichen Abstand zum Angriff auf den bisherigen Partner überzugehen. Und das in einem durch den Krieg gegen den Westen geschwächten Zustand und ohne Japan! Denn welche Veranlassung hätte ein mit seinen südasiatischen Eroberungen beschäftigtes Japan gehabt, sich einem deutschen Krieg gegen die Sowjetunion anzuschließen? Oder konnte Hitler ernsthaft noch auf eine friedliche Lösung des Konfliktes hoffen, darauf, daß der Kontinentalblock die USA durch die Aussicht, an Fronten in zwei Weltmeeren kämpfen zu müssen, vom Kriegseintritt zurückhalten würde? Das würde die endgültige Isolierung Englands bedeutet und es zu einem Kompromißfrieden bereit gemacht haben.

Hitler mußte eigentlich inzwischen die unüberbrückbare Gegnerschaft Roosevelts erkannt haben. In Moskau jedenfalls zweifelte man nicht daran. Die Moskauer Zeitungen veröffentlichten lange Auszüge aus der amerikanischen Presse, um zu zeigen, daß die Vereinigten Staaten schon lange als Feinde des Dreimächtepaktes betrachtet werden mußten[48]. Wenn Hitler vielleicht noch große Hoffnungen auf die isolationistischen Kräfte in den USA gesetzt haben sollte, wird er spätestens nach der zweiten Wiederwahl Roosevelts Anfang November 1940 – also noch vor dem Molotow-Besuch – erkannt haben müssen, daß nicht die Isolationisten, sondern der zum Krieg treibende Roosevelt das künftige Verhältnis zu Deutschland bestimmen würde. In dieser Falschbeurteilung der USA war das Scheitern des Kontinentalblocks begründet. Die grenzenlose Feindschaft Roosevelts gegenüber dem Dritten Reich schloß jede Möglichkeit aus, die USA durch Hitler und auch durch Ribbentrop zu mäßigen. Deshalb vor allem erwies sich der Kontinentalblock als irreal, nicht deshalb, weil die Konzeption ein „grandioser Betrug" war.

Aber Hitler waren solche „Schurkereien", wie etwa ein Angriff auf den bisherigen Partner, in den Augen der Etablierten bedenkenlos zuzutrauen. Ihm, der ja die Kontinentalblockpolitik nach Meinung der etablierten Geschichtsschreibung, da Großbritannien sich verweigert hatte, nur aus einer Zwangslage heraus mit inneren Vorbehalten betrieben hatte, da sie seinen außenpolitischen Grundvorstellungen und seinem eigentlichen großen Ziel zuwiderlief, ihm wäre eine „spätere Abwendung von diesem Block und eine Hinwendung auf die eigentlichen Kriegsziele[49] in Osteuropa, in die „richtige" Frontstellung also, auch wenn sie nur „unter Schwierigkeiten zu vollziehen war", sicher gelungen. So muß man Hillgruber deuten. Der Kontinentalblock, „eine taktisch bedingte, zeitlich begrenzte Notlösung«, sollte Hitler helfen, „den Krieg gegen Großbritannien zu beenden und dadurch die erstrebte sichere strategische Position zu gewinnen, aus der er heraus zu dem ihm am günstigsten erscheinenden Zeitpunkt in freiem Entschluß ‚seinen' Krieg nach Osten führen konnte, ohne dem Zwang eines Zweifrontenkrieges ausgesetzt zu sein"[50].

Alle diese Behauptungen werden von Hillgruber mit größter Selbstsicherheit vorgetragen, so daß man zwangsläufig die Frage stellen muß: Woher weiß er das? Auf welchen Quellen beruht seine Annahme, daß es „nach wie vor" das „unverrückbare Hauptziel von Hitlers Programm" war, einen Eroberungszug nach Osten zu führen?[51] Mit welcher Berechtigung unterstellt Hillgruber Hitler, in seinem außenpolitischem Denken und seinen entsprechenden Vorstellungen und Zielen ein unwandelbarer Doktrinär zu sein? Er billigt ihm andererseits durchaus die Anwendung des Mittels der politischen Taktik zu[52], so etwa beim deutsch-sowjetischen Nichtangriffspakt vom 23. August 1939. Hier waren gewissermaßen die Rollen vertauscht, Hitler war der Taktiker und Ribbentrop der Grundsatzpolitiker.

Hillgruber hat keine Beweise, er ist vom Historiker zum Gedankenleser geworden. Er „errät" Hitlers Gedanken und verkündet sie als Gewißheit. So „weiß" er, daß Hitler der neuen Konzeption „nur widerstrebend in seinem Denken Raum gab", da sie seinen Grundvorstellungen widersprach. Und er war in der Lage, so weit in Hitlers Inneres zu blicken, daß er als Tatsache feststellen konnte, Hitler habe sich „innerlich von der neuen Kontinentalblockkonzeption bereits gelöst . . ., als Molotow zu seinem Besuch im November in Berlin eintraf"[53]. Eine solche vorzeitige Loslösung benötigt Hillgruber, um damit einer Erörterung der Frage aus dem Weg zu gehen, wieweit bei diesem Besuch vorgebrachte sowjetische Forderungen die Durchführung der Konzeption unmöglich gemacht hatten.

Hillgrubers „Fähigkeiten", sich in Hitlers Gedankenwelt hineinzudenken, kommen an vielen Stellen zum Ausdruck. So nahm Hillgruber für sich in Anspruch, Ribbentrops Aussagen in Nürnberg „im Sinne Hitlers ergänzen" zu dürfen[54].

Worin bestand diese Ergänzung? Hillgruber hat im Anschluß an Theo Sommer die Meinung geäußert, daß Ribbentrop in Nürnberg die deutsche Zielsetzung, durch Neutralisierung der USA und Isolierung Englands einen Kompromißfrieden mit Großbritannien zu finden, am besten wiedergegeben hatte. Das alles habe „im Sinne Hitlers" den Zweck gehabt, „um . . . den entscheidenden Griff nach den eigentlichen Kriegszielen im Osten tun zu können." Ribbentrop erwähnt solche Gedankengänge mit keiner Silbe. Und auch für Hitler ist eine solche Äußerung in diesem Zusammenhang nicht bekannt. Sie ist eine von vielen Ausführungen Hillgrubers, in denen er mit sachlich richtigen Äußerungen anderer seine unbelegten Aussagen in Verbindung bringt, um dadurch letztere glaubhaft zu machen. Ein Fall von Geschichtsklitterei.

Aber es kommt noch schlimmer. Halder hatte im Kriegstagebuch[54a] als Thema der Hitler-Mussolini-Unterredung vom 4. Oktober 1940 am Brenner offenbar einen Vorschlag Hitlers eingetragen: „Lösung der Interessengegensätze zwischen Frankreich, Italien und Spanien in Afrika nur durch grandiosen Betrug möglich." Diese von Hillgruber mehrfach (nahezu genüßlich) zitierte Äußerung Hitlers bezog sich eindeutig nur auf die Interessengegensätze der drei westeuropäischen Staaten in Afrika[55]. Von der Kontinentalblockkonzeption ist bei Halder in diesem Zusammenhang überhaupt keine Rede. Anders bei Hillgruber. Hitlers Bemerkung, daß die Verwirklichung der Kontinentalblockidee nur durch einen „grandiosen Betrug" möglich sei, galt nach Hillgruber für die ganze Konzeption, „nicht nur für die westeuropäische Komponente des Projektes"[56]. Und das um so mehr oder „gerade auch, wenn man an Hitlers eigentliches Ziel bei der Bildung des Kontinentalblocks denkt, hinsichtlich der Einfügung der Sowjetunion". Denn nach Hillgruber wollte Hitler durch die Kontinentalblockkonzeption mit Hilfe der Sowjetunion den Westen ausschalten, um für den Ostfeldzug die nötige Rückenfreiheit zu haben. Und ohne ihre Einbeziehung in den Block hätte sich die Sowjetunion – auch angesichts ihres Gegensatzes zu Japan – den Westmächten angeschlossen.

Ja, Hitler war schon ein raffinierter Betrüger, eine der vielen negativen Charaktereigenschaften, über die dieser Teufel verfügte. Verteufeln kann man ihn daher nicht einmal. Hillgruber jedoch muß der Vorwurf gemacht werden, daß er hier zur Bestätigung seiner vorgefaßten Meinung eine sehr gewaltsame Interpretation der Geschichte vorgenommen hat, übrigens nicht die einzige in seinem Buch.

XI. Der Molotow-Besuch

Einige Vorbemerkungen

Im Folgenden greift der Text ziemlich häufig auf Äußerungen Hitlers zurück, die sein Verhältnis zur Sowjetunion darstellen. Sie weichen erheblich ab von den landläufigen Vorstellungen über seine immer wieder unterstellte Entschlossenheit, Lebensraum im Osten zu erobern. Dabei entsteht die grundsätzliche Frage, welcher Wert solchen Äußerungen Hitlers beizumessen ist. Man kann es sich so einfach machen, wie Hofer es getan hat, und sie als Lüge abtun. Damit macht man es sich sehr leicht und braucht sich im Grunde gar nicht mehr um weitere Erkenntnis zu bemühen. Hitler ist die Inkarnation des Bösen und Schlechten und hat nichts Gutes in und mit seiner Politik gewollt. Eine Auseinandersetzung mit ihr, ein Abwägen seiner Absichten mit den Taten wird nicht vorgenommen. Denn, sollten sie Positives aufzeigen, sind sie weiter nichts als Lügen, mit denen Hitler nahezu ausschließlich gearbeitet hat, um die Welt über sein wahres Ziel, die Weltherrschaft, zu täuschen.

Die sich hier stellende Frage, ob es möglich ist, daß ein Mensch sich so lange andauernd und konsequent verstellen und derartig umfangreiche, nur auf Lügen basierende Erörterungen anstellen kann, ist noch nicht beantwortet.

Der Verfasser teilt diese grob simplifizierende Beurteilung nicht, denn sie bedeutet im Grunde das Ende einer auf Wahrheitsfindung gerichteten Geschichtsforschung. Er wird deshalb bei der Behandlung des für den weiteren Kriegsverlauf so entscheidenden Molotow-Besuches am 12. und 13. November 1940 die Ausführungen Hitlers ausführlich und mit Sorgfalt heranziehen.

2. Ribbentrops Brief an Stalin[1] und dessen Antwort

Im Monat September war das deutsch-sowjetische Verhältnis aus sowjetischer Sicht erheblich durch den Wiener Schiedsspruch und vor allem durch die deutsche Garantie für den rumänischen Reststaat belastet. Die Garantie versperrte der auf Expansion in Richtung Meerengen zielenden sowjetischen Politik den Weg. Der Notenwechsel im September 1940 mit der sowjetischen Note vom 21. September[2] gewissermaßen als Höhepunkt zeigt das Ausmaß der zwischen der Sowjetunion und Deutschland entstandenen Mißklänge an.

Dabei hatte die deutsche Seite offensichtlich nicht begriffen, bis zu welchem Grade ihre primär gar nicht gegen die Sowjetunion, sondern nur auf ein deutsches Interesse für eine gesicherte Ölversorgung gerichtete Befriedungspolitik im Donauraum zugleich eine antisowjetische Politik bedeutete. Anders sind die Bemühungen der deutschen Politiker, über ein Gespräch auf höchster Ebene zu versuchen, die Sowjets in das euro-japanische Paktsystem einzubeziehen, nicht zu erklären.

Schon der Sondergesandte Stahmer, der am 5. September 1940 nach Tokio zu Verhandlungen über den Dreierpakt entsandt wurde, hatte den Auftrag, auf die Annäherung der drei Mächte an die Sowjetunion hinzuweisen, was in erster Linie eine Verbesserung des japanisch-sowjetischen Verhältnisses zur Voraussetzung hatte[3].

Als der deutsche Geschäftsträger von Tippelskirch am 26. September abends das sowjetische Außenministerium über den Dreierpakt informierte, kündigte Ribbentrop einen weiteren Brief an Stalin an, einen Brief, von dem er hoffte, daß er „erneut zur Festigung unserer freundschaftlichen Beziehungen beitragen würde"[4]. Der Brief würde eine Einladung für Molotow nach Berlin enthalten.

Der am 13. Oktober 1940 abgesandte Brief[5] erinnerte daran, daß vor einem Jahr das deutsch-sowjetische Verhältnis überprüft und auf eine neue Basis gestellt worden war. Der damalige Entschluß zur Verständigung habe sich für beide Teile als nutzbringend herausgestellt, und eine weitere Vertiefung der wirtschaftlichen Zusammenarbeit würde sich auch in Zukunft segensreich für beide Völker erweisen. Dazu sei Deutschland entschlossen. Zu den beiden das deutsch-sowjetische Verhältnis belastenden Fragen, dem Wiener Schiedsspruch mit der Garantie und der deutschen Militärmission in Rumänien, brachte der Brief eine Klarstellung des deutschen Standpunktes. Die Entsendung der Militärmission hatte natürlich zu den schon bestehenden Dissonanzen – die Frage der Donaukommission darf hierbei nicht vergessen werden – und zu einer zusätzlichen Verstimmung auf sowjetischer Seite beigetragen. Die Note rechtfertigte die Mission mit der Notwendigkeit, die rumänischen Ölfelder gegen britische Angriffe zu sichern. Gegen die von britischen Fernbombern ausgehende Gefahr sei dies nun gelungen.

Beim Lesen dieses Briefteiles erhält man den Eindruck, daß Ribbentrop geradezu um Verständnis für die Notwendigkeit der deutschen Maßnahmen wirbt. So schreibt man nicht, wenn man eine militärische Auseinandersetzung für natürlich hält.

Der eigentliche Kern des Briefes besteht in der Erklärung der deutschen Bereitschaft, „eine konsequente Weiterverfolgung dieser Politik" anzustreben. Ribbentrop erinnerte daran, daß er bereits bei seinem ersten Moskau-Besuch „ähnliche Gedanken Ihnen in aller Offenheit entwickelt und für die Ausräumung damals noch bestehender sowjetisch-japanischer Differenzen unsere guten Dienste zur Verfügung gestellt habe".

In einem Gespräch mit dem italienischen Außenhandelsminister Riccardi kam Hitler auf die kommenden Gespräche mit den Sowjets zurück[6]. Er versuche „gerade, verschiedene neue Probleme mit Rußland zu besprechen", ohne zu wissen, was dabei herauskommt. Irgendeine Angriffsabsicht drückte Hitler nicht aus. Vor allem ging aus seinen Ausführungen an keiner Stelle hervor, daß an Rumänien als Aufmarschgebiet gegen die UdSSR gedacht war. Man müsse verhindern, daß die Sowjetunion sich über Rumänien dem Bosporus nähere, das bedeute zwar „in gewisser Hinsicht eine Durchquerung russischer Wünsche, aber wir mußten hier hart bleiben. Ein rumänischer Spatz in der Hand . . . sei mehr wert als eine russische Taube auf dem Dach." Und in seinen weiteren Ausführungen wurde der Wert Rumäniens deutlich. Es war ausschließlich das Rohstoffgebiet Rumänien mit seiner steigerungsfähigen Ausbeute an Öl und Mineralien, nicht das strategische Aufmarschgebiet, das ihn interessierte. Nur höchstens 10 % der rumänischen Möglichkeiten kannten wir. Und trotz der Fertigstellung von immer mehr Ölraffinerien in Deutschland bedeutete für Hitler „der sichere Besitz der rumänischen Ölquellen ... die Garantie des Sieges."

Damit sei neben Kohle und Eisen, die in ausreichendem Maße für die Führung eines langen Krieges benötigt würden, auch der dritte wichtige Rohstoff, Öl, reichlich vorhanden. Dieses Rohstoffproblem sei bei einem Krieg von langer Dauer, mit dem Hitler offenbar rechnete, „über das rein militärische Problem hinaus" das wichtigste. Das aber sei eindeutig und einmalig gelöst worden.

Hitler sah in diesem Bereich keine Gefahr, „nachdem der ganze Südosten so stark in unserer Hand war". Die Gefahr bestand für ihn offensichtlich auch in dem von ihm schon einmal in diesem Gespräch erwähnten sowjetischen Drang über Rumänien hinweg nach Süden. Dem müsse „eben auf diplomatischem Wege entgegengetreten werden".

Stalins Antwort auf Ribbentrops Brief datiert vom 21. Oktober 1940[7]. Er stimmte mit Ribbentrop überein, daß eine weitere Verbesserung der deutsch-sowjetischen Beziehungen auf der Basis einer langfristigen Abgrenzung der gegenseitigen Interessen möglich sei. Er sagte für Molotow den Berlin-Besuch zu und begrüßte Ribbentrops Absicht, erneut nach Moskau zu kommen, um den 1939 begonnenen Gedankenaustausch über beide Länder interessierende Fragen fortzusetzen. Eine wichtige Einschränkung machte Stalin allerdings. Er war gegen eine Hinzuziehung von Japan und Italien ohne eine vorherige Prüfung dieser Frage. Er betonte jedoch, nicht grundsätzlich gegen eine Teilnahme dieser beiden Staaten zu sein. Daß er vorher das deutsch-sowjetische Verhältnis klären wollte, war nicht nur verständlich, sondern auch wegen seiner zentralen Bedeutung für das Verhältnis zum Dreierpakt höchst zweckmäßig. Das entscheidende, grundlegende Problem war das deutsch-sowjetische Verhältnis. Nach ihm ließen sich alle anderen Fragen problemloser lösen.

3. Das britische Störmanöver vom 22. Oktober 1940[8]

In die sich abzeichnenden Entwicklungen des deutsch-sowjetischen Verhältnisses, die im Molotow-Besuch und der sowjetischen Note vom 25. November 1940 gipfelten, stießen die Briten besonders auf Drängen des britischen Botschafters in Moskau, Sir Stafford Cripps, mit Vorschlägen für ein britisch-sowjetisches Abkommen hinein. Die Sowjets verhielten sich zurückhaltend. Cripps erhielt auf seine Bitte vom 17. Oktober um einen Empfang durch Molotow keine Antwort. Erst als er am 21./22. Oktober erklärte, dann jemand anders sprechen zu müssen, wenn es Molotow nicht passe, erhielt er am 22. Oktober die Möglichkeit, Molotows Stellvertreter Wyschinski zu sprechen und ihm die Übersetzung eines Dokumentes zu überreichen, in dem Vorschläge für eine britisch-sowjetische Übereinkunft zusammengefaßt waren. Mit Rücksicht auf die Lage der Sowjetunion, die einen Wechsel in ihrer Politik nicht vornehmen konnte, sollten die Vorschläge zunächst vertraulich und unveröffentlicht bleiben.

Welche Leistungen und Gegenleistungen sollte das Abkommen enthalten? Die britische Regierung erwartete von der Sowjetunion eine ebenso wohlwollende Neutralität, wie sie von ihr gegenüber Deutschland angewandt wurde. Ein solches Verhalten erwartete die britische Regierung auch gegenüber der Türkei und dem Iran, besonders im Falle eines Krieges dieser Länder mit einer oder beiden Achsenmächten. Die unverminderte Fortsetzung der Unterstützung Chinas und der Verzicht auf Abkommen mit Japan, die eine solche Hilfe unmöglich machten oder eine japanische Aggression gegen britische Besitzungen unterstützen würden, gehörte auch zu den britischen Wünschen. Und schließlich forderten die Briten den Abschluß eines Nichtangriffspaktes, ähnlich dem zwischen Deutschland und der Sowjetunion abgeschlossenen, allerdings bei vorangegangener britischer Vorleistung durch Lieferung von militärischen Gütern.

Die britischen Gegenleistungen sollten in der Verpflichtung bestehen, die sowjetische Auffassung bei einer Nachkriegsregelung in Europa und in Asien voll zu berücksichtigen, keine antisowjetische Allianz nach dem Krieg einzugehen und die Sowjetunion mit militärischen (defence-Gütern) zu versorgen.

Gewissermaßen um eine Wiederholung der Angriffspläne von 1939/40 auszuschließen, garantierten die Briten, daß weder durch His Majesty's Government noch durch jetzige oder künftige Alliierte die Sowjetunion durch die Türkei oder den Iran angegriffen würde.

Ein heikler Punkt waren die europäischen Annexionen der Sowjetunion. Die de facto Souveränität der Sowjetunion über die baltischen Staaten, Bessarabien und die Nordbukowina war vorgesehen. Und was war mit Ostpolen? Polnische Verbände in nicht unerheblicher Zahl kämpften doch unter britischem Befehl sicher nicht für britische Interessen, sondern für die Freiheit ihres Volkes. Konnte man die vollzogenen Tatsachen auch hier de facto anerkennen? Die Doppelzüngigkeit der britischen Politik zeigte sich in der Behandlung dieser Frage. Offiziell war keine Stellungnahme abgegeben. Jedoch schloß Cripps die sowjetisch besetzten polnischen Gebiete in die de-facto-Anerkennung ein[9]. Er wurde daraufhin am 30. Oktober vom Foreign Office instruiert, die Sowjetunion könne behaupten, daß die Regierung seiner Majestät das Ende der Existenz eines polnischen Staates anerkannt habe. Angesichts des Agreements mit Polen könnte die britische Regierung diese Ansicht nicht akzeptieren. Was galt aber denn nun?

Am 26. Oktober trafen sich Cripps und Wyschinski wieder. Letzterer stellte etliche Fragen und erklärte, die Sowjetunion betrachte die britischen Vorschläge als von größter Wichtigkeit. Er werde darauf zurückkommen.

Der Berliner Besuch Molotows beendete diese Phase der britisch-sowjetischen Verhandlungen. Wenn sie auch kein konkretes Ergebnis brachten, kann man doch annehmen, daß sie die in den Besprechungen anläßlich des Molotow-Besuches zum Ausdruck gekommene sowjetische Zurückhaltung beeinflußt haben; denn die Sowjets hatten erkannt, wie weit die Briten zu Zugeständnissen bereit waren.

4. Hitlers Werben um Molotow

Am Nachmittag des 12. November 1940 kam es zum ersten Gespräch zwischen Hitler und Molotow. Ging Hitler in die Gespräche ideologisch voreingenommen mit den ihn nach etablierter Geschichtsschreibung beherrschenden und jede Realpolitik ausschließenden axiomatischen Grundvorstellungen hinein, zu denen in unserem Zusammenhang als wesentlichstes Ziel die Eroberung von Lebensraum im europäischen Rußland gehörte, oder waren seine Überlegungen zum deutsch-sowjetischen Verhältnis realpolitisch bestimmt?[10] Wozu und warum hatte er Molotow überhaupt eingeladen, wenn er nicht an die Möglichkeit eines deutsch-sowjetischen Ausgleichs gedacht hatte?

Folgt man Hillgruber[11], zu dessen Vorstellungen und Thesen eine auf Ausgleich bedachte Politik Hitlers nicht paßt, dann war die Kontinentalblockkonzeption, „zu der sich Hitler in der zweiten Hälfte 1940 . . . durchgerungen" hatte, nur „für wenige Wochen die bestimmende Leitlinie seiner Politik" gewesen. Dann aber, so glaubt Hillgruber ergründet zu haben, begann eine gewisse Skepsis „über die Erfolgsaussichten eines Interessenausgleichs mit der Sowjetunion" seine ursprünglich wohl doch klaren realpolitischen Gedanken zu verdunkeln. Und diesen nach Hillgruber unsicher gewordenen Hitler traf die Antwort Stalins auf den Ribbentrop-Brief vom 13. Oktober. Für Hillgruber ist es „offensichtlich", daß „dadurch Hitler in seinen inneren Zweifeln bestärkt" wurde. Wir haben oben die wichtigsten Passagen aus Stalins Antwortbrief gebracht. Man muß schon mit den Vorurteilen Hillgrubers belastet sein, um eine derartige Wirkung auf Hitler herauszulesen.

„Die wachsende Skepsis Hitlers" führte dann schließlich nach Hillgruber dazu, daß der deutsche Entwurf für den Interessenausgleich zum Schluß nur noch zum „Testmittel" geworden war, Hitler also gar nicht mehr ernsthaft verhandeln wollte[12].

Es kann nicht verwundern, daß Hildebrand in den entscheidenden Fragen voll auf der Linie Hillgrubers liegt. Nach ihm war das Molotow-Gespräch für Hitler auch nur „Testmittel" für seinen „schon gewissen Eindruck . . ., daß der Kontinentalblock gescheitert war und die ‚andere' Lösung sich aufdrängte[13]."

Das sei für Hitler keineswegs unangenehm und gar nicht

überraschend gewesen. Er „bewertete das Scheitern der Gesprä-
che ohnehin nur als eine Bestätigung der ihm längst bekannten
Einsicht in die Notwendigkeit, seinem Programm gemäß ... erst
Rußland zu zerschlagen und dann nach Afrika auszugreifen[14]."

Aber auch jüngere Historiker zweifeln den ernsthaften Ver-
handlungswillen Hitlers an. Für Pietrow[15] (russisch: Petrov) ist die
Tatsache, daß während der Verhandlungsperiode alle militärisch[16]
angeordneten Vorbereitungen für die Ostlösung weiterliefen, Beweis dafür, daß Hitler nicht bereit gewesen war, die Sowjets als
gleichrangigen Gesprächspartner anzuerkennen. Durch diese
Nichtanerkennung sei „ein Scheitern der Verhandlungen schon
von vornherein angelegt". Diese Schlußfolgerung ist erstaunlich.
Die Verfasserin wird nicht in der Lage sein, Beispiele für Situationen anzuführen, in denen Staaten militärische Vorbereitungen
eingestellt haben wegen bevorstehender, in ihrem Ausgang völlig
ungewisser diplomatischer Verhandlungen. Der Verfasser jedenfalls ist nicht bereit, einer solchen Argumentation zu folgen. Das
gilt auch für Hillgrubers Ausführungen zu diesem Punkt[17]. Für ihn
kommt in dem vielzitierten Passus[18] der am 12. November, dem
ersten Tag des Molotow-Besuches, unterzeichneten Weisung Nr.
18 eine Abwendung von der Kontinentalblock-Konzeption indirekt zum Ausdruck.

Wenn man die Frage, ob Hitler verhandeln wollte, bejaht,
drängt sich eine andere Frage auf. War sein Verhandlungsstil,
waren die Formen so, daß sie einen Erfolg zumindest nicht
verhinderten? Zwei gegenseitige Auffassungen können wir ver-
zeichnen, die beide aus dem Anti-Hitler-Lager kommen.

Hitler habe eine „Geringschätzung politischen Handelns" angenommen[19], meint Fest. Sie sei „durch das neue Triumphatorgefühl
noch gesteigert worden, und so sei seine Verhandlungskunst einem
„herrischen Berufungsdünkel" gewichen. Die üblichen, Hitler unterstellten Lügen fehlen natürlich auch nicht. „Plumpe Aufrichtigkeit", nicht „umsichtiges Tasten" habe gewaltet. Durchsichtiger
Egoismus, der nur noch das Argument der größeren Macht kennt,
habe die „feingesponnenen Beweisgründe früherer Jahre ersetzt".
Aber diese sind auch nicht positiv zu werten, denn sie hätten sug-
gestive Halbwahrheiten enthalten. So hatte Hitler die „große politische Perspektive", die sich im Sommer 1940 geöffnet hatte, vertan!

Ganz anderer Auffassung sind zwei unverdächtige Zeugen, der bei den Verhandlungen anwesende Dolmetscher Schmidt und der ehemalige amerikanische Außenminister Byrnes, gewissermaßen als zeitgenössischer, intensiv mit der Außenpolitik beschäftigter Miterlebender.

Schmidt[20] beschreibt die nahezu inquisitorischen Fragen Molotows. Seine Fragen seien „nur so auf Hitler hernieder" gehagelt. Noch kein ausländischer Beobachter habe in seiner Gegenwart mit Hitler in dieser Weise gesprochen. Schmidt schreibt, daß er gespannt auf Hitlers Reaktion gewesen sei. Ihm kam die Erinnerung an frühere ähnlich wichtige Gespräche, in denen Hitler teils mit Schweigen, teils mit heftiger Erregung reagiert hatte. Es hätte dann wie einige Wochen vorher gegenüber Franco die Antwort gegeben, daß es keinen Zweck mehr habe zu verhandeln. Nichts von alledem gegenüber Molotow. „Er war die Sanftmut und Höflichkeit selbst", stellt Schmidt fest. Und Hitlers Erklärung über die Aufgaben des Dreierpaktes habe „fast entschuldigend" geklungen. Schmidt war dabeigewesen und hatte keinerlei Veranlassung, Hitlers Verhalten nicht der Wahrheit entsprechend zu beurteilen. Kann es einen größeren Unterschied in der Beurteilung des Verhaltens eines Menschen geben? Schmidt, der dabei war, schreibt von Sanftmut, Höflichkeit und „fast entschuldigend" klingenden Erklärungen Hitlers, und der Nichtteilnehmer Fest von „Triumphatorgefühl" und „herrischem Berufungsdünkel".

Aus dieser Gesprächsführung Hitlers kann geschlossen werden, daß er unter allen Umständen ein Ziel erreichen und den Abbruch der Gespräche vermeiden wollte. Man kann sogar feststellen, daß der Wunsch Hitlers nach langfristigen Bindungen ersichtlich ist. Dem diente auch der ausdrückliche Hinweis, daß „auf keinen Fall eine Regelung ohne russische Mitarbeit getroffen werden" sollte.

Auch Topitsch ist zu der Überzeugung gekommen, daß Hitler und Ribbentrop sich von der zuvorkommenden Seite gegenüber einem betont reservierten Molotow gezeigt hatten.

Byrnes bestätigt diese Feststellung. Molotow habe den Bogen überspannt und vor allem am 13. November in seiner Besprechung mit Hitler einen schweren diplomatischen Fehler begangen[21].

Und das alles gegenüber einem Hitler, der uns als heftig reagierend in ähnlichen Situationen geschildert wird („vom Teppichbeißer" ganz zu schweigen). An keiner Stelle wird berichtet, daß Hitler durch unberechenbare Reaktionen die Gespräche gefährdet hatte.

Während Topitsch[22] „Molotows Auftreten in Berlin als Teil eines wohldurchdachten und weitblickenden Konzepts" mit der Absicht darstellt, „den Konflikt zuzuspitzen", muß man das Gegenteil aus Hitlers Verhalten schließen. Er vermied alles, was zu einem Scheitern der Besprechungen hätte führen können, und war aufrichtig bemüht, Voraussetzungen zu schaffen, die „eine friedliche Zusammenarbeit zwischen den beiden Ländern" ermöglichten.

Die Wiedergabe von Hitlers Ausführungen in der ersten Besprechung mit Molotow vom 12. November 1940[23] liest sich wie ein einziges Werben um Zustimmung zu seinen Vorstellungen. Es klingt wie ein Appell zu einem friedlichen Nebeneinander in einer langen Zukunft. Hier geht es nicht um die Beseitigung akuter Krisenherde, sondern um den Versuch, „auf lange Sicht ... die Entwicklung der Nationen so festzulegen, daß wenigstens nach menschlichem Ermessen Reibungen vermieden und Konfliktstoffe ausgeschlossen würden". Für Hitler handelte es sich bei Deutschland und Rußland um zwei Nationen, die „von Natur aus keine Interessengegensätze zu haben brauchen, wenn jede Nation begreife, daß die andere gewisse Lebensnotwendigkeiten benötige" zu ihrer Existenzsicherung. Und beide Regierungssyteme hätten den Frieden nötiger als den Krieg, „um ihre inneren Aufgaben durchführen zu können". Expansionismus? Wenn man die beiderseitigen Lebensnotwendigkeiten berücksichtige, müsse es möglich sein, „über die Lebensdauer der augenblicklichen Führer hinaus eine friedliche Zusammenarbeit zwischen den beiden Ländern zustande zu bringen".

Die Verwirklichung dieser Zielsetzung sei schwer. Aber die bisherige Zusammenarbeit sei von erheblichem Nutzen für beide Länder gewesen. Vielleicht seien nicht alle Wunschträume erfüllt worden, das werde auch in der Zukunft so sein. Aber die beiden größten Länder Europas hätten auf jeden Fall größeren Gewinn, wenn sie miteinander gingen, als wenn sie gegeneinander arbeiteten. Dann wären dritte Länder die Nutznießer.

Hitler kam dann rechtfertigend, um nicht zu sagen entschuldigend, zunächst allgemein auf die Interessenüberschneidungen zu sprechen. Deutschland sei im Kampf gegen England gewisser lebenswichtiger Rohstoffbedürfnisse wegen in Gebiete vorgedrungen, die ihm fern lägen und an denen er primär und wirtschaftlich nicht interessiert sei. Im Verlauf des Gespräches wurden von ihm dann auch Finnland und Rumänien ausdrücklich als solche Gebiete genannt. Aber Deutschland habe auch Gegenleistungen, z. B. durch den Verzicht auf Litauen, erbracht.

Von ganz besonderer Wichtigkeit für die Beurteilung der Absichten Hitlers sind dann die von ihm aufgezeigten Gesichtspunkte, die die bestimmenden Richtlinien für eine künftige deutschrussische Zusammenarbeit darstellen sollten.

Im Punkt 1 ging Hitler auf das Problem Raumnot ein. Deutschland habe im Verlauf des Krieges „so große Gebiete in seine Hand bekommen, daß es hundert Jahre benötige, um sie voll nutzbar zu machen". Nun war das keine einmalige Absage an einen Eroberungskrieg um Lebensraum im Osten. Sechzehn Tage später, am 28. November 1940[24], in einer Unterredung mit dem jugoslawischen Außenminister Cincar-Marković, wiederholte Hitler seine friedlichen Zukunftsabsichten unter besonderem Hinweis auf den Balkan, auf dem Deutschland keine territorialen Ambitionen habe. Das hatte er schon am 22. November gegenüber Antonescu festgestellt, wo er auch den Ausbau eines Kolonialreiches ansprach. Deutschlands bisherige Kriegserfolge würden seine Arbeitskraft voll in Anspruch nehmen.

„Daher gehe es nicht auf imperiale Eroberungen aus." Und dann tauchen wieder die erwähnten hundert Jahre auf, diesmal als benötigt zur Entwicklung der „neuerworbenen Getreidegebiete mit dem Ziel, zu der angestrebten Ertragslage zu kommen".

Auch der zweite der Molotow gegenüber aufgezeigten Gesichtspunkte findet in der Unterredung mit Cincar-Marković eine Bestätigung. „Es sei eine gewisse koloniale Ergänzung in Zentralafrika notwendig", hatte Hitler Molotow erklärt, und am 28. erwähnte Hitler erneut die Kolonien, für die die deutsche Arbeitskraft benötigt werde.

Schon Ribbentrop hatte sich bei der vorangegangenen Besprechung mit Molotow ähnlich ausgedrückt. Der Führer sei der Ansicht, man müsse einer ganz großen Konzeption die Interessensphären zwischen den vier Mächten Rußland, Italien, Deutschland und Japan festlegen. Bei einer klugen Politik müsse die Stoßkraft durchweg in südlicher Richtung verlaufen. „Deutschland habe seine Interessensphären mit Rußland festgelegt und werde nach Durchführung einer Neuordnung in Westeuropa seine Raumexpansion auch in südlicher Richtung, das heißt in Zentralafrika, im Gebiet der ehemaligen deutschen Kolonien, finden[25]."

Damit ist die noch in „Mein Kampf" aufgezeigte Entweder-Oder-Alternative verlassen. Es sind gewissermaßen Beschränkungen vorgenommen. Keine Maßlosigkeit in den Gebietsforderungen, weder an Deutschlands Ostgrenzen noch im kolonialen Bereich, wo entwickelte Vorstellungen, wie oben gezeigt, schon sehr viel weiter gegangen waren. Zwar wurden die Forderungen sehr allgemein und unpräzise auf den Bezug gewisser Rohstoffe ausgedehnt, und es wurde allgemein die Nichtzulassung von feindlichen Luft- und Marinestützpunkten „in gewissen Gebieten" angekündigt, aber gleichzeitig ausdrücklich festgestellt, daß „in keinem Falle... die Interessen Rußlands berührt würden." Das russische Reich könne sich ohne die geringste Beeinträchtigung deutscher Interessen entwickeln. Deutschland und Rußland würden wie *eine* Welt werden. Jeder der beiden Staaten könne sich seine Zukunft selbst gestalten, „wenn er die Interessen des anderen dabei berücksichtige". Offensichtlich war Hitler dazu bereit.

Hitler verwies auf die deutsche Friedensbereitschaft, die schon nach dem Polenfeldzug den Krieg beenden wollte, denn wirtschaftlich gesehen sei „jeder Krieg ein schlechtes Geschäft". Er kam dann erneut auf das deutsch-russische Verhältnis zu sprechen. Wenn vielleicht nicht alles erreicht worden sei, in der Zukunft könnten beide Partner bei Zusammenarbeit erhebliche Gewinne erzielen.

Molotow stimmte im allgemeinen den Ausführungen Hitlers zu, war auch bereit zuzugeben, daß nach sowjetischer Auffassung das 1939 geschlossene deutsch-russische Abkommen bis auf Finnland erfüllt sei, verwies aber dann darauf, daß „andere Fragen herangereift seien, die ebenfalls gelöst werden" müßten. Dies könne in der laufenden Besprechung, aber auch während des in

Aussicht genommenen Besuches des Reichsaußenministers in Moskau, „mit dem die Russen bestimmt rechneten", behandelt werden.

Den drängenden Fragen Molotows auch in bezug auf den Dreierpakt begegnete Hitler offensichtlich mit großem Entgegenkommen. Bei der Ordnung der europäischen Verhältnisse, für die der Dreierpakt auch geschaffen sei, trete Deutschland nunmehr an die Sowjetunion heran, „damit diese in den sie interessierenden Gebieten mitsprechen könne". Und er unterstrich diese Feststellung mit der Bemerkung, daß auf keinen Fall eine Regelung ohne die sowjetische Mitarbeit getroffen werden sollte. Das gelte nicht nur für Europa, sondern auch für Asien, „wo Rußland selbst an der Definition des großasiatischen Raumes mitwirken und seine dortigen Ansprüche selbst bestimmen solle", wobei Deutschland sich auf die Rolle eines Mittlers beschränken wollte. Und Hitler schloß diesen Teil seines Werbens mit den Worten, daß Rußland auf keinen Fall vor vollendete Tatsachen gestellt werden solle.

Man kann sich beim Lesen dieser Aufzeichnungen nicht des Eindrucks entziehen, daß Hitler äußerst bemüht war, Molotow für eine Mitarbeit zu gewinnen. So spricht kein zum Krieg entschlossener Staatsmann. Ähnliches haben wir schon hinsichtlich des Briefes Ribbentrops an Stalin vom 13. Oktober festgestellt. Der dringlich werbende Ton ist der gleiche. Der Verfasser kann sich deshalb auch nicht der von der etablierten Geschichtsschreibung vertretenen Auffassung anschließen, daß „wachsende Skepsis"[26] Hitler zwischen Ribbentrops Brief und Molotows Besuch erfüllt habe. Sie kommt jedenfalls in seinen Ausführungen am 12. November nicht zum Ausdruck.

In der nachträglichen Betrachtung muß man vielmehr Hitler den Vorwurf machen, mit der geplanten Erweiterung des Dreierpaktes durch die Heranziehung der Sowjetunion etwas versucht zu haben, was bei der gegensätzlichen Interessenlage und auch angesichts der Absichten der Sowjetunion gegenüber Japan nicht realisierbar war. Solche Pläne konnten die Unterstützung der Sowjetunion nicht finden.

Bemerkenswert ist die Beurteilung der Absichten Hitlers[27] in der britischen Presse. In seinem Leitartikel „Molotoff's Mission" fügt der Hauptschriftleiter J. L. Garvin Hitler in die Linie der von

Friedrich dem Großen und Bismarck repräsentierten deutsch-(preußisch-)russischen Politik ein. Diese hätten alles mit Hilfe oder Duldung der Russen vollbracht. Hitler vergrößere (magnifies) diese Beispiele. Er ziele auf nichts weniger ab, als die Russen dazu zu benutzen, das Dritte Reich zum Schiedsrichter (arbiter) der Welt zu machen. Und das brauche sich nicht gegen die Russen zu richten. Wenn diese mit ihm gemeinsame Sache gegen das britische Empire machen würden, könne es durchaus zu einer Teilung der „Alten Welt" kommen. In solchen Vorstellungen haben die Gedanken der etablierten Geschichtsschreibung über die Erwerbung von Lebensraum im Osten keinen Platz.

5. Die sowjetischen Ziele

Der zweite Verhandlungstag mit Molotow enthüllte die sowjetischen Ziele. Hitler war wiederum äußerst entgegenkommend[28]. Er knüpfte an die Bemerkung Molotows vom Vortag an, daß in den deutsch-russischen Vertragsbeziehungen alles erfüllt sei außer Finnland. Im Fall Litauen und Bukowina habe Deutschland den russischen Wünschen nachgegeben und eingesehen, daß eine Korrektur der ursprünglichen Vereinbarung für die Sowjets zweckmäßig gewesen sei.

„Ganz ähnlich sei die Lage bezüglich Finnlands." Deutschland habe dort kein politisches Interesse, was der russischen Regierung bekannt sei und die deutsche Regierung auch während des russisch-finnischen Krieges bewiesen habe. Aber zwei Gesichtspunkte hätten sich für Deutschland ergeben. Bei aller Anerkennung der Tatsache, daß Finnland politisch in der russischen Interessensphäre läge, müsse er deutlich machen, daß Deutschland während des Krieges sehr stark an den Nickel- und Holzlieferungen aus Finnland interessiert sei.

Und zweitens wünsche Deutschland keinen neuen Konflikt in der Ostsee, der seine Bewegungsfreiheit einschränke. Finnland sei nicht, wie fälschlich behauptet würde, von deutschen Truppen besetzt, es handele sich nur um Truppentransporte durch Finnland nach Nordnorwegen. Die würden bald abgeschlossen sein.

Die Erwiderungen Molotows auf die einzelnen von Hitler

vorgebrachten Punkte waren äußerst schwach. Es gelang ihm nicht, Hitler mit überzeugenden Argumenten zu widerlegen. Dieser dagegen appellierte immer wieder an des anderen Einsicht. Er müsse begreifen, daß Deutschland sich in einem Kampf auf Leben und Tod befinde. Zum Sieg sei die Sicherstellung einer Reihe von wirtschaftlichen und militärischen Voraussetzungen erforderlich, die jedoch den Abmachungen mit Rußland nicht widersprächen. Immer wieder appellierte Hitler an die Zusammenarbeit. Ein gemeinsamer Kampf Rücken an Rücken verspräche die größten Erfolge und nicht der Kampf Brust an Brust gegeneinander.

Molotow stimmte dem zu, kam aber ohne jede Bereitschaft zu Zugeständnissen immer wieder auf Finnland zu sprechen. Aus seinen Erwiderungen geht hervor, daß es ihm nur um die Verwirklichung einzelner Vorteile ging und nicht um den von Hitler gewollten langjährigen Ausgleich.

Die wiederholten Bestätigungen Hitlers, die von Ribbentrop ergänzt wurden, daß Finnland zur russischen Interessensphäre gehöre und daß man sich lieber wichtigeren Problemen zuwenden sollte, statt eine theoretische Diskussion fortzusetzen, beendeten schließlich diesen Teil des Gespräches, der eine unübersehbare Verschärfung der Standpunkte gebracht hatte.

Das steigerte sich noch bei der Behandlung südosteuropäischer Fragen. Molotow warf die Frage der deutschen Garantie für Rumänien auf, die nach seiner Meinung gegen die Interessen der Sowjetunion gerichtet sei, kam sodann auf die Meerengenfrage zu sprechen und von dort – naheliegend – auf Bulgarien. Diesem Land wollte die Sowjetunion eine Garantie unter den gleichen Bedingungen geben wie die deutsch-italienische an Rumänien. Diese für Deutschland unerfreuliche Frage blockte Hitler mit der Gegenfrage ab, ob Bulgarien um eine solche Garantie gebeten habe, wovon ihm nichts bekannt sei.

Die schon im letzten Teil des Hitler-Molotows-Gesprächs hervorgetretenen deutsch-sowjetischen Gegensätze kamen dann in dem anschließenden Gespräch Molotows mit dem deutschen Reichsaußenminister sehr deutlich zum Ausdruck.

Auch Ribbentrop begann die Unterhaltung in verbindlicher Weise. „Er wolle Herrn Molotow auseinandersetzen, wie er sich die Möglichkeit der Herstellung einer gemeinsamen Linie der Zusammenarbeit zwischen Deutschland und der Sowjetunion in der Zukunft vorstelle, und die Punkte aufzählen, die ihm dabei vorschwebten." Offensichtlich hatten die in den vorherigen Gesprächen deutlich gewordenen Spannungen und Gegensätze keinen negativen Einfluß auf die deutsche Bereitschaft gehabt, sich für das Ziel einer zukünftigen „Zusammenarbeit zwischen den Staaten des Dreimächtepaktes Deutschland, Italien und Japan und der Sowjetunion" einzusetzen.

Jedenfalls hielt Ribbentrop an seiner vorher festgelegten Linie fest und gab Molotow den Inhalt des Entwurfes eines von ihm vorbereiteten Abkommens bekannt[29]. In vier Artikeln und zwei Geheimprotokollen wurde die Grundlage für die Herbeiführung einer „neuen, der Wohlfahrt aller Völker dienenden Ordnung" festgelegt. Es kann nicht Aufgabe dieser Arbeit sein, alle Einzelheiten dieser Abkommen darzulegen, die keinen formalen Viererpakt begründen sollten, sondern nur eine solidarische Zusammenarbeit der Sowjetunion mit den Mächten des Dreierpaktes zur Verhinderung einer Ausdehnung des Weltkonfliktes und der baldigen Wiederherstellung des Weltfriedens.

Auf den Punkt 1 des Geheimprotokolls Nr. 1 glaubt der Verfasser besonders hinweisen zu müssen, da er von grundsätzlicher Bedeutung für das Erkennen der deutschen Absichten ist. Der Text lautet:»Deutschland erklärt, daß, abgesehen von den im Friedensschluß durchzuführenden europäischen territorialen Revisionen, der Schwerpunkt seiner territorialen Aspiration in den mittelafrikanischen Gebieten liegt."

Hitler hatte gegenüber Molotow noch sehr allgemein davon gesprochen, daß zu den bereits in Europa gewonnenen Gebieten „eine gewisse koloniale Ergänzung notwendig" sei. Durch die geschriebenen Texte wird jedoch deutlich, daß die koloniale Bestätigung keine bloße Ergänzung der bisherigen territorialen Politik darstellte, sondern zu ihrem Schwerpunkt werden sollte. Das bedeutet, daß die im Juni 1940, als das deutsche Verhältnis zur Sowjetunion noch nahezu ungetrübt war, erörterten Vorstellungen über die Bildung eines mittelafrikanischen Kolonialreiches[30] unverändert auch noch Anfang November 1940 bestanden. Daraus muß sich zwingend eine sehr wichtige Erkenntnis ergeben: Die Eroberung von Lebensraum im Osten war nicht das Ziel deutscher Politik. Das Reich betrieb auch keine Sowohl-als-auch-Politik, suchte also nicht Lebensraum im Osten plus koloniale Ergänzung. Es gab auch nicht mehrere Schwerpunkte, es war nur *der* (nicht ein) Schwerpunkt erwähnt, und der lag für Deutschland in Mittelafrika[31].

Daher muß Hildebrand (s. 743) widersprochen werden, dem zwar Hitler „für wenige Wochen", „besonders im September und Oktober 1940", als „Vertreter der Mittelafrikaforderung erschien", „allerdings nicht als Alternative zum nie aufgegebenen Plan der Lebensraumgewinnung im Osten". Hildebrands merkwürdige Vorstellung von „wenigen Wochen" soll hier nicht weiter erörtert werden, denn wenn diese *besonders* im September und Oktober vorhanden gewesen waren, müssen sie auch noch außerhalb dieses Zeitraumes existiert haben, und dann kommt man schon auf wenige Monate.

Daß es sich nicht nur um einen territorialen Nebenerwerb handelte, nur um eine Revision der kolonialen Bestimmungen des Versailler Vertrages, geht indirekt auch aus den drei weiteren Punkten des Geheimprotokolls hervor. Sie regelten „die Schwerpunkte der territorialen Aspirationen" der drei anderen Mächte wie im Punkt 1 für Deutschland. Für Italien in Nord- und Nordostafrika, für Japan „im ostasiatischen Raum südlich des japanischen Inselreiches" und für die Sowjetunion „im Süden des Staatsgebietes der Sowjetunion in Richtung des Indischen Ozeans".

Die Hauptschwierigkeit sah Ribbentrop im japanisch-sowjetischen Verhältnis. Er habe, wie es den Sowjets bekannt sei, stets „ein besonderes Interesse für die Beziehungen zwischen Japan und der Sowjetunion bekundet" und wäre gern bereit zu vermitteln, wenn es erwünscht sei, insbesondere beim etwaigen Abschluß eines japanisch-sowjetischen Nichtangriffspaktes.

Molotow ging in seiner Erwiderung nur auf die Frage des Verhältnisses Japan–Sowjetunion ein und ließ den Kernpunkt der Ribbentropschen Ausführungen, die Aufteilung der europäisch-afrikanisch-asiatischen Welt, völlig außer acht. Statt dessen wandte er sich den näherliegenden europäischen Fragen zu und entwickelte Vorstellungen, welche die von Deutschland in Europa geschaffene Ordnung in Frage stellten und an die Stelle der vom Reich vorgeschlagenen Südexpansion eine in den deutschen Machtbereich zielende Westorientierung der Sowjetunion setzten.

Über die Regelung der Meerengenfrage müsse man sich verständigen. Durch die Meerengen sei Rußland verschiedentlich angegriffen worden. Dort müßten Sicherheiten geschaffen werden. Wir wissen bereits, daß darunter sowjetische Stützpunkte gemeint waren. Dann ging es Schlag auf Schlag. Als nächstes kam Bulgarien an die Reihe, und Molotow verwies auf seine Unterredung mit Hitler. „Aber auch das Schicksal Rumäniens und Ungarns interessiere die Sowjetunion und könne ihr keineswegs gleichgültig sein." Daß auch Griechenland und Jugoslawien zum sowjetischen Interessenkreis gezählt wurden, wird keine Verwunderung hervorrufen.

Wenn die deutsche Seite bisher der Meinung gewesen war, daß die polnische Frage mit den Abmachungen von 1939 geklärt sei, erfuhr sie jetzt, daß die Sowjets einen Meinungsaustausch über die künftige Gestaltung Polens wünschten. Daß Finnland wieder erwähnt wurde, darf nicht überraschen. Bei der bloßen Erwähnung ließ Molotow es nicht bewenden. Die schwedische Neutralität störte ihn offensichtlich nicht nur im Zusammenhang mit der Finnlandfrage. Er brachte sie in einen Zusammenhang mit den Durchfahrten aus der Ostsee und erwähnte die Belte, den Sund, das Kattegat und das Skagerrak. Er forderte hierüber ähnliche Besprechungen wie über die Donaukommission.

Was als Endziel solcher Besprechungen von der Sowjetunion angestrebt wurde, kann man aus einem Artikel des Chefs der Ostseeflotte in der „Iswestija" zum „Tag der Roten Flotte" entnehmen. Er hatte auf Verbesserungen der strategischen Lage der sowjetischen Flotte hingewiesen, die aus der engen finnischen Bucht herausgekommen sei, und gipfelte in der Feststellung, daß auch die Ostsee künftig der Sowjetunion gehören werde.[32]

Die Verwirklichung dieser Forderungen hätte nicht nur die bisherigen Ergebnisse des Krieges in Frage gestellt, sondern darüber hinaus Nordeuropa zu einem sowjetischen Einflußgebiet mit Stützpunkten und, wie im Fall der baltischen Staaten, mit späterer Annexion und Bolschewisierung des gesamten Bereichs werden lassen. Deutschland wäre mit dem Verlust der wichtigsten Rohstoffe, Nickel, Eisen und Holz, wirtschaftlich und darüber hinaus auch politisch in sowjetische Abhängigkeit geraten. Es wäre in einen „Satellitenstatus" (Topitsch) geraten wie nach einem verlorenen Krieg. Zu bewundern ist die offenbare Ruhe Ribbentrops, mit der er diese der politischen Vorstellungswelt Deutschlands so völlig widersprechenden Forderungen Molotows aufnahm. Denn ihm mußte deutlich geworden sein, daß angesichts solcher expansiven Vorstellungen der sowjetischen Führung ein friedliches deutsch-sowjetisches Nebeneinander nicht möglich war.

Ähnlich wie Hitler antwortete er völlig sachlich und versuchte, Molotow vor allem die deutsche Haltung in der Balkanfrage und hierbei vor allem in der Frage der Garantie an Rumänien zu erklären. Deutschland habe im Balkan keine territorialen Interessen und sei dort ausschließlich wirtschaftlich interessiert. Die Garantie an Rumänien sei in Moskau offensichtlich falsch verstanden worden. Angesichts des rumänisch-ungarischen Gegensatzes wäre es ohne ein deutsches Eingreifen zum ungarischen Einmarsch in Rumänien gekommen, und die großen, den Rumänen auferlegten Gebietsabtretungen seien nur durch Gewährung einer Rückenstärkung in Form der territorialen Garantie möglich gewesen. Im übrigen komme es auf eine Zusammenarbeit bei der Liquidierung des britischen Imperiums an, und er würde gerne erfahren – er wiederholte Hitlers Fragen –, ob die Sowjetunion zu einer Partnerschaft Rücken an Rücken und nicht Brust an Brust bereit sei. Das seien in deutscher Sicht die „großen grundsätzlichen Fragen". Demgegenüber seien alle übrigen völlig belanglos und „würden sich von selbst regeln, sobald eine Verständigung im großen erfolgt sei".

Was hatte Molotow veranlaßt, solche weitgehenden, im Grunde angesichts der damaligen Lage unrealistischen Forderungen zu stellen? War es nur ein taktischer Fehler Molotows, oder glaubte er, angesichts der erheblichen, bereits feststehenden und vor allem der noch zu erwartenden sowjetischen Rüstungsergebnisse sich eine solche auf Krieg oder deutsches Nachgeben hinauslaufende Alternative erlauben zu können? Ohne zusätzliche Kenntnisse nach Öffnung der sowjetischen Archive ist eine schlüssige Antwort auf diese Frage nicht möglich. Man kann nur Vermutungen anstellen und auch auf provokative Absichten Moskaus schließen[33].

Hören wir nach Abschluß der Behandlung des sowjetischen Forderungskataloges nochmals Hillgruber, der wirklich keiner Pro-Hitler-Auffassung verdächtig ist. Er stellt fest, es stelle eine als Verhandlungsposition vertretbare Auffassung dar, daß Hitler „für die weitere wohlwollende Haltung der Sowjetunion im Westkrieg einen Preis zahlen müsse". Aber die am 13. November abends gestellten Forderungen waren „nicht mehr als Preis vorstellbar, den ein siegreiches Deutschland zahlen konnte". Die Reihe dieser Forderungen bezog sich sinnvollerweise auch gar nicht mehr auf die Sicherheit der Sowjetunion gegenüber einem kontinental orientierten Deutschland, sondern bereits auf eine Lage, in der die britische und die amerikanische Seemacht im Westen Europas Positionen bezogen hatten oder im Begriff waren, solche zu gewinnen[34].

War Hitler sich von vornherein der entscheidenden Bedeutung der sowjetischen Forderungen bewußt? In seinem politischen Testament schrieb er, daß er seinen Entschluß zum Angriff auf Rußland, der für ihn der schwerste Entschluß dieses Krieges war, sofort nach Molotows Novemberbesuch gefaßt hatte. Und er ergänzte das mit den Worten: „Noch am Tage der Abreise habe ich daher Aufmarschvorbereitungen befohlen, um die Rechnung mit Rußland beim Anbruch der ersten schönen Tage ins reine bringen zu können[35]." Die weitere Darstellung wird jedoch aufzeigen, daß Hitler seinen endgültigen Entschluß nicht so schnell gefaßt hatte.

Die deutsche Diplomatie hielt den schönen Schein offen, die Zusammenkunft sei ein Erfolg gewesen. Ein Runderlaß des Staatssekretärs von Weizsäcker vom 15. November 1940[36] an alle diplomatischen Missionen gab bekannt, daß der „Meinungsaustausch in einer Atmosphäre gegenseitigen Vertrauens" verlaufen sei und „beiderseitiges Einvernehmen in allen wichtigen Fragen, die Deutschland und die Sowjetunion interessieren", erzielt habe. Er hielt es jedoch für erforderlich, „alle Kombinationen über angebliche deutsch-russische Gegensätze ins Reich der Phantasie" zu verweisen.

In einer Besprechung mit dem spanischen Außenminister Serrano Suñer am 19. November in Berchtesgaden[37] wies Ribbentrop darauf hin, daß Deutschland damit beschäftigt sei, „eine Art Weltkoalition auf der Grundlage des Dreierpaktes zu errichten". „Es sei denkbar, daß in absehbarer Zeit sich auch Rußland in einer nach außen deutlich erkennbaren Form mit dem Ziel des Dreierpaktes... solidarisch erkläre."

Sehr aufschlußreich ist auch Hitlers Erklärung gegenüber dem ungarischen Ministerpräsidenten Graf Teleki vom 20. November 1940[38] in Wien. Er sei sich darüber klar, daß Rußland je nach der Lage sich entweder bolschewistisch oder nationalslawisch gebe. Bei slawischen Völkern, in Jugoslawien zum Beispiel, gäben sich die Russen als nationalslawische Macht, während sie in nichtslawischen Ländern als Vorkämpfer des Proletariats aufträten. „Trotzdem wolle er versuchen, auch sie in irgendeiner Form in die große Weltkombination, die von Yokohama bis nach Spanien reiche, hineinzubringen."

Und in seinem Schreiben an den Duce vom 20. November 1940[39] stand an zweiter Stelle der zu ergreifenden sechs politischen Maßnahmen, daß mit allen Mitteln versucht werden müsse, „Rußland aus der Balkansphäre wegzuziehen und nach dem Süden hin zu orientieren". Das hatte Hitler mit ähnlichen Worten bereits zwei Tage vorher, am 18. November 1940, in einer Unterredung mit Ciano auf dem Obersalzberg geäußert[40]. Bedeutsam an dieser Unterredung war, daß nicht nur keine offensiven Absichten gegen die Sowjetunion erkennbar waren, sondern daß im Mittelpunkt der Überlegungen Hitlers die Notwendigkeit stand, einen großen Schlag gegen England und seine Flotte im Mittelmeer zu führen.

In dem oben erwähnten Brief an Mussolini vom 20. November 1940 gab Hitler zu erkennen, daß er immer noch an seinen Vorstellungen festhielt und noch nicht an einen Angriff auf die Sowjetunion dachte, wenn er unter den zu ergreifenden politischen Maßnahmen schon an zweiter Stelle vorschlug, mit allen Mitteln Rußland aus der Balkansphäre wegzuziehen. Er wollte offensichtlich an dieser Politik festhalten, obwohl er an einer anderen Stelle dieses Briefes einräumte, daß es schwieriger geworden sei, „eine Interessenübereinstimmung herbeizuführen und die russischen Ambitionen nach Osten abzulenken".[41]

Man wollte auf deutscher Seite auch keine neuen Krisenherde schaffen, und so war man nicht bereit, rumänischen Wünschen nachzukommen, russischen Übergriffen entgegenzutreten. Die Sowjets hatten einige rumänische Inseln im Kilia-Mündungsarm der Donau besetzt, ohne vertraglich gedeckt zu sein.[42] In seiner Besprechung mit dem rumänischen Staatschef Antonescu vom 22. November[43] klangen Hitlers Worte allerdings schon zurückhaltender. Er habe gegenüber Molotow versucht, eine Neuorientierung der russischen Expansion herbeizuführen, und hoffe, damit Erfolg zu haben. Er betonte, daß die Besprechung in freundschaftlicher Atmosphäre stattgefunden, er aber keinen Zweifel darüber gelassen habe, daß es Deutschland mit seiner Garantie gegenüber Rumänien ernst meine und „daß ein Krieg in der Ostsee im Zusammenhang mit Finnland untragbar sei". Damit hatte Hitler die zwei sowjetischen Kernforderungen schon zurückgewiesen.

Aber dennoch war in diesem Gespräch nicht die Sowjetunion der Gegner, den es zu vernichten galt. Das war nach wie vor England, das ihn daran hinderte, ein neues Europa zu bauen. Er sei entschlossen, so lange zu kämpfen, bis England endgültig vom Kontinent ausgeschaltet sei.[44]

Angesichts der übereinstimmenden Äußerungen Hitlers bei den unterschiedlichsten Gelegenheiten kann der Verfasser nur annehmen, daß Hitler sich erst nach der Antwort Stalins vom 25. November 1940 entschieden hat. Andernfalls müßte er ein Großmeister der Verstellungskunst gewesen sein.

Der Heeresadjutant von Below widerspricht sich in seinen Erinnerungen[45]. Aus dem, was er über die mit Keitel und Jodl auf der Rückfahrt von Montoire (Besuch bei Pétain) geführten Gespräche berichtete, muß man entnehmen, Hitler sei davon überzeugt gewesen, daß 1941 der Kampf gegen die Sowjetunion aufgenommen werden müsse, da Rußland 1942 in der Lage sein werde, gegen Deutschland anzutreten. Dem wolle er von sich aus im Jahre 1941 entgegentreten, war seine eindeutig präventive Absicht. Anderseits hatte Hitler zwei Wochen später auf der Fahrt nach Berlin geäußert, seine Entscheidung über Rußland falle erst nach dem Molotow-Besuch[45].

Der amerikanische Außenminister Byrnes sieht im Molotow-

Gespräch den „turning point of the war"[46]. Vorher habe Hitler vielleicht einen Krieg gegen Rußland in einer allgemeinen Art und Weise betrachtet, aber dieses Gespräch mit Molotow sei der entscheidende Wendepunkt gewesen.

„War Molotows Verhalten in Berlin eine Fehlleistung oder raffinierte Taktik?" fragt Hillgruber[47]. Man kann die Frage ergänzen: „Oder wollte man Hitler zum Krieg provozieren?"

Nach Topitsch[48] war für Hitler die Alternative zu den Forderungen Molotows, „sich völlig an die Sowjets auszuliefern oder sich zur Wehr zu setzen". Da das erste auch für die Sowjets nicht zu erwarten war, mußten sie aufgrund ihres fortgeschrittenen Rüstungsstandes mit einem Sieg rechnen. Diese Beurteilung der Lage galt sicherlich auch für Hitler, der im November 1940 noch mit einem eindeutigen deutschen Sieg bei einer Auseinandersetzung 1941 rechnen konnte, wenn gewisse Voraussetzungen auf der deutschen Seite erfüllbar wurden.[49]

6. Die sowjetische Antwort vom 25. November 1940

Am 25. November abends bat Molotow den deutschen Botschafter in Moskau zu sich und teilte ihm die Stellungnahme der Sowjetunion zu den Ausführungen des Reichsaußenministers vom 13. November mit[50]. Die Sowjetunion sei bereit, den Entwurf des von ihm am 13. November skizzierten Viermächtepaktes über die politische Zusammenarbeit und gegenseitige wirtschaftliche Unterstützung unter einer Reihe von Bedingungen anzunehmen.

Die erste betraf Finnland. Die Sowjets forderten den unverzüglichen Rückzug der deutschen Truppen aus Finnland, „das gemäß dem Abkommen von 1939 zur Einflußsphäre der Sowjetunion gehört". Sie verpflichtete sich, friedliche Beziehungen zu Finnland sicherzustellen sowie die deutschen wirtschaftlichen Interessen in Finnland (Ausfuhr von Holz und Nickel) zu wahren.

Die zweite war auf die Meerengen gerichtet. Die „Sicherheit" der Sowjetunion in den Meerengen sollte durch Abschluß eines gegenseitigen Beistandspaktes zwischen der Sowjetunion und Bulgarien „sowie durch Schaffung einer Basis für Land- und Seestreitkräfte der UdSSR im Rayon des Bosporus und der

Dardanellen auf der Grundlage einer langfristigen Pacht gewährleistet" werden.

Die sowjetische Forderung ging aber noch weiter. Falls die
Türkei sich weigere, sich den vier Mächten anzuschließen, sollten
Deutschland, Italien und die Sowjetunion übereinkommen, „die
erforderlichen militärischen und diplomatischen Maßnahmen auszuarbeiten und durchzuführen".

Diese Forderungen der Sowjetunion waren nahezu eine von
Molotow ausgesprochene Provokation. In der Besprechung vom
13. November hatte Hitler die Frage Molotows nach der deutschen
Ansicht über eine russische Garantie an Bulgarien sehr auswei-
chend mit der Gegenfrage verbunden, ob denn Bulgarien um eine
solche Garantie gebeten habe. Hitler wich bei der Wiederholung
der Frage durch Molotow erneut aus mit der Erklärung, daß er den
Duce nach seiner Meinung fragen müsse. Den Sowjets müßte aus
dem Verhalten und aus den ausweichenden Antworten Hitlers
deutlich geworden sein, daß er eine solche Garantie ablehne. Die
beiden nächsten Bedingungen behandelten Hitlers Vorschlag, die
Expansion der Sowjetunion in allgemeiner Richtung auf den
Indischen Ozean und damit gegen das Britische Weltreich zu
suchen. Der Vorschlag wurde eingeschränkt auf eine Expansion
auf den „Raum südlich von Batum und Baku in allgemeiner
Richtung auf den Persischen Golf".

Die vierte Bedingung schließlich forderte den Verzicht Japans
auf seine Konzessionsrechte für Kohle und Naphta auf Nordsachalin.

In zusätzlichen Ausführungen wurden die durch diese Bedingungen erforderlichen Abänderungen der beiden Zusatzgeheim-
protokolle Ribbentrops behandelt. Die Sowjetunion forderte
darüber hinaus drei weitere geheime Protokolle, welche die in den
obigen vier Bedingungen enthaltenen sowjetischen Forderungen
festlegten. Für eine deutsche Stellungnahme wäre er dankbar,
hatte Molotow abschließend erklärt. Die erwartete Stellungnahme hat die Sowjetunion trotz einer Anmahnung vom 17. Januar
1941 nie erhalten.

Die Gründe dafür hat Fabry[51] treffend wiedergegeben. Nach
Hitlers Äußerung vor, während und nach dem Molotow-Besuch
war sein Hauptanliegen an Moskau der Verzicht auf einen Darda-

nellenvorstoß und auf die Bolschewisierung Finnlands gewesen. Die Note vom 25. November aber habe das Gegenteil enthalten. „Die Sowjetunion forderte ihren Vertragspartner geradezu auf, ihr das zu geben, was er Molotow in Berlin verweigert hatte."

Aber auch auf den mit der Mahnung verbundenen Vorschlag für weitere Besprechungen erhielt die Sowjetunion nur eine kurze Antwort, die den Empfang bestätigte und mitteilte, daß der sowjetische Vorschlag an Italien und Japan weitergesandt worden sei. Diese dilatorische Behandlung der Angelegenheit nach zwei Monaten zeigt, „that Hitler was no longer interested. The conversation never took place."[52]

Bei der Frage nach den Gründen für die negative Aufnahme der sowjetischen Antwort stößt man auf eine Weisung des Foreign Office an den britischen Botschafter in Moskau[53]. Nach der Feststellung, daß beim Molotow-Besuch der Versuch Hitlers, die Sowjetunion in eine deutsche Bewegung gegen alliierte Interessen in „Near und Middle East" einzureihen, auf sowjetisches Desinteresse gestoßen sei und die Sowjetunion nicht bereit sei, deutsche Pläne auf dem Balkan und anderswo zu unterstützen, kommt die Weisung zu der lapidaren Erklärung, „that their policy actually tends to run counter to German interests there".

In welchen Forderungen der Sowjetunion kamen diese gegensätzlichen Interessen zum Ausdruck? Bei der Behandlung der Finnlandfrage wurde bereits darauf hingewiesen. Die mit höchster Wahrscheinlichkeit erfolgende sowjetische Besetzung Finnlands hätte nicht nur die deutsche Rohstoffversorgung mit Nickel und Holz in völlige Abhängigkeit von der Sowjetunion gebracht, sie hätte das nördliche Norwegen und Schweden bedroht und damit sowohl die deutsche Eisenerzversorgung über Narvik als auch über Luleå von den Sowjets abhängig gemacht. Der größere Teil der Ostsee wäre vor allen Dingen bei der von den Sowjets geforderten Aufhebung der schwedischen Neutralität nahezu zu einem sowjetischen Binnenmeer geworden. Neben anderen Einschränkungen wäre die uneingeschränkte Übungsmöglichkeit der deutschen Flotte erheblich behindert worden.

Göring hat vor dem IMT am 15. März 1946 bemerkenswerte Äußerungen gemacht[54], die nach Meinung des Verfassers die Beurteilung der Lage durch Hitler richtig wiedergeben. „An sich sei die Sowjetunion berechtigt gewesen, Deutschland gegenüber die Forderung ‚Finnland' zu stellen", führte Göring aus, „... Hitler glaubte jedoch im Zusammenhang mit den anderen Nachrichten, die er über die russische Bereitstellung und den Aufmarsch hatte, daß Rußland seine Position in Finnland deswegen verstärken wollte, um Deutschland nördlich zu überflügeln".

Dadurch wollte die Sowjetunion in unmittelbare Nähe der für Deutschland lebenswichtigen schwedischen Eisenerzfelder gelangen.

Für sowjetische Westabsichten sah Hitler neben den aus der sowjetischen Politik seit Juli 1940 entstandenen mindestens zwei unübersehbare und im Grunde zusammenhängende Indizien. Einmal die große Zahl der an der Westgrenze stationierten sowjetischen Divisionen[55] und zweitens die Erklärung Molotows gegenüber Ribbentrop am letzten Abend seines Besuches über die sowjetischen Ziele, deren Realisierung den Status quo in Europa völlig verändern würden.

Selbst Hillgruber hat 1982 auf die sowjetische Westexpansion hingewiesen. Er hat zwar noch Hitlers Ziele und seine Politik als auf die Verwirklichung seines „Programms" gerichtet hingestellt, wobei er sich allerdings gegen eine vor allem von sowjetischer Seite verbreitete Auffassung wandte, die das sowjetische Verhalten als „bloße Reaktion auf den deutschen Angriff" herausstellte. Seit Herbst 1940 hätten sich zwei einander ausschließende Programme gegenübergestanden. Dabei sei es das „Hauptziel Stalins gewesen, die sowjetische Machtsphäre in Europa ... bis ins Zentrum des Kontinents zu erweitern."[56]

Im Süden forderten die Sowjets die Herrschaft über die Meerengen. Den Höhepunkt ihrer Forderung bildete das Verlangen nach deutscher und italienischer militärischer und diplomatischer Mithilfe zum zwangsweisen Anschluß der Türkei an den Viermächtepakt, was in weitaus größerem Maße im Interesse der Sowjetunion lag, falls es zu einer solchen Kombination kommen sollte.

Die Sowjets in Bulgarien hätten für Deutschland die Gefährdung des zweitwichtigsten Rohstoffes, des Erdöls, bedeutet. Ploesti wäre dann in den Bereich der sowjetischen Bomberflotte geraten und bei einer militärischen Auseinandersetzung von Bulgarien aus leicht erreichbar gewesen.

Auch in dieser Frage hat sich Göring vor dem Nürnberger Tribunal geäußert. Es sei für Hitler beim sowjetischen Vordringen in den rumänisch-bulgarischen Raum keineswegs sicher gewesen, daß sich dieser Druck dann nicht weiter in südliche Richtung auf die Dardanellen fortgesetzt hätte. Vielmehr befürchtete man auf deutscher Seite, daß das in westliche Richtung geschehen würde, die Sowjetunion sich damit in die Südflanke schieben und durch die Besetzung der rumänischen Ölfelder Deutschland in der Ölbelieferung völlig von Rußland abhängig machen würde. „Er sah in dieser Forderung verkappte Sicherungen von Aufmarschpositionen gegenüber Deutschland." Und die von Molotow geäußerten Wünsche für die Ausgänge der Ostsee seien für „Deutschland nun schon ganz und gar nicht diskutabel" gewesen. Alles in allem habe diese Unterredung bei Hitler „nur das Gefühl der erhöhten Bedrohung in der weiteren Auseinandersetzung mit Rußland verstärkt".

Die von Molotow am letzten Abend seines Besuches erhobenen territorialen Forderungen mußten Hitler erkennen lassen, daß ein Ausgleich deutsch-sowjetischer Interessen kaum möglich war. Das galt aber auch für die großen weltpolitischen Fragen. Hitler hatte im Frühjahr 1940 in einem Brief an Mussolini von der Entwicklung zu einem nationalen Staat Sowjetunion geschrieben. Auch in diesem Punkte habe er seine Auffassung korrigieren müssen. In der Rede zum Jahrestag der „Oktober"-Revolution hatte der Staatspräsident Kalinin zweimal erwähnt[57], daß die Sowjetunion ihre kommunistischen Endziele nicht aufgegeben habe. Und zu diesen Endzielen hat immer die Weltrevolution gehört. War mit einem Staat, der solche Ziele verfolgte, ein Ausgleich überhaupt möglich?

Es kam im November 1940 aber noch ein weiterer Gesichtspunkt hinzu. Als Antwort auf die festgefahrene italienische Offensive gegen Griechenland waren die Briten zur Unterstützung der Griechen dort gelandet. Die Sowjetunion und die Briten wären territorial Nachbarn geworden, falls die Sowjets sich in Bulgarien festgesetzt hätten. Wir haben gesehen, daß Hitler erhebliches Mißtrauen hinsichtlich des britisch-sowjetischen Verhältnisses hegte. Mußte er nicht befürchten, daß sich aus einer geographischen Nachbarschaft trotz des britisch-sowjetischen Gegensatzes in der Meerengenfrage ein Zusammengehen gegen Deutschland entwickeln würde? Und war es völlig unwahrscheinlich, daß die Sowjets in der Nachbarschaft von britischen Verbänden auf dem Balkan und an den Dardanellen gegenüber den britischen Versuchen, die Sowjetunion in die antideutsche britische Position einzufügen, in ihrem Widerstand erlahmen würden? In einem sowjetisch-britischen Zusammengehen im Südosten wäre mit Sicherheit die deutsche Ölversorgung aus Rumänien völlig zerstört worden und darüber hinaus die deutsche Stellung in Südosteuropa. Und was wäre aus Italien geworden?

Das alles waren sicher auch der deutschen Führung bewußte Perspektiven, die die Deutung des Molotows-Besuches durch Hillgruber auch nach dem, was über Hitlers Absichten bereits gesagt worden ist, als höchst unwahrscheinlich erscheinen lassen. Wenn dem Molotow-Besuch die Bedeutung eines „turning point" zukam, dann war er mehr als ein „auf Drängen Ribbentrops von Hitler halbherzig unternommener Versuch einer weltpolitischen Zwischenlösung" (Hillgruber) bis zum Zeitpunkt der erst im Frühjahr 1941 militärtechnisch möglichen radikalen Ostlösung. Diese war ja in den Augen der etablierten Geschichtsschreibung die allein mögliche Ausführung des Hitler stets, auch von Hillgruber, unterstellten Eroberungskrieges gegen die Sowjetunion. Er sollte ja, wie Hillgruber sagt, deutschen Lebensraum bringen.

Einmal unterstellt, diese Überlegungen Hillgrubers und die von vielen anderen etablierten Historikern übernommene Deutung der außenpolitischen Ziele Hitlers sei richtig, war es dann ihr Grundfehler, daß sie nur auf die europäische Situation bezogen waren? Daß sie beschränkt waren auf die westeuropäischen Mächte, die Sowjetunion und die Achse Berlin–Rom? Es galt, die westeuropäischen Mächte nach Kriegsausbruch zu besiegen, sich mit England zu arrangieren und dann mit freiem Rücken gegen die Sowjetunion zu wenden. In all solchen Überlegungen waren die USA nicht berücksichtigt, von denen man eine isolationistische Politik erhoffte.

Im Herbst 1940 aber war die Ausschaltung Westeuropas nur zur Hälfte gelungen. Großbritannien unter der Führung des zur Vernichtung Deutschlands entschlossenen Churchill verharrte in der Hoffnung auf Hilfe durch die USA in seiner deutschfeindlichen Position. Die Gegnerschaft der USA, die 1940 wegen der bevorstehenden Präsidentenwahl im November noch relativ zurückhaltend war, würde nach zu erwartender zweiter Wiederwahl Roosevelts nur noch schärfer werden bis hin zur Kriegsteilnahme. Das hätte für Deutschland – immer unter Annahme eines von Hitler geplanten Ostkrieges – die Gegnerschaft des mächtigsten Staates der Erde bedeutet, eine interkontinentale Auseinandersetzung. Lag da nicht der Gedanke nahe, den eigenen Kontinent sowie Teile des asiatischen Kontinents, die nicht unter britischer Herrschaft standen, zu einem Kontinentalblock zu organisieren, um für die Auseinandersetzung der Kontinente gerüstet zu sein? Das hätte natürlich den Verzicht Hitlers auf die ihm unterstellten Eroberungsabsichten gegenüber der Sowjetunion bedeutet. Aber hatte er nicht mehrfach erklärt, die Entwicklung der 1939/40 Deutschland zugefallenen Gebiete, der Ausbau eines großgermanischen Reiches (nicht Hitlers Worte) zusammen mit der Entwicklung eines zentralafrikanischen Kolonialreiches würde die deutsche Arbeits- und Wirtschaftskraft hundert Jahre in Anspruch nehmen? Abgesehen von Hitlers Erklärungen, nach einem siegreichen oder auch nur unentschiedenen Ausgang des Krieges der Kontinente wäre ein deutscher Bedarf an Lebensraum im Sinne einer Lebensmöglichkeit für deutsche Menschen in überrreichlichem Maße vorhanden und eine Besiedlung in einem osteuropäischen Raum nicht nur nicht mehr nötig, sondern auch zahlenmäßig unmöglich gewesen, selbst bei aktivster Bevölkerungspolitik.

Hillgruber selbst scheinen Zweifel an seiner ursprünglichen Konzeption über den deutschen Einsatz für die Bildung eines Kontinentalblocks gekommen zu sein. Zunächst hielt er noch daran fest, daß Hitler die „weltpolitische Zwischenlösung" anstreben mußte, weil er „das drohende Eingreifen der USA im Westen" nicht mit den ihm zur Verfügung stehenden Mitteln beenden könne und nur in der Lage sei, die strategische Voraussetzung für seine Ostpläne „zu sichern oder überhaupt erst endgültig zu schaffen"[58].

Aber wie lange sollte oder konnte diese Zwischenlösung dauern? Nur bis zum „endgültigen", für Mai 1941 beschlossenen Eroberungskrieg gegen die Sowjetunion?

In der Beantwortung dieser Frage mußte auch Hillgruber

unsicher werden. Im Text macht er bereits Einschränkungen. Er kann es zwar nicht unterlassen, immer wieder Ribbentrop, nicht Hitler die Urheberschaft für alle das deutsch-sowjetische Verhältnis entlastenden Maßnahmen zuzusprechen. Aber seine Feststellung, daß es sich zwar um eine „begrenzte und in ihrer Dauer nicht im voraus zu bestimmende Zeitspanne" bei der Bildung des Kontinentalblocks handelte[59], konnte sich nun wirklich nicht auf die Entscheidungsbefugnisse Ribbentrops beziehen. Die Politik bestimmte Hitler, Ribbentrop war ausführendes Organ.

In einer Anmerkung[60] ging Hillgruber noch weiter. Zunächst ließ er im Sinne seiner obigen Einschränkung offen, „ob die ‚Kontinentalblockkonzeption' von vornherein planmäßig auf den Zeitraum bis Mai 1941 begrenzt war". Wenn sie das nicht war, konnte ja auch kein fester „Plan" zum Angriffskrieg gegen die Sowjetunion bestehen, wäre ein, natürlich nicht von Hillgruber gezogener Schluß. Dann aber bringt Hillgruber einen Gesichtspunkt, der die ganze „Planmäßigkeit" noch fragwürdiger erscheinen läßt. Er fragt, ob der einmal zustande gekommene Kontinentalblock „nicht durch die sich aus den Vereinbarungen ergebenden politischen und militärischen Auswirkungen und Folgen eine Eigengesetzlichkeit entwickelt hätte, die dieser Konzeption möglicherweise für einen längeren Zeitraum Gültigkeit verschafft hätte".

Bei der Formel „von der längeren Gültigkeit" macht Hillgruber halt. Er kann die an sich naheliegende Frage nicht stellen, ob nicht „die Länge der Gültigkeit" dieser Konzeption zu ihrer endgültigen Durchsetzung und damit zur Überwindung der „Lebensraumkonzeption" geführt hätte. Mit einer positiven Antwort wäre die Hauptthese seines Buches hinfällig geworden.

Er findet einen historisch nicht korrekten Ausweg. Es konnte zu dieser Entscheidung nicht kommen, „denn Hitler wandte sich . . . von dem Projekt bereits wieder ab, ehe das entscheidende Problem des deutsch-sowjetischen Ausgleichs angepackt wurde". Das entspricht natürlich auch seiner nichtbewiesenen Auffassung, daß der deutsche Entwurf für einen Interessenausgleich mit der Sowjetunion für Hitler bereits vor dem Molotow-Besuch zu einem bloßen Testmittel geworden war[61]. In diese Vorstellung paßt auch der von Hillgruber angeführte angebliche Ausspruch Hitlers, er habe sich sowieso nichts davon versprochen[62]. Es muß hier offenbleiben, wieweit in dieser Äußerung Enttäuschung über den negativen Verlauf der Unterredung mit Molotow eine Rolle gespielt hat.

Der Verfasser glaubt (unter anderem) hinlänglich nachgewiesen zu haben, daß die auf deutsche Initiative hin unternommenen „Ausgleichsverhandlungen" mit Molotow, die auf Bildung des Kontinentalblocks durch Heranziehung der Sowjetunion abzielten, nicht durch unmotiviertes Ablenken Hitlers, sondern durch die unmäßigen Forderungen Molotows gescheitert sind.

Waren Molotows maßlose Forderungen eine „Fehlleistung" oder „präzis kalkuliertes Glied eines Gesamtentwurfes"[63]? Topitsch wie auch Pietrow[64] sind der Auffassung, daß es sich bei dem sehr selbstbewußten Auftreten Molotows um eine Herausforderung des Reiches gehandelt habe. Von Molotow nimmt Topitsch an, daß er überzeugt war, die Rote Armee könne Deutschland niederwerfen. Der Verfasser teilt diese Auffassung nicht. Wenn man annimmt, daß die Sowjetunion bestrebt war, den von ihr als unausweichlich angesehenen Konflikt maximal hinauszuschieben, um möglichst als letzter Staat nach einer deutsch-britischen Auseinandersetzung aufzutreten, paßt ein provokatives Auftreten Molotows zu diesem Zeitpunkt nicht in eine solche Politik.

Enttäuschtes Bedauern über das Scheitern der Gespräche klingt nach Meinung des Verfassers auch aus den weiteren von Engel notierten Worten Hitlers. „Besprechungen hätten gezeigt, wohin die Pläne der Russen gingen. Molotow habe die ‚Katze aus dem Sack' gelassen. Dies würde nicht einmal eine Vernunftehe bleiben. Russen nach Europa hineinzulassen, sei das Ende Mitteleuropas: auch Balkan und Finnland seien gefährliche Flanken."[65]

Nun hat aber Hillgruber selbst Argumente dafür geliefert, daß Hitler sich nicht so früh von dem „Projekt" abgewandt hatte[66]. Auf seine Weisung vom 15. November hin mußte der deutsche Türkei-Botschafter[67] von Papen seine für den 16. November vorgesehene Abreise um eine Woche verschieben. Die Erklärung für diese Verschiebung kann doch nur darin liegen, daß Hitler

Zeit benötigte, um nach den Eröffnungen Molotows den einzuschlagenden Weg zu überlegen.

Auch Hillgruber kommt zu der Erkenntnis, es habe den Anschein, „als sei sich Hitler in den ersten Tagen nach dem Besuch Molotows nicht ganz klar über den einzuschlagenden politischen Kurs gewesen. Von der Eigenart seiner Psyche wäre ohnehin nicht ein abruptes Umschlagen, sondern eine tagelange Unsicherheit und ein Schwanken zu erwarten gewesen.“

Diese Erkenntnis Hillgrubers aus dem Jahre 1982 steht in einem gewissen Widerspruch zu seinen Auffassungen von 1965. Denn aus Hitlers „Strategie“, Seite 452 f., hatten wir bereits erfahren, daß Hitler durch Stalins Antwort vom 21. Oktober 1940 auf Ribbentrops Brief vom 13. Oktober „in seinen inneren Zweifeln bestärkt“ wurde. Dem Verfasser scheint es, als sei nach dem, was er Hitlers Werben um Molotow genannt hat, Hillgrubers Auffassung eines von Zweifeln über das anzustrebende Verhältnis zur Sowjetunion geplagten Hitler nicht aufrechtzuerhalten.

Hillgruber kommt auch gar nicht auf den Gedanken, daß das von ihm aufgezeigte „Schwanken“ Hitlers nicht auf Aufgabe einer nur taktischen Politik schließen läßt. Es ging doch wohl zumindest um die Entscheidung für oder gegen eine „Alternative“.

Hitlers diktierte Aufzeichnungen vom Februar 1945 stimmen nicht ganz mit diesen Überlegungen überein. Danach hatte schon die Einverleibung des Baltikums und Bessarabiens „nicht den geringsten Zweifel über ihre wahren Ziele ‚aufkommen‘ lassen“. Man kann annehmen, daß er die totale Einverleibung und Gleichschaltung (zumindest der baltischen Staaten) nicht erwartet hatte, waren sie doch in Verträgen nur als Interessengebiete zugestanden.

Daß die Sowjets beileibe nicht nach Berlin gegangen waren, um eine Regelung der offenstehenden Fragen zu erreichen, kann man in gewisser Weise auch aus einer Unterredung des parlamentarischen Unterstaatssekretärs Butler mit dem sowjetischen Botschafter Maiskij vom 27. November 1940 ersehen[68]. Er habe Butler zwar keine definitive offizielle Information über die neuesten politischen Ereignisse mitzuteilen, hatte Maiskij ausgeführt, aber inoffiziell könne er sagen, daß die Berliner Unterredungen in keiner Weise die Außenpolitik der Sowjetunion, die eine Neutralitätspolitik sei, verändert habe. Ein Abkommen sei nicht erreicht worden. Damit hatte Maiskij den Briten nichts Neues gesagt. Schon am 21. November hatte der britische Gesandte in Budapest, Mally, berichtet, daß sowjetische und deutsche Berichte das Berliner Treffen insgesamt als negativ dargestellt hätten[69]. Molotow habe die Unterredung mit Hitler in einer Weise geführt, daß der ursprüngliche Plan der sowjetischen Politik erhalten geblieben sei. Die eingangs gemachte Feststellung wird durch Maiskijs Worte bestätigt, die Sowjets wollten kein Abkommen mit Deutschland.

Sie wollten aber auch, wie schon oben angeführt wurde, noch kein Abkommen mit England, dessen Vorschläge vom 22. Oktober ihnen nicht weit genug gingen[70].

XII. Die Weisung Nr. 21:
Fall Barbarossa

1. Zur Vorgeschichte

Nachdem die Beurteilung der Hitlerschen Außenpolitik durch die Historiker viele Jahre hindurch unter Führung Hillgrubers von der Vorstellung des Expansionsmotivs, der Eroberung von neuem Lebensraum im Osten bestimmt war, ist eine relativ neuere angelsächsische Veröffentlichung von John Lukacs dieser Tendenz entgegengetreten.[1] Die allgemein hingenommene Meinung, daß Hitlers Gefühle ihn sein ganzes Leben hindurch Richtung Osten getrieben hätten, sei zu einfach, um wahr zu sein.[2] Und an einer anderen Stelle ergänzte Lukacs seine Feststellung unter ausdrücklichem Bezug auf „Mein Kampf" und schreibt von allzu einfacher (simplistic) Argumentation jener Historiker, die ihre Auffassung allein mit „Mein Kampf" begründen und für die Hitler einzig und allein von dem Gedanken eines Krieges gegen die Sowjetunion besessen gewesen sei, der Ostkrieg sei (für ihn) „der eigentliche Krieg, sein seit den zwanziger Jahren erstrebtes politisches Ziel" gewesen.[3] Nach einer Gelegenheit dafür habe er sein ganzes Leben lang gesucht.[4] Aber Lukacs korrigiert diese Auffassung. Hitler sei nicht vom Krieg gegen Rußland, sondern allein von seiner Judenfeindschaft besessen gewesen, meint er.[5]

Der Verfasser ist Gegner einer vereinfachenden „singleminded" Beurteilung von Hitlers Verhältnis zur Sowjetunion und wird bei seinem Urteil zu einem differenzierten Ergebnis kommen. Im Rahmen dieser Arbeit kann es jedoch nur die Aufgabe sein, dieses Verhältnis für das Jahr 1940, das für die „Barbarossa"-Entscheidung entscheidende Jahr, zu untersuchen.

Hitlers Entscheidung vom August 1939 für das Zusammengehen mit der Sowjetunion war ausschließlich von realpolitischen Notwendigkeiten bestimmt. Er richtete seine Hoffnung auf die Vermeidung eines Krieges überhaupt durch Abschluß des Nichtangriffspaktes, zumindest aber auf seine Beschränkung auf die Auseinandersetzung mit Polen.

Dabei hatte Hitler sicher keine tiefgehenden Überlegungen

angestellt für die Bedingungen und Voraussetzungen eines deutsch-sowjetischen Zusammengehens. Das galt sowohl für innenpolitische als auch für außenpolitische Fragen. War eine Zusammenarbeit zwischen einem nationalsozialistischen und einem durch den internationalen Kommunismus bestimmten Staat überhaupt möglich? Es ist oben[6] darauf hingewiesen worden, daß Hitler von einer Wandlung des russischen Bolschewismus überzeugt war, in einem Zusammengehen mit der UdSSR deshalb auch keine innenpolitische Gefahr durch eine Wiederbelebung des praktisch in Deutschland ausgeschalteten Kommunismus sah.

Das sowjetische Rußland bot sich Hitler als ein Staat mit nationalen Zielen wie jeder andere dar, so daß auch deshalb keine prinzipielle Gegnerschaft zu bestehen brauchte.

Zwei Ereignisse veränderten Hitlers Einstellung zur Sowjetunion. In den Verträgen von 1939 waren die baltischen Staaten und Bessarabien als zur sowjetischen Interessensphäre gehörig ausgewiesen worden. Offensichtlich hatte Hitler damit ein Fortbestehen der staatlichen Existenz dieser Gebiete angenommen. Jetzt aber wurden sie als Teilrepubliken in die Sowjetunion eingegliedert, obwohl bei den Verhandlungen zum Vertrag vom 28. September 1939 Unabhängigkeit dieser Staaten festgesetzt und nur über die Errichtung von Militärbasen verhandelt worden war. Die Sowjetunion hatte ausdrücklich erklärt, sie habe nicht die Absicht, die in ihrer Interessensphäre liegenden Staaten zu besetzen, zu annektieren und zu bolschewisieren. Doch damit nicht genug. Die Sowjets besetzten auch das dem Deutschen Reich zugesprochene Gebiet von Mariampol. Lange Verhandlungen über dessen endgültige staatliche Zugehörigkeit belasteten bis in das Jahr 1941 hinein das deutsch-sowjetische Verhältnis. Dazu kam noch die Erkenntnis, daß die Sowjets Truppenverbände zusammengezogen hatten, die sehr weit über den für eine Besetzung dieser Gebiete erforderlichen Bedarf hinausgingen. Mußte nicht bei Hitler der (berechtigte) Verdacht aufkommen, daß die Sowjets diese große Truppenzahl zusammengezogen hatten, um bei einer (im allgemeinen erwarteten) längeren Dauer des Westkrieges Deutschland Pressionen zu unterwerfen?

Entscheidender als die Besetzung von Mariampol war der Übergriff der Sowjetunion in die in den 1939er Verträgen überhaupt nicht erwähnte Bukowina. Zwar gelang es der deutschen Seite, die Sowjets von einer Okkupation der Südbokowina abzuhalten, aber ihren durch nichts gerechtfertigten Anspruch auf dieses Gebiet hielten sie weiterhin aufrecht und trugen auch damit zu einer Belastung des deutsch-sowjetischen Verhältnisses bei.

Abgesehen von der Rücksichtnahme auf eine starke deutsche, in der Bukowina siedelnde Minderheit und deren weitere Existenz in ihren angestammten Gebieten war für Hitler ein strategischer und ökonomischer Gesichtspunkt entscheidend. Durch die Besetzung der Bukowina rückten die Sowjets näher an die für die Deutschen wichtigen rumänischen Ölquellen heran.

Hitlers Versuche, den Krieg durch eine Übereinkunft mit den Briten zu beenden, waren gescheitert. Auf der Suche nach Gründen für die Fortsetzung des Krieges durch Großbritannien war Hitler darauf gekommen, daß dessen Hoffnung sich auf die Sowjetunion richtete. Am 22. Juli sah er jedoch zunächst als Antwort darauf noch keinen Krieg gegen die UdSSR vor, vielmehr wollte er alles politisch gegen England einspannen, Spanien, Italien, Rußland.[7]

Aber in derselben Besprechung gingen seine Gedanken weiter. Ihm waren natürlich die britisch-sowjetischen Besprechungen – wenn auch, wie oben aufgezeigt, in unvollständiger Form – bekanntgeworden. Das führte ihn zu der Auffassung „Stalin kokettiere mit England, um England im Kampf zu halten und uns zu binden..." Beide Staaten, England und die Sowjetunion, hatten sich für Hitler als Gegner oder als Staaten mit gegnerischen Absichten herausgestellt. Daraus folgerte er, daß es nötig sei, das russische Problem in Angriff zu nehmen und gedankliche Vorbereitungen zu treffen. Das waren sehr begrenzte Überlegungen, die im Grunde nicht wesentlich über das Übliche vor allem bei Generalstabsüberlegungen hinausgingen.

Bis zum 31. Juli[8] verstärkten sich dann Hitlers Vorstellungen über Verbindungen zwischen England und der Sowjetunion und die Bedeutung eines Wegfalls Rußlands aus den möglichen Kombinationen. „Englands Hoffnung ist Rußland und Amerika. Wenn Hoffnung auf Rußland wegfällt, fällt auch Amerika weg, weil Wegfall Rußlands eine Aufwertung Japans in Ostasien in ungeheurem Maße folgt." Immer wieder kommt Hitler beim Grübeln über die Gründe, die England, das in seinen Augen „schon ganz down" war, zur Fortsetzung des Krieges geführt haben, auf den „Faktor" Rußland. Daraus ergibt sich die Folgerung, Rußland zerschlagen zu müssen. „Dann ist Englands letzte Hoffnung getilgt."

Bei diesen Überlegungen Hitlers sind es nur funktionale Gründe, die für die Notwendigkeit einer Auseinandersetzung mit der Sowjetunion sprechen; in erster Linie geht es Hitler um England, dessen Friedensbereitschaft er durch Beseitigung seines Festlandsdegens Rußland herbeiführen will. Es sind die aktuellen Ereignisse des Jahres 1940, die Hitlers Entschluß zur Zerschlagung Rußlands bestimmen. Weder rassenideologische noch andere weltanschauliche Vorstellungen oder eine Bezugnahme auf in „Mein Kampf" geäußerte Gedanken spielen dabei eine Rolle.

Und ein zweiter Gedanke, der bei Hitler in dieser Besprechung auftaucht, verstärkt gewissermaßen den Eindruck, daß solche Erwägungen keinen Einfluß auf Hitlers Entschluß zum Angriff auf die Sowjetunion gehabt haben. Ihre „Erledigung" erscheint ihm auch „wegen Lage an der Ostsee" erforderlich zu sein.

Hitlers Äußerungen vom 31. Juli bestimmten zwar neben eigenen Überlegungen die Arbeit des Generalstabs, aber nicht Hitlers Politik der nächsten Monate. Sie war darauf gerichtet, den Kontinent gegen England zu organisieren, die gegensätzlichen Interessen Italiens, Frankreichs und Spaniens für den Kampf gegen England auszugleichen und den Dreibund Italien–Deutschland–Japan zu begründen. Das alles wäre unvollständig gewesen ohne die Einbeziehung der Sowjetunion. Darüber war Hitler sich völlig klar, und die Politik zur Gewinnung der Sowjetunion, die mit den Erklärungen des deutschen Geschäftsträgers in Moskau anläßlich der Informierung der sowjetischen Regierung über den Dreibund am 26. September begann, sich in dem Brief Ribbentrops an Stalin vom 13. Oktober fortsetzte und ihren Höhepunkt in den Besprechungen mit Molotow fand, war kein Ablenkungs- oder Täuschungsmanöver. Sie war auch nicht, wie verschiedentlich behauptet wird, wegen des angeblich unwiderruflichen Entschlusses Hitlers, im Spätfrühjahr 1941 die Sowjetunion anzugreifen, auf einen Zeitraum bis zu diesem Termin beschränkt. Was alles hätte sich bis zu diesem Termin ereignen können und wie anders hätte die Welt ausgesehen, wenn es zu der geplanten Aufteilung in vier Interessengebiete der drei Kontinente Eurasien und Afrika gekommen wäre! Es ist an anderer Stelle ausgeführt worden, wie sehr allein die in „Mein Kampf" nicht vorgesehene Schaffung eines großen zentralafrikanischen Kolonialreiches das deutsch-sowjetische Verhältnis verändert hätte. Für den Verfasser gibt es keinen Zweifel, daß es angesichts der bloßen funktionalen Bedeutung eines etwaigen deutsch-sowjetischen Krieges für Hitler nach der Verwirklichung eines Viererpaktes (Dreibund + Sowjetunion) nicht zu „Barbarossa" gekommen wäre.

Die etablierte Geschichtsschreibung kann sich zwar nicht völlig solchen Einsichten verschließen, aber sie kann nicht zugeben, daß das eine völlige Aufgabe der Absicht „Barbarossa", „seines unverwandt angesteuerten Endzieles" (Fest), bedeutet hätte. Es würde sich allenfalls um ein Aufschieben solcher Pläne gehandelt haben. In einigen Jahren würde Hitler den Ausgriff nach dem Osten nachgeholt haben, ist ihre Auffassung. Sie läßt die durch die Verwirklichung eines Viererpaktes hervorgerufenen Veränderungen der politischen Landschaft und die daraus erwachsenen neuen Aufgaben völlig außer Betracht.

Die auf Vermeidung einer Auseinandersetzung mit der Sowjetunion von August bis November 1940 gerichtete Politik hat Hitler verfolgt trotz der seit Juni 1940 von der UdSSR vorgenommenen Annexionen und der sich durch die verschiedenen Ereignisse in den einzelnen Gebieten ergebenden Spannungen. Die latente Bedrohung der deutschen Ölversorgung durch die sowjetischen Absichten auf die Südbukowina wurde bereits erwähnt; der Wiener Schiedsspruch und vor allem die den Sowjets den Weg nach Istanbul versperrende deutsch-italienische Garantie des verbliebenen rumänischen Staatsgebietes schufen auf sowjetischer Seite erhebliche Verstimmung. Hinzu kamen der Konflikt um die Donauinseln, die Donaukommission und die deutsche Militärmission in Rumänien. Im Norden schufen die Besetzung Mariampols und die Verschärfung der sowjetisch-finnischen Beziehungen, durch die Deutschland seine Nickel-, Blei- und Holzinteressen bedroht sah, zusätzliche Spannungen im deutsch-sowjetischen Verhältnis.

In dem schon mehrfach erwähnten Memorandum vom 21. September 1940 brachte die sowjetische Regierung ihren Unwillen über alle diese Störungen des deutsch-sowjetischen Verhältnisses zum Ausdruck[9]. Trotz der scharfen Moskauer Reaktion setzte Hitler seine Bemühungen fort, die UdSSR an den Dreibund heranzuziehen.

Es war erforderlich, auf diesen Stand der deutsch-sowjetischen Beziehungen hinzuweisen, um daran auch die Bedeutung der auf deutsch-sowjetischen Ausgleich gerichteten Politik Hitlers im Herbst 1940 ermessen zu können. Mit seiner Einladung an Molotow und den vorangegangenen Hinweisen unterbrach Hitler eine Entwicklung zwischen beiden Staaten, die in einer Zunahme der Konfrontation bestand. Er suchte es durch Einbau der Sowjetunion eine Gruppierung der damals außer den Angelsachsen bedeutendsten Mächte Eurasiens zu erreichen.

Welche Situation bot sich Hitler im Dezember 1940? Die Unbeugsamkeit Englands hatte sich mehrfach erwiesen. Eine direkte Invasion Englands vorzunehmen, hatte sich als äußerst schwierig, wenn nicht mit den vorhandenen Kräften als unmöglich herausgestellt[10]. Ihre „Verschiebung" auf das Frühjahr 1941 war nicht als realistisch anzusehen. Eine Niederlage Englands durch deutsche Fliegerangriffe erschien auch angesichts der schnell stärker als die deutschen Angriffskräfte wachsenden britischen Abwehrkräfte immer unwahrscheinlicher. Eine totale Blockade Großbritanniens durch deutsche (und italienische) U-Boote war angesichts der Versäumnisse in der deutschen Marinerüstung[11] nicht zu erwarten. Diese negativen Faktoren wurden verstärkt durch die bereits stark gewachsene, bis an die Grenzen einer Intervention reichende Unterstützung Großbritanniens durch die USA. Eine weitere Verstärkung dieser auf längere Sicht wohl bedrohlichsten Entwicklung war nach der zweiten Wiederwahl Roosevelts im November 1940 sicher zu erwarten.

Der Molotow-Besuch hatte die Unmöglichkeit ergeben, die Sowjetunion in das vorgesehene und in den Anfängen mit dem Dreibund vorhandene antiangelsächsische System einzubeziehen; der Viererpakt war nicht zu realisieren. Der Molotow-Besuch aber hatte nicht nur sowjetisches Desinteresse an einer vertraglichen Bindung gezeigt – Hitlers diverse Bemühungen waren gescheitert –, die Ausführungen Molotows am letzten Abend, was auch immer ihre Gründe gewesen sein mögen, hatten sowjetische Expansionspläne offenbart, deren Verwirklichung Deutschland auf die Stellung einer vom Wohlwollen der Sowjetunion abhängigen Mittelmacht reduziert hätte. Molotow „let the cat out of the bag"[12].

Nun bedeutete das alles noch keine unmittelbare Gefahr für das Reich. Beide, die westlichen wie auch der östliche Gegner, hatten ihre Vorbereitungen noch nicht abgeschlossen. Aber spätestens im Jahre 1942 mußte Hitler mit gegen Deutschland gerichteten, unter Umständen von zwei Seiten ausgeführten Operationen rechnen. Lagen angesichts solcher Möglichkeiten nicht Überlegungen nahe, einem konzentrischen Angriff durch Ausschaltung einer der gegnerischen Mächte zuvorzukommen? Zielpunkt eines solchen präventiven Handelns konnte nur die Sowjetunion sein, da sie allein vom Deutschen Reich erfolgversprechend angegriffen werden konnte.

2. Die Weisung

In der am 18. Dezember 1940 herausgegebenen Weisung Nr. 21 war der Deutschen Wehrmacht von Hitler befohlen, „darauf vorbereitet zu sein, auch vor Beendigung des Krieges gegen England Sowjetrußland in einem schnellen Feldzug niederzuwerfen (Fall ‚Barbarossa')".

Die Sowjetunion war bereits in der Weisung Nr. 18, die am 12. November 1940 erlassen worden war und sich in der Hauptsache mit der beabsichtigten Operation „Felix" (Einnahme von Gibraltar und Schließung der Meerengen) beschäftigte, erwähnt worden.[13] Hitler hatte darauf hingewiesen, daß politische Besprechungen eingeleitet worden seien mit dem Ziel, „die Haltung Rußlands für die nächste Zeit zu klären". Doch unabhängig vom Ergebnis dieser Besprechungen seien „alle schon mündlich befohlenen Vorbereitungen für den Osten fortzuführen". Eine besonders auch für die im nächsten Abschnitt zu behandelnde Frage eines „endgültigen Entschlusses" wichtige Feststellung. Sie drückt im Grunde nur die Binsenwahrheit aus, daß es Aufgabe eines Generalstabes ist, sich auf mögliche militärische Auseinandersetzungen mit anderen Staaten vorzubereiten, auch wenn keine unmittelbare Gefahr eines Krieges mit dem betreffenden Staat besteht. Und so waren auch die weiteren Worte Hitlers zu verstehen. „Weisungen darüber (über die Vorbereitungen) werden folgen, sobald die Grundzüge des Operationsplanes des Heeres mir vorgetragen und von mir gebilligt sind."

Diese angekündigten Grundzüge sind der Inhalt der Weisung Nr. 21, ohne daß damit bereits ein Operationsbeginn festgelegt war. Ja, man kann sogar vermuten, daß nach den Ausführungen in der Weisung Nr. 18 noch nicht feststand, ob eine Operation überhaupt durchgeführt werden würde. Es muß in diesem Zusammenhang daran erinnert werden, daß alles, was in der Weisung Nr. 18 festgelegt worden ist, überhaupt nicht realisiert wurde.

Nach einleitenden grundsätzlichen Bemerkungen war die Weisung 21 in die Abschnitte I – Allgemeine Absicht, II – Voraussichtliche Verbündete und deren Aufgaben, III – Die Führung der Operation und IV – eine Art Schlußbemerkung, gegliedert, mit dem besonderen Hinweis, daß es sich um Vorsichtsmaßnahmen handle „für den Fall, daß Rußland seine bisherige Haltung gegen uns ändern sollte". Auch diese Feststellung lag durchaus noch auf der Linie der Weisung Nr. 18, in der nichts Endgültiges verfügt worden war. Im Abschnitt I wurde als Endziel der Operationen die Abschirmung gegen das asiatische Rußland aus der allgemeinen Linie Wolga–Archangelsk angegeben. Auf Rumänien und Finnland rechnete Hitler als Verbündete in Abschnitt II, denen Aufgaben an den Flanken zugedacht waren. „Die Führung der Operationen" (Abschnitt III) sah die Bildung von zwei Heeresgruppen nördlich und einer südlich der Pripjetsümpfe vor. Den nördlichen Gruppen sollte nach Vernichtung der im Baltikum stehenden sowjetischen Verbände die Gewinnung der gesamten Ostseeküste als Aufgabe zufallen, woran sich Operationen zur Besitznahme von Moskau anschließen sollten. Im Süden waren Kiew und das Donezbecken die entscheidenden Angriffsziele.

Und schließlich relativierte der Abschnitt IV die vorgesehenen Maßnahmen durch den Hinweis, daß es sich um Vorsichtsmaßnahmen handle.

3. War die „Weisung Nr. 21" der endgültige Angriffsentschluß?

Die Attribute „endgültig" und „unabänderlich" sind sowohl von Hitler selbst als auch von Historikern für von Hitler gefaßte Entschlüsse verwandt worden. Bereits einmal, im Mai 1938, hatte Hitler hinsichtlich seiner Absichten gegenüber der ČSR den „unabänderlichen Entschluß" gefaßt, die Tschechoslowakei in absehbarer Zeit durch eine militärische Aktion zu zerschlagen[14]. Die Relativierung des Begriffes „unabänderlich" hat damals Hitler durch eine neue Weisung vom 18. Juni 1938 selbst vorgenommen, in der das Wort „unabänderlich" nicht mehr vorkam. Und wir alle wissen, daß es nicht zu einer Zerschlagung der Tschechoslowakei durch eine militärische Aktion gekommen ist.

Erstaunlicherweise kann der Verfasser in diesem Punkt auf Hillgruber verweisen, der zu der Erkenntnis gekommen war, selbst wenn er (Hitler) von einem „unabänderlichen Entschluß" sprach, war damit doch nicht gesagt, daß nunmehr im üblichen Wortsinne die „Entscheidung" gefallen war.[15] Hillgruber fühlt sich in dieser Auffassung bestätigt durch den Chef des Generalstabs, Halder, der ihm in einem Brief vom 15. Oktober 1954 geschrieben hatte, daß Hitler „oftmals Gedankengänge und anscheinend auch Entschlußbildungen so klar und eindeutig zum Ausdruck" brachte, „daß sie als Grundlage der Arbeit der ausführenden Organe festzustehen schienen. Das aber bot erfahrungsgemäß keine Sicherheit für die Dauerhaftigkeit solcher Gedanken und Entschlüsse."[16]

Es ist erstaunlich, daß Hillgruber diese Einsicht für die eigene Beurteilung Hitlerschen Denkens und Tuns nicht verwendet hat. Er unterstellt Hitler vielmehr, an dem einmal aufgestellten „Programm" prinzipiell festgehalten zu haben, „daß der Ostkrieg für ihn der eigentliche Krieg, sein seit den zwanziger Jahren erstrebtes großes politisches Ziel war". Das gilt dann ganz besonders bei Hillgruber für die Zeit seit Ende Juli 1940[17]. Seitdem lag für Hillgruber Hitlers Beurteilung der weltpolitischen Gesamtlage fest, wenn auch in wesentlichen Einzelzügen mehrfach abgewandelt. Und aus ihr ergab sich der Vorrang der militärischen Ostlösung in der Gesamtkriegskonzeption[18].

In der Weisung Nr. 21 fehlen die Worte „unabänderlich" und „endgültig". Hitlers Ausdrucksweise ist außerordentlich zurückhaltend. Der Deutschen Wehrmacht wird nicht in einem „endgültigen" Entschluß die Niederwerfung der Sowjetunion befohlen, sie muß darauf vorbereitet sein, Sowjetrußland in einem schnellen Feldzug niederzuwerfen[19]. Und die von den Oberbefehlshabern „zu treffenden Anordnungen müssen eindeutig dahin abgestimmt sein, daß es sich um Vorsichtsmaßnahmen handelt für den Fall, daß Rußland seine bisherige Haltung gegen uns ändern sollte". Und zum Schluß spricht Hitler davon, daß die zeitliche Durchführung der Vorbereitungen noch gar nicht festliegt[20].

Das sind keine Äußerungen zur Tarnung seines eigentlichen Vorhabens, denn Hitler erklärt ausdrücklich, daß er den gewissermaßen „endgültigen" Entschluß (ohne dieses Wort zu gebrauchen) zum Aufmarsch gegen Sowjetrußland gegebenenfalls Wochen vor dem beabsichtigten Operationsbeginn befehlen werde.

Es war auch kein Angriffstermin vorgesehen. Die Deutsche Wehrmacht wurde lediglich angewiesen, „Vorbereitungen, die eine längere Anlaufzeit benötigen, schon jetzt in Angriff zu nehmen und bis zum 15. Mai 1941 abzuschließen"[21].

Wenn es sich nicht um einen endgültigen Entschluß gehandelt hat, der letztlich schon auf „Mein Kampf" zurückgeführt werden kann, dann entfällt auch Weinbergs Leugnen[23] eines Zusammenhangs zwischen dem Erlaß der Weisung Nr. 21 und dem Molotow-Besuch, dessen Scheitern nach vielfacher Auffassung Hitler in seinem Entschluß zum Angriff auf die Sowjetunion bestärkt haben soll. Der Verfasser hat versucht, der Entwicklung den Charakter einer sich auf eine mögliche Auseinandersetzung hin bewegenden Vorbereitungszeit zu geben. Wenn das zutrifft, müssen Eröffnungen, wie sie Molotow in Berlin gemacht hat, entscheidenden Einfluß auf die Entschlußfassung Hitlers gehabt haben.

Die Auffassung des Verfassers findet auch eine Bestätigung durch den schwedischen Diplomaten und Historiker Allard[24]. Für Allard ist die Unterzeichnung des „Barbarossa"-Planes nicht gleichbedeutend mit einem „endgültigen" und „unwiderruflichen" Entschluß: „Der Namenszug Hitler bedeutete lediglich, die in dem Plan niedergelegten militärischen Vorbereitungen seien so rechtzeitig abzuschließen, daß eine Offensive . . . am 15. Mai beginnen konnte." Und das würde sie auch nach Allard nur, „falls er sie wünschte". Und er hält es für „gar nicht ausgeschlossen, daß Hitler den Angriff auf die Sowjetunion noch einmal aufgeschoben hätte", wenn Stalin „auf einige seiner vom deutschen Standpunkt gefährlichen Folgen verzichtet" hätte oder „wenn neue Umstände eingetreten wären, die die Forderungen der britischen Regierung in einem neuen und günstigeren Licht erscheinen ließen". Der Verfasser muß allerdings an Allard die Frage richten, bis wann und wie häufig der Angriff aufgeschoben werden konnte und sollte. Der Autor stimmt mit den Einschränkungen Allards überein. Er muß in ihnen jedoch einen Widerspruch feststellen zu dem an anderer Stelle von Allard im ausdrücklichen Anschluß an Hillgrubers Worte geäußerten Bemerkungen[24], daß Hitler seit der Machtübernahme sein Programm eines deutschen Kriegszuges zur Eroberung von Lebensraum im Osten immer im Auge behalten hatte.

Selbst Hillgruber wendet sich gegen eine „verbreitete Meinung", daß „hiermit festgelegt wurde, daß der Feldzug am 15. Mai 1941 beginnen sollte"[25].

Über welche Unterlagen verfügen wir, aus denen wir entnehmen können, daß Hitler wirklich fest zum Angriff entschlossen war, als er am 18. Dezember die Weisung Nr. 21 erließ[26]? Beginnen wir mit dem Oberbefehlshaber des Heeres! Er war „vom Ernst der Absicht Hitlers, die Sowjetunion anzugreifen, ... dennoch nicht überzeugt, als er am 18. Dezember die Weisung Nr. 21 erhielt[26]." Um seine Zweifel zu beseitigen, erteilte von Brauchitsch dem Adjutanten des Heeres bei Hitler, Major i. G. Engel, den Auftrag, „zu ergründen, ob (der) Führer tatsächlich (den) Waffengang oder nur ‚bluffen' wollte". Hillgruber vermerkt dazu, Hitler habe in jenen Tagen „in der für ihn charakteristischen Weise" immer wieder betont, daß er sich alle Entschlüsse vorbehalte. Und Engel notierte in seinem Tagebuch unter dem 18. Dezember, daß der Führer selbst noch nicht weiß, wie es weitergehen soll.

Und der Brief Hitlers an Mussolini vom 31. Dezember 1940[27] scheint Brauchitsch ein wenig recht zu geben. Hitler sieht die Auseinandersetzungen mit der Sowjetunion nicht als ein selbständiges Problem an, sondern erwähnt sie im Zusammenhang mit „der Gefahr innerer Konflikte in einer Reihe von Balkanstaaten".

Hierbei „sei es notwendig, auch die letzten Möglichkeiten zu erwägen und ihre Abwehr ins Auge zu fassen". Offensichtlich gehört zu diesen letzten Möglichkeiten ein Eingreifen der Sowjetunion, das es dann abzuwehren gelte. Von einer etwa notwendig werdenden deutschen Offensive fällt kein Wort. Und da er nicht bei Lebzeiten Stalins an irgendeinen Moskauer Schritt „zu unseren Ungunsten" glaubt, solange „nicht ganz besondere Krisen auf unserer Seite eintreten würden", ist eine deutsche Angriffsabsicht in seinen Ausführungen überhaupt nicht zu erkennen. Wohl aber ist Vorsicht am Platze, meint Hitler, wozu der Fall Polen und das Verhalten der Nachfolger Pilsudskis ihn mahnen. Der Soldat hat im Kriege das Unvorhergesehene zu bedenken; dazu gehören auch östliche Eventualitäten, denen zu begegnen eine starke Deutsche Wehrmacht notwendig ist.

Die Absicht einer Angriffsoperation kann auch nicht andeutungsweise aus Hitlers Worten entnommen werden, und wie um vielleicht noch bestehende Zweifel auszuschließen, betonte er ausdrücklich, „daß das augenblickliche Verhältnis zur Sowjetunion ein sehr gutes ist". Und er weist auf den bevorstehenden Abschluß eines für beide Teile befriedigenden Handelsvertrages hin[28] und auf die begründete Hoffnung, noch offene schwierige Punkte ebenfalls vernünftig lösen zu können.

Diese schwierigen Punkte waren in seinen Augen Finnland und der Bosporus. Finnland war für ihn im Grunde gar kein Problem, da er es nicht als zur deutschen Interessensphäre gehörend betrachtete und das deutsche Interesse sich auf die Verhinderung des Ausbruchs eines finnisch-sowjetischen Krieges beschränkte. Schwieriger war die Lage schon hinsichtlich Istanbuls und der Meerengen, denn es lag nicht im deutschen Interesse, „Bulgarien oder die Meerengen selbst dem Kommunismus auszuliefern". Aber Hitler hoffte, auch hier eine Lösung zu finden, „die das Unerträgliche vermeidet und dem mit Recht Wünschenswerten zum Erfolg verhilft".

Nun kann man natürlich einwenden, daß Hitler nicht bereit war, seine geheimsten Pläne anderen, selbst nicht seinem Bundesgenossen Mussolini, wenn nicht unbedingt erforderlich, mitzuteilen. Und den Italienern schon deshalb gar nicht, weil sie sich nicht als genügend Vertrauensgenossen und zudem als sehr schwache, wenig belastbare Verbündete erwiesen hatten, denen man nicht viel zumuten konnte. Das ist sicher richtig, aber dennoch wäre bei fester Entschlossenheit Hitlers, einen Krieg mit der Sowjetunion zu führen, der Ton dieses Briefes ein anderer gewesen, und man hätte zumindest andeutungsweise die Möglichkeit eines offenen Konfliktes heraushören müssen.

Der Verfasser steht nicht allein da mit seiner Annahme, daß Hitler auch nach dem 18. Dezember noch nicht absolut fest entschlossen war zum Angriff auf die Sowjetunion. Ribbentrop hat zum Beispiel in Nürnberg ausgesagt, daß Hitler ihn noch Ende Dezember 1940 angewiesen hatte, die Sowjetunion zum Beitritt zum Dreimächtepakt zu veranlassen. Und der britische Historiker Hinsley[29] fügt zu der Aussage Ribbentrops die oben gemachten Ausführungen Hitlers in seinem Brief an Mussolini vom 31. Dezember 1940 hinzu als Beweis dafür, daß sogar noch nach seinem Befehl vom 18. Dezember 1940 ein Rest Zaudern und Zweifeln in seinem Herzen zurückgeblieben sein muß ..." Hinsley geht sogar noch weiter und vermutet, es habe bei Hitler auch noch eine schwache Hoffnung bestanden, England zum Nachgeben zwingen zu können.

Neun Tage nach seinem Brief an Mussolini kam Hitler auf einer Konferenz mit führenden deutschen Militärs am 9. Januar 1941 – der abwesende Generalstabschef Halder wurde durch den Generalmajor Paulus vertreten – nach einem Überblick über die Kriegslage auch auf die Lage Englands zu sprechen, die er in Überschätzung der Erfolge der deutschen Luftwaffe gegenüber der britischen Industrie sehr negativ beurteilte. „Die Vernichtung des englischen Mutterlandes sei mit der Zeit unausbleiblich[30]." Und fast wörtlich – wie am 31. Juli 1940 – sah er die Hoffnung auf die USA und Rußland als den Faktor an, der England aufrechterhalte.

Ähnlich seiner im Mussolini-Brief geäußerten Auffassung hielt er Stalin für zu klug, um offen gegen Deutschland aufzutreten. Während er aber am 31. Dezember 1940 „nicht an irgendeinen russischen Schritt zu unseren Ungunsten" zu Lebzeiten Stalins glaubte, wenn „nicht ganz besondere Krisen auf unserer Seite eintreten würden", machte Hitler am 9. Januar 1941 einen Sprung, der einer Kehrtwendung gleichkam. Er rechnete nicht mit Stalins

Eingreifen erst in Krisensituationen, sondern allgemein damit, daß Stalin „in für Deutschland schwierigen Situationen im wachsenden Maße Schwierigkeiten machen werde". Denn Stalin „wolle das Erbe des verarmten Europa antreten, habe auch Erfolge nötig und sei von dem Drang nach Westen beseelt".

Diese Erkenntnis bedeutete das Eingeständnis Hitlers, daß seine Bemühungen vom September bis November 1940, den damaligen Status in Europa zu konsolidieren, den sowjetischen Expansionsdrang nach Süden abzulenken und in einer ganz großen Konzeption Interessensphären zwischen dem Dreimächtepakt und der Sowjetunion festzulegen, gescheitert waren und mit einem sowjetischen Drang nach Westen gerechnet werden mußte.

Und während er bis dahin nur allgemein die britische Hoffnung auf die USA und Rußland erwähnt hatte, ist es jetzt ganz speziell „diese Möglichkeit eines russischen Eingreifens", die die Engländer aufrechthalte. „Sie würden das Rennen erst aufgeben, wenn diese letzte kontinentale Hoffnung zertrümmert sei." Hielten sie sich aber, würden sie 40–50 Divisionen aufstellen, und wenn die USA und Rußland ihnen helfen würden, dann würde für Deutschland eine sehr schwierige Lage entstehen, was verhindert werden müsse.

Aus den beiden Faktoren russischer Drang nach Westen und britische Hoffnung auf sowjetisches Eingreifen ergab sich für Hitler, der bisher nach dem Prinzip gehandelt hatte, „immer die wichtigsten feindlichen Positionen zu zerschlagen", die Konsequenz, daß „Rußland nunmehr zerschlagen werden" müsse.

Mehrfach würden die Folgen sein. Entweder würden die Engländer nachgeben, oder Deutschland könne den Kampf gegen England „unter günstigsten Umständen weiterführen". Aber die Zertrümmerung Rußlands hätte auch für den Dreibundgenossen Japan und als Folge für den gesamten Kriegsverlauf positive Konsequenzen. Die Japaner könnten sich „mit allen Kräften gegen die USA ... wenden; das würde die letzteren vom Kriegseintritt abhalten."

Es soll nicht Aufgabe dieser Arbeit sein, die in Hitlers Ausführungen zum Ausdruck kommende Unterschätzung der sowohl durch die Wiederwahl Roosevelts verstärkten Kriegsentschlossenheit der Amerikaner als auch der immensen Möglichkeiten der amerikanischen Rüstungsindustrie zu untersuchen. Wichtig scheint dem Verfasser zu sein, daß bei dieser ersten Gelegenheit (nach dem 31. Juli), bei der Hitler die Zerschlagung Rußlands als nächste Aufgabe herausstellte, ausschließlich der Präventivgedanke als treibendes Motiv herausgestellt wurde. Und nicht nur mit dem begrenzten Ziel der Zerschlagung Rußlands, sondern auch mit der Hoffnung, England dadurch zum Nachgeben zu veranlassen, die USA vom Kriegseintritt abzuhalten und damit den Krieg zu beenden. War das ein nach Weltherrschaft strebender Hitler?

Es muß festgestellt werden, daß in Hitlers Ausführungen nicht im geringsten Maße andere Gründe auch nur andeutungsweise genannt werden.

Der Einwand, Hitler habe vor seinen Generälen solche anderen, „insbesondere rassenideologische Motive", die ihn nach Meinung der etablierten Geschichtsschreibung allein angetrieben haben sollen, nicht vorbringen können, zieht nach Auffassung des Verfassers nicht. Acht Jahre nationalsozialistischer Herrschaft mit einem großen Ausmaß auch rassenpolitischer Schulung und öffentlicher Behandlung solcher Fragen waren auch an der Wehrmacht nicht wirkungslos vorübergegangen, so daß ihre Erwähnung, wenn auch nicht ihre Heranziehung als ausschließliche Begründung, bei den Generälen durchaus auf Verständnis gestoßen wäre.[31] Denn 11½ Wochen später, in der Generalsbesprechung vom 30. März 1941, wird von Hitler der ideologische Charakter der Auseinandersetzung, „der Kampf zweier Weltanschauungen gegeneinander", derart stark betont, daß eine Andeutung solcher Motive am 9. Januar durchaus auf Verständnis gestoßen und möglich gewesen wäre, ohne die Generäle zu verwirren. Und Hitler war eine zu starke Persönlichkeit in bezug auf die Identifizierung mit gesetzten Zielen, als daß er sie hätte völlig verbergen können. Viele Historiker machen es sich zu einfach, scheinbar unerklärbare Handlungen und Verlautbarungen Hitlers mit dessen unübertreffbarer Kunst der Verstellung zu erklären[32].

Nach Auffassung des Verfassers zeigen seine Ausführungen Hitler in hohem Maße als Realpolitiker und zumindest bei den ersten Überlegungen zum Rußlandkrieg frei von doktrinären rassenideologischen Argumenten.

XIII. Der Balkan wird zum entscheidenden Krisenherd

1. Mussolinis folgenschwerer Angriff auf Griechenland

Am 28. Oktober 1940 eröffnete Mussolini seinen Angriff von Albanien aus gegen Griechenland, der die militärische Unfähigkeit der Italiener in eindeutiger Weise zum Ausdruck brachte. Die Offensive scheiterte, und es gelang den Griechen, die Italiener auf albanischem Gebiet in eine prekäre Lage zu bringen.

Um die Frage, ob Hitler von dem Angriff auf Griechenland gewußt oder ihn sogar als in seine Angriffspläne gegen die Sowjetunion passend gebilligt hat, ist ein Streit unter Historikern ausgebrochen. Der Verfasser nennt zwei britische Historiker, Cecil und Creveld, die die Auffassung vertreten, Hitler habe das italienische Unternehmen zur Absicherung seines rechten Flügels für den Angriff auf die Sowjetunion benutzen wollen und daher Mussolinis Angriff gebilligt.

Gegen eine solche Auffassung lassen sich etliche Argumente anführen. Vor allem kann schon deshalb davon keine Rede sein, weil Hitler in seinem Brief an Mussolini vom 20. November 1940 unter den psychologischen Folgen des italienischen Angriffs herausgestellt hat, es werde dadurch schwieriger werden, eine Interessenübereinstimmung mit Rußland zu erzielen, um es nach Osten abzulenken.

Italienische Überlegungen und Vorbereitungen für einen Angriff auf Griechenland waren seit dem Frühjahr 1940 bekannt. Ebenso deren deutsche Ablehnung. So berichtete am 22. August 1940 der britische Botschafter Sir Knatchbull-Hugessen in Ankara von Berichten, die dem türkischen Außenminister aus Berlin und Rom zugegangen waren[2], daß Deutschland die Italiener überredet habe, *nicht* gegen Griechenland vorzugehen. Die Italiener hätten offenbar die Absicht gehabt, den Epirus zu besetzen, seien aber jetzt davon überzeugt worden, damit bis Ende des Krieges zu warten.

Ein Bericht des britischen Botschafters in Athen, Palairet, vom 23. August allerdings betonte, der Ton der italienischen Presse sei wieder heftiger geworden und man könne sich nicht mehr darauf verlassen, daß die deutsche Regierung die Italiener zur Zurückhaltung bringen würde.

Wichtig an diesem Bericht ist die daraus abzuleitende Erkenntnis, daß die deutsche Regierung nicht an einem italienischen Angriff auf Griechenland interessiert war und daß ein solcher gar nicht die vorherige Billigung Hitlers gefunden hatte, wie verschiedentlich behauptet wird. Dagegen spricht nach Auffassung des Verfassers auch die Tatsache, daß Hitler, als er auf der Rückreise von seinen Besuchen bei Pétain und Franco von dem bevorstehenden italienischen Angriff auf Griechenland erfuhr, nach Ankunft in München sich wieder auf die Reise begab, um sich mit Mussolini in Florenz zu treffen, der ihn mit der Mitteilung begrüßte, daß die Italiener am Morgen desselben Tages mit dem Angriff begonnen hätten.

Auch die Frage, ob Hitler von dem exakten Angriffstermin Kenntnis gehabt hatte, ist natürlich umstritten. Sie soll, da von sekundärer Bedeutung, hier nicht näher untersucht werden. Nur soviel sei von ausländischen Quellen dazu bemerkt: Im Unterschied zu manchen deutschen Historikern, die Hitler Kenntnis vom Angriffstermin unterstellen, gibt es ausländische Quellen, die anderer Auffassung sind. So berichtete der britische Gesandte in Belgrad am 13. November über eine Mitteilung des jugoslawischen Außenministers, sie hätten Hinweise, daß der italienische Angriff auf Griechenland eine unangenehme Überraschung, „a disagreeable surprise", für die deutsche Regierung gewesen sei. Der stellvertretende jugoslawische Außenminister hatte dasselbe dem griechischen Gesandten am 11. November gesagt und hinzugefügt, neue Zusagen von der deutschen Regierung über ihren Wunsch nach Frieden auf dem Balkan erhalten zu haben.

Diese Beurteilung der Situation findet in gewisser Weise eine Ergänzung durch den britischen Gesandten in Athen, der sich auf eine Aussage des griechischen Gesandten in Rom vor dessen Abreise bezog. Danach hatte Mussolini von der Absicht Hitlers gewußt, ihn beim bevorstehenden Besuch zur Mäßigung (speziell ging es um Korsika) zu veranlassen. Mussolini habe beschlossen, selbständig gegen Griechenland zu handeln, sich dadurch in eine bessere Lage zu versetzen und das italienische Prestige zu erhöhen.

Auch der britische Gesandte in Sofia berichtete in ähnlicher Weise[3].

Noch gewichtiger waren die Meinungen in der britischen Kabinettssitzung vom 25. November. Der Außenminister führte aus, es gebe Gründe für die Auffassung, daß Deutschland gegenwärtig nicht an der Ausbreitung des Krieges über den ganzen Balkan interessiert sei. Deutschland habe sich noch nicht entschlossen, wie es sich verhalten solle. Sein Zeitplan sei durch den italienischen Angriff durcheinandergebracht worden. Auch der Premierminister nahm an, daß Mussolini den Befehl für das Ultimatum an Griechenland entgegen Hitlers Wünschen gegeben hatte.

Hitler selbst hat sich zu der Frage geäußert. Er schrieb – allerdings erst drei Wochen nach Angriffsbeginn und nachdem sich dieser festgefahren hatte – in einem langen Brief an Mussolini[5], daß er „von der drohenden Auseinandersetzung mit Griechenland nur im allgemeinen Kenntnis gehabt habe und ihn habe bitten wollen, die Aktion bis zu einer günstigeren Jahreszeit, auf alle Fälle aber bis nach der amerikanischen Präsidentenwahl (5. November 1940) zu verschieben". Und da er Mussolini außerdem hatte vorschlagen wollen, eine blitzartige Besetzung Kretas mit Hilfe einer deutschen Fallschirmjäger- und einer deutschen Luftlandedivision vorhergehen zu lassen, hätte das die Verschiebung der Aktion um viele Wochen, wenn nicht Monate bedeutet. Es müsse verhindert werden, daß sich aus den psychologischen Folgen des italienischen Unternehmens Hemmungen für weitere Operationen ergeben könnten, und er nannte dabei Jugoslawien an erster Stelle.

Schwer würden die militärischen Folgen dadurch sein, daß England eine Reihe von Luftstützpunkten erhalte, „die es in allernächster Nähe des Petroleumgebietes von Ploesti bringen" würde. „Während das Gebiet für britische Bomber bisher überhaupt nicht greifbar war, sind diese nunmehr in eine Nähe gerückt, die unter 500 km liegt. Ich wage über die Folgen kaum nachzudenken, denn, Duce, über eines muß Klarheit bestehen, einen wirksamen Schutz eines Petroleumgebiets gibt es nicht." Hitler steigerte sich am Schluß dieser Abhandlung und beurteilte die Lage wirtschaftlich, soweit es sich um das rumänische Petroleumgebiet handelte, als „geradezu unheimlich".

Aber die Briten seien mit ihren Luftstützpunkten auch „in greifbare Nähe ganz Süditaliens" und besonders der Ein- und Ausschiffungshäfen in Italien und Albanien gerückt. Dadurch sei die Lage, militärisch gesehen, drohend geworden, denn Abhilfe durch Zerstörung der britischen Luftbasen durch Luftangriffe sei „nach den Erfahrungen des bisherigen Luftkrieges ebenfalls ausgeschlossen. Man kann alles leichter zerstören als Flugplätze." Nicht vergessen werden dürfe die britische Möglichkeit, albanische Flugplätze anzugreifen.

2. Britische Planungen

Hitlers Befürchtungen über britische Luftangriffe waren natürlich nicht unberechtigt. Schon einige Wochen vor dem italienischen Angriff hatte man im britischen Kabinett einen Vorschlag diskutiert, vier Geschwader Wellington-Bomber zum Angriff auf Italien abzuzweigen[6]. Zusätzlich zu der Basis in Ägypten sollte ein vorgeschobener Stützpunkt in Griechenland als Ausgangspunkt für Angriffe auf Italien dienen. Stabsbesprechungen mit der griechischen Regierung hatte es darüber noch nicht gegeben, da die Briten Lecks auf griechischer Seite befürchteten[7].

Am 1. November wurde das britische Kriegskabinett dann informiert, daß ein Geschwader Blenheim-Bomber von Ägypten nach Athen verlegt worden war[8]. Dies war natürlich noch nicht viel, zeigte aber, daß die Briten entschlossen waren, die Lage zu nutzen. Zwei weitere Geschwader Blenheim und ein Geschwader „Gladiator" sollten folgen[9]. Dazu war noch ein Bataillon nach Kreta verschickt worden, zwei weitere sollten folgen, sobald die notwendigen Vereinbarungen mit den Marinebehörden getroffen waren.

Man überlegte, ob für die Türkei bestimmtes Kriegsmaterial nach Griechenland geschickt werden sollte, wo es nötiger gebraucht wurde. Dagegen sprach aber die Erwägung der weit vorausschauenden Briten, daß „in the long run" die Türken für sie wichtiger sein könnten als Griechenland.

Abgesehen von der zahlenmäßigen Schwäche unterlag das britische Oberkommando auch Beschränkungen hinsichtlich der

Anlage von Luftstützpunkten. Die griechische Regierung war daran interessiert, das friedliche Verhältnis zu Deutschland nicht dadurch zu verändern, daß von griechischen Plätzen aus Angriffe etwa gegen die rumänischen Ölfelder geflogen würden. Deshalb erhob sie Einwände gegen die Errichtung von britischen Luftstützpunkten in Nordgriechenland. Aber dennoch trafen die Briten Vorbereitungen, so daß im Falle einer Angriffserlaubnis in kürzester Zeit die Ölfelder bombardiert werden konnten[10].

Auch das Foreign Office wurde in die Frage der Errichtung von britischen Luftstützpunkten im Raum von Saloniki eingeschaltet. Die allgemeine Stimmung in den Balkanstaaten sei gegen solche Stützpunkte. Sie würden nur den deutschen Vormarsch durch den Balkan heraufbeschwören, eine Ansicht, die u. a. von der bulgarischen Regierung an das Foreign Office herangetragen worden war[11].

In einer Januar-Kabinettsitzung wurden diese Bedenken der Balkanstaaten erörtert. Diesmal war es der Prinzregent Paul von Jugoslawien, dessen Beunruhigung über solche britischen Absichten erörtert wurde. Er sollte durch ein Telegramm mit dem Inhalt beruhigt werden, daß die britischen Absichten unverändert seien. Man wolle keine Angriffsarmee aufbauen, sondern nur den Griechen helfen, sich gegen einen deutschen Angriff durch Bulgarien zu verteidigen[12]. Ob das zu seiner Beruhigung geführt hat?

Die Briten ihrerseits trugen zur Beunruhigung bei, ohne natürlich zu erwähnen, daß gerade ihre Anwesenheit in Griechenland die deutsche Balkanoperation heraufbeschwörte. Der Außenminister berichtete über ein Gespräch, das er in der türkischen Botschaft mit Vertretern Griechenlands, Jugoslawiens und der Sowjetunion gehabt und in dem er nachdrücklich auf die Gefahr eines deutschen Eindringens in Bulgarien hingewiesen hatte[13]. Interessant an diesem Bericht ist auch die Zusammensetzung dieser Gesprächsrunde. Sie umfaßte einschließlich der Sowjetunion die Staaten, deren Zusammenwirken Anfang April 1941 das deutsche Balkanunternehmen auslöste.

Die Briten waren sich zu sehr der rüstungswirtschaftlichen Bedeutung der Ölfelder für Deutschland bewußt, als daß sie sich durch eine griechische Ablehnung von ihren Plänen abbringen ließen; sie versuchten u. a. Bauerlaubnis auch durch das Versprechen zu erhalten, nur im Falle eines deutschen Angriffs im Frühjahr von den Flugplätzen Gebrauch zu machen. Ob die Griechen sich auf eine solche Zusage hätten verlassen können? In der Sitzung vom 7. März hatte der Lordsiegelbewahrer geäußert, Großbritannien sollte nicht abwarten, bis Griechenland „was technically at war with Germany"[14,15].

3. Weisung Nr. 20: Unternehmen Marita

Am 13. Dezember 1940 erließ Hitler die Weisung Nr. 20: Unternehmen „Marita"[16]. Im Abschnitt I, der Begründung und Absicht enthielt, wies er auf die bedrohliche Lage in Albanien hin. Der Ausgang der Kämpfe sei noch nicht zu übersehen. Es sei doppelt wichtig, „englische Bestrebungen unter dem Schutze einer Balkanfront eine vor allem für Italien, daneben für das rumänische Ölgebiet gefährliche Luftbasis zu schaffen, zu vereiteln."

Das ist, an zwei Beispielen vereinfacht, als deutsche Aufgabe dargestellt. Sicher hat bei Hitler und bei der deutschen Heeresführung die Erinnerung an britische Versuche des Ersten Weltkrieges mitgespielt, vom „weichen Unterleib Europas" aus die Stellung der damaligen Mittelmächte aufzurollen. Die Errichtung einer britischen Saloniki-Front mußte verhindert werden. Ziel einer deutschen Unternehmung sollte die Inbesitznahme der ägäischen Nordküste und, falls erforderlich, des ganzen griechischen Festlandes sein.

Das hört sich sehr offensiv und expansionistisch an. Für Hitlers Entschluß aber haben offensive Absichten keine Rolle gespielt. Es überwog[17] in seinen Überlegungen die dringende Notwendigkeit einer Hilfe für Italien und auch im deutschen Interesse die Erhaltung des dortigen faschistischen Systems, das durch die verschiedenen Niederlagen im Spätherbst 1940 einen erheblichen Prestigeverlust erlitten hatte. Er konnte zu einer Systemkrise werden.

Es ging nicht nur um die gescheiterte Offensive Italiens gegen Griechenland. Anfang November waren die schweren Schiffsverluste bei Tarent dazugekommen. Und die Niederlagen der Italiener in Nordafrika Anfang Dezember erschütterten das italienische Ansehen vollends.

Deutsche Expansionsziele waren nicht zu erkennen. Waren etwa die Dardanellen ein Ziel? Im Unterschied zur Entwicklung vor dem Ersten Weltkrieg gab es bei Hitler keine Erwägungen, wie sie in den wilhelminischen Zielen, etwa der Bagdadbahn für den deutschen Expansionismus bestanden hatten. Soweit solche Vorstellungen an ihn herangetragen wurden, stießen sie auf seine Ablehnung.

Den Erlaß der Weisung „Marita" vom 13. Dezember, also der deutschen Angriffsoperation auf dem Balkan, und der Weisung „Barbarossa" trennten nur fünf Tage. Aus diesem zeitlichen Zusammenhang haben vor allem deutsche Historiker einen operativen Zusammenhang konstruiert. „Marita" galt ihnen als notwendige Absicherung des deutschen rechten Flügels gegen Moskau. Gewiß konnte Hitler im Falle eines Ostfeldzuges keine britisch-griechische Saloniki-Front im Rücken gebrauchen. Aber eine solche Saloniki-Front hätte auch ohne „Barbarossa"-Pläne beseitigt werden müssen. Eine unmittelbare Einwirkung auf die deutschen Ostoperationen wäre nicht gegeben gewesen. Ein Zusammenhang war jedoch insofern vorhanden, als der deutsche Kräfteverbrauch auf dem Balkan (so gering er relativ auch war), die Kräfte für „Barbarossa" schwächte. U. a. hat gerade Churchill auf diesen Umstand hingewiesen[18].

Noch fast drei Monate später, am 7. März 1941, sahen die Schweizer das deutsche Balkan-Engagement unabhängig vom deutsch-sowjetischen Verhältnis. Sie wiesen auf die Bildung einer britischen Macht im östlichen Mittelmeer hin, durch die die Möglichkeit einer neuen Front auftauchte. Die „Neue Zürcher Zeitung" schrieb dazu, daß die ersten Anzeichen dieser Entwicklung die Deutschen in Südosteuropa auf den Plan gerufen hätten. Deutschland habe die diplomatischen und militärischen Vorbereitungen eingeleitet, „um, vom Balkan aus gesehen, bei Bildung einer britischen Front im Südosten eingreifen zu können"[19].

4. Krisenherd Bulgarien

Auf dem Weg für eine deutsche Hilfe, die über Griechenland den bedrängten Italienern in Albanien zuteil werden sollte, lag Bulgarien. Dieses Land mußte als Durch- und Aufmarschgebiet für einen deutschen Vorstoß nach Griechenland – ganz gleich, ob es sich nur um die Besetzung der nördlichen Landesteile oder des ganzen Festlandes handelte – von der Deutschen Wehrmacht besetzt werden.

Nun war Bulgarien ein altes russisches Interessengebiet im Kampf gegen die Türkei gewesen. Mit Hilfe des Zaren war im Frieden von San Stefano 1878 zwischen Rußland und der Türkei ein Großbulgarien geplant, das u. a. ganz Makedonien für Bulgarien vorgesehen hatte. Ein deutsch-sowjetischer Gegensatz war in der Frage Bulgarien deutlich erkennbar.

Beim Versuch, Bulgarien auf ihre Seite zu ziehen, hatten die Sowjets dem bulgarischen Gesandten wenige Stunden nach dem Besuch des bulgarischen Königs Boris am 18. November 1940 bei Hitler die Grenzen des Friedens von San Stefano und Unterstützung aller Ansprüche auf Gebietsrückgabe gegenüber Rumänien, Griechenland und Jugoslawien in Aussicht gestellt. Es handelte sich um Gebiete, die Bulgarien in den Balkankriegen 1912/13 verloren hatte[20].

Die Sympathien des bulgarischen Königs und seiner Minister waren eindeutig auf deutscher Seite. Die Grenzen von San Stefano interessierten ihn nicht, hatte der bulgarische König dem auf der Rückreise nach Ankara befindlichen deutschen Botschafter in der Türkei, von Papen, erklärt[21]. Allerdings beabsichtige er, mit dem vorgesehenen Beitritt zum Dreierpakt noch zu warten, denn dieser könne in der unerwünschten Richtung einer sowjetisch-türkischen Verständigung wirken.

Für die Frage, ob Bulgarien dem Dreierpakt beigetreten sei, hatte Molotow besonders Interesse gezeigt. Dem bulgarischen Gesandten in Moskau hatte er eine entsprechende Frage gestellt und das Gespräch mit der Bemerkung abgeschlossen, die UdSSR könne nicht dulden, daß Bulgarien ein „Legionärsstaat" werde, womit er wohl einen von Italien und Deutschland abhängigen Staat gemeint hat[22].

Einfluß auf die bulgarische Politik und die Absicht, dem Dreierpakt beizutreten – die bulgarische Regierung teilte den Sowjets mit, daß sie einen Beitritt erwäge –, hatte der sowjetische Vorstoß nicht. Er veranlaßte sie jedoch – auch in Anbetracht der Tatsache, daß die Türkei in Thrakien den Belagerungszustand erklärt hatte –, „beschleunigte militärische Vorsichtsmaßnahmen auch am Schwarzen Meer gegen einen etwaigen Landungsversuch" der Roten Armee und Marine zu ergreifen. Und der deutsche Gesandte in Sofia schloß seinen Bericht mit der Feststellung, daß der bulgarische Ministerpräsident „sich die Möglichkeit einer russischen Gefahr nicht ausreden lassen" wollte[23].

Eine Verschärfung der Spannungen erfolgte erst drei Monate später nach dem Beitritt Bulgariens zum Dreimächtepakt und der damit verbundenen Verlegung deutscher Truppen über die Donau auf bulgarisches Territorium. Einen starken und nachhaltigen Eindruck habe diese Mitteilung auf Molotow gemacht, berichtete der deutsche Botschafter in Moskau an das Auswärtige Amt[24]. „In Ton und Gebärde ließ Molotow seine große Besorgnis über den Inhalt meiner Mitteilung erkennen . . ." Dabei spielte in Molotows Erwiderung besonders die sowjetische Stellungnahme vom 25. November 1940 eine Rolle. Auch der Hinweis Schulenburgs, daß Deutschland in Bulgarien keine territorialen Interessen verfolge und ihm deshalb die Besorgnis der sowjetischen Regierung unverständlich sei, nützte nichts. Bulgarien gehöre zur Sicherheitszone der Sowjetunion, und die Erklärung vom 25. November spiegele die Sicherheitsinteressen der Sowjetunion wider. Bulgarien komme daher in Moskauer Augen eine ungewöhnliche Bedeutung zu, sein Beitritt könne mit dem anderer Staaten (genannt waren die in der Zwischenzeit beigetretenen Staaten Slowakei, Rumänien und Ungarn) nicht verglichen werden.

Im Grunde noch größer waren die Besorgnisse Molotows über die Verlegung deutscher Truppen, die er unter erneutem Hinweis auf die sowjetischen Sicherheitsinteressen eine militärische Besetzung nannte; er überreichte seine Aufzeichnungen dem Botschafter von der Schulenburg in einer formlosen Notiz. Im Schlußsatz dieser Notiz verwies Molotow darauf, daß die Sowjetunion nach wie vor auf der Grundlage ihrer Demarche vom 25. November stehe. Als Abschluß erfolgte der Hinweis, „daß sie (die deutsche

Regierung) auf eine Unterstützung ihrer Handlungen in Bulgarien von seiten der UdSSR nicht rechnen kann".

Der Ton der Molotow-Erklärung war offensichtlich für den diplomatischen Verkehr so scharf, daß von der Schulenburg es für erforderlich hielt, seinen abschwächenden Eindruck hinzuzufügen. Danach würde die Sowjetregierung „trotz der von ihr in einer so betonten Form geäußerten Besorgnis keine weiteren Schritte unternehmen".

Auch im Ausland, vor allem auf dem Balkan, rief die Reaktion Moskaus – vor allem die von Wyschinski dem Moskauer bulgarischen Gesandten am 3. März übergebene Protestnote – den lebhaftesten Eindruck hervor. „Zum ersten Mal seit der Unterzeichnung des deutsch-sowjetischen Nichtangriffspaktes vom August 1939 hat die Sowjetunion der Balkanpolitik des Deutschen Reiches gegenüber eine ausgesprochen negative Stellung bezogen", verlautete aus der Schweiz[25]. „Die Folgen dieser Stellungnahme der Sowjets lassen sich im Augenblick schwer voraussehen", schloß das Schweizer Blatt. Es lasse sich aber schon sagen, „daß die Beziehungen zwischen Moskau und Berlin einen ernsten Rückschlag erlitten haben und daß sie kaum wieder von dem gegenseitigen Vertrauen getragen sein könnten, das sie bisher gekennzeichnet habe".

Und drei Tage später beschäftigte sich dasselbe Blatt unter der schlagkräftigen Überschrift „Rußland am Wendepunkt" erneut mit der Balkanproblematik[26]. Es gebe Anzeichen dafür, daß der Kreml „nach der unliebsamen Überraschung", die in dem Beitritt Bulgariens zum Dreimächtepakt bestand, „im Verhältnis zu Deutschland eine neue Taktik einzuschlagen beginnt". Wenn der Kreml es auch nicht wage, der deutschen Politik und dem Einmarsch deutscher Truppen in Bulgarien offen entgegenzutreten, so läßt er nun doch schon erkennen, daß die deutsche Politik auch keine Sekundantendienste mehr von ihm zu erwarten hat.

Man erwarte als Folge der bulgarischen Ereignisse eine Entspannung zwischen Ankara und Moskau, und es stelle sich die Frage, ob sich das nicht früher oder später auch auf das Verhältnis zwischen der UdSSR und England auswirken werde. Aus der Tatsache, daß Cripps gleich nach seiner Rückkehr vom Treffen mit Eden in Ankara das Moskauer Außenkommissariat aufgesucht hatte, glaubt das Blatt schließen zu können, daß er dort nichts Unfreundliches übermittelt habe. Moskau werde, meint das Blatt, ob gewollt oder nicht, den britischen Anregungen stärkere Beachtung schenken und die großen Hindernisse aus dem Weg räumen, die die Verständigung bisher unmöglich gemacht hätten. Der Aufsatz schließt mit der Feststellung, daß sich die Worte Wyschinskis an die bulgarische Regierung „vielleicht einmal doch als der Wendepunkt erweisen (werden), von dem aus die russische Politik in Europa wie in Asien auf neue Gleise überführt werden muß".

5. Das Doppelspiel der Sowjets

a) Die Abkommen vom 10. Januar 1941

Anfang Januar 1941 war das deutsch-sowjetische Verhältnis noch relativ entspannt. Einer der seit Monaten bestehenden Streitpunkte, die Regelung der deutschen Ansprüche auf den widerrechtlich von den Sowjets besetzten, ursprünglich der deutschen Interessensphäre zugehörigen litauischen Gebietsstreifen von Mariampol, wurde beseitigt. Die Sowjetregierung wollte dem deutschen Verlangen nach einer schnellen Liquidierung der Angelegenheit Rechnung tragen und erklärte sich bereit zur sofortigen Zahlung der von Deutschland verlangten Kompensationssumme in Gold auf dem Verrechnungsweg[27]. In einem deutsch-sowjetischen Geheimprotokoll vom 10. Januar 1941 verzichtete die deutsche Reichsregierung auf ihren Anspruch auf diesen im geheimen Zusatzprotokoll vom 28. September 1939 erwähnten Gebietsteil. Die Sowjetunion erklärte sich als Gegenleistung zur Zahlung von 7,5 Millionen Golddollar = 31,5 Millionen Reichsmark bereit[28].

An diesem 10. Januar fand noch ein weiteres Ereignis statt, das als Ausdruck eines weiterbestehenden freundschaftlichen deutsch-sowjetischen Verhältnisses gewertet werden könnte, der Abschluß eines Wirtschaftsabkommens zwischen dem Deutschen Reich und der Union der Sozialistischen Sowjetrepubliken[29].

Es umfaßte als zweiten Vertragsabschnitt des Wirtschaftsabkommens vom 11. Februar 1940 beiderseitige Warenlieferungen im Werte von 620–640 Millionen Reichsmark in der Zeit vom 11. Februar 1941 bis zum 1. August 1942. Wirtschaftlich bedeutete das Abkommen nach Runderlaß des Auswärtigen Amtes an alle Botschaften (außer Moskau) und alle Gesandtschaften[30] den Zusammenbruch der englischen Blockade und des Versuches einer wirtschaftlichen Einkreisung Deutschlands. Das Reich könne zwar wirtschaftlich und kriegswirtschaftlich ohne die sowjetischen Lieferungen auf unbegrenzte Zeit durchhalten, hieß es optimistisch in diesem Erlaß, aber ohne sie hätte Deutschland bei einigen Rohstoffen und Lebensmitteln scharf haushalten müssen. Mit den sowjetischen Lieferungen könne Deutschland aus dem vollen schöpfen, insbesondere auch auf dem Gebiet des Brotgetreides. Anerkannt wurde auch die Zuverlässigkeit der Sowjetunion bei der Erfüllung des ersten Wirtschaftsabkommens vom 11. Februar 1940.

Hervorgehoben wurde auch die politische Bedeutung. Dieses größte je zwischen zwei Staaten abgeschlossene wirtschaftliche Vertragswerk „sei ein Beweis dafür, daß die von den Feinden in den letzten Wochen verbreiteten Gerüchte" von „angeblichen Verstimmungen und Spannungen zwischen Deutschland und der Sowjetunion" nicht zuträfen. Der Erlaß übersah bei dieser Deutung und Wertung, daß über beide Abkommen seit Monaten verhandelt worden war, in einer Zeit, in der das deutsch-sowjetische Verhältnis noch als entspannt gelten konnte. Da sie beiden Seiten (auch der sowjetischen Seite) Vorteile boten, bestand noch kein Grund, sie wegen des durch die sowjetische Note vom 25. November so sehr verschlechterten Verhältnisses scheitern zu lassen.

Auf sowjetischer Seite wuchs die Spannung durch die seit der Jahreswende festzustellende starke Vermehrung deutscher Truppenverbände in Rumänien. Sie richteten sich nicht direkt gegen die Sowjetunion, wohl aber würde bei ihrer weiteren Vermehrung Bulgarien, das die Sowjets als ihr Interessengebiet ansahen, betroffen sein.

Wie ein Geheimschreiben des Reichsaußenministers an die vier betroffenen Botschaften und Gesandtschaften feststellte[31], sei die Vermehrung der deutschen Truppen in Rumänien dadurch veranlaßt, daß ernstlich mit der Notwendigkeit gerechnet werden müsse, die Engländer wieder vollständig aus ganz Griechenland hinauszuwerfen[32]. Daß keine weiteren Absichten mit dieser Aktion verbunden waren, ist oben dargestellt worden. Für die Sprachregelung wurde empfohlen, darauf hinzuweisen, daß Meldungen über immer größere Verstärkungen der britischen Truppen vorlägen; auch sollte an das Saloniki-Unternehmen des Weltkrieges erinnert werden.

Drei Tage später, am 10. Januar, wies der Reichsaußenminister die Moskauer Botschaft noch einmal besonders an, die Festsetzung Englands auf griechischem Gebiet, die Deutschland unter keinen Umständen dulden werde, als Grund für die Truppenverstärkungen anzugeben[32].

b) Das Tass-Kommuniqué vom 13. Januar und das Moskauer Memorandum vom 17. Januar 1941

Auch in der Sowjetunion liefen über den Transport deutscher Truppen nach Rumänien zahlreiche Gerüchte um, wobei sogar die angebliche Stärke von 200 000 Mann angegeben wurde. „Regierungskreise, Rundfunk und Sowjetpresse haben die Angelegenheit noch nicht aufgegriffen", berichtete Botschafter von der Schulenburg am 1. Januar 1941[33]. Das sollte sich in kürzester Zeit ändern. Am 13. Januar 1941 erschien in den „Isvestija" und in der „Prawda" ein Tass-Kommuniqué über Gerüchte von einem angeblichen Einmarsch deutscher Truppen in Bulgarien[34]. Solche in den Formulierungen häufig sehr scharfen Kommuniqués waren – ein in anderen Ländern nicht angewandtes diplomatisches Mittel – seit anderthalb Jahren von der Sowjetregierung meist zu negativen Stellungnahmen benutzt worden oder dazu, irgendein Interesse anzumelden. Diese Artikel nahmen Stellung zu Berichten über die Entsendung deutscher Truppen nach Bulgarien. Sie meldeten, daß die Entsendung mit Wissen und im Einverständnis mit der sowjetischen Regierung fortgesetzt würde. Ihr Einverständnis habe sie auf Anfrage auch der bulgarischen Regierung erteilt. Dagegen sei Tass ermächtigt festzustellen, daß die etwaige Anwesenheit und Entsendung *weiterer* deutscher Truppen nach Bulgarien ohne Kenntnis und Einverständnis der UdSSR erfolgt sei. Insbesondere habe die bulgarische Regierung niemals bei der sowjetischen Regierung hinsicht-

241

lich des Einmarsches deutscher Truppen in Bulgarien angefragt und infolgedessen auch keine Antwort erhalten können.

Nun muß zum besseren Verständnis daran erinnert werden, daß ein Einmarsch deutscher Truppen in Bulgarien erst am 1. März erfolgte. Was vorher schon an deutschen Truppen in Bulgarien war, waren Erkundungsstäbe und Flugmeldekompanien zum Erkennen von etwaigen britischen Luftangriffen gegen das Erdölgebiet von Ploesti. Darin konnten die Sowjets eigentlich keine Einmarschvorbereitungen erblicken.

Es ist nicht zu erkennen, was die Sowjets mit diesem Kommuniqué beabsichtigten. Sollte es die ungewöhnliche Form einer Warnung sein und erwartete man von der deutschen Seite eine Antwort, die jegliche Form deutscher Einmarschabsichten in Bulgarien bestritt und damit den sowjetischen Anspruch auf Freihaltung von deutschen Truppen indirekt anerkannte? Die deutsche Seite jedenfalls reagierte nicht. Dem Kommuniqué folgte am 17. Januar eine Erklärung Molotows gegenüber dem deutschen Botschafter[35]. Zunächst drückte Molotow sein Erstaunen darüber aus, daß die Sowjetunion auf ihre Stellungnahme vom 25. November 1940 noch keine Antwort erhalten habe und wandte sich dann dem Balkan zu.

Er verwies auf die große Zahl von in Rumänien anwesenden deutschen Truppen, die „auf dem Sprung" seien, in Bulgarien einzumarschieren, um „Bulgarien, Griechenland und die Meerengen zu besetzen". Dieser deutschen Absicht werde England zuvorkommen, die Meerengen besetzen und im Bund mit der Türkei Bulgarien in einen Kriegsschauplatz verwandeln. Nun betrachtete die Sowjetunion, worauf sie die deutsche Reichsregierung wiederholt hingewiesen hatte, das Gebiet von Bulgarien mit den beiden Meerengen als Sicherheitszone der UdSSR. Gegenüber Ereignissen, die die Sicherheitsinteressen der Sowjetunion betreffen, könne sie nicht teilnahmslos sein, und das Erscheinen „irgendwelcher ausländischer bewaffneter Kräfte" in Bulgarien müsse sie als eine Verletzung ihrer Sicherheitsinteressen betrachten.

Das war eine sehr scharfe Sprache, die in Verbindung mit dem Tass-Kommuniqué erkennen ließ, daß ein deutscher Vormarsch nach Bulgarien von den Sowjets als auch oder als besonders gegen Moskau gerichtet aufgefaßt werden würde.

242

Die Antwort der Reichsregierung erfolgte am 22. Januar 1941 durch eine Erklärung, die der Staatssekretär von Weizsäcker im Auftrag des ortsabwesenden Reichsaußenministers dem Sowjet-Botschafter gegenüber zunächst mündlich und dann in Form einer Notiz abgab.[36] In ihr wurden die sowjetischen Behauptungen in ruhiger und sachlicher Form zurückgewiesen. Es lägen der Reichsregierung keine Nachrichten vor, wonach England die Meerengen besetzen wolle. Das würden auch die Türken nicht dulden. Eine Festsetzung auf griechischem Boden planten die Engländer, und das werde Deutschland militärisch verhindern, wie schon Molotow in Berlin mitgeteilt worden sei. Dazu sei eine gewisse Truppenkonzentration auf dem Balkan erforderlich. Eine Meerengenbesetzung durch Deutschland sei nicht beabsichtigt, solange die Türkei keine feindselige Handlung gegen die deutschen Truppen unternehme. Deutschland werde seine Truppen vom Balkan zurückziehen, sobald die Operationen beendet seien. Eine Verletzung sowjetischer Sicherheitsinteressen durch eine in Bulgarien einsetzende deutsche Operation sei von deutscher Seite nicht beabsichtigt und könne von ihr auch nicht erkannt werden. An den Meerengen sei Deutschland nicht interessiert. In ihrem Verständnis für das sowjetische Interesse sei Berlin bereit, für eine Revision des Montreux-Statuts einzutreten. Das war eine sehr maßvolle Antwort, vor allem verglichen mit den sowjetischen Noten vom 13. und 17. Januar 1941.

Schwächer war die deutsche Reaktion auf die von sowjetischer Seite erbetene Stellungnahme zur Frage der Fortführung der Berliner Gespräche. Wichtig ist zunächst einmal die deutsche Versicherung, „an den dem Präsidenten Molotow entwickelten" Ideen festzuhalten. Über die sowjetischen Gegenvorschläge fänden eingehende Beratungen mit Italien und Japan statt, und die Reichsregierung hoffe „in absehbarer Zeit das politische Gespräch hierüber mit der Sowjetregierung wiederaufnehmen zu können."

Zusammenfassend muß festgestellt werden: Zum zweiten Mal innerhalb kurzer Zeit war es zu Verschärfungen im deutschsowjetischen Verhältnis gekommen. Dem 25. November war in gewisser Weise ein 17. Januar gefolgt. Beide Male waren die Spannungen aus sowjetischen Forderungen entstanden. Im November hatte die deutsche Seite nicht verschärfend reagiert, im

Januar hatte sie sogar mäßigend geantwortet. Wir wissen nicht, ob und inwieweit diese Zunahme der Balkanspannungen bei Hitler die Auffassung von der Unvermeidbarkeit einer militärischen Auseinandersetzung mit der Sowjetunion beeinflußt hat.

Ende Februar war es dann soweit. Am 21. Februar wurde Schulenburg angewiesen, die wahre Stärke der deutschen Truppen in Rumänien bekanntmachen zu lassen.

c) Der deutsche Einmarsch in Bulgarien

Am 28. Februar gab Schulenburg Molotow bekannt, daß Bulgarien dem Dreimächtepakt beigetreten sei und die Unterzeichnung am 1. März stattfinden werde. Und am 1. März teilte er ihm mit, deutsche Truppen würden nach Bulgarien verlegt werden.

Beide Mitteilungen „riefen offensichtlich einen starken und nachhaltigen Eindruck beim Moskauer Außenminister hervor. In Ton und Gebärde ließ Molotow seine große Besorgnis über den Inhalt meiner Mitteilungen erkennen . . ."[37] In seiner Stellungnahme verwies er auf die sowjetische Erklärung vom 25. November 1940, durch die der Reichsregierung der Standpunkt der sowjetischen Regierung in dieser Angelegenheit bekannt sei.

Die deutsche Reichsregierung kenne die Auffassung der Sowjetregierung, „wonach Bulgarien zur Sicherheitszone der Sowjetunion gehöre". In dem sich abspielenden Disput suchte der Botschafter zu entschärfen, auch unter Hinweis darauf, daß die Reichsregierung an den im November „in Berlin entwickelten Ideen nach wie vor festhalte", während Molotow mehrfach auf die Demarche der Sowjetunion vom 25. November verwies, in deren Rahmen die Ereignisse leider nicht abliefen. In der Frage der Verlegung deutscher Truppen nach Bulgarien gab Molotow seiner großen Besorgnis darüber Ausdruck, daß die deutsche Reichsregierung in dieser wo wichtigen Frage Beschlüsse gefaßt habe, die der Auffassung der Sowjetregierung zuwiderliefen.

Molotow fertigte eine formlose Notiz an, ließ sie abschreiben und händigte sie dem deutschen Botschafter aus. Die Notiz wiederholte den Vorwurf der Verletzung der Sicherheitsinteressen der UdSSR. Da die Sowjetregierung nach wie vor auf der Grundlage ihrer Demarche vom 25. November stehe, müsse die deutsche Regierung verstehen, daß sie auf eine Unterstützung ihrer Handlungen in Bulgarien nicht rechnen könne. Der Botschafter entgegnete mit dem bekannten deutschen Standpunkt, daß es sich um eine gegen die Festsetzung Englands auf dem griechischen Territorium gerichtete Sicherheitsmaßnahme handle. Aber Molotow blieb unbeeindruckt. Es sei ihm unverständlich, „warum sich die deutsche Reichsregierung zu einem solchen Schritt entschlossen habe".

Ein Tiefstand in den deutsch-sowjetischen Beziehungen war erreicht. Verbrämt durch eine diplomatische Sprache, waren die Gegensätze deutlich geworden. Und nicht wegen deutscher Expansionsabsichten auf sowjetisches Gebiet – die Behauptung, das deutsche Eingreifen auf dem Balkan habe der Absicherung des deutschen rechten Flügels beim Unternehmen „Barbarossa" gegolten, wurde schon an anderer Stelle zurückgewiesen –, sondern wegen der Festsetzung Englands. Mehrfach hat die deutsche Seite auf diesen Tatbestand hingewiesen, und es besteht keine Veranlassung, an dieser deutschen Begründung zu zweifeln. Es muß auch noch betont werden – Fabry[38] hat darauf hingewiesen –, daß der Balkanfeldzug Hitler höchst unwillkommen war. Zudem sei der Plan für den Feldzug gegen Griechenland zu einem Zeitpunkt gefaßt worden, als der Angriff gegen die Sowjetunion noch keineswegs beschlossene Sache war.

6. Die Sowjetunion und Großbritannien bringen die Türkei ins Spiel

Die Türkei besaß seit dem 19. Oktober 1939 einen Bündnisvertrag mit England und Frankreich. Durch die Niederlage Frankreichs war er praktisch auf ein englisch-türkisches Verhältnis reduziert worden. Aber eine förmliche Auflösung des Bündnisvertrages hatte nicht stattgefunden.

Im Frühjahr 1941 setzte eine lebhafte Tätigkeit der Briten ein, um eine griechisch-jugoslawisch-türkische Dreimächtekombination gegen Deutschland zu errichten. Zweimal fanden Generalstabsbesprechungen mit höheren britischen Offizieren in Ankara statt, um die Türken, die nach britischer Auffassung bei zwei

Gelegenheiten versagt hatten, zu veranlassen, ihre Verpflichtungen aus dem Dreimächtebündnis vom 19. Oktober 1939 zu erfüllen[39]. Das erste Mal beim Eintritt Italiens in den Krieg und das zweite Mal beim italienischen Angriff auf Griechenland. Aber auch im Frühjahr 1941 setzten die Türken ihre Politik der Ausweichtaktik fort und verhinderten einen Erfolg der britischen Politik in der Bildung einer Anti-Achsenfront auf dem Balkan.

Das war auch das Ergebnis eines Besuches von Eden, der am 26. Februar 1941 mit dem Chef des Empire-Generalstabes, Dill, und anderen hohen britischen Offizieren in Ankara erschien. Auch der britische Botschafter in Moskau, Cripps, wurde hinzugezogen, was eine beabsichtigte Ausweitung der Koalition auf die Sowjetunion vermuten ließ.

Eine Besprechung beim türkischen Staatspräsidenten Inönü fand statt, brachte aber auch kein ermutigendes Ergebnis. Unter Hinweis auf den schlechten Ausbildungs- und Ausrüstungszustand ihrer Armee konnten die Türken sich jeder Verpflichtung entziehen[40]. Die britischen Versuche blieben aber nicht nur bei den mit ihnen immerhin verbündeten Türken erfolglos – diese hatten geschickt eine Paktbestimmung ausgenützt, die ihnen Nichtteilnahme ermöglichte –, auch die Jugoslawen hatten verstanden, sich den britischen Versuchen zu entziehen[41].

Die Türken selbst hatten auch vorgebeugt und mit den Bulgaren rechtzeitig Verhandlungen aufgenommen, deren Ergebnis in einer türkisch-bulgarischen Erklärung vom 17. Februar 1941 festgehalten wurde. Sie drückte die Absicht beider Regierungen aus, sich von jedem Angriff fernzuhalten. Eine Verpflichtung dazu ging die bulgarische Regierung allerdings nicht ein, auch nicht die, den Durchmarsch fremder Truppen durch Bulgarien zu verhindern. Die Bedeutung dieser Erklärung soll der britische Militärattaché in Ankara gegenüber seinem griechischen Kollegen mit den Worten zum Ausdruck gebracht haben: „Nun sind wir beide allein."[42]

Es war nicht zu erwarten, daß die Sowjets angesichts der verwickelten und sich zuspitzenden Verhältnisse auf dem Balkan untätig bleiben würden. Zwar bestanden alte türkisch-russische Gegensätze, vor allem in der Meerengenfrage und im ostanatolisch-transkaukasischen Grenzgebiet, aber in Anbetracht der sich immer weiter verstärkenden Gegensätze zum Deutschen Reich traten diese sowjetisch-türkischen Differenzen zurück.

Am 9. März wurde der türkische Botschafter ins sowjetische Außenministerium bestellt, wo ihm der stellvertretende sowjetische Außenminister Wyschinski eine Erklärung übergab[43]. Wyschinski bezog sich in dieser Erklärung auf eine Mitteilung des britischen Botschafters Cripps, die Türkei befürchte eine Einmischung der Sowjetunion, „falls sie gezwungen sein sollte, zu den Waffen zu greifen, um einen Angriff einer despotischen Macht abzuwehren". Die sowjetische Regierung beteuerte, daß sie nie die Absicht gehabt habe, der Türkei nicht zu helfen, wenn sie angegriffen würde, denn der türkisch-sowjetische Freundschafts- und Neutralitätspakt vom 17. Dezember 1925 sei immer noch in Kraft.

Im britischen Kriegskabinett[44] kam die Angelegenheit am 13. März zur Sprache aufgrund eines Moskauer Telegramms über die Unterredung von Cripps mit Wyschinski. Auch hier wurde die Erklärung der sowjetischen Regierung vom 9. März besprochen, daß die Türkei auf volles Verständnis und Neutralität der Sowjetunion rechnen könne, falls sie von einer fremden Macht angegriffen würde und ihr Territorium verteidigen müsse. Aufschlußreich war auch der einleitende Satz, in dem festgestellt wurde, daß die Haltung der Sowjetunion in der Balkanfrage nicht den im Umlauf befindlichen „stories" entspreche. Diese Bemerkung konnte sich eigentlich nur auf das deutsch-sowjetische oder das britisch-sowjetische Verhältnis beziehen. Ersteres war nach den Erklärungen Wyschinskis schlechter, letzteres besser als sein Ruf.

Jedenfalls schloß der britische Premierminister diesen Teil der Besprechung mit der Bemerkung, daß der Bericht ein gewisses Maß an Beruhigung vermittle („a certain measure of reassurance"). Die Türkei gab der Sowjetunion eine gleiche Versicherung für einen Kriegsfall ab, und am 25. März veröffentlichten beide Staaten ein Kommuniqué, in dem der Austausch der beiderseitigen Erklärungen und ihr Inhalt bekanntgegeben wurde.

Die Schweizer Zeitung „Die Weltwoche" beschäftigte sich mit diesem Komplex[45] und betonte, die von der Sowjetunion eingegangene Verpflichtung bedeute, Deutschland bei einem Angriff auf die Türkei „keine Sekundantendienste zu leisten". Die Türkei sei aufgrund dieser Erklärung in der Lage, ihre Truppen voll und ganz gegen einen aus dem Westen kommenden deutschen Angriff zu konzentrieren. Nun war das, wie unten noch aufgezeigt wird, gar nicht aktuell.

Wir haben oben von einem Tiefstand der deutsch-sowjetischen Beziehungen gesprochen. Das kann mit noch größerer Bedeutung für diese März-Erklärung festgestellt werden. Über ihre Bedeutung sagt „Die Weltwoche": „Das bedeutet ein noch weit stärkeres Abrücken Rußlands von der deutschen Politik, als man es schon im Falle der Besetzung Bulgariens durch das Dritte Reich erlebt hat, ja, man kann wohl sagen, es sei dies das eindeutigste und stärkste Abrücken Rußlands von Deutschland, welches bisher in diesem Krieg überhaupt erlebt worden ist."

Die „Weltwoche" weist eingangs darauf hin, daß die Sowjets ihre Stellungnahmen wieder in einem Dementi festgelegt haben. Aber es sei ein Dementi, welches mehr positive Elemente enthält, als man sie gewöhnlich in Zusagen findet. Und dann kommt eine frappierende Aussage: „Denn es ist wirklich allerhand, wenn die Sowjetregierung erklärt . . .", und es folgen die obigen Erklärungen der Sowjetunion.

Mit dem Übergang deutscher Truppen über die Donau und dem Einmarsch in Bulgarien, der deutsche Truppen an die türkisch-bulgarische Grenze bringen konnte, wurde für die Türken die Frage nach den deutschen Absichten akut. Würde Deutschland sich an der Auseinandersetzung um die Dardanellen beteiligen? Wohl auf Anregung des deutschen Botschafters von Papen und zur Vermeidung einer türkischen Beunruhigung, richtete Hitler am 1. März an den türkischen Präsidenten Inönü ein Schreiben, in dem er ihm die deutschen Ziele erläuterte[46]. Deutschland wolle den britischen Einfluß auf dem europäischen Kontinent beseitigen als Voraussetzung dafür, „einer jahrhundertelangen Methode des Ausspielens der Kräfte Europas gegeneinander ein Ende zu bereiten". Deutschland sei zur Abwehr britischer Versuche, militärischen Einfluß zu gewinnen, zu Schritten gezwungen, denen ein „vorbeugender Charakter" zukomme. Und von ganz besonderer Wichtigkeit – da sie voll und ganz den Fakten entsprach – scheint dem Verfasser die Erklärung Hitlers zu sein, daß die deutschen Abwehrmaßnahmen „in keinem Zusammenhang stehen mit irgendwelchen deutschen Absichten territorialer oder politischer Art in diesen Gebieten".

Und Hitler wiederholte diese Versicherung noch einmal ganz speziell in bezug auf die Türkei und erklärte „feierlich, daß sich die deutschen Schritte in keiner Weise gegen die territoriale oder politische Integrität der Türkei" richteten. Da Deutschland in diesen Gebieten überhaupt keine territorialen Interessen besitze, würden die deutschen Truppen „nach Beseitigung der erwähnten Gefahren" Bulgarien und „in Übereinstimmung mit dem Willen des Staatsführers Antonescu ebenso auch Rumänien wieder verlassen".

Hitler erinnerte Inönü dann an den „großen gemeinsamen Schicksalskampf" und drückte seine tiefste Überzeugung aus, daß auch in der Zukunft „alle Voraussetzungen für eine wahre freundschaftliche Zusammenarbeit gegeben sind". Deutschland und die Türkei würden „zwangsläufig wieder zu engen Handelspartnern werden". Und um seine friedlichen Absichten der Türkei gegenüber zu unterstreichen, teilte Hitler mit, daß er für die in Bulgarien einmarschierenden Verbände angeordnet habe, „so weit von der türkischen Grenze abgesetzt (zu) bleiben, daß daraus kein falscher Schluß über den Zweck ihres Dortseins gezogen werden kann".

Hitler war im Grunde zuversichtlich hinsichtlich der Haltung der Türkei. Er schätzte den geringen Rüstungsstand der türkischen Armee richtig ein, der sie allenfalls zu Verteidigungsaufgaben befähigen würde, und wies in seinem Brief an Mussolini vom 20. Januar 1941 auf die Luftverwundbarkeit Konstantinopels hin, für dessen Zerstörung Brandbomben genügen würden[47].

In einem Brief (auch vom 1. März) an Ribbentrop nahm von Papen zu dem Fragenkomplex Stellung[48]. Er wies darauf hin, daß die Haltung der Sowjetunion für die Stellungnahme der Türkei eine entscheidende Rolle spiele und daß verschiedene Fakten die türkischen Hoffnungen auf ein Zusammengehen mit der Sowjetunion stark beeindruckt hätten. Wichtiger aber als von Papens Stellungnahme zur türkischen Frage sind für unsere Thematik seine Äußerungen über Meinungsverschiedenheiten „im Schoße der Sowjetregierung über die zu verfolgende Politik". Ihm war darüber aus einer offensichtlich gutinformierten Quelle berichtet worden. Danach war Molotow der Ansicht, „daß die gegenwärtige

Lage Deutschland begünstige"; deshalb solle man hinsichtlich Deutschlands noch keinen Beschluß fassen. Wyschinski dagegen, zusammen mit dem Londoner Botschafter Maiskij, verlange einen alsbaldigen Anschluß an den demokratischen Block. Man müsse den Demokratien helfen, bevor Deutschland in eine günstige Lage komme.

Im übrigen war Papen hinsichtlich der Haltung der Türkei nicht so zuversichtlich wie Hitler. Er fürchtete, daß durch das deutsche Erscheinen in Bulgarien die sowjetische und die türkische Politik zwangsweise zusammengeführt würden und es bei weiterer Verschlechterung des deutsch-russischen Verhältnisses in der Konsequenz der englischen Politik liege, die UdSSR dem türkisch-englischen Bündnis in irgendeiner Form anzugliedern.

Doch von Papen sollte mit seiner pessimistischen Mitteilung nicht recht behalten. Die Türkei war sich der Bedeutung der deutschen Haltung in der Dardanellenfrage sehr bewußt. Sie wußte, daß Hitler es abgelehnt hatte, dem sowjetischen Verlangen nach Hangö-Stützpunkten, wie Hitler sie nannte, an den Meerengen zu entsprechen[49]. Er habe „auf diese Weise die Liquidation des Balkans und der Türkei durch Rußland verhindert", hob Hitler Deutschlands Verdienst um die türkischen Interessen hervor. „Deutschland habe kein Interesse daran, eine andere Macht auf dem Balkan und an den Dardanellen sitzen zu sehen." Er habe sich daher nicht gegen, sondern für die Interessen der Balkanländer wie Rumänien und Bulgarien eingeschaltet, die sonst „ein Opfer der Russen geworden wären".

Und Hitler meinte, „die Konsequenzen, die sich daraus für die Türkei ergeben würden, seien ja wohl klar". Daher habe er sich über den Brief des türkischen Staatspräsidenten aufrichtig gefreut, und er hoffe, daß sich „der damit aufgenommene Faden weiterspinnen ließe". Es eröffne sich eine Zusammenarbeit zwischen Deutschland und der Türkei. Dabei betonte Hitler noch einmal, daß Deutschland kein territoriales Interesse auf dem Balkan habe, aber auch die Türkei nicht um Hilfe bitten würde.

Ein Gespräch von Papens mit dem türkischen Premierminister Numan Rifaat Menemcioglu am 28. März[50] beendete diesen Teil der deutsch-türkischen Beziehungen. Numan erinnerte an das türkisch-britische Bündnis. Dieses schränke die türkische Aktionsfreiheit ein. Man könne im gegenseitigen Verhältnis keine politische Akrobatik betreiben, müsse auf dem Boden der realen Tatsachen bleiben und sich von Fall zu Fall über jede auftauchende Frage im Rahmen der nun beiderseitig fixierten Stellung verständigen.

XIV. Die Zuspitzung

1. Die Rolle Jugoslawiens

Von den südosteuropäischen Staaten war Jugoslawien am meisten dem Westen zugewandt und hatte die stärksten Gegensätze zu den Achsenmächten. Dabei war nicht Deutschland der wichtigste Gegner – die jugoslawischen Ansprüche auf Gebiete südlich der Karawanken gehörten nicht zu unüberwindlichen Gegensätzen –, sondern Italien mit seinen Zielen, die Adria zu einem „mare nostro" zu machen und den jugoslawischen Vielvölkerstaat in seine Bestandteile zu zerlegen, wobei vor allem die Schaffung eines nominell unabhängigen, jedoch von Italien abhängigen kroatischen Staates eine bedeutende Rolle spielte.

Auch als Folge dieser Gegensätze waren die Bindungen Jugoslawiens an den Westen in den Tagen der „Kleinen Entente" sehr eng gewesen. Das betraf vor allem die Beziehungen zu Frankreich, zu dessen Kulturkreis sich die geistige Elite vor allem des serbischen Teiles Jugoslawiens zugehörig fühlte.

Die Ereignisse des Jahres 1939 gingen zunächst an Jugoslawien, das nach Ausbruch des Polenkrieges Deutschland am 5. September seiner Neutralität versichert hatte, ohne Spannungen vorüber.

Das von deutschen Truppen in dem Pariser Vorort La Charité erbeutete Geheimarchiv des französischen Generalstabes enthüllte jedoch, daß belastende Geheimverhandlungen zwischen Belgrad und Paris zur Vorbereitung der späteren Führung eines gemeinsamen Krieges schon seit dem Frühjahr 1939 stattgefunden hatten[1]. Die gesamte jugoslawische Führungsspitze war durch diese Funde belastet.

Unmittelbare (vor allem heftige) Reaktionen traten bei Hitler nicht ein. Daß er im Zuge seiner europäischen Neuordnungspläne und besonders auch vor irgendwelchen Aktionen im Osten das Verhältnis zu Jugoslawien klären mußte, war einzusehen. Das um so mehr, als die Jugoslawen ihr Verhältnis zur Sowjetunion revidierten und die abgebrochenen diplomatischen Beziehungen zu Moskau am 25. Juni 1940 wieder aufnahmen, zu einem Zeitpunkt also, als die Sowjets ihre Expansionen im Baltikum, in Bessarabien und in der Bukowina vornahmen. Der Abschluß eines jugoslawisch-sowjetischen Handelsvertrages war am 11. Mai 1940 vorausgegangen. Angesichts der bisherigen antibolschewistischen Einstellung der Belgrader Regierung war die Wiederaufnahme der Beziehungen ein „Ereignis von gerade revolutionärer Bedeutung in der jugoslawischen Außenpolitik"[2]. Man hat nach dem Zusammenbruch Frankreichs den südosteuropäischen Staaten die Alternative Deutschland oder die Sowjetunion zugestanden. Südslawien hatte sich für die Sowjetunion entschieden.

2. Jugoslawiens Beitritt zum Dreimächtepakt

Hitler hatte keine Angriffs- und Expansionsabsichten gegenüber den Jugoslawen, obwohl die Funde von La Charité ihm hinreichend Aufschluß über deren deutschfeindliche Haltung gegeben hatten. Das unterschied ihn von den Italienern, die er von Angriffsabsichten zurückhalten mußte.

In mehreren Treffen mit jugoslawischen Staatsmännern hat er versucht, den Anschluß Jugoslawiens an den Dreierpakt herbeizuführen. Bei einem Besuch des jugoslawischen Außenministers auf dem Berghof am 28. November 1940 bemühte er sich sehr eindringlich, Jugoslawien zu gewinnen[3]. Er bot dem Land eine Garantie seiner Unabhängigkeit an und sagte zu, er werde in aller Zukunft Italien gegenüber darauf bestehen, daß es bei dieser Konsolidierung der Stellung Jugoslawiens bleibe, auch wenn es Italien einmal nicht mehr passen sollte. Auch um die Italiener mit der Adriastellung Jugoslawiens abzufinden, die es diesem Land ermöglichte, Italien gewissermaßen militärisch zum Fenster hineinzusehen, sollte Jugoslawien mit Saloniki, das Hitler anbot, einen anderen Ausgang zum Meer erhalten. Politische Sicherheit und territoriale Verbesserungen enthielten sein Angebot, faßte Hitler das lange Gespräch noch einmal zusammen. Cincar-Marković versprach, dem Prinzregenten in diesem Sinne Bericht zu erstatten.

Bei einem geheimgehaltenen Besuch des Prinzregenten Paul am 4. März 1941 machte Hitler neue weitgehende Konzessionen, die so weit gingen, daß man bei einem beabsichtigten Beitritt Jugoslawiens zum Dreibund kaum noch von einem Bündnis sprechen konnte. Schon gar nicht handelte es sich um ein deutsches Ultimatum, auch wenn ein gewisser Nachdruck angewandt wurde.

Hitler wollte einen Krieg auf dem Balkan vermeiden; selbst die Briten gaben nachträglich zu, daß sein Plan im Frühjahr darin bestanden hätte, „to overrun all the Balcans by peaceful methods"[5]. Er hatte gehofft, mit Griechenland und Jugoslawien ebenso verfahren zu können wie mit Rumänien und Bulgarien.

Als der jugoslawische Kronrat dann am 18. März 1941 den Beitritt zum Dreimächtepakt beschloß, war eine militärische Hilfeleistung Jugoslawiens nicht vorgesehen, auch kein Durchmarschrecht für deutsche Truppen.

Die Briten hatten viel unternommen, den Beitritt Jugoslawiens zu verhindern. Sie vertrauten auf die langjährigen Verbindungen der jugoslawischen Führung zum Westen und auf eine prowestliche und antideutsche Stimmung und sogar Entschlossenheit in der Armee.

Eine lebhafte Propagandatätigkeit vor allem auch in den USA sollte eine revolutionäre Bewegung im eigentlichen Serbien entfachen. Die Propaganda arbeite schon recht gut durch Botschaften aller Art, die von patriotischen Vereinen in den USA nach Jugoslawien geschickt wurden, hieß es in einem Telegramm vom 26. März. Aber auch das offizielle Washington war nicht ganz unbeteiligt an der antideutschen Stimmungsmache. Selbst wenn die Jugoslawen einen Vertrag mit Deutschland unterzeichnen sollten, dürfen wir sie nicht als verloren betrachten, hieß es in einer von Sargent und Cadogan abgezeichneten Stellungnahme des Foreign Office zu einem Telegramm von Halifax aus Washington zur Entwicklung in Jugoslawien[6].

Schon am 7. März hatte man sich über die jugoslawische Haltung unterhalten. „They are adopting a cryptic attitude", hatte man festgestellt, aber auch hinzugefügt, daß man an ihrem Kriegseintritt auf britischer Seite nicht zu zweifeln brauche[7]. Zu dem obigen Telegramm kommt eine erstaunliche Begründung. „Unsere Stellung in dieser Angelegenheit wird davon abhängen, wie über einen Staatsstreich entschieden wird und ob sich eine revolutionäre Bewegung entwickeln wird", hieß es.

Offenbar rechneten die führenden Teile der britischen Diplomatie mit einem Staatsstreich der Armee. Mehrere Telegramme[6] befaßten sich mit einer solchen Möglichkeit mehrere Tage vor der Unterzeichnung des Vertrages.

Am weitesten ging Sir M. Lampson in Kairo am 28. März 1941[8]. Er stellte Überlegungen an, wie zu verfahren sei, falls der Vertrag unterzeichnet und die Armee nicht kämpfen würde. Dann sollte die jugoslawische Luftwaffe das Land verlassen, und wenn Teile der serbischen Armee – offenbar rechneten die Briten nicht mit den anderen Nationalitäten – auf britischer Seite kämpfen wollten, sollte man die jugoslawische Luftwaffe zusammen mit der RAF (Royal Air Force) verwenden. Gedanken, die über das Schicksal der nichtfliegenden Verbände entschieden, machten die Briten sich entweder offensichtlich nicht, oder sie waren entschlossen, diese Verbände zu verheizen. Unterstützungsmöglichkeiten durch Waffenlieferungen waren auch kaum vorhanden; so betrug die Lieferfrist für in einem Telegramm vom 29. März zugesagte 7,5- und 15,5-cm-Kanonen drei Monate[8].

3. Der Belgrader Staatsstreich

Am 25. März wurde der Beitritt Jugoslawiens zum Dreimächtepakt mit den obengenannten Einschränkungen unterzeichnet. Am 27. März frühmorgens kam es dann zum Staatsstreich der jugoslawischen Armee unter Führung des Generals Simović. Der Ministerpräsident und der Kriegsminister wurden verhaftet, die drei Regenten entlassen. König Peter bestieg den Thron, und Simović bildete eine neue Regierung.

Auf einige Anzeichen britischer Hoffnung auf eine solche revolutionäre Bewegung wurde bereits hingewiesen. Wenn man der Deutung Woodwards folgt[9], müssen auf einen Staatsstreich gerichtete Bestrebungen mit dem in britischen Augen wichtigsten Ziel eines Kriegseintritts Jugoslawiens auf britischer Seite und damit eine Fortsetzung der Politik, wie sie in den Akten von La Charité aufgezeichnet ist, schon länger bestanden haben[10]. War sie überhaupt abgebrochen worden?

Spätestens seit dem 21. März, als der britischen Regierung klargeworden war, daß nicht alle Teile der jugoslawischen Regierung

255

für die Unterstützung des Dreimächtepaktes waren, erwog sie die Möglichkeit eines Staatsstreiches, für den sie sich auch Chancen wegen der allgemeinen Volksstimmung ausrechnete. So erteilte Eden dem britischen Belgrader Gesandten, Dr. Campbell, Vollmacht, alles zu tun, was er für geeignet hielt, einen Regierungswechsel herbeizuführen. Für einen Staatsstreich sollte er mit den ihm vertrauensvoll erscheinenden Führern Verbindung aufnehmen und ihnen gewissermaßen als Lockspeise eine Grenzveränderung auf der zu Italien gehörenden istrischen Halbinsel anbieten. Und am Abend des 26. März, während Churchill Campbell anwies, in Verbindung mit dem Prinzregenten und seinen Ministern zu bleiben, instruierte ihn das Foreign Office, die Verbindung zu „alternatives" nicht zu vernachlässigen, auf die die Briten zurückkommen müßten, wenn die gegenwärtige Regierung „had gone beyond recall".

Eine schnelle Änderung in der Haltung der neuen jugoslawischen Regierung – Churchill hatte ihre Anerkennung angekündigt, falls sie aus dem Dreimächtepakt austreten und Griechenland helfen würde – trat nicht ein, obwohl ihre antideutsche Tendenz klar war. Aber Simović erklärte, er brauche Zeit, um die Kroaten für seine Regierung zu gewinnen, seine Macht zu konsolidieren und seine Truppen zu mobilisieren, um dann, gestützt auf England, die USA und die Sowjetunion, loszuschlagen (siehe Wuescht, S. 163). Die britischen Einflüsse auf den jugoslawischen Staatsstreich sind also unbestritten und aus vielen Quellen nachweisbar, wobei über die wahrscheinlich sehr intensive Tätigkeit des britischen Geheimdienstes noch wenig veröffentlicht ist.

Wie steht es um den sowjetischen Einfluß? Er war sicher vorhanden; anders ist der schnelle Abschluß des sowjetisch-jugoslawischen Freundschaftspaktes vom 5. April 1941 nicht zu erklären. Belege gibt es kaum. Auch der ungarische Reichsverweser Horthy war auf Vermutungen angewiesen, als er an Hitler schrieb, „daß Jugoslawien sich zu diesem Schritt ohne gewisse sowjetische Einflüsse kaum hätte verleiten lassen"[11].

Wie groß oder gering auch der sowjetische Einfluß bei der Vorbereitung des Staatsstreiches gewesen sein mag, Moskaus Freude über das Gelingen brachte die UdSSR der jugoslawischen Regierung gegenüber zum Ausdruck.

Die Haltung der UdSSR dem Deutschen Reich gegenüber sei von Woche zu Woche unfreundlicher geworden, schrieb eine Schweizer Zeitung nach dem Putsch[12]. Anläßlich der Besetzung Bulgariens durch deutsche Truppen hätten sich die Sowjets mit der Ausgabe ihres klassischen Dementis begnügt, „welches die Nachgiebigkeit der bulgarischen Regierung ziemlich unverblümt tadelte. Im Fall der Türkei wurde das Dementi schon mehr zu einer Aufforderung zum Widerstand." Die Türkei könne bei Widerstand gegen einen Angriff auf das vollste Verständnis der Sowjetunion rechnen. Einen erheblichen Schritt weiter ging die sowjetische Regierung nach dem Belgrader Staatsstreich. Sie schickte ein Glückwunschtelegramm an die Belgrader Regierung und erklärte, daß das jugoslawische „Volk" sich wieder seiner glorreichen Vergangenheit würdig erwiesen habe. Und das üblichen Dementi sei auch veröffentlicht, erklärte die „Weltwoche", sei aber „diesmal so merkwürdig gehalten, daß es ganz nach einer Bestätigung klang".

Sehr starken Eindruck soll auf Simović auch die Tätigkeit des amerikanischen Obersten Donovan gemacht haben, der volle moralische und militärische Hilfe versprach. Mehr als versprechen konnten sie alle nicht, dennoch drängten sie die Jugoslawen in den Krieg, der sie vernichten mußte. Sie sahen nur ihren Vorteil, der darin bestehen sollte, daß Hitlers sonstige Pläne durch einen Balkankrieg erheblich verzögert würden. Aber durch die schnelle „Erledigung" des Falles Jugoslawien trat auch das nicht im erwarteten Maße ein.

Eine letzte Frage zum Putsch muß noch gestellt und beantwortet werden. War der Staatsstreich eine Folge des Beitritts Jugoslawiens zum Dreimächtepakt? Viele Historiker bejahen diese Frage. Aufgrund von Auswertungen der Arbeit einer jugoslawischen Untersuchungskommission kommt Wuescht zu ihrer Verneinung[13], wobei auch die Aussagen des amerikanischen Obersten Donovan von Bedeutung waren. Der Verfasser schließt sich dieser Stellungnahme an.

4. Der jugoslawisch-sowjetische Vertrag vom 5. April als Höhepunkt der deutsch-sowjetischen Spannungen

Am 4. April 1941 abends ließ Molotow den deutschen Botschafter von der Schulenburg zu sich in den Kreml kommen und erklärte ihm „in Ausführung der zwischen Deutschland und der Sowjetunion bestehenden Konsultationsabrede (Artikel III und V des Nichtangriffsvertrages), daß die jugoslawische Regierung der Sowjetregierung den Abschluß eines Freundschafts- und Nichtangriffsvertrages vorgeschlagen habe". Die Regierung der Sowjetunion habe sich damit einverstanden erklärt.[14] Dabei habe sie sich ausschließlich von dem Wunsch nach Erhaltung des Friedens leiten lassen. Schulenburg erklärte Molotow, daß der Augenblick für den Abschluß eines solchen Vertrages sehr unglücklich gewählt worden sei und der Abschluß einen unerwünschten Eindruck in der Welt hervorrufen würde. Die Politik der jugoslawischen Regierung sei völlig unklar und ihr Verhalten sowie das Benehmen der jugoslawischen Öffentlichkeit Deutschland gegenüber herausfordernd.

Die Frage muß natürlich gestellt werden: War die Sowjetregierung wirklich ausschließlich nur auf Erhaltung des Friedens bedacht, oder verfolgte sie weitergehende Ziele? Die Verhandlungen hinter den Kulissen sollen im Grunde solche weitergehenden Ziele in Gestalt eines Militärbündnisses gehabt haben, was man verständlicherweise nicht ankündigen konnte. Kein Geringerer als der amerikanische Unterstaatssekretär Sumner Welles hat erklärt[15], es liegen Gründe für die Annahme vor, daß der jugoslawisch-sowjetische Pakt „mehr als lediglich ein Freundschafts- und Nichtangriffspakt sei".

Aus den bei der Besetzung Belgrads erbeuteten Geheimakten wissen wir, daß seit November 1940 Waffenlieferungen der Sowjets an Jugoslawien erfolgt waren. Die Sowjets hatten also diese jugoslawienfreundliche Linie nicht erst seit dem Militärputsch eingeschlagen. Das beweisen auch Informationen, die dem deutschen Botschafter in der Türkei, von Papen, zugeflossen waren[16]. Danach hatte Eden bei einem Besuch in Ankara dem dortigen jugoslawischen Botschafter versichert, „er sei aus Moskau unterrichtet, daß über die Balkanpolitik Deutschlands keinerlei Abmachungen mit den Sowjets bestünden. Die Sowjets seien bereit, auf Anforderung Jugoslawiens im Falle eines deutschen Angriffs Hilfe zukommen zu lassen. Eden selber hatte aber auch Zusagen gemacht. Im Falle einer Parteinahme Jugoslawiens für England hatte er eine Vergrößerung Jugoslawiens durch Teile von Albanien sowie das Protektorat über Bulgarien versprochen.

Im Grunde waren die Jugoslawen enttäuscht. Sie hatten ein Militärbündnis erwartet und erhielten nur einen Nichtangriffs- und Freundschaftsvertrag. Aber Stalin tröstete sie mit den Worten: „Wir sind Brüder des gleichen Blutes und der gleichen Religion, nichts ist in der Lage, unsere beiden Länder voneinander zu trennen[17]." Und dann kam das eigentliche sowjetische Anliegen zum Ausdruck. „Ich hoffe, daß Ihre Armee die Deutschen lange aufhalten wird. Sie haben Berge und Wälder, wo die Tanks wirkungslos sind." Dann forderte er die Jugoslawen auf, einen Guerillakrieg zu organisieren, und um die Heuchelei zu vervollständigen, soll Stalin sich dem jugoslawischen Verhandlungspartner, dem Gesandten Gavrilović, gegenüber auf jugoslawische Art bekreuzigt haben, als ob er ihn segnen wollte. Der Armenier Mikojan soll in einer Ecke des Raumes gesessen haben und sein Gesicht im Taschentuch verborgen haben, „als ob ihn ein heftiger Husten schüttelte".

Molotow fand eine andere Erklärung gegenüber den enttäuschten Jugoslawen. Angesichts des deutschen Aufmarsches, der die deutsche Entschlossenheit zur raschen Niederwerfung Jugoslawiens anzeigte, sagte er Gavrilović, „er müsse einem Mißverständnis zum Opfer gefallen sein, denn es sei niemals beabsichtigt gewesen, ein Militärbündnis mit Jugoslawien abzuschließen oder Jugoslawien militärisch zu unterstützen[18]".

Der jugoslawisch-sowjetische Vertragsabschluß war gewissermaßen der Höhepunkt in dem Prozeß der „Abkühlung der Beziehungen zwischen Berlin und Moskau" in seinem letzten Stadium. Er begann mit Wyschinskis Erklärung gegen den Anschluß Bulgariens an den Dreimächtepakt und ging dann in immer schnellerem Temp vor sich[19]. Dazu gehörte auch die Zusicherung Moskaus an die Türkei, daß die Sowjetunion ihr nicht in den Rücken fallen würde im Falle eines Krieges mit Deutschland. Die

Schweizer Zeitung wies auch auf das oben erwähnte Glückwunschtelegramm aus Moskau hin, das allerdings formell dementiert wurde.

Der Staatsstreich hatte auch einen Kommentar der „Prawda" hervorgerufen, der „an Deutlichkeit der Gefühle der deutschen Eroberungspolitik gegenüber nichts zu wünschen übrig ließ". Die Schweizer Zeitung wußte drei Wochen später zu berichten[20], daß der Freundschaftsvertrag, „dessen demonstrativen Charakter man in Berlin natürlich nicht übersehen hat", mit „unmißverständlichen Ausfällen" gegen die deutsche Kriegspolitik von den großen Moskauer Zeitungen begleitet werden durfte. Die Schlußfolgerung des Artikels der „Neuen Zürcher Zeitung" vom 16. April ist beachtenswert. Deutschland habe sich die Antwort auf alle diese russischen Vorstöße aufgespart, stellt die Zeitung fest und fragt dann, ob sie nicht sehr bedrohlich ausfallen könnte, wenn einmal die deutschen Hände auf dem Balkan nicht mehr gebunden seien.

Auch die von uns schon mehrfach zitierte Schweizer Zeitung „Die Weltwoche" beschäftigt sich in ihrem Leitartikel vom 10. April 1941 mit den Folgen des sowjetisch-jugoslawischen Paktes[21]. Sie sieht die neue Auseinandersetzung, die den Frieden nicht bringen werde, als Teil des Kampfes mit der „weltumspannenden britischen Weltmacht". Den hätten die deutschen Armeen auszufechten, ganz gleich, welche Uniform die ihnen entgegentretenden Soldaten trügen. Das sei nicht anders, als es vor anderthalb Jahrhunderten gewesen sei.

In der deutschen etablierten Geschichtsschreibung findet dieser Gesichtspunkt völlig ungenügende Beachtung. Man will nicht erkennen, daß „Marita" in erster Linie ein gegen Großbritannien gerichtetes Unternehmen war, das die Festsetzung der Briten auf der Balkanhalbinsel und die Bildung einer Saloniki-Front, wie sie im Ersten Weltkrieg erfolgt war, verhindern sollte. Ein Blick auf die Karte genügt, um zu erkennen, daß es zu einer Flankensicherung im Zuge einer deutsch-sowjetischen Auseinandersetzung eines so weiträumigen Unternehmens nicht bedurft hätte, wie es immer wieder in der etablierten Geschichtsschreibung dargestellt wird.

Ebenso wie vor anderthalb Jahrhunderten, fährt die Schweizer

Zeitung fort, stehe heute wieder im Hintergrund jenes Rußland, das im August 1939 durch den Nichtangriffspakt ein für allemal als Gegner ausgeschaltet schien. Schon am 3. April hatte die Zeitung, ähnlich wie am 16. April die „Neue Zürcher Zeitung", aufgezeigt, wie die Russen seit Wochen auf jede Aktion im Südostraum von Fall zu Fall unfreundlicher reagierten. „Die jüngste dieser Reaktionen ist der russisch-jugoslawische Freundschafts- und Nichtangriffspakt, der in Anbetracht des Augenblicks, in welchem er abgeschlossen wurde, fast so sensationell wirken mußte wie im Sommer 1939 der Abschluß des deutsch-russischen Nichtangriffspaktes."

Die „Prawda" bestätigte gewissermaßen diese Schweizer Einschätzung des sowjetisch-südslawischen Vertrages mit der Feststellung, daß dieser Vertrag in der Geschichte eine historische Bedeutung haben werde.

Trotz des Mißbrauchs, der mit der Qualifikation „historische Bedeutung" getrieben werde, hält die „Weltwoche" es für möglich, daß die „Prawda" recht behalten werde und dieser Pakt „vielleicht einmal am Anfang eines neuen ,renversement des alliances' stehen wird".

Die Schweizer Zeitung hatte von dem demonstrativen Charakter des sowjetisch-jugoslawischen Paktes geschrieben. Diese Bewertung wurde von Ribbentrop in seiner Aussage vom 30. März 1946 vor dem IMT ausgesprochen[22]. Hitler habe sich in seiner Auffassung bestätigt gesehen, daß Rußland sich von der Politik des Jahres 1939 entfernt habe. Er empfand das als einen Affront. Er habe einen Vertrag mit der einen Regierung abgeschlossen, „und nun schließe kurze Zeit darauf Rußland einen Pakt mit der Regierung, die ausgesprochen gegen Deutschland eingestellt sei." In seiner weiteren Aussage wies Ribbentrop auf Hitlers große Sorge hin, daß Rußland, über dessen „immer weitere Aufmärsche Nachrichten kamen, mit England und den USA zusammengehen könnte und diese drei Mächte gegen Deutschland in einem Zweifrontenkrieg vorgehen könnten. Dann konnte Deutschland angesichts der offenbarten Schwäche Italiens und der von Hitler nicht als unbedingt ,sicher' eingeschätzten Haltung Japans allein dastehen. Aus diesen Erwägungen heraus habe Hitler sich zum Prävenire entschlossen".

Dieser Beurteilung der Lage durch Ribbentrop nach dem Krieg entspricht eine Eintragung, die Halder am 7. April 1941 in seinem Kriegstagebuch vorgenommen hat. „Die russische Gliederung gibt zu Bedenken Anlaß. Wenn man sich von dem Schlagwort freimacht, der Russe will Frieden und wird nicht von sich aus angreifen, dann muß man zugeben, daß die russische Gliederung sehr wohl einen raschen Übergang zum Angriff ermöglicht, der uns außerordentlich unbequem werden könnte[23].“

Was stand für Hitler bei einem Abfall Jugoslawiens oder auch nur bei einer unsicheren neutralen Haltung auf dem Spiel? Strategisch stand Jugoslawien im Rücken der an der griechischen Front unglücklich kämpfenden Italiener und hätte im Falle eines Kriegseintritts die gesamte albanische Front der Italiener mit katastrophalen Folgen zum Einsturz gebracht. Bei einem deutschen Vorstoß gegen Griechenland waren ebenfalls der Rücken und dazu vor allem die rechte Flanke einer auf Saloniki vorrückenden Armee bedroht.

Dazu beherrschte Jugoslawien den Donauverkehr. Schwerwiegend wären auch die wirtschaftlichen Folgen gewesen, denn der bedeutende jugoslawische Wirtschaftsraum stand seit der Ausschaltung Frankreichs fast ausschließlich der deutschen Versorgung zur Verfügung. Das betraf sowohl landwirtschaftliche Produkte, wie z. B. Mais – nach Argentinien war Jugoslawien das wichtigste Ausfuhrland – als auch Weizen, Schweine und Rinder. Aber auch für wichtige kriegswirtschaftliche Erze, wie Kupfer, Blei und Mangan, war Jugoslawien ein bedeutender Lieferant, auf den die deutsche Rüstungsindustrie nicht verzichten konnte. Und das galt in ganz besonderem Maß für das zur Aluminiumherstellung und damit für die Flugzeugproduktion unentbehrliche Bauxit.

Hitler war schnell entschlossen. Wenn sich schon die Verhandlungen über den jugoslawischen Beitritt zum Dreierpakt so schwierig gestaltet hatten mit einer Regierung, die sich jedenfalls nicht öffentlich deutschfeindlich gebärdete und praktisch nur eine Neutralität dabei herausgekommen war, dann konnte man von den Kräften der neuen Regierung, die ihrer Vorgängerin Kapitulationsbereitschaft gegenüber Deutschland vorwarf, nichts erwarten.

Hitler entschloß sich zum Handeln. Es mußte alles neu konzipiert werden. „Der Beschluß einer Invasion Jugoslawiens bedeutete eine komplette Umwälzung all unserer militärischen Bewegungen und Vorbereitungen bis zu diesem Datum. Die Invasion Griechenlands mußte völlig revidiert werden. Und neue Kräfte mußten aus dem Norden durch Ungarn herangeführt werden. Es mußte alles improvisiert werden[24]." Aber diese Improvisation gelang vollständig. Am 15. April war Jugoslawien geschlagen und am 22. April der griechische Feldzug außer der Besetzung Kretas beendet.

5. Stalin gibt seine Zurückhaltung auf

Die raschen deutschen Erfolge auf dem Balkan, die Niederwerfung Jugoslawiens und die nicht minder schnelle Vertreibung der Briten vom Kontinent führten zu einer Änderung von Stalins Politik gegenüber Deutschland. Er hatte nach Auffassung des türkischen Botschafters in Moskau gehofft, die Jugoslawen würden die Deutschen mindestens drei Monate aufhalten, um den Briten genügend Zeit zu geben, stärkere Kräfte auf den Balkan zu verlegen[25]. Wenn er seine Politik, die ihm unvermeidlich erscheinende Auseinandersetzung mit Deutschland so weit wie möglich im Interesse einer starken eigenen Rüstung hinauszuschieben, mit Erfolg fortsetzen wollte, mußte er den Deutschen vor allem in ihren Handelswünschen weitgehend entgegenkommen, nachdem er in den Monaten Januar bis März 1941 versucht hatte, durch Verlangsamung der Lieferungen . . . der deutschen Balkanpolitik Schwierigkeiten zu bereiten[26].

Schon der Monat April brachte wieder eine volle Auslieferung der beiden für Deutschland wichtigsten Güter, Getreide und Erdöl. Dieses sowjetische Verhalten setzte sich bis zum Beginn des Ostfeldzuges fort, ohne daß sowjetischer Druck hinsichtlich deutscher Gegenlieferungen ausgeübt wurde. Die sowjetischen Lieferungen erreichten einen Höchststand.

Auch auf politischem Gebiet bemühten die Sowjets sich bei verschiedenen Gelegenheiten um eine deutschfreundliche Haltung. So vor allem im Verhältnis zu den Briten. Und die Vertretungen der von den Deutschen besetzten Staaten wurden durch Ausweisung ihrer Diplomaten aufgelöst. Belgien, Norwegen, Jugoslawien und Griechenland waren von diesen Maßnahmen betroffen.

Stalins Verhalten „was a kind of cold-footed opportunism"[27]. „Everything was done to keep the Germans happy." Den Höhepunkt dieses opportunistischen Verhaltens stellte das berühmte Tass-Kommuniqué vom 14. Juni 1941 dar. Es trat den Gerüchten über einen bevorstehenden Krieg zwischen Deutschland und der Sowjetunion und über territoriale und ökonomische Forderungen Deutschlands an die Sowjetunion entgegen. Deutschland wie die Sowjetunion hielten sich streng an die Bestimmungen des Nichtangriffspaktes, hieß es. Und Gerüchte, daß Deutschland den Vertrag aufgeben und die Sowjetunion angreifen wolle, entbehrten jeglicher Grundlage. Auch die Truppenverschiebungen von den nördlichen und östlichen Gebieten nach Beendigung des Balkanfeldzuges hätten keinen Zusammenhang mit den deutsch-sowjetischen Beziehungen. Und die Truppenbewegungen auf sowjetischer Seite, die Einberufung von Reservisten und die bevorstehenden Manöver der Roten Armee hätten nur Übungszwecke. Solche Maßnahmen würden jedes Jahr durchgeführt.

XV. Hitler wägt ab

1. Die Lage in britischer Sicht

Wenn Hitler schon im Dezember 1940 den endgültigen Entschluß, die Sowjetunion anzugreifen, getroffen haben sollte, müßten eigentlich die im allgemeinen gutinformierten und auf langer Tradition basierenden, zur Analyse bestehender politischer Verhältnisse befähigten Foreign-Office-Dienststellen in der Lage gewesen sein, das zu bestätigen. Überpüft man das zur Verfügung stehende Material auf diesen Punkt hin, so erhält man alles andere als eine eindeutige Antwort. Einigkeit besteht in der richtigen Feststellung, daß das sowjetisch-deutsche Verhältnis an Spannungen zugenommen hatte. Bei der Beantwortung der Frage, wer den Angriff führen werde, fehlt es schon an Übereinstimmung. Aus einem Budapester Telegramm entnimmt das Foreign Office, daß die Deutschen einen sowjetischen Angriff erwarten, was die Beamten des Foreign Office allerdings für unwahrscheinlich halten[1].

Mac Lean vom Foreign Office hält es sogar für einen leitenden Grundsatz der sowjetischen Politik, einen Krieg mit Deutschland zu vermeiden. Es erscheint ihm sicher, daß die sowjetische Regierung nur kämpfen wird, wenn sowjetisches Gebiet besetzt wird. Und das ist für ihn und andere Beamte des Foreign Office sehr unwahrscheinlich. Sie zweifeln geradezu an der Richtigkeit von inoffiziellen Nachrichten aus dem Heiligen Stuhl, die von einem baldigen deutschen Angriff auf die Sowjetunion sprechen. Warum sollte Deutschland? fragen sie. Es sei mehr als zweifelhaft, ob Deutschland durch einen Angriff in den Besitz größerer Mengen von Weizen und Öl gelangen würde als durch starken Druck auf die Sowjetunion, ohne zum Mittel des Krieges zu greifen. Es sei gegenwärtig kein Grund, einen bevorstehenden Angriff Deutschlands auf die Sowjetunion anzunehmen, heißt es weiter in einer der Stellungnahmen des Foreign Office vom 22. Januar 1941[1].

Die Berichte des britischen Botschafters Sir Stafford Cripps ergeben auch kein eindeutiges Bild. Er berichtet in einem langen Telegramm vom 23. April von der Überzeugung sowjetischer Militärs, die sich als eine neue Kraft außerhalb der Partei zu formieren beginnen[2]. Sie seien der Meinung, daß es Krieg geben werde, sie seien aber eifrig darauf bedacht, den Beginn wenigstens bis zum Winter hinauszuschieben. Ähnlich war die Stellungnahme von Cripps fünf Wochen später[3]. Er glaubt eine deutliche sowjetische Abneigung erkennen zu können, zum damaligen Zeitpunkt Krieg zu führen, und meint, es könne Deutschland gelingen, bedeutende politische Konzessionen von der Sowjetunion zu erpressen. Auch in diesem Bericht wird das sowjetische Interesse betont, Krieg zu einem späteren Termin zu führen.

In einer großen Stellungnahme auch vom 30. Mai 1941[3] zum Heß-Flug, die sämtliche für die Europapolitik zuständigen Beamten des Foreign Office, wie Sargent, Strang und auch der höchste Beamte, Cadogan, sowie Butler abgezeichnet haben, wird die Linie vorgegeben, auf der mit der Sowjetregierung verfahren werden soll. Sie brauche sich nicht von Deutschland durch ein neues und unvorteilhaftes Abkommen freizukaufen, weil es eindeutig sei, daß Deutschland nicht beabsichtige, sich unter den damaligen Umständen auf einen Krieg mit der Sowjetunion einzulassen[3]. Eine erstaunliche Feststellung 3½ Wochen vor Kriegsbeginn. So eindeutig scheint für die Briten Hitlers Kriegswille nicht gewesen zu sein.

Diese Auffassung war sicher nicht unbeeinflußt durch die Meinung von Cripps, der am 30. Mai berichtete, daß Verhandlungen stattfinden zur Frage des Ausmaßes der deutschen Kontrolle über die sowjetische Wirtschaft[3]. Vier Tage vorher war er schon auf seine alte Frage zurückgekommen, ob die Sowjetunion Konzessionen gegenüber deutschen Forderungen machen werde, aber nicht um einen Krieg überhaupt zu vermeiden, sondern in der Hoffnung, daß die Chancen für einen Krieg ein Jahr später erheblich besser sein würden. Um einer solchen Verschiebung willen sei die Sowjetunion wahrscheinlich zu großen Konzessionen, auch zu politischen, gegenüber Deutschland bereit. Und Deutschland hätte den unvermeidbaren Krieg 1942 gegen eine rüstungsmäßig noch stärkere Sowjetunion als 1941 führen müssen.

Wir wissen, daß die britischen Akten nur sehr lückenhaft freigegeben sind[4]. Entweder sie sind mit einem Sperrvermerk versehen, aber im Katalog mit dem Hinweis aufgeführt „closed until 2017", oder sie sind „transferred to PRO Safe Room".

Wegen dieser Lückenhaftigkeit und der mehrfachen Erwähnung von deutsch-sowjetischen Verhandlungen in den letzten Vorkriegsmonaten, über die in offiziellen Veröffentlichungen keine Akten enthalten sind, muß ernsthaft die Frage gestellt werden, ob nicht doch solche Verhandlungen stattgefunden haben. Ohne Kenntnis der in den sowjetischen Archiven lagernden Akten wird eine Beantwortung dieser Frage nicht möglich sein.

Im Grunde waren die Briten noch im Juni 1941 sich nicht darüber klar, ob die Deutschen zum Angriff auf die Sowjetunion entschlossen waren. Noch am 8. Juni 1941 zeigten sie in einem Memorandum über die Grundlinien einer sowjetisch-britischen Annäherung[5] mehrere Möglichkeiten einer deutschen Politik gegenüber der Sowjetunion auf. Sie hielten es für wahrscheinlich, daß Deutschland die Sowjetunion wirtschaftlich durch Stellung sehr schwerer wirtschaftlicher Forderungen erpressen würde. Sie würden aber von der Sowjetunion akzeptiert werden, da ihre Alternative der Krieg war. Die zweite Möglichkeit sahen sie in der Erzwingung eines Krieges durch so schwere Forderungen Deutschlands, daß die Deutschen annehmen würden, sie könnten nicht erfüllt werden.

Das stimmt mit einem Bericht von Cripps vom 23. April überein[6], in dem er ähnlich das deutsch-sowjetische Verhältnis als bestimmt durch deutsche Forderungen und durch die Bereitschaft der Sowjetunion beschrieb, sie zu erfüllen. Zur Erfüllung sei sie jedoch nur bereit, soweit ihre Kriegsbereitschaft nicht wesentlich betroffen würde.

Auf derselben Linie lag auch ein Bericht, den der britische Gesandte in Athen, Palairet, für den in Athen weilenden Außenminister Eden am 6. April an das Foreign Office schickte[7]. Seine Information hatte er vom griechischen König erhalten, der seine Kenntnisse vom jugoslawischen Prinzregenten Paul über dessen Gespräche mit Hitler bezogen hatte. Abgesehen davon, daß sich auf einem solchen Übermittlungsweg über drei Stationen Fehler durch persönliche Deutung einzelner Aussagen einschleichen können, kann dieser Bericht auch nichts über einen festen Entschluß Hitlers aussagen, die Sowjetunion anzugreifen. Hitler soll sich zwar sehr stark gegen die Sowjetunion geäußert[8] und darauf hingewiesen haben, daß er gezwungen sei, militärisch gegen die Sowjetunion vorzugehen, um die Versorgung mit benötigten Rohstoffen sicherzustellen, von einem festen Entschluß aber hat er nicht gesprochen. „He would choose his time", soll er hinzugefügt haben.

Damit war in den Augen der Briten nichts festgelegt worden. Um so weniger, als in einem drei Wochen älteren Telegramm des Washingtoner Botschafters Halifax berichtet worden war, der amerikanische Unterstaatssekretär Welles habe sichere Informationen, daß Göring Matsuoka gesagt habe, Deutschland beabsichtige, die Sowjetunion erst nach dem Angriff auf Großbritannien anzugreifen. Und auch gegenüber diesen Aussagen muß der obige Vorbehalt hinsichtlich des langen Informationsweges erhoben werden. Aber dennoch wird der Eindruck bestätigt, daß die britische Seite nicht von einem nahe bevorstehenden Angriff überzeugt war. Diese Erkenntnis führt zu einer anderen alternativen Frage. War der, wie allgemein anerkannt, hervorragend arbeitende britische Nachrichtendienst so schlecht informiert, oder bestand nur ein zeitlicher Informationsrückstand, das heißt, war die von deutscher Seite (hier die Aussagen Jodls und Görings in Nürnberg) gemachte Feststellung, Hitlers endgültiger Entschluß zum Angriff auf die Sowjetunion sei erst im Zusammenhang mit der sowjetischen Stellungnahme im Balkanfeldzug getroffen worden, noch nicht zum britischen Nachrichtendienst vorgedrungen?

Auf seiner Rückreise von Berlin unterzeichnete der japanische Außenminister Matsuoka am 13. April in Moskau einen Neutralitätsvertrag. Diesen Vertrag soll Matsuoka schon auf der Hinreise am 7. April in Moskau angeboten haben, aber das Angebot soll von Stalin abgelehnt worden sein. Die sich anschließenden Verhandlungen „erreichten bald einen toten Punkt"[9]. Dennoch kam es am 13. April zur Unterzeichnung des Neutralitätsvertrages. Formal schaffte der sowjetische Verzicht auf ein „von Molotow zur Vorbedingung erhobenes Zusatzprotokoll über Nordsachalin" die Voraussetzung für die sowjetische Unterzeichnungsbereitschaft. Tatsächlich aber wird wohl der Verlauf des Balkanfeldzuges und der vorhergegangenen Exponierung der sowjetischen Politik durch den Vertrag mit Jugoslawien, die in sowjetischen Augen zu einer Verschärfung der deutschen Haltung führen konnten, bei Stalin einen Sinneswandel zugunsten des Abschlusses eines Neutralitätsvertrages mit Japan bewirkt haben.

Unverständlich ist die deutsche Haltung. Wenn der Entschluß zum Angriff auf die Sowjetunion feststand, mußte man auf deutscher Seite alles daran setzen, die Bedrohung der sowjetischen Ostfront durch die Japaner aufrechtzuerhalten. Anderenfalls ermöglichte man den Sowjets den Abzug ihrer Eliteverbände aus Sibirien, der im Herbst und Winter 1941 erfolgte und entscheidend zur deutschen Niederlage vor Moskau beitrug. Oder war man tatsächlich auf deutscher Seite zum Angriff auf die Sowjetunion immer noch nicht entschlossen? Dafür würde auch Hitlers Erklärung gegenüber Raeder vom 20. April sprechen, „er habe Matsuoka mitgeteilt, daß Rußland nicht angefaßt wird, wenn es sich gemäß Vertrag freundschaftlich verhält; anderenfalls behalte er sich Vorgehen vor[10]".

Sollte diese Entscheidung Hitlers tatsächlich und wohl in der Annahme eines schnellen deutschen Erfolges gegen die Sowjetunion getroffen worden sein? Erstaunlicherweise deutet auch Hillgruber an, „daß Hitler selbst zu diesem späten Zeitpunkt gegenüber Raeder offen(ließ), ob er überhaupt den Befehl zum Angriff ‚Barbarossa' erteilen werde".

Wir haben im Verlaufe dieses Abschnitts eine große Anzahl britischer Äußerungen zur Vorgeschichte des Unternehmens „Barbarossa" berücksichtigt. Nicht ein einziges Mal „war vom Kampf um Lebensraum" oder gar von einem „rassenideologischen Vernichtungskrieg" die Rede. Einmal wurde der bevorstehende Krieg als eine Auseinandersetzung mit dem Bolschewismus und die Verhinderung seiner Ausbreitung in Europa als Hitlers Ziel erwähnt. In britischer Sicht ging es Hitler immer nur um die Rohstoffversorgung. Er wäre auch bereit gewesen, auf einen Feldzug gegen die Sowjetunion zu verzichten, wenn sie in ausreichender Weise zur Lieferung bereit gewesen wäre und Deutschland ausreichend Einfluß auf die Steigerung der sowjetischen Produktion eingeräumt hätte.

Noch am 17. April berichtete Cripps über die erwartete baldige Rückkehr des in Berlin weilenden deutschen Botschafters von der Schulenburg. Er werde bald mit einem neuen, in großem Rahmen gehaltenen Angebot für eine aufrichtige (whole-hearted) Kooperation Deutschland–Sowjetunion zurückkehren[11].

Und am 29. Juni schrieb der „Observer" in einem Leitartikel über „Hitler's real motives", Hitler habe sich auf einen langen Krieg vorzubereiten. Für diesen Krieg benötige er riesige wirtschaftliche Hilfsmittel und Sklavenarbeit. Dahinter gebe es aber auch etwas anderes, und dieses andere sei die Verwirklichung des ursprünglichen Traumes aus „Mein Kampf", die Eroberung eines deutschen Lebensraumes für 200 Mio Menschen der deutschen Herrenrasse, die durch germanische Elemente vergrößert sei. Es ist bezeichnend, daß erst nach Beginn des Feldzuges diese Assoziation mit dem, was in „Mein Kampf" geschrieben war, erschienen ist.

Unter den britischen Stimmen fällt eine heraus, allerdings die eines Fachmannes. Professor Postan vom MEW (Ministry of Economic Warfare)[12] glaubt nicht, daß Hitler die Sowjetunion aus wirtschaftlichen Gründen angreifen wird, es seien politische, „because it was desired to settle with the Soviets".

Kurz vor Beginn des Feldzuges weicht Cripps' optimistische Lagebeurteilung einer realistischeren. In einer Erklärung (statement) über die deutsch-sowjetischen Beziehungen kommt er zu folgender Feststellung[13]: Grundsätzlich seien die Sowjets sowohl gegenüber Großbritannien als auch Deutschland feindselig eingestellt. In Moskau glaube man in gutunterrichteten Kreisen, Hitler werde seine Forderungen so hoch treiben, daß ihre Annahme für die Sowjets unmöglich würde. Die Gründe hierfür lägen in der Verschlechterung seiner Lage im Verlaufe des Jahres bei einer Verstärkung der sowjetischen Position. Bei einem sofortigen Krieg könne er noch auf Sympathien in gewissen USA-Kreisen rechnen. Und als dritten Grund führt Cripps Hitlers Hoffnung auf einen Feldzug von so kurzer Dauer an, daß es ihm möglich sei, noch im Herbst eine Invasion des United Kingdom vorzunehmen. Und um seine optimistische Lagebeurteilung gewissermaßen zu untermauern, fügt er hinzu, daß er die in diplomatischen Kreisen Moskaus vorherrschende Meinung einen sowjetischen Widerstand für mehr als drei oder vier Wochen nicht für möglich hielt. Dann würden die Deutschen in Moskau, Leningrad und Kiew sein. Wir erfahren nicht, ob und wieweit diese Ansicht von Cripps im britischen Kriegskabinett Widerspruch fand.

2. Die gefährliche deutsche Abhängigkeit von sowjetischen Rohstofflieferungen

Ganz so unrecht hatten die Briten nicht, wenn sie immer wieder in ihren Überlegungen und Darlegungen in einem nicht unerheblichem Maße die deutsche Abhängigkeit von sowjetischen Rohstofflieferungen betonten. Die Sowjets verstanden es mehrfach, ihre Lieferungen an Deutschland von den politischen Verhältnissen abhängig zu machen und scheuten sich dabei nicht, die abgeschlossenen Verträge nur teilweise einzuhalten. Aber auch zur Durchsetzung von eigenen wirtschaftlichen Forderungen, die zur Preisgabe deutscher militärtechnischer und rüstungswirtschaftlicher Geheimnisse führten, wußte Stalin seine Bedingungen hochzuschrauben. Das war im besonderen Maße der Fall bei den Verhandlungen, die zu dem am 11. Februar 1940 abgeschlossenen Wirtschaftsvertrag geführt hatten. Selbst Hillgruber[14] schreibt von einer Zwangslage, in der sich Hitler im Winter 1939/40 befand und in der er gezwungen war, die weitestgehenden Forderungen Stalins zu akzeptieren, um zu einem Vertragsabschluß zu kommen. Dieser nur mühsam vollzogene Paktabschluß hinderte Stalin aber nicht daran, die noch in der ersten Hälfte März 1940 planmäßig verlaufenen Transporte plötzlich einzustellen, nachdem sich sein Verhältnis zu den Westmächten entspannt hatte und ein deutscher militärischer Vorstoß gegen Südosteuropa befürchtet wurde.

Am 9. April 1940, das heißt nach Beginn der skandinavischen Aktion, mußte Schulenburg, wie er ausdrücklich betonte, bei seinem Besuch bei Molotow feststellen, daß „die Sowjetregierung von neuem total umgeschwenkt hatte". Die Lieferungen setzten schlagartig wieder ein, ihr Stopp wurde „als Übereifer untergeordneter Organe" erklärt.

Der Grund für die Wende, über die der Botschafter völlig verblüfft war, lag wohl in der Tatsache, daß der deutsche Erfolg in

Norwegen „für die Sowjetunion die Gewißheit brachte, daß mit einem Eingreifen der Westmächte in Skandinavien in absehbarer Zeit nicht mehr gerechnet werden konnte[14]. Bei solcher Erkenntnis ist es dann für Hillgruber nicht schwer, eine Schlußfolgerung zu ziehen, der der Verfasser nur voll zustimmen kann. „Für Stalin war demnach der Wirtschaftsvertrag ein Mittel, um den ‚deutschen Partner von Fall zu Fall‘ unter Druck zu setzen und den Kriegsverlauf im Interesse der Sowjetunion zu beeinflussen."[14]

Massiv wiederholten die Sowjets diese Politik der Benutzung der Wirtschaft als Druckmittel im ersten Vierteljahr 1941. Auch bei dieser Entwicklung war ein am 10. Januar 1941 abgeschlossener Wirtschaftsvertrag vorausgegangen. Das hinderte allerdings die Sowjets nicht daran, gewissermaßen als Gegengewicht gegen die erfolgreiche deutsche südosteuropäische Politik wirtschaftliche Mittel einzusetzen.

Die sowjetischen Lieferungen hatten in einem erheblichen Umfang nachgelassen. Im Februar 1941 betrug die deutsche Einfuhr aus der Sowjetunion nur wenige Millionen Mark. Der stellvertretende Leiter der handelspolitischen Abteilung im deutschen Wirtschaftsministerium schloß aus diesem Sachverhalt, „daß die Lieferbereitschaft der Sowjetseite ernsthaft bezweifelt werden muß"[15]. Dabei habe die Sowjetunion nach dem Wirtschaftsabkommen vom 10. Januar 1941 gerade während des ersten Vierteljahres mit den Lieferungen nicht unerheblich in Vorlage sein müssen. Sie befinde sich aber umgekehrt „in bedenklichem Rückstand". Molotow sei vom Botschafter auf diese „beunruhigende Entwicklung" aufmerksam zu machen. Sollte eine solche Demarche keinen Erfolg haben und sollten die sowjetischen Lieferungen „nicht unverzüglich in entsprechendem Verhältnis erhöht werden, so müßten die deutschen Lieferungen alsbald dem Umfang der sowjetischen Lieferungen angeglichen werden".

Das wäre ein Wirtschaftskrieg gewesen, in dem die deutsche Seite sicherlich die größeren Nachteile gehabt hätte. Daß dieses Verhalten der Sowjets auf deutscher Seite nicht zum Abbau, sondern zur Verschärfung bereits bestehender erheblicher Zweifel an der sowjetischen Lieferbereitschaft in Spannungszeiten beigetragen hat, darf nicht verwundern.

Zum Wirtschaftskrieg jedoch kam es nicht. Die schnellen

deutschen Siege im Balkanfeldzug veranlaßten die Sowjets auch in der Wirtschaftspolitik zu einer totalen Schwenkung. „Die Warenlieferungen wurden in vollem Umfang wiederaufgenommen und erreichten in den folgenden Monaten einen bisher nicht gekannten Höchststand[16]." Und wir wissen aus anderen Quellen, daß die Sowjets ihre Lieferungen bis zum deutschen Angriffsbeginn am 22. Juni voll ausgeführt haben.

3. Hitlers Überlegungen

Welche außenpolitischen Überlegungen hat Hitler im Frühjahr 1941 wahrscheinlich angestellt oder sogar anstellen müssen?

Wir verfügen über eine kaum genutzte Quelle, die uns darüber Auskunft geben kann, die Aussagen Ribbentrops im Nürnberger Prozeß[17]. Da sie keinen Rechtfertigungsversuch des früheren Reichsaußenministers darstellen, kann ihnen nach Meinung des Verfassers ein hoher Grad von Objektivität beigemessen werden. Ribbentrop bezieht sich auf eine längere Unterredung, die er mit Hitler über die außenpolitische Situation gehabt hat. Ribbentrops Ausführungen versetzen uns in die Lage, uns ein ziemlich genaues Bild über Hitlers Beurteilung der Lage im Frühjahr 1941 zu machen.

Ausgangspunkt der Lagebeurteilung Hitlers war seine Erkenntnis, daß England nicht friedensbereit war. Das deutsch-sowjetische Verhältnis hatte seit dem Sommer 1940 laufend eine Verschlechterung erfahren. Die deutschen Versuche anläßlich des Molotow-Besuches im November 1940, einen Modus vivendi auf der Basis eines Viermächtepaktes zu erreichen, waren gescheitert. Vielmehr ließen die von Molotow am 13. November erhobenen Forderungen, die eine nur auf deutsche Kosten zu realisierende sowjetische West-Süd-Expansion ausdrückten, und die sowjetische Note vom 25. November die deutsch-sowjetischen Gegensätze als nahezu unüberbrückbar erscheinen.

Die sowjetische Aufrüstung machte schnelle Fortschritte, ein sowjetischer Aufmarsch in den Westgebieten mit Einheiten, die den deutschen Verbänden an Zahl weit überlegen waren, hatte sich klar feststellen lassen.

Die UdSSR habe eine Haltung gezeigt, war Hitlers Deutung, „die mich zu gewissen Bedenken veranlaßt. Wir wissen daher nicht, was von dieser Seite kommen kann." Hitler stand (nach Ribbentrop) vor der großen Sorge, „daß früher oder später Rußland auf der einen Seite und die USA mit England auf der anderen Seite gegen Deutschland vorgehen könnten". Dazu kam der sowjetisch-jugoslawische Freundschaftspakt, auf dessen Bedeutung für Hitlers Urteil über die deutsch-sowjetischen Beziehungen bereits oben hingewiesen wurde. Ribbentrop wollte nach diesem Vorfall die Haltung der Sowjetunion klären, aber Hitler hatte ihm das mit der Begründung verboten, es habe keinen Zweck und werde an der Haltung Rußlands nichts ändern.

Die amerikanische Gegnerschaft nahm auch zu und mußte sich bei immer stärker werdender Parteinahme für England nach der Wiederwahl Roosevelts im November 1940 zur ausdrücklichen Feindschaft entwickeln. Hitler habe zu den USA immer gute Beziehungen haben wollen, aber trotz äußerster deutscher Zurückhaltung sei die Haltung der USA immer deutschfeindlicher geworden. Es habe schon vor der Zurückberufung des amerikanischen Botschafters im November 1938 und natürlich verstärkt im Krieg eine Reihe von Maßnahmen der Amerikaner gegeben, „die den Führer... immer mehr zu der Überzeugung brachten, daß sie früher oder später die USA in den Krieg gegen uns hereinbringen würden", einen Krieg, den Hitler nicht gewollt hatte, wie Ribbentrop ausdrücklich mehrfach betonte. Unter solchen Maßnahmen nannte Ribbentrop die Cash and Carry-Klausel, die sich ja nur für Deutschlands Gegner auswirken konnte, die Zurverfügungstellung von Zerstörern, die Lend-and-Lease-Bill, das Vorschieben der USA nach Europa durch die Besetzung Grönlands, Islands und afrikanischer Gebiete und schließlich den Schießbefehl zur Sicherung der Transporte nach England.

Aber auch über die Haltung Japans machte Hitler sich Sorgen. Sie sei nicht unbedingt sicher für Deutschland. Es gebe zwar den Dreimächtepakt, „aber es seien sehr starke Kräfte in Japan, die auch in umgekehrter Richtung wirken, und wir können nicht wissen, welche Haltung Japan einnimmt". Eine Bemerkung über den Dreierpakt sei noch angefügt. Dieser Pakt sei von Anfang an als Defensivpakt gedacht, seine Hauptaufgabe sei es gewesen, die

USA aus dem Krieg dadurch herauszuhalten, daß ihr an zwei Fronten Gegner entstanden. Diese in den Pakt gesetzten Hoffnungen hatten sich nicht erfüllt. „Irgendwelche aggressiven oder Weltherrschaftspläne" hätten dem Pakt nicht zugrunde gelegen, auch wenn „das oft behauptet worden ist". Die deutsche Seite hatte gehofft, durch den Pakt die USA zu neutralisieren und England zu isolieren, „um dann auf dieser Basis doch noch zu einem Kompromißfrieden zu kommen, den wir während des ganzen Jahres niemals aus den Augen verloren und letzten Endes immer angestrebt haben".

Der italienische Verbündete hatte völlig versagt. Hitler hatte das zwar offensichtlich zurückhaltender mit den Worten ausgedrückt, daß Italien sich als ein „schwacher Bundesgenosse" erwiesen habe. Es ist kennzeichnend, daß Italien in den weiteren Überlegungen Hitlers keine Erwähnung gefunden hat.

All das könnte ergeben, daß Deutschland vollkommen allein dastehe, und Hitlers Sorge war, daß das Reich von Ost und von West angegriffen werden könnte. Und zu der Verschlechterung der außenpolitischen Lage würde angesichts der verstärkten Rüstungsanstrengungen der Gegner eine Verringerung des deutschen Rüstungsvorsprunges kommen, welche die deutsche Lage zusätzlich verschlechtern würde.

„All diese Erwägungen haben dann den Führer schließlich bestimmt, das Prävenire zu spielen und von sich aus ... gegen Rußland zum Präventivkrieg zu schreiten." Es war der Ausweg aus dem Dilemma, aber kein Krieg zur Eroberung von Lebensraum.

XVI. Es war ein Präventivkrieg

1. Der schwerste Entschluß seines Lebens

Hillgruber[1] leugnet, daß der deutsche Angriff vom 22. Juni 1941 ein „Präventivkrieg im üblichen Sinne" gewesen sei. Es habe sich nicht um einen Krieg gehandelt, „um einem zum Angriff bereiten oder schon zum Angriff ansetzenden Gegner durch Auslösung eines eigenen Angriffs zuvorzukommen". Davon könne keine Rede sein, weil „die Eroberung des europäischen Rußland zur Aufrichtung eines deutschen Imperiums in Kontinentaleuropa bereits seit der Mitte der zwanziger Jahre Hitlers großes Ziel gewesen sei", „das er seit seiner Machtergreifung 1939 ... konsequent ansteuerte."[1]

Nun ist aus unseren bisherigen Ausführungen hervorgegangen, daß diese Kontinuität des Zieles bei Hitler nicht bestanden hat und daß man bei der Anwendung des Präventivkriegsgedankens sich von einem solchen engen Präventivkriegsbegriff lösen muß. Hitler mußte spätestens 1942 mit einem überlegenen sowjetischen Angriff rechnen, dem er, wenn er Erfolg sehen wollte, bereits 1941 durch einen eigenen Angriff zuvorkommen mußte.

Aber es gibt auch Aussagen Hitlers, die erkennen lassen, daß er sich in einer Lage fühlte, auf die durchaus der enge Präventivkriegsbegriff angewandt werden kann.[2] Der Befehl zum Angriff auf Rußland sei der schwerste Entschluß seines Lebens gewesen[3], denn er habe immer die Meinung vertreten, daß Deutschland keinen Zweifrontenkrieg führen dürfe. Trifft man den schwersten Entschluß seines Lebens, ohne dazu gezwungen zu sein? Hitler gibt selbst an einer anderen Stelle des Testaments die Antwort, die den Angriff als Beginn eines Präventivkrieges im üblichen Sinne des Begriffs erscheinen läßt. „Während des ganzen Winters und ganz besonders in den ersten Frühjahrstagen 1941 hat der Gedanke mir den Schlaf geraubt, die Sowjets könnten mir zuvorkommen." Man kann nun natürlich der Meinung sein, daß es sich um eine nachträgliche Rechtfertigung Hitlers gehandelt habe. Aber zumindest für das Frühjahr 1941 gibt es einen OKW-Befehl vom

25. Mai 1941[4], der darauf hinweist, daß Präventivmaßnahmen der Roten Armee möglich seien, zu deren Abwehr entsprechende deutsche Maßnahmen getroffen werden müßten. Nun will Hillgruber das nur auf die erkennbaren sowjetischen Maßnahmen bezogen wissen. Es heißt aber ausdrücklich, der Führer habe „nochmals" darauf hingewiesen, so daß es sich also um eine mehrfache Wiederholung gehandelt haben mußte. Das bestätigt auch Hillgruber, der das Wort „wiederholt" in Zusammenhang mit Hitlerschen Weisungen an das OKW gebraucht.

Wenn solche sowjetischen Maßnahmen von der deutschen Führung für möglich angesehen wurden, mußte man mit der sowjetischen Fähigkeit zu einem Angriff rechnen, der nicht aus dem Stand erfolgen konnte und eine längere Vorbereitungszeit zur Voraussetzung gehabt hätte. Es muß also auf deutscher Seite mit der sowjetischen Fähigkeit und der Bereitschaft zu einem Angriff ernsthaft gerechnet worden sein, auch wenn gelegentlich abwertende Urteile über die Kampfkraft der Roten Armee von deutscher Seite abgegeben wurden. Und Hillgruber legt auf diese Tatsache besonderen Nachdruck, bleibt uns aber das Eingeständnis schuldig, daß „Präventivmaßnahmen" der Roten Armee Krieg bedeuteten, und zwar einen Großkrieg. „Teilkriege" gab es nicht. Jede von den Sowjets durchgeführte Präventivmaßnahme wäre kriegsauslösend gewesen. Deswegen waren „lediglich"[5] sowjetische Präventivmaßnahmen gegen den deutschen Aufmarsch nicht möglich.

Das Entscheidende bei der Lagebeurteilung von deutscher Seite lag in verschiedenen, von Hitler in seinem Testament aufgezeigten Gründen[6]. Wie schon im Juli 1940, als Hitler zum ersten Mal (abgesehen von den Ausführungen in „Mein Kampf") die Notwendigkeit einer militärischen Auseinandersetzung mit der Sowjetunion aussprach, stand vor Hitler der Zwang, England zum Frieden zu veranlassen. Um den Engländern die Hoffnung zu nehmen, Deutschland mit der Roten Armee einen ebenbürtigen Gegner entgegenzustellen, mußte daher der „Faktor Rußland aus dem europäischen Kraftfeld" ausgelöscht werden. Das war sicher eine vorbeugende Überlegung, um einen Angriff der UdSSR als Helfer Englands auszuschließen.

Ein ebenso durchschlagender Grund war für Hitler „die aus der bloßen Existenz des Bolschewismus latent drohende Gefahr".

Geradezu für zwangsläufig hielt er den Angriff von dieser Seite. In einem Zuvorkommen sah Hitler die einzige Chance, einen Sieg in der Auseinandersetzung zu erringen, „denn ein Verteidigungskrieg gegen die Sowjetunion war für uns ausgeschlossen". Das hätte die Überlassung des Geländevorteils, der Auto- und Eisenbahnen bedeutet. „Den Angriff abwarten hieße, dem Feind das Sprungbrett nach Europa zu ebnen."

Der Angriff mußte 1941 erfolgen, weil die Gegner im Westen „unaufhörlich rüsteten". Aber „auch Stalin blieb durchaus nicht untätig", so daß in Ost und West die Zeit gegen Deutschland arbeitete.

Ein weiterer Grund war, daß die Sowjetunion über die Rohstoffe verfügte, die für Deutschland unentbehrlich waren[7]. Bei deutschem Abwarten hätte das Reich sich sowjetischen Erpressungsversuchen hinsichtlich der Lieferbereitschaft ausgesetzt gesehen. Seit Molotows Besuch wußte Hitler, daß Stalin über kurz oder lang abfallen und ins alliierte Lager übergehen würde. Diese Gewißheit hatte in ihm den Angriffsentschluß bewirkt[8]. Anderenfalls hätte er den bolschewistischen Erpressungsversuchen nachgegeben und Finnland, Rumänien, Bulgarien und die Türkei preisgeben müssen. Und es wäre für ihn als Verteidiger und Beschützer des Abendlandes unmöglich gewesen, „die befreundeten Länder auf dem Altar des Bolschewismus zu opfern". Den Angriffsentschluß erleichtert hatte ihm die Überzeugung, daß Stalin einen solchen lange vorher gefaßt hatte und er nicht in den fünfzehn Jahren seiner Macht und Verantwortung von den Eierschalen marxistischer Ideologie befreit worden war.

Die Einbeziehung des Balkans in den Krieg hatte Hitler „um jeden Preis" vermeiden wollen. Es hätte nun nahegelegen, den Krieg auf den Vorderen Orient auszudehnen, das aber hätte Engagement „weit von unseren Kraftzentren" bedeutet und eine Einladung an die Sowjets, „über uns herzufallen". Und Hitler war der Meinung, daß sie das unweigerlich im Laufe des Sommers, spätestens im Herbst getan hätten[9].

Ähnlich hatten die Sowjets sich während des Westkrieges[10] verhalten. „Während wir alle Hände voll zu tun hatten", verleibten sie sich das Baltikum und Bessarabien ein. Dieses Verhalten ließ keinen Zweifel über ihre wahren Ziele aufkommen. Die letzten Zweifel wurden durch den Besuch Molotows und die Vorschläge Stalins vom 25. November 1940 zerstreut. In Stalin sah Hitler einen geborenen Erpresser, der nur Zeit gewinnen wollte, um seine Ausgangsposition in Finnland zu verbessern. Der von Hitler nicht ausgesprochene Schluß konnte nur lauten, daß all dem ein eigener Angriff zuvorkommen mußte.

Hitler schloß dieses Kapitel mit der Feststellung, ganz gleich, was Deutschland tat, „der Krieg gegen Rußland blieb unvermeidlich, und wir liefen höchstens Gefahr, ihn später unter wesentlich ungünstigeren Voraussetzungen führen zu müssen".

Hitler befand sich also in einer Zwangslage. Wenn es auch nur bedingt der üblichen Präventivkriegssituation entsprach, wenn Hitler nicht angriff, wäre Stalin früher oder später in einer für Hitler weit ungünstigeren Lage mit dem Gewicht der Amerikaner auf seiner Seite zum Angriff geschritten, insbesondere, wenn es zu einer Aktivierung der deutsch-britischen Auseinandersetzung gekommen wäre.

Diese Feststellungen erhalten eine Bestätigung durch die Aussagen Ribbentrops im Nürnberger Prozeß[11], der mit absoluter Sicherheit von einem präventiven Eingreifen, von einem Präventivkrieg sprach. Hitler habe ihm 1940 und 1941 wiederholt von seiner Überzeugung gesprochen, „daß früher oder später die sogenannte Ost-West-Zange gegen Deutschland eingesetzt würde". Er verstand darunter, daß im Osten die Sowjetunion und im Westen die USA mit England zusammen angreifen würden. Hitler fürchtete, in eine Situation zu kommen, die sich für Deutschland hätte katastrophal auswirken können.

Aber auch die Aussage Görings zu diesem Punkt ist von Wichtigkeit[12]. Er berichtete über eine Besprechung mit Hitler, in der dieser ihm erklärt hatte, warum er sich mit dem Gedanken trage, „unter Umständen dem russischen Stoß zuvorzukommen". Fieberhafte Arbeiten an Aufmarschvorbereitungen in den von Rußland gewonnenen Gebieten machten ihn außerordentlich mißtrauisch. Dazu seien Nachrichten gekommen, daß Rußland im Augenblick einer deutschen oder britischen Invasion Deutschland in den Rücken fallen könnte. Deutschen Ingenieuren war gerade der hohe Ausstoßstand sowjetischer Flugzeug- und Panzerfabriken gezeigt worden.

Durch alle diese und weitere Beobachtungen und Nachrichten war Hitler zu dem Entschluß gekommen, vor Beendigung der amerikanischen Rüstungs- und Truppenaufstellung den russischen Aufmarsch zu zerschlagen, so daß die Sowjets keine Rückengefahr mehr bedeuteten, wenn es zur Auseinandersetzung mit den Briten und Amerikanern kommen würde.

Eine gewisse Bestätigung für sowjetische Vorbereitungen glaubte man im deutschen Generalstab auch aus dem Verhalten der Sowjets während des Balkankrieges feststellen zu können. Selbst ein nüchterner Mann wie Halder war, wie bereits erwähnt, durch die Gliederung der Roten Armee zum Nachdenken veranlaßt[13], und er räumt ein, daß sie sehr wohl einen raschen Übergang zum Angriff ermögliche. Man müsse sich dazu allerdings von dem Schlagwort freimachen, daß der Russe Frieden wolle und von sich aus nicht angreifen werde. Diese Erkenntnis war offenbar bei Halder auch erst spät eingetreten, denn noch einen Tag vorher, am 6. April, hatte er zwar eine auffallende Zusammendrängung der Sowjets in der Ukraine festgestellt und einen Angriff auf Ungarn und die Bukowina nicht für unmöglich, aber noch für „völlig unwahrscheinlich" gehalten[14].

2. Sowjetische Angriffsvorbereitungen

Hat Stalin 1940/41 eine reine Defensivpolitik betrieben, die der Erhaltung 1939/40 gewonnener Gebiete diente, war es gar die „sowjetische Neuauflage der alten gescheiterten Beschwichtigungspolitik, mit der Engländer und Franzosen in den dreißiger Jahren versucht hatten, Hitlers Aggressionspolitik zu stoppen und den deutschen Blitz vom eigenen Haus abzulenken"?[15]

Zu den Versuchen, Stalin von weiteren Aggressionsabsichten freizusprechen, gehört auch Hillgrubers Unterscheidung von Ideologie und Machtpolitik[16]. Stalin war – so muß man Hillgruber deuten – durch die Neuerwerbungen gesättigt. Es ging ihm nicht um die Verbreitung des Kommunismus, sondern um die „Angleichung der gesellschaftlich-politischen Struktur dieses Vorfeldes", da nur sie allein „wirkliche Sicherheit für die Sowjetunion gewährleistete". Zwar kann Hillgruber nicht leugnen, daß jede Machterweiterung des sowjetischen Imperiums durch solche Sicherheitszonen – und um mehr handelte es sich nach Hillgruber ja nicht – auch eine Stärkung hinsichtlich revolutionärer Fernziele bedeuten könne. „Doch spielten diese bei Stalin nur als vage Vorstellung für eine ganz weite Zukunft eine Rolle." Das eben sei der ganz große Unterschied zu Hitler. Stalin habe in der „großen Politik" niemals Entscheidungen aus Gründen der Weltrevolutionsideologie getroffen, er habe die Ideologie immer den Zielen einer imperialen Machtpolitik untergeordnet. Diese Sicht übersieht, daß die Weltrevolution seit Mitte der zwanziger Jahre zu den Zielen des internationalen Kommunismus gehörte, dessen Vollstrecker das bolschewistische Rußland auch heute noch ist. Zudem stehen diesen ideologisch verharmlosenden Deutungen der Politik Stalins Aussagen gegenüber, die seine Politik nicht als eine auf die Sicherheit und bestehende Grenzen des sowjetischen Imperiums beschränkte Machtpolitik erscheinen lassen. Was hatten die Forderungen vom 13. November noch mit einer bloßen Forderung nach Sicherheit für die Sowjetunion zu tun? In seiner Rede vom 5. Mai 1941[17] hat Stalin ausdrücklich von einer Ära der gewaltsamen Ausbreitung der sozialistischen Front gesprochen. Der Sozialismus sollte ausgebreitet werden, die Verbreitung der sozialistischen Idee war das Ziel, imperiale Machterweiterung nur Weg und Mittel, um dieses Ziel zu erreichen.

Und wenn Molotow am 30. Juli 1940 dem damaligen litauischen Außenminister in Erinnerung bringt[18], Lenin habe prophezeit, „daß der zweite Weltkrieg uns in ganz Europa an die Macht bringt" und empfiehlt, sich in das Sowjetsystem einzufügen, „das in der Zukunft ganz Europa beherrschen wird", so geht es um die Herrschaft des Sozialismus und allenfalls in zweiter Linie um die imperiale Macht Sowjetunion.

Und etwas anderes hatte Molotow in seiner bekannten Rede vom 1. August 1940 vor dem Obersten Sowjet auch nicht ausgedrückt. Er hatte u. a. von den vielen Erfolgen gesprochen, die die Sowjetunion gehabt hatte. Aber die Sowjetunion sei nicht bereit, sich mit dem zufriedenzugeben, was erreicht worden war. Um weitere Erfolge zu erringen, müsse nach Stalins Worten das Volk in einem Zustand der Mobilisierung gehalten werden. Es müsse auf einen militärischen Angriff vorbereitet sein. Wenn das der Fall sei, „dann kann uns nichts, was geschieht, überraschen, und wir werden neue und noch glorreichere Erfolge für die Sowjetunion erzielen"[19].

Der Gegner gegen den diese neuen Erfolge errungen werden sollten, konnte nur Deutschland sein, und der Sieg über Deutschland werde die Ausbreitung der sozialistischen Revolution in ganz Europa sein. Das hätte die Vorstufe zur Weltrevolution bedeutet. Hillgruber sieht dies völlig anders[20a]. Nach ihm hatte die Sowjetisierung eroberter Gebiete, die sozialrevolutionäre Umgestaltung, eine dienende Funktion gegenüber den strategischen Intentionen Stalins. „Sie sollte die wirkliche Sicherheit der Sowjetunion verstärken." Diese Unterordnung der „Ideologie" unter die Ziele einer imperialen Machtpolitik unterschied Stalin von Hitler, meint Hillgruber. Diese Kernaussage wiederholt der Verfasser mit gutem Grund. Bei Hitler dagegen sieht Hillgruber – der Verfasser wiederholt auch hier – im Sommer und Herbst 1940 „den Übergang von einer machiavellistischen Flexibilität in der Außenpolitik zur unmittelbaren Verwirklichung seiner rassenideologischen und raumpolitischen Fernziele". Diese sieht Hillgruber in einem „Vernichtungskrieg" gegen die Sowjetunion mit der Ausrottung ihrer bolschewistischen Führungsschicht einschließlich ihrer angeblichen biologischen Basis, der Millionen Juden in Westrußland.

Über den Zeitpunkt ihres Ausgreifens konnten die Sowjets nichts Endgültiges aussagen. Ihre eigene Angriffskraft war noch nicht so weit entwickelt, daß sie mit einem leichten Sieg rechnen konnten. Sie spekulierten auf Zeitgewinn und auf eine Gelegenheit, bei der sie auf ein geschwächtes Deutschland treffen würden. Das konnte nach einem gescheiterten Invasionsversuch auf der Britischen Insel der Fall sein, wobei erhebliche Hilfe der USA eine entscheidende Rolle gespielt hätte.

Man sprach zwar in der Sowjetunion immer von der Abwehr eines feindlichen Angriffs, und das erweckte den Eindruck, man sei ausschließlich auf Verteidigung eingestellt. In Wahrheit wurde die Rote Armee in allen Teilen zum Angriff erzogen und zur Fähigkeit ausgebildet, einen feindlichen Angriff mit einem sofortigen Gegenschlag zu beantworten. Man kann sogar vermuten, daß die sowjetische Politik darauf abgestellt war, Deutschland im

Jahre 1941 hinzuhalten, um 1942 nach einer Vervollständigung der Aufrüstung und nach einer roten Provokation das Reich zum Angriff zu verleiten und dann im Gegenangriff zu schlagen. Allerdings schloß das die Möglichkeit eines sowjetischen Angriffs im Jahre 1941 nicht aus. Schon nach Beginn des Balkanfeldzuges hatte Halder, wie wir gesehen haben, durchaus die Möglichkeit eines sowjetischen aggressiven Eingreifens in Betracht gezogen. Sollte der Balkanfeldzug, der ja nicht ohne Zutun der Sowjetunion entstanden war, die von den Sowjets für ein Eingreifen vorausgesetzte Schwächung Deutschlands darstellen?

Wir haben oben schon auf die Aufstellung sowjetischer Angriffsverbände während der deutsch-alliierten Auseinandersetzung 1940 hingewiesen. Sie wurde fortgesetzt, so daß im Frühjahr 1941 von 170 sowjetischen Divisionen 150 in den Westgebieten verteilt waren, davon allein 100 in den ehemaligen polnischen Ostgebieten. Ein überaus großer Teil davon, vor allem motorisierte und gepanzerte Verbände, stand in den beiden weit nach Westen vorspringenden Gebieten von Bialystok und Lemberg. Das war, wie gesagt, eine für die Defensive völlig ungeeignete Verteilung der Truppen. Kein geringerer als Halder hat dann auch bei seiner Vernehmung in einem der Nürnberger Prozesse dazu festgestellt, daß sich „keine zur Verteidigung gegliederte Truppe derartig in einem in den Feind hineinreichenden Bereich massieren wird"[20].

Es gibt aber auch sowjetische Stimmen, die die Aufstellung der Roten Armee verurteilen und darlegen, daß ein Gegner nur kurze Schläge an der Basis der vorspringenden Keile auszuführen brauchte, um die Umfassung ihrer Verbände durchzuführen. Der sowjetische Generalmajor Grigorenko hat dazu festgestellt[21], daß eine solche Truppenverteilung nur berechtigt sei, „wenn diese Truppen für eine Überraschungsoffensive bestimmt wären". Da nach Marschall Schukow[22] die Entscheidung für eine derartige Konzentration schon 1940 getroffen wurde, kann man daraus nur die Schlüsse ziehen, daß die Sowjetunion schon sehr früh einen Offensivplan verfolgte und sich der Hoffnung hingegeben haben muß, den Termin für einen deutschen Angriff hinausschieben zu können. Wie ungeeignet die sowjetische Massierung vor allem in dem Vorsprung von Bialystok war, hat dann der Verlauf der ersten

Kriegswochen gezeigt. Die großen deutschen Anfangserfolge sind zum nahezu größten Teil auf die strategischen Fehler der sowjetischen Führung zurückzuführen.

Ähnlich wie Grigorenko hat sich auch der spätere Marschall Bagramjan, bei Kriegsbeginn Oberst und Chef der Operativen Verwaltung des Kiewer Sondermilitärbezirks, zu dem Lemberger Frontvorsprung geäußert. Die Sowjets hätten den Vorsprung für den Fall als günstiges Aufmarschgebiet betrachtet, daß sie zu breiten Angriffsoperationen hätten übergehen müssen. Und in einer Besprechung bei dem Oberbefehlshaber dieses Bezirkes, General Kirponos, hatte ein Politkommissar geäußert, es gehöre sich für die Sowjets nicht, von Verteidigung zu sprechen.

Nun muß auch in diesem Zusammenhang ein deutscher Autor genannt werden, der in seinen Bemühungen, nur Hitler Angriffsabsichten und den Sowjets reine Sicherungstendenzen zu unterstellen, an der geschilderten Truppenverteilung nichts Auffallendes sehen kann. Es ist natürlich Hillgruber[23]. Er gibt zwar zu, daß die Konzentration starker sowjetischer Kräfte in den Grenzvorsprüngen bei Bialystok und Lemberg „auffällig" ist, aber er findet dafür eine harmlose Erklärung. Das hat für ihn mit Defensiv- oder Angriffsabsichten nichts zu tun. Der deutsche Aufmarsch und die daraus entspringende Hoffnung auf Befreiung von sowjetischer Herrschaft habe Unruhe in der Bevölkerung hervorgerufen. Um sie niederzuhalten, habe die sowjetische Führung die starken Kräfte dort konzentriert.

Hillgruber übersieht wichtige Punkte. Der deutsche Aufmarsch in den eigentlichen Frontabschnitten hat 1940 so spät begonnen, daß von einer Beunruhigung der Bevölkerung nicht gesprochen werden konnte. Wie sollte sie von einem solchen Aufmarsch erfahren? Und er konnte Schukows Buch noch nicht kennen und wußte daher nicht, daß lange vor dem deutschen Aufmarsch die Truppenkonzentration im Raum Bialystok vorgenommen worden war.

Wichtig für die Frage der sowjetischen Absichten ist auch die Aussage des Generals Wlassow nach seiner Gefangennahme und bei seiner Vernehmung durch Hilger[24]. Er erklärte, daß 1941 Angriffsabsichten der Sowjets bestanden hätten. Die Konzentrationen im Raum Lemberg seien für einen Stoß gegen die rumänischen Ölquellen bestimmt gewesen. Die im Raum Minsk versammelten Verbände „waren dazu vorgesehen, den unvermeidlichen deutschen Gegenstoß aufzufangen". Auf einen deutschen Angriff sei die Rote Armee nicht vorbereitet gewesen. Und der Mitgefangene Wlassows, der Oberst Brjarsky, hat ausgesagt, daß die Vorbereitungen für einen sowjetischen Angriff so weit gediehen gewesen seien, „daß der Kreml schon im August/September 1941, spätestens aber im Frühjahr 1942 losgeschlagen" hätte[24]. Es ist das ein aufschlußreiches Bekenntnis zu den Angriffsabsichten der Sowjetregierung, die auf eine Gelegenheit, d. h. ein Gebundensein der Deutschen Wehrmacht wartete. Dabei sind andere sowjetische Angriffsabsichten noch ungeklärt. So meint Hillgruber[25], daß es offenbleiben muß, ob die Sowjetunion im Winter 1940/41 eine Aktion über die Dobrudscha nach Bulgarien erwogen hatte. Bemerkungen, die Wyschinski gegenüber dem jugoslawischen Gesandten Gavrilović am 18. und 13. Februar gemacht hatte, deuten darauf hin, daß bei Eröffnung einer Balkanfront durch die Briten die Sowjets in den Krieg gegen Deutschland eingetreten wären. Jedoch habe der deutsche Einmarsch in die Norddobrudscha die Voraussetzungen für ein solches sowjetisches Unternehmen beseitigt.

Wenn sich eine günstige Gelegenheit zum Eingreifen nicht vorher bot, war die sowjetische Politik darauf abgestellt, die deutsche Regierung bis 1942 hinzuhalten, um dann nach Provokation zum Gegenschlag auszuholen. Sie war aber bei günstiger strategischer Lage, etwa bei starker Bindung Deutschlands im Westen, auch bereit, einen selbständigen Angriff durchzuführen. Daß solche Absichten auf sowjetischer Seite bestanden, soll Stalin ausgesagt haben, was gut verbürgt ist[26]. Der Krieg im Osten hätte dann, wenn nicht bereits 1941, fast unvermeidlich im Jahre 1942 begonnen.

3. Die Stalinrede vom 5. Mai 1941

Am 5. Mai 1941 hat Stalin im Kreml anläßlich eines großen Banketts für die Absolventen der Militärakademien eine große Rede gehalten, über die verschiedene Versionen im Umlauf sind.

Die beiden wichtigsten bringt Hilger[27]. Nach der einen, von der Hilger annimmt, daß sie der deutschen Botschaft von sowjetischer Seite zugespielt worden war, soll Stalin in seiner Rede die Überlegenheit des deutschen Kriegspotentials gegenüber dem sowjetischen betont haben, womit er seine Zuhörer „auf die Notwendigkeit eines Kompromisses mit Deutschland habe vorbereiten wollen".

Daß Stalin sich 1941 noch nicht stark genug für eine Auseinandersetzung mit Deutschland fühlte, geht auch aus einem anderen Bericht hervor, den der amerikanische Journalist Werth aufgrund von verschiedenen Mitteilungen, die ihm zugegangen waren, angefertigt hat[28]. Die Ausrüstung der Roten Armee sei weit davon entfernt, befriedigend zu sein. Es bestehe ein Mangel an modernen Tanks, modernen Flugzeugen und anderem modernen Kriegsgerät. Auch sei die Ausbildung großer Teile der Armee unvollständig, und die Grenzbefestigungen in den neuerworbenen Gebieten seien ungenügend. Aus dieser Erkenntnis habe man auf seiten der Sowjetregierung die Konsequenz gezogen und versuche, mit Hilfe aller verfügbaren diplomatischen Mittel einen deutschen Angriff auf die Sowjetunion mindestens bis zum Herbst zu verschieben, da es dann für einen deutschen Angriff zu spät sei (aus klimatischen Gründen war gemeint).

Während der Hilger zugeleitete Bericht die grundsätzliche Kompromißbereitschaft gegenüber Deutschland zu betonen scheint, handelt es sich bei Werths Darstellung nur um eine Politik des Zeitgewinns, um die Ausrüstung der Roten Armee für die als unvermeidlich geltende Auseinandersetzung mit der Deutschen Wehrmacht auf einen möglichst überlegenen Stand zu bringen.

Die zweite von Hilger gebrachte Version steht im „krassen Widerspruch" zu der ersten. Sie beruht auf den Aussagen von drei in deutsche Gefangenschaft geratenen höheren sowjetischen Offizieren, die Bankettteilnehmer gewesen waren. Hilger betont, daß die Offiziere keine Gelegenheit gehabt hätten, miteinander Verbindung aufzunehmen und ihre Aussagen abzustimmen. Das spreche für die Richtigkeit ihrer weitgehend übereinstimmenden Aussagen[29]. Nach dieser Version habe der Kommandeur der Kriegsakademie, Generalleutnant Chosin, einen Trinkspruch auf die Friedenspolitik der Sowjetunion ausbringen wollen. Stalin habe das verhindert mit dem Bemerken, daß diese Art von Politik beendet sei. Mit ihr habe die Sowjetunion zwar große Erfolge erzielt, die Grenzen im Norden und Westen seien weit hinausgeschoben, und die Bevölkerungszahl sei um 13 Millionen vergrößert worden. Aber mit weiteren Erfolgen auf diese Weise sei nicht zu rechnen. Vielmehr müsse sich die Rote Armee „an den Gedanken gewöhnen, daß die Ära der Friedenspolitik zu Ende und die Ära einer gewaltsamen Ausbreitung der sozialistischen Front angebrochen sei"[30].

Das waren Worte, die mit Friedenspolitik überhaupt nichts mehr zu tun hatten, vielmehr eindeutig Aggression als Mittel der sowjetischen Politik ankündigten.

Auch aus der Darstellung Werths[31] sind sowjetische Angriffsabsichten zu entnehmen. Wenn die oben aufgezeigte sowjetische Politik der Kriegsverzögerung im Jahre 1941 gelingen sollte, würde der unvermeidliche Krieg mit Deutschland 1942 unter viel günstigeren Bedingungen ausgefochten werden. Je nach der internationalen Lage würde die Rote Armee entweder einen deutschen Angriff erwarten oder selbst die Initiative ergreifen, da eine Verewigung der deutschen Vorherrschaft in Europa „not normal" sei. Die Chancen für die Sowjetunion würden dann gut sein. England sei nicht erledigt, das Gewicht des amerikanischen Kriegspotentials werde immer mehr zählen, und nach der Unterzeichnung des Nichtangriffspaktes mit Japan bestehe Aussicht, daß dieses Land sich hinsichtlich der Sowjetunion ruhig verhalten werde. Offensichtlich war nach sowjetischer Ansicht der Krieg im Jahre 1942 unvermeidlich. Das ist die Schlußfolgerung Werths. Alle seine Informanten hätten in dieser Auffassung übereingestimmt, auch in der Annahme, „with the Russians possibly have to take the initiative".

Zum Schluß noch ein Wort zu Hillgrubers Beurteilung dieser Vorgänge[32]. Er bringt zwar die einzelnen erwähnten Meldungen, dazu sogar noch eine auch aus zwei Quellen stammende, von Ribbentrop niedergelegte Meldung[33], nach der Stalin gesagt haben soll, Rußland könne seine Ziele nicht mehr auf friedlichem Wege erreichen, es müsse daher zum Kriege schreiten, um die Revolution nach ganz Europa hineinzutragen. Das stimmt dem Sinne nach mit der obenerwähnten Wendung von der gewaltsamen Ausbreitung der sozialistischen Front überein. Angesichts dieser mehrfach bezeugten Aussagen über sowjetische Angriffsabsichten versucht Hillgruber nicht zu bestreiten, daß Stalin solche Äußerungen getan hat. Diese passen natürlich nicht in die von ihm verfolgte Linie einer aggressiven deutschen und defensiven sowjetischen Haltung. Deshalb ist es für Hillgruber gar nicht politisch wesentlich, was Stalin am 5. Mai 1941 gesagt hat. Wesentlich für Hillgruber ist hingegen, welches Nahziel Stalin verfolgte. Und das war nach seiner Meinung ein neues Arrangement mit Hitler, dessen Bedingungen er erwartete. Selbst wenn diese Deutung kurzfristig zuträfe, kann man nicht die in den Meldungen geäußerten weltrevolutionären Fernziele außer Betracht lassen, wie Hillgruber es tut.

4. Stalin war gewarnt

Stalin war gewarnt. Beim „Überfall", eine für den deutschen Angriff vom 22. Juni gern gebrauchte Vokabel, ist das Opfer in der Regel ahnungslos und hat infolgedessen keine Vorbereitungen zur Abwehr treffen können. Eine solche Situation bestand jedoch 1941 nicht.

Obwohl der Aufmarsch der eigentlichen deutschen Offensivkräfte erst ab Mai einsetzte, sprach „alle Welt" von einem bevorstehenden deutschen Angriff auf die Sowjetunion. Nicht etwa, weil die Leute „Mein Kampf" gelesen hatten. Es lag in der Konsequenz der seit dem Sommer 1940 eingetretenen politischen Entwicklung.

Mehrfach verbreitete der britische Rundfunk Meldungen über den Aufmarsch von (angeblich) 170 deutschen Divisionen an der deutsch-sowjetischen Grenze. Am 30. März 1941 schrieben die „Basler Neueste Nachrichten" und die „Neue Zürcher Zeitung" übereinstimmend, daß im Sommer 1941 ein deutsch-sowjetischer Krieg ausbrechen werde[34].

Nun hat es sich nicht nur um allgemeine Gerüchte gehandelt. Es gab auch direkte, an einzelne führende Vertreter der Sowjetunion gerichtete Warnungen. So hat der britische Außenminister Eden den sowjetischen Botschafter Maiskij am 16. April 1941 gewarnt und auf Äußerungen Hitlers beim Besuch des jugoslawischen Prinzregenten Paul hingewiesen. „He had spoken strongly first against Turkey and then against Sovietunion[35]."

Die stärksten Warnungen, die an Landesverrat grenzten, gingen von den beiden höchsten deutschen Vertretern in Moskau aus. Schulenburg hatte schon am 2. Mai festgehalten, daß die Spannung anstieg und daß Gerüchte über einen bevorstehenden deutsch-sowjetischen Krieg hartnäckig zunähmen. Jedenfalls glaubten er und der Botschaftsrat Hilger, vor allem nach den Berichten über die Stalinrede vom 5. Mai, tätig werden zu müssen. Hilger[36] hoffte den Frieden noch retten zu können, wenn die Sowjetregierung veranlaßt würde, die „diplomatische Initiative zu ergreifen und Hitler in Verhandlungen zu verwickeln" und damit wenigstens vorübergehend eine militärische Aktion zu verhindern. Sie luden den Leiter der Deutschlandabteilung im Außenkommissariat Pawlow zusammen mit dem sich gerade in Moskau aufhaltenden Berliner Botschafter der Sowjets, Dekanosow, zum Frühstück ein und gaben sich alle Mühe, „den Russen den Ernst der Situation begreiflich zu machen". Ohne Erfolg. Die beiden Deutschen fühlten sich auch besonders aufgrund des Verhaltens Dekanosows in ihrer Auffassung bestätigt, daß Stalin der Meinung war, Hitler wolle nur bluffen. Gegen eine solche Deutung der Beurteilung der Lage durch Stalin spricht allerdings, daß er in seiner Rede vom 5. Mai einen deutschen Angriff in naher Zukunft nicht ausgeschlossen haben soll[37].

Wieweit Stalin gewarnt war, geht auch aus einem Bericht von Cripps[38] vom 8. Mai hervor. Danach soll Stalin sich über die Veränderungen ausgelassen haben, die der Krieg erfahren habe. Zu Anfang sei er ein gerechter Versuch Deutschlands gewesen, die Fesseln von Versailles loszuwerden. Es sei dann daraus die Absicht Deutschlands geworden, sich ganz Europa zu unterwerfen. Deshalb müsse Rußland auf alle Umstände vorbereitet sein.

Wir können uns dem Urteil Fabrys anschließen, „daß selten in der Geschichte ein kriegerisches Unternehmen von einer breiten Öffentlichkeit so sicher erwartet wurde wie das Unternehmen ‚Barbarossa', das angeblich so geheim sein sollte"[39].

5. Perfider Vertrauensbruch
oder clausula rebus sic stantibus?

Topitsch[40] hat Hitler mit dem Angriff vom 22. Juni einen „perfiden Vertrauensbruch" vorgeworfen. Damit wird ein unpolitischer, aus der Moral stammender Begriff in die politische Diskussion eingeführt, der die unbedingte Einhaltung von abgeschlossenen Verträgen zu einem Grundsatz der außenpolitischen Beziehungen von Staaten macht. Dagegen haben sich sowohl Hitler als auch Stalin auf die Anwendung der clausula rebus sic stantibus berufen. Hitler in seiner Rede vom 23. November 1939, in der er ausdrücklich erklärt hat, daß Verträge nur so lange gehalten werden, wie sie zweckmäßig sind[41]. Stalin hat sich bei verschiedenen Gelegenheiten auf die Klausel als Rechtfertigungsgrund berufen. So 1939 bei dem Abschluß des Beistandspaktes mit den baltischen Staaten. Am deutlichsten hat Molotow das dem estnischen Außenminister Selter im Herbst 1939 erklärt. Die Sowjetregierung sei nicht bereit, sich mit ihrer Stellung an der Ostsee, in die sie 1919 hineingezwungen worden sei, abzufinden, sie sei jetzt genügend stark, um die Lage zu revidieren.

XVII. Schlußbetrachtung

Nach dem schnellen Sieg im Westen hat Hitler offensichtlich keine Absichten gehabt, den Krieg weiterzuführen. Darauf lassen seine Demobilmachungsbefehle schließen. Er habe genug zu tun, das Gewonnene zu „verdauen", soll er auch damals schon geäußert haben. Der Gegner war nicht die UdSSR, sondern England, mit dem er bis in den Juli hinein Frieden schließen zu können hoffte. Insbesondere bestand bei ihm kein Gedanke an einen Lebensraumkrieg, an einen Eroberungszug nach dem Osten. Ein Weltanschauungskrieg zur Vernichtung des Bolschewismus war auch nicht Bestandteil seiner Überlegungen. Aber auch die Vernichtung des Judentums stand nicht auf seinem Programm, wie immer wieder behauptet wird. Im Sommer 1940 erfuhren die schon 1938 erörterten Pläne einer Aussiedlung der Juden nach Madagaskar eine Intensivierung. Entfernung aus Europa war das Ziel, aber kein Holocaust. Die Ostgrenze war weitgehend von deutschen Truppen entblößt, so daß eine Verlegung deutscher Truppenverbände nach dem Osten im Interesse einer gleichmäßigen Verteilung erforderlich wurde. Das hatte mit etwaigen Vorbereitungen für einen Ostaufmarsch nichts zu tun, sondern entsprach einer friedensmäßigen Verteilung der Verbände, soweit sie nicht für eine Invasion benötigt wurden.

Das sowjetische Vorgehen im Baltikum, in Bessarabien und vor allem in der Bukowina rief zwar Argwohn bei der deutschen Führung hervor, die durch eine so weitgehende Auslegung der Verträge von 1939 überrascht war, führte aber noch nicht zu offener Gegnerschaft.

Im Mittelpunkt der deutschen Überlegungen stand England und die Frage, aus welchen Gründen und mit welchen Hoffnungen es den Kampf fortsetze. Dabei rückte neben den USA immer mehr die Sowjetunion in den Vordergrund von Hitlers Lagebeurteilung. Die USA waren für Deutschland praktisch nicht entscheidend erreichbar; also galt es, durch die Ausschaltung der Sowjetunion als britischen „Festlandsdegen" England friedensbereit zu machen.

Es erscheint dem Verfasser wichtig festzustellen, daß der Befehl, Vorbereitungen für einen Feldzug gegen die Sowjetunion zu treffen, nicht originär der Absicht entsprach, die Sowjetunion zu vernichten, sondern die funktionale Aufgabe erfüllen sollte, England durch Ausschaltung eines potentiellen Verbündeten zur Aufgabe zu zwingen.

Dafür gab es aber nicht nur den militärischen Weg, wie er in der Besprechung vom 31. Juli erörtert wurde. Schon am 21. Juli war die Möglichkeit einer Kontinental-Koalition gegen England unter Einbeziehung der UdSSR besprochen worden.

Die angestellten militärischen Überlegungen zur Ausschaltung der Sowjetunion haben Hitler die nächsten Monate nicht beschäftigt, wenn man nicht die rumänische Entwicklung dazurechnen will, die mit dem Wiener Schiedsspruch und der Garantie einem Vordringen der Sowjetunion nach Süden in Richtung auf die Meerengen einen Riegel vorschob. Das war allerdings für Hitler allenfalls ein zweitrangiger Gesichtspunkt. Es ging ihm um Frieden auf dem Balkan wegen der Sicherheit der Ölquellen.

Die deutsche Politik war darauf eingestellt, die Isolierung Englands durch Schaffung eines Bündnissystems zu erreichen, dessen Mittelpunkt ein Viererpakt Deutschland, Italien, Japan und UdSSR werden sollte. Solche Bestrebungen sind ganz ernsthaft von Hitler verfolgt worden, was auch von der etablierten Geschichtsschreibung im Grunde nicht widerlegt werden kann. Kann man angesichts solcher Bestrebungen Hitlers eigentlich davon sprechen, daß für ihn die Vernichtung der Sowjetunion oberstes Ziel seiner Politik war? Hitlers Bemühungen um Gewinnung der Sowjetunion für einen solchen Pakt sind auch nicht, wie Hillgruber behauptet hat, bereits vor dem Molotow-Besuch abgebrochen worden. Wenn man in den Akten nachliest, wie Hitler am 12. November geradezu um Molotow geworben hat, kann eigentlich kein Zweifel an der Aufrichtigkeit seiner Absichten bestehen. Dazu hatte die deutsche Diplomatie ein komplettes Vertragswerk für einen Viererpakt vorbereitet, das Molotow übergeben wurde. Dagegen überraschte Molotow die Deutschen mit einem Forderungskatalog, dessen Annahme das Deutsche Reich zum Satelliten der Sowjetunion gemacht hätte. Seine Ablehnung durch Deutschland mußte die militärische Auseinandersetzung unvermeidlich machen.

Es ist bezeichnend, daß trotz dieser weitgehenden sowjetischen Forderungen die deutschen Bemühungen, eine Kontinentalkoalition zustande zu bringen, nicht unterbrochen wurden.

Am 25. November kamen dann die endgültigen sowjetischen Forderungen. Sie bedeuteten zwar ein gewisses sowjetisches Zurückstecken gegenüber dem Molotowbesuch, waren aber in ihrem Kern weiterhin für Deutschland unannehmbar. Die Sowjets erhielten keine Antwort. Ende November erteilte Hitler vielmehr den Befehl, den seit dem 31. Juli in Arbeit befindlichen Operationsplan für einen Feldzug gegen die Sowjetunion fertigzustellen. Das Ergebnis war der am 18. Dezember erlassene „Barbarossa"-Befehl, über dessen endgültigen Charakter in Hitlers Umgebung, wie dargestellt, immer noch Zweifel bestanden. Offensichtlich ist der Krieg mit der Sowjetunion erst im Frühjahr ernsthaft ins Auge gefaßt worden. Der italienische Angriff gegen Griechenland brachte britische Bomber auf den Balkan und damit eine Bedrohung der für die deutsche Versorgung wichtigen rumänischen Ölfelder. Sie zwang Deutschland zu Gegenmaßnahmen, die zu einer Belegung Rumäniens mit deutschen Truppen und zu Vorbereitungen für eine deutsche Besetzung Bulgariens führten, was schärfsten sowjetischen Widerspruch hervorrief. Bei zahlreichen Gelegenheiten waren größere und kleinere deutsch-sowjetische Gegensätze deutlich geworden. Nennen wir die wichtigsten.

Es begann mit dem Wiener Schiedsspruch und der deutsch-italienischen Garantie für Rumänien, die zum sowjetischen Memorandum vom 21. September 1940 führten. Schwierigkeiten bereiteten die Sowjets dem Deutschen Reich (bei deutscher Nachgiebigkeit) in der Frage des finnischen Nickels. Die bestehenden Gegensätze wurden besonders sichtbar in den maßlosen Forderungsen Molotows am 13. November 1940 („the turning point of the war").

Die sowjetische Note vom 25. November 1940 und das Memorandum vom 17. Januar 1941 enthielten unannehmbare Bedingungen für Deutschland. Die deutsche Besetzung Bulgariens am 1. März

1941 wurde von den Sowjets als ein Eingreifen in ihre Interessensphäre empfunden, vor dem sie mehrfach gewarnt hätten.

Den Höhepunkt der antideutschen Einstellung der Sowjetunion bildete der Abschluß des Freundschafts- und Nichtangriffspaktes zwischen der Sowjetunion und Jugoslawien vom 5. April 1941, der von Hitler als ein besonders feindseliger Akt empfunden wurde.

Es waren Gegensätze, wie sie sich ähnlich in der Geschichte aus den unterschiedlichsten realpolitischen Interessen der Staaten ergeben und mehrfach auch zu Kriegen geführt hatten. Auch die deutsch-sowjetischen Gegensätze entsprangen der Staatsräson und hatten mit Motiven und Zielen, wie sie Hitler von der etablierten Geschichtsschreibung unterstellt werden, nichts zu tun.

Für Hitler hatte sich als Erkenntnis aus dem sowjetischen Verhalten ergeben, daß die Sowjetunion zu einer Auseinandersetzung mit Deutschland spätestens 1942 entschlossen war. Oder wollte Stalin schon 1941 angreifen? Die Aussagen des übergelaufenen ehemaligen sowjetischen Generalstabsoffiziers Suvorov, der die Kontroverse über die Frage, ob Hitler Stalin oder Stalin Hitler angreifen wollte, neu belebt, sprechen dafür. Vor allem aber mußte mit ihrem gegnerischen Auftreten gerechnet werden, wenn Deutschland in kriegerische Auseinandersetzungen mit dem Westen verwickelt sein würde. Das konnte durch eine deutsche Invasion Englands geschehen oder durch eine anglo-amerikanische Aktion auf dem europäischen oder afrikanischen Kontinent, mit der Hitler für 1942 rechnete. Einer solchen zusammenwirkenden Aktion galt es durch Ausschaltung der Sowjetunion zuvorzukommen. Der Gedanke eines Präventivkrieges war somit endgültig geboren.

Anmerkungen

I. Kapitel

1 Hillgruber, Andreas, Hitlers Strategie, Frankfurt 1965
2 Das Wort „Empiriker" wurde vom damaligen britischen Botschafter Henderson verwandt. Es erscheint dem Verfasser sachlicher und neutraler zu sein als das in der Forschung übliche, mit einem unangenehmen Beigeschmack versehene Wort „Opportunist". Da es aber gebräuchlich ist, wird es auch in dieser Arbeit verwandt werden.
3 Hildebrand, Klaus, Vom Reich zum Weltreich, S. 626, München 1969
4 Hillgruber, Andreas, Endlich genug über Nationalsozialismus und Zweiten Weltkrieg, GWU 1982
5 Hillgruber, Strategie, S. 37, Frankfurt 1965
6 Hillgruber, Endlich genug, GWU 1982
7 Lukacs, John, The Last European War, London 1976
8 Stegemann, Bernd, Der Entschluß zum Unternehmen „Barbarossa", GWU 1982
   dto. Hitlers Ziele im ersten Kriegsjahr MGM 1980
   dto. Politik und Kriegführung. In: Das Deutsche Reich und der Zweite Weltkrieg
9 Hillgruber, Andreas, Noch einmal: Hitlers Wendung gegen die Sowjetunion 1940, GWU 1982
10 Fabry, Philipp W., Der Hitler-Stalinpakt 1939–1941, Darmstadt 1962 (künftig zitiert als Fabry I)
11 Hitler, Adolf, Politisches Testament, Hamburg 1981
12 Hillgruber, Andreas, Strategie, S. 519
13 Halder, Franz, Kriegstagebuch I–III, Bd. II, S. 136, Stuttgart 1963
14 Hillgruber, A., Strategie, S. 520
15 dto., S. 520, Anm. 14
16 dto., S. 23
17 Moltmann, Günter, Weltherrschaftsideen Hitlers, S. 234. In: Europa und Übersee, Festschrift f. Egmont Zechlin, Hamburg 1961
18 IMT IX, S. 693
19 IMT IX, S. 383
20 IMT IX, S. 384
21 Hillgruber, Strategie, S. 519 u. 575
22 ders., S. 111
23 ders., S. 111
24 Weinberg, Gerhard L., Germany and the Soviet-Union, S. 117
25 Irving, David, Hitler und seine Feldherren, S. 136
26 Mitgeteilt bei Hillgruber, S. 522

Kapitel II

1 Für diese Darstellung s.a. Fabry I, S. 74ff.
2 Der Verfasser folgt hier weitgehend Fabry I, S. 82f.
3 Hilger, Gustav, Wir und der Kreml, S. 291
4 Klüver, Max, Den Sieg verspielt, S. 11
5 Hesse, Fritz, Das Spiel um Deutschland, S. 210ff.
6 Fabry I, S. 157, 6a) Byrnes, James F., Speaking Frankly, S. 285
7 Fabry I, S. 158

8 Hilger, a.a.O., S. 290
9 Der Verfasser hat in seinem Buch „War es Hitlers Krieg?" darauf hingewiesen, daß
  ca. 1 Million Menschen gefehlt haben, um allen Aufgaben gerecht werden zu können.
10 ADAP, D, VIII, Nr. 504
11 ADAP, D, VIII, Nr. 663
12 Hierfür s. auch Allard, Stalin und Hitler, S. 204
13 ADAP, D, XI, Nr. 1
14 ADAP, D, XI, Nr. 365
15 Hitlers Politisches Testament, Kap. XVI, S. 115 ff.
16 Für die rüstungswirtschaftlichen Fragen s.a. Klüver, Den Sieg verspielt, Kap. XV
17 Zahlen aus Müller-Hildebrand, Das Heer, Bd. II, S. 26
18 Fabry I, S. 68
19 Gafencu, Grigore, Vorspiel zum Krieg im Osten, S. 161

Kapitel III

1 Klee, K., Das Unternehmen „Seelöwe", S. 189 f.
2 Ansel, W., Hitler and the Middle Sea, S. 107 f.
3 Fabry, Philipp W., Die Sowjetunion und das Dritte Reich, S. 372, künftig zitiert als
  Fabry II.
  Fabry bringt die Äußerung Hitlers in einen Zusammenhang mit der in den deutschen
  Führungsstäben entstandenen ersten Unruhe, als Nachrichten über sowjetische
  Truppenzusammenziehungen bekannt wurden. Dann muß die Frage gestellt werden,
  ob nicht die sowjetischen Maßnahmen gegenüber den baltischen Staaten eine
  ähnliche Wirkung gehabt haben.
4 Böhme, Hermann, Entstehung und Grundlagen des Waffenstillstandes von 1940
5 Der Verfasser kann Schreibers Auffassung nicht teilen, daß Sodensterns Erinnerung
  mit den Aussagen zeitnaher Quellen korrespondiert. Schreiber in MGM (Militärgeschichtliche Mitteilungen) 2/80, S. 71
6 Der Verfasser übersieht nicht, daß es sich auch bei Böhme um eine Wiedergabe sogar
  aus 26jähriger Erinnerung handelt.
7 Halder, Franz, Kriegstagebuch Bd. I, Eintragung vom 15. Juni 1940
8 Hillgruber, Strategie, S. 259
9 Man beachte die von Hillgruber bei diesem Wort immer verwandten „Gänsefüß-
  chen".
10 Hillgruber, Strategie, S. 208
11 dto., S. 258
12 Der Verfasser hat in seinem Buch „Den Sieg verspielt", S. 266 ff., darauf hingewiesen, wie unzulänglich diese Umrüstung wegen Materialmangels durchgeführt wurde.
13 Klüver, „Den Sieg verspielt", S. 111 ff.
14 Hillgruber, Strategie, S. 258. Es wurde auch nicht geschaffen, „weil mit dem völligen
   Ausfall des russischen Eisenbahnsystems für die Zeit während der Operationen
   während des Ostfeldzuges gerechnet wurde" (Hillgruber).
15 Hillgruber, Strategie, S. 258, Anm. 11.
16 Schon am 21. Mai und dann wieder am 4. und 6. Juni hatte Hitler diese Schwerpunktverlagerung angeordnet.
17 Der Z-Plan war ein von der Marineleitung im Januar 1939 vorgelegter Flottenrü-
   stungsplan, der eine größere Flotte vorsah, als sie die Kaiserliche Marine besessen
   hatte.
18 Hillgruber, Strategie, S. 259
19 Hildebrand, a.a.O., S. 648
20 Hildebrand, Vom Reich zum Weltreich.
21 So am 19. April 1939 gegenüber dem rumänischen Außenminister Gafencu, 10 Tage
   später gegenüber dem ungarischen Ministerpräsidenten Teleki und am 5. Juli gegenüber dem bulgarischen Ministerpräsidenten Kiosseiwanoff.
22 Reichsminister Lammers an die Obersten Reichsbehörden. RM Nr. 1775/40H v. 15.

6. 1940. Angegeben bei Hillgruber, Strategie, S. 244, Anm. 13. Zitiert nach Weinberg, a.a.O., S. 471. Diese Anordnung ist ein weiterer Beweis dafür, daß Hitler bei Beendigung des Frankreich-Feldzuges nicht an einen Ostfeldzug gedacht hat.

23 Die von Hildebrand, a.a.O., S. 662, erwähnte Einschränkung, daß das erst nach Besiegung Rußlands stattfinden sollte, ist nicht belegt. Sie steht auch im Widerspruch zu Hildebrands eigenen Worten. Er schreibt von Hitlers Einverständnis zur sofortigen Wiederaufnahme des Flottenbaus.

24 Für Hillgruber waren sie einmal eine „Vision", ein anderes Mal „konkrete Vorstellungen" (Hillgruber, Strategie, S. 254 u. S. 242)

25 Halder, a.a.O., Bd. II, S. 27

26 Für Clodius s. ADAP, D, IX, Nr. 354 v. 30. 5. 40
Für Ritter s. ADAP, D, IX, Nr. 367 v. 1. 6. 40

27 Hitler, Adolf, Mein Kampf, S. 151

28 Hitler, Adolf, Mein Kampf, S. 157

29 Bei Hillgruber findet sich dieser Begriff immer wieder. Er verwendet ihn und erspart sich dadurch manche notwendige Beweisführung.

30 Hildebrand, a.a.O., S. 686, Weinberg, a.a.O., S. 482 . . . „that at this time the dream of African Empire was deeply impressed on Hitler's mind".

31 Hildebrand, a.a.O., S. 686

32 Hildebrand, a.a.O., S. 669

33 Hildebrand erwähnt ausdrücklich einen Umlauf des OKW vom 4. 7. 40, in dem es hieß, daß die Vorbereitungen zur Übernahme deutschen Überseegebietes auf Befehl des Führers beschleunigt fortzuführen seien.

34 Hildebrand, a.a.O., S. 668

35 Hildebrand, a.a.O., S. 661

36 Hillgruber, Strategie, S. 243

37 Hillgruber, Strategie, S. 243

38 Hillgruber, Strategie, S. 244

39 Moltmann, G., Weltherrschaftsideen Hitlers, S. 214 ff.

40 Hillgruber, Strategie, S. 243, Anm. 6.
Hillgruber weiß auch von einer Forderung der Seekriegsleitung vom 3. 6. 40 nach einem großräumigen Kolonialreich in Mittelafrika zu berichten (Strategie S. 245)

41 ADAP, D, XI, S. 457

42 ADAP, D, XI, S. 451

43 ADAP, D, XI, S. 609

44 ADAP, D, X, Nr. 101

45 ADAP, D, X, Nr. 345

46 ADAP, D, X, Nr. 101, Anm. 1

47 Reitlinger, Gerald, Die Endlösung, 3. A., S. 87

48 Hildebrand, a.a.O., S. 661

49 Böhme, a.a.O., S. 30. Er weiß auch von der Zustimmung des RFSS (Reichsführer SS), des Reichssicherheitshauptamtes und des Auswärtigen Amtes zu berichten (S. 284 f.)

50 Reitlinger, a.a.O., S. 86

51 Schmidt, Paul, Statist auf diplomatischer Bühne, S. 485

52 ADAP, D, X, Nr. 345

53 Hillgruber, Strategie, S. 245, Anm. 21

54 Jäckel, E., a.a.O., S. 74

55 ADAP, D, X, Nr. 365

56 s. Klüver, Sieg, S. 146 u. S. 322, Anm. 20

57 PRO Prem 1/447

58 „It expresses the view of a considerable number of Members of the Upper House."

59 PRO Prem 1/447

60 Diese Briefe und das Memorandum sind nicht die einzigen Eingaben, die Chamberlain erreichten. Im Public Record Office befindet sich unter Prem 1/395 ein umfangreicher Ordner gefüllt mit Briefen an den Premierminister, die sich alle mit Hitlers „peace-offers" vom 6. 10. 39 befassen.

61 PRO Prem 1/443
62 Feiling, Keith, The Life of Neville Chamberlain.
63 The New York Times, July 1, 1940
64 Churchill hatte am 10. Mai 1940, dem Tag des Beginns der deutschen Westoffensive, Chamberlain abgelöst.
65 s.a. die beiden Bücher des Verfassers „Den Sieg verspielt" und „War es Hitlers Krieg?"

Kapitel IV

1 Meißner, Boris, Die Sowjetunion, die baltischen Staaten und das Völkerrecht, Köln 1956, S. 48f.
2 Ribbentrop hatte am 23. August 1939 gegenüber Kleist bemerkt, daß die baltischen Staaten „von England und Frankreich restlos an die Sowjets verkauft worden" seien. Mitgeteilt bei Meißner, a.a.O., S. 52f.
3 Ribbentrop, Joachim v., Zwischen London und Moskau, Leoni 1953, S. 181
4 Meißner, a.a.O., S. 50
5 Mitgeteilt bei Allard, Sven, Hitler und Stalin. Die sowjetische Außenpolitik 1930 bis 1941. Bern 1974, S. 198
6 Neue Zürcher Zeitung (künftig zitiert als NZZ) vom 16. Juni 1940
7 ADAP, D, X, Nr. 113. Selbst Hillgruber fühlte sich veranlaßt, auf diesen Umstand hinzuweisen. Hillgruber, Strategie. S. 109
8 ADAP, D, X, Nr. 452
10 Tass Statement on reported Soviet-German Disagreement. In: Degras Soviet Documents on Foreign Policy, S. 457. S.a. Bericht des Deutschen Botschafters in Moskau an das Auswärtige Amt vom 24. Juni 1940, ADAP, D, X, Nr. 11
11 NZZ vom 17. Juni 1940
12 Über die Durchführung liegt ein Bericht des letzten deutschen Gesandten in Riga an den Reichsaußenminister vor. ADAP, D, X, Nr. 203
13 Ein Jahr später zeigte Hitler ein gewisses Verständnis: „Stalin mußte in den baltischen Ländern den Bolschewismus einführen, weil das Leben dort für seine Besatzungsarmee einen unzuträglichen Vergleichsmaßstab bedeutet haben würde" (Tischgespräche vom 2. 8. 1941, S. 67).
14 In Bessarabien gab es 95000 und in der Nordbukowina 43500 Deutsche, die umgesiedelt wurden. Zahlen aus Hillgruber, Die sowjetische Außenpolitik im Zweiten Weltkrieg, Düsseldorf 1979.
15 ADAP, D, X, Nr. 33
16 ADAP, D, X, Nr. 19
17 The Observer, vom 30. Juni 1940, „Bukowina joins up with Russia's position on the Carpathians . . ."
18 ADAP, D, X, Nr. 8
19 Picker, Hitlers Tischgespräche v. 18. Mai 1942, S. 312
20 ADAP, D, X, Nr. 479
21 ADAP, D, X, Nr. 4
22 Weinberg, a.a.O., S. 104
23 F. A. Krummacher/H. Lange, Krieg und Frieden, München 1970, S. 408
24 Krummacher/Lange, a.a.O., S. 407
25 Förster, Jürgen, Die Gewinnung von Verbündeten in Südosteuropa In: Das Deutsche Reich und der Zweite Weltkrieg, Bd. IV, S. 327
26 NZZ vom 7. Juni 1940
27 ADAP, D, X, Nr. 238
28 s. Kapitel VII
29 s. Kap. II, Stalins Politik der freien Hand und der Aufbau einer strategischen Sicherheitszone in Ostmitteleuropa.
30 Fest, Joachim C., Hitler. 3.A.1973, S. 881
31 Pietrow, Bianca, Stalinismus, Sicherheit, Offensive. Melsungen 1983, S. 132

32 Byrnes, James F. Speaking Frankly New York, 1949, S. 283
33 Byrnes a.a.O., S. 294, I suppose the Sovjets themselves in analyzing their motives would find it difficult to tell exactly where security ends and expansion begins
34 Pietrow, a.a.O., S. 130
35 Topitsch, S. 117, nach Schukow G., Erinnerungen und Gedanken, Stuttgart 1969
36 Grigorenko, Pjotr, Der russische Zusammenbruch 1941, Frankfurt 1969
37 Hillgruber, Strategie, S. 208f.
38 ders. S. 209
39 ders. S. 209, Anm. 12
40 Byrnes, a.a.O., S. 287
41 Hitlers Politisches Testament, S. 114
42 ADAP, D, X, Nr. 129
43 Woodward, a.a.O., S. 465
44 Gafencu, Grigore, Vorspiel zum Krieg im Osten, S. 119ff. Zürich 1944
45 Allard, a.a.O., S. 212. Allard irrt insofern, als kein Bündnisvertrag zwischen der Sowjetunion und Deutschland bestand.
46 Allerdings verläßt Allard später diese Linie seiner Erkenntnisse und stellt fest, Hitler habe seit der Machtübernahme sein in „Mein Kampf" entwickeltes „Programm immer im Auge behalten, einen Kriegszug zur Eroberung von Lebensraum im Osten".
47 In den Vierteljahrsheften für Zeitgeschichte 1954, S. 247

Kapitel V

1 Zur Frage des rumänischen Öls wird mehrfach in dieser Arbeit Stellung genomen.
2 Hillgruber, Andreas, König Carol und Marschall Antonescu, S. 67
3 Großcurth, Helmut, Tagebücher eines Abwehroffiziers 1938–1940, S. 490f.
4 Schon Jodl hatte sich in einer Notiz vom 24. Mai 1940 beunruhigt über die sowjetischen Angriffsabsichten gegenüber Bessarabien geäußert.
5 Hillgruber, Strategie, S. 208 verneint das natürlich, soweit es Hitler betrifft.
6 Förster, a.a.O., S. 9. In: Das Deutsche Reich und der Zweite Weltkrieg, Bd. IV
7 s.a. Klüver, Den Sieg verspielt, S. 151ff.
8 Wie Hillgruber, Strategie, S. 216, meint.
9 Inwieweit Halder auch ohne besonderen Befehl tätig wurde, geht aus der Tatsache hervor, daß er die Reduzierung des Heeres schon am 16. Juni befahl, Hitler sie aber erst am 23. Juni bestätigte.
10 Halder, Kriegstagebuch, Bd. II. Bei Irving, David, Hitler und seine Feldherren, S. 141, wird das Gespräch anders dargestellt. Danach war es Halder, der diese Äußerung gegenüber Weizsäcker machte.
11 Halder, Kriegstagebuch, Bd. I, Eintragung vom 30. Juni 1940
12 So z. B. Förster
13 Auch Leach, Barry A., German Strategy against Russia 1939–1941, Oxford 1973, S. 55, kann für seine Auffassung, daß Weizsäcker „briefed him on Hitler's views" keine Quelle angeben.
14 Schreiber, Militärgeschichtliche Mitteilungen 2/80, S. 71
15 Klink, Ernst, Die militärische Konzeption des Krieges gegen die Sowjetunion. In: Das Deutsche Reich und der Zweite Weltkrieg, Bd. IV, S. 212, Anm. 65
16 Halder, Kriegstagebuch, Bd. II, S. 6, Anm. 1
17 s. Hillgruber, Strategie, S. 259
18 Halder, Kriegstagebuch, Bd. II, S. 18
19 Halder, Kriegstagebuch, Bd. II, S. 19ff.
20 s. auch die Bücher des Verfassers „Den Sieg verspielt" und „War es Hitlers Krieg?"
21 Die Zweifel des Bearbeiters, ob es nicht „erkannt" statt „anerkannt" heißen müßte, sind durch eine Mitteilung Halders, daß es anerkannt heißen muß, beseitigt. Halder, Kriegstagebuch, Bd. II, S. 21, Anm. 5
22 Halder, Kriegstagebuch, Bd. II, S. 20

23 dto. S. 30ff.
25 Halder, Kriegstagebuch, Bd. II, S. 31
26 Der Verfasser hält an dieser Schlußfolgerung fest trotz einschränkender Bemerkungen Fabrys. (Fabry I. S. 487, Anm. 152)
27 Halder, Kriegstagebuch, Bd. II, S. 32
28 Die Beurteilung ist kontrovers. Hillgruber, Strategie, S. 208f., verneint einen Kausalzusammenhang zwischen Hitlers aus prinzipiellen axiomatischen Vorstellungen erwachsenen Überlegungen und der sowjetischen Annexionspolitik. Dagegen u. a. Lukacs.
29 Halder, Kriegstagebuch, Bd. II, S. 32, Anm. 6
30 Dieser Betonung des Wortes „gedanklich" entspricht auch Belows Darstellung.
31 Hillgruber, Strategie, S. 216
32 Halder, Kriegstagebuch, Bd. II, S. 32, Anm. 9
33 dto. S. 33
34 Schon gar nicht kann Hillgruber zugestimmt werden, der diesen politischen Teil der Lebensraum-Konzeption – wenn auch nur grob – durchschimmern läßt.
35 Allerdings tauchen diese territorialen Ziele fast mit den gleichen Worten auch am 31. Juli wieder auf. Selbst Förster, der innerhalb des Militärgeschichtlichen Forschungsamtes im allgemeinen die etablierte Anti-Hitler Linie einhält, stellt fest: „Einen Tag später [22. 6.] unterrichtete er (Brauchitsch) über den Auftrag Hitlers und seinen eigenen Vortrag über die Möglichkeiten eines Feldzuges gegen die Sowjetunion, Förster a.a.O., S. 10.
36 Halder, Kriegstagebuch, Bd. II, S. 34
37 Ebd.
38 Der Verfasser bestreitet nicht eine gewisse Wirkung dieser Gespräche auf Hitler, aber nicht im Sinne einer Angriffsoperation. Er kann aber Irving nicht folgen, der Hitlers „unvermitteltes Bestehen auf einem Herbstfeldzug gegen Rußland als Reaktion auf den höhnischen Ton, den die führenden sowjetischen Politiker in den (abgehörten) Gesprächen mit Diplomaten der Balkanstaaten angeschlagen hatten", ansieht.
39 Hillgruber, Strategie, S. 218, Anm. 53
40 s. Klüver, Den Sieg verspielt, S. 178
40a IMT XV, S. 428
41 Weinberg, a.a.O., S. 108, Leiden 1954
42 Irving, a.a.O., S. 151
43 Stegemann, Bernd, Der Entschluß zum Unternehmen „Barbarossa". Strategie oder Ideologie? In: GWU 33. Jg. 1982, S. 205ff.
    Hillgruber, Andreas, Noch einmal: Hitlers Wendung gegen die Sowjetunion 1940. In: GWU, 33. Jg., 1982, S. 214ff.
44 Halder, Kriegstagebuch, Bd. II, S. 46ff. Auch abgedruckt in ADAP, D, X, Nr. 261
45 Der Verfasser hält diese Wiedergabe der Auffassung Hitlers für eindeutig. Um so überraschter war er, daß Hillgruber offenbar anderer Meinung ist. „Tatsächlich erfolgte Hitlers Entscheidung zum Ostkrieg im Juli 1940 zu einer Zeit, in der er überzeugt war, mit Großbritannien zu einem Ausgleich gelangen zu können", lesen wir bei Hillgruber, A., Die „Endlösung" und das deutsche Ostimperium als Kernstück des rassenideologischen Programms des Nationalsozialismus. In: Manfred Funke (Hrsg.), Hitler, Deutschland und die Mächte, S. 100, Anm. 18
46 Funktional in hier eingeschränkter Bedeutung, nicht im Sinne der Hillgruberschen „Weltkriegsstrategie"
47 Selbst Weinberg, a.a.O., S. 117, muß feststellen: „In 1940 no ideological factors appear in the discussion"
48 s.a. Klüver, Den Sieg verspielt, S. 247
49 s.a. Klüver, War es Hitlers Krieg? S. 97
50 Allard, a.a.O., S. 230
51 Mitgeteilt in einem Brief an Uhlig vom 17. 4. 56. In: Uhlig, Heinrich, Das Einwirken Hitlers auf Planung und Führung des Ostfeldzuges. In: Vollmacht des Gewissens, Bd. II, S. 169, Frankfurt-Berlin 1965

52 Hans-Günther Seraphim und A. Hillgruber, Hitlers Entschluß zum Angriff auf Rußland. In: Vierteljahrshefte für Zeitgeschichte 1954
53 I.R.M. Butler, Grand Strategy III, S. 537, „In any case Hitler's decision was not irrevocable"
54 „The decisions taken at the Berghof were in form only planning which left Hitler free to reverse his policy"..." (Butler, a.a.O., Bd. II, S. 56)
55 Fabry I, S. 498, Anm. 272
56 Auch Weinberg, der von seiner These, daß es sich bei Hitlers Entscheidung vom 31. Juli um einen endgültigen Entschluß gehandelt habe, nicht abgehen will, muß zugeben, daß Hitler häufig seinen Entschluß geändert hat. Aber beim Angriffsentschluß gegen die Sowjetunion habe es sich „interestingly" um „one of the few exceptions" gehandelt. „Probably in no other major questing of policy did Hitler adhere as closely to a plan of action so far in advance." Das ist Weinbergs Meinung, eine Begründung erfahren wir nicht.
57 Halder, Kriegstagebuch, Bd. I, S. 79
58 s. Kapitel IV, Anm. 5
59 Halder, Kriegstagebuch, Bd. II, S. 148
60 Fabry I, S. 513, Anm. 521
61 Halder, Kriegstagebuch, Bd. II, S. 158
62 s. Klüver, War es Hitlers Krieg? S. 284
63 Lukacs, a.a.O., S. 93
64 Hitlers Weisungen für die Kriegführung 1939–1945, dtv, S. 71
65 dto. S. 100
66 dto. S. 97
67 Hinsley, F.H., Hitlers Strategie, S. 181, 1952
68 Hitlers Politisches Testament, S. 78f.
69 dto. S. 80, S. 115 jedoch nennt er den „Jahrestag der Unterzeichnung des Moskauer Vertrages", also den 23. August 1940, als den Tag, an dem er den Entschluß gefaßt hatte, „den Bolschewismus mit Waffengewalt auszurotten".
70 IMT IX, S. 388
71 Der Putsch des jugoslawischen Generals Simović löste den Balkankrieg aus.
72 IMT IX, S. 383
73 IMT X, S. 332
74 Lukacs, a.a.O., S. 137, Anm. 25
75 Hitlers Politisches Testament, S. 78

Kapitel VI

1 PRO F.O. 371/24841
2 PRO F.O. 371/24844
3 s.a. Woodward, Llewellin, British Foreign Policy, In the Second World War, vol. I, S. 466f., London 1970
4 Für das Gespräch s. PRO F.O. 371/24844
5 ADAP, D, X, Nr. 164
6 Hinsley, a.a.O., S. 134
7 Fabry II, S. 107
8 Woodward, a.a.O., S. 468ff.
9 ADAP, D, X, 202
10 FRUS 1940, vol. I, p. 611
11 FRUS 1940, vol. III, p. 531
12 Leach, a.a.O., S. 59
13 Hillgruber, Strategie, S. 209
14 s.a. ADAP, D, X, Nr. 202
15 Hillgruber bezieht sich auf den Bericht Steinhardts, in dem er am Schluß über Hitlers Zweifel berichtet, das deutsche Volk nach einem Krieg gegen Großbritannien noch einmal zu einer Kriegsanstrengung veranlassen zu können.

16 Hillgruber, Strategie, S. 87, Anm. 39
17 Hillgruber, Strategie, S. 90
18 Butler, I.R.M., Grand Strategy, vol. II, p. 534
19 Die Handelsvertragsverhandlungen sind ausführlich dargestellt in PRO F.O. 371/24841
20 Stellungnahme des Northern Department des F.O. „These plans will assist Sir Stafford Cripps' conversations in Moscow" PRO F.O. 371/24850
21 PRO F.O. 371/21464
22 Woodward, a.a.O., S. 471
23 „The Observer June, 30, Russia and Realism, The Hour and the Future.
24 PRO CAB 66/11 War Cabinet WP (40), 362, September, 4, 1940
25 PRO, F.O. 371/24891
26 s. Kapitel III
27 Eine übersichtliche Zusammenstellung des britischen Angebots findet man bei Allard, a.a.O., S. 254f.
28 PRO F.O. 371/29464. „We hinted that the Soviet Government could not see their way to accept the offer"
29 PRO F.O. 371/24848 „We are living now in the jungle and drawingroom language was of no value."
30 PRO F.O. 371/29463
31 PRO F.O. 371/29464
32 „This interview was however entire fruitless. Political offer was definitely rejected".
33 PRO F.O. 371/29463
34 PRO F.O. 371/29465
35 ADAP, D, XII, Nr. 383

Kapitel VII

1 Sethe Paul, Kleine Geschichte Rußlands, S. 34, Frankfurt 1953
2 Fest, a.a.O., S. 881
3 Wiedergegeben bei Fabry II, S. 118
4 NZZ vom 28. Juni 1940
5 Wiedergegeben bei Topitsch, Stalins Krieg, S. 100
6 Fabry II, a.a.O., S. 428
7 Hillgruber, Strategie, S. 111
8 Hillgruber, Sowjetische Außenpolitik im Zweiten Weltkrieg, S. 4
9 J. Stalin, Werke, Bd. VII, S. 14
10 Vgl. Topitsch, a.a.O., S. 117
11 Hoffmann, Joachim, Die Sowjetunion bis zum Vorabend des deutschen Angriffs. In: Das Deutsche Reich und der Zweite Weltkrieg, Bd. IV, S. 70
12 I. Ch. Bagramjan, So begann der Krieg, S. 125, Berlin (Ost) 1972. Nach Topitsch, a.a.O., S. 117
13 Hillgruber, Strategie, 435f. Zu einem Befehl Timoschenkos vom 10. April 1941, als die Deutsche Wehrmacht mit dem Balkanfeldzug beschäftigt war.
14 S. hierzu als neueste Veröffentlichungen Topitsch und Hoffmann
15 Nach Topitsch. Zitat aus „Geschichte des Großen Vaterländischen Krieges der Sowjetunion, Bd. I, S. 514, Berlin (Ost) 1962
16 Hoffmann, a.a.O., S. 58
17 Hoffmann, a.a.O., S. 59
18 Hoffmann, a.a.O., S. 713
19 Halder, Kriegstagebuch, Bd. II, v. 11. Oktober 1940, Fabry II, S. 352
20 Pietrow, Bianca, Stalinismus, Sicherheit, Offensive
21 Werth, Alexander, Russia at War 1941–1945, S. 90, Placing Soviet Industry virtually on a war footing
22 Zu den Versäumnissen der deutschen Rüstungspolitik s. Klüver, Den Sieg verspielt, Kap. XIV u. XV

23 Einen guten Eindruck gewinnt man bei Schukow, Georgi K., Erinnerungen und Gedanken, S. 195–198. Er stellt u. a. fest, daß beim Kriegsausbruch 1941 die russische Rüstung noch nicht fertig war „... hatten wir nicht einmal die Hälfte der im Aufbau begriffenen mechanisierten Korps ausrüsten können." Da das aber im Laufe eines Jahres hatte erreicht werden können, kann man sich vorstellen, wieviel größer das sowjetische Übergewicht bei einem Kriegsbeginn 1942 gewesen wäre.
24 Der Verfasser folgt hier weitgehend den Angaben von Hoffmann, a.a.O., S. 720
25 Werth, a.a.O., S. 92
26 Werth, a.a.O., S. 91
27 „The Observer" vom 4. August 1940
28 Degras, Soviet Documents on Foreign Policy
29 Für Hillgruber handelt es sich bei der Politik der Sowjetunion nicht um Expansion, sondern um eine Politik zur „Erweiterung ihres strategischen Vorfeldes".
30 Fabry I, a.a.O., S. 271
31 NZZ vom 3. August 1940
32 Werth, a.a.O., S. 90
33 Halder, Kriegstagebuch, Bd. II, S. 33f.
34 Halder, Kriegstagebuch, Bd. II, S. 49
35 Hierzu auch Fabry I, S. 258ff.
36 Fabry I, S. 260

Kapitel VIII

1 Zahlen aus Creveld, M.v. und „Die Weltwoche", Zürich, v. 31. 1. 1941, S. 19
2 ADAP, D, XI, Nr. 41
3 Leach, a.a.O., S. 43
4 PRO CAB 65/13 Fourth Report of Lord Hankey's Committee on Preventing Oil from Reaching Germany
5 PRO CAB 65/13 WM (40) 158th Conclusions. Confidential Annex
6 PRO CAB 65/13 WM (40) 157th Conclusions. Confidential Annex
7 PRO CAB 65/14 WM (40) 207th Conclusions. Confidential Annex
8 „The Observer", June 30, 1940
9 ADAP, D, X, Nr. 80 v. 2. 7. 1940
10 ADAP, D, X, Nr. 396, Anm. 6 Das wiederum muß im Zusammenhang mit dem am 1. Juli 1940 ausgesprochenen rumänischen Verzicht auf die britisch-französische Garantie vom 13. April 1939 gesehen werden.
11 s. Anm. 2
12 ADAP, D, X, Nr. 129
13 ADAP, D, X, Nr. 21
14 Der am 26. August 1940 an das OKH gegebene Befehl zur Verlegung von 10 Divisionen in den Osten hatte mit diesen akuten Ereignissen nichts zu tun.
15 ADAP, D, X, Nr. 407 v. 28. August 1940
16 Auf die Bedeutung Rumäniens für die Versorgung Deutschlands mit Nahrungsmitteln, vor allem Getreide, ging Hitler erstaunlicherweise nicht ein.
17 ADAP, D, XI, Nr. 41
18 Weizsäckers Aktennotiz vom 30. August 1940, mitgeteilt bei Fabry II, 117
19 Weinberg, a.a.O., S. 129. „On August 24 the Germans tried to frighten the Rumanians into obedience to them by spreading rumours of Russian troop concentrations on the Rumanian border"
20 So u. a. Seaton, Albert, Der russisch-deutsche Krieg 1941–1945, S. 25, und Pietrow, a.a.O., S. 205, die allerdings den Eindruck erweckt, als ob die russische Truppenkonzentration durch die „zugespitzte Lage" veranlaßt worden sei. Sie relativiert dadurch sowj. Aggressionsabsichten. Allerdings räumt Pietrow ein, „daraufhin (wurden) deutsche Truppen mit dem Ziel nach Osten verlegt, um in Rumänien einzumarschieren, falls es zum militärischen Konflikt käme". Es war also keine originäre deutsche Expansionsabsicht.

21 „Neue Zürcher Zeitung" vom 12. September 1940
22 Gafencu, Grigore, a.a.O., S. 82ff.
23 ADAP, D, X, Nr. 348 vom 16. August 1940
24 Die Besprechung der Militärs vom 28. August 1940 ist eine Bestätigung für den Abwehrcharakter der deutschen Maßnahmen.
25 ADAP, D, XI, Nr. 380 vom 23. November 1940
26 ADAP, D, XI, Nr. 380
27 Hillgruber, Strategie, S. 234
28 Hillgruber, Strategie, S. 233
29 Hillgruber, Strategie, S. 234, Anm. 18
30 Weinberg, a.a.O., S. 129, Anm. 28
31 Weinberg gibt als Quelle einen dem Verfasser nicht zugänglichen Band IV, S. 145, des Halder-Kriegstagebuches an.
32 Weinberg, a.a.O., S. 129
33 Halder, a.a.O., Band II, S. 78
34 ADAP, D, X, Nr. 407 vom 28. August 1940
35 ADAP, D, XI, Nr. 41
36 ADAP, D, XI, Nr. 380, Anm. 1
37 ADAP, D, XI, Nr. 380
38 Gafencu, a.a.O., S. 84
39 „Neue Zürcher Zeitung" vom 12. September 1940. Das ginge auch aus der schon oben erwähnten Erklärung Stalins hervor, daß er seit über ½ Jahr den deutschen Botschafter nicht gesehen habe.
40 Weinberg, a.a.O., S. 129, Anm. 28
41 ADAP, D, XI, Nr. 7
42 ADAP, D, XI, Nr. 81. Degras, Soviet Documents on Foreign Policy, S. 470ff., vol. III
43 Degras, a.a.O., S. 43
44 Erdmann, In: Handbuch der Deutschen Geschichte, Band IV, Teil 2
45 Fabry I, S. 298
46 ADAP, D, XI, Nr. 84
47 Hillgruber, Strategie S. 234
48 Woodward, a.a.O., S. 488, Anm. 1 „. . . to protect the oilfields and to prepare for German-Roumanian action in the event of war with the USSR."
49 Wie z. B. die „Operationsstudie Ost" des Oberst i. G. v. Loßberg v. 15. September 1940
50 s.a. Hildebrand, a.a.O., S. 127
51 Auch der Chef der deutschen Luftwaffenmission hatte bei Göring angefragt, wie sie sich bei einem sowjetischen Einmarsch in das Moldaugebiet verhalten sollten (Greiner a.a.O., S. 319)
52 Bd. IV, S. 59, Das Deutsche Reich und der Zweite Weltkrieg
53 Am stärksten treten sie zwischen Klink und Förster in Erscheinung.
54 Das Deutsche Reich und der Zweite Weltkrieg, Bd. IV, S. 336
55 Fabry I, S. 506, Anm. 403. Fabry sieht in der Zusammensetzung der Luftwaffenmission einen Beweis dafür, daß Hitler an eine Bedrohung des Erdölgebietes durch vor allem britische Luftangriffe von Flugzeugträgern oder von Kreta aus glaubte.
56 Hillgruber, Strategie, S. 335
57 Förster, Das Deutsche Reich und der Zweite Weltkrieg, Bd. IV, S. 59
58 PRO CAB 66/13 WP(40), 423
59 Eine gute Darstellung der Donauprobleme findet man bei Gafencu, S. 92ff.
60 ADAP, D, X, Nr. 281–283, 310
61 ADAP, D, XI, Nr. 281
62 Gafencu, a.a.O., S. 92
63 ADAP, D, XI, Nr. 376
64 ADAP, D, XI, Nr. 288
65 Überschrift des 3. Kapitels des Buches von Gafencu
66 I. L. Garvin in „The Observer" v. 15. September 1940: „So far the common

Russian and German determination not to be drawn into war with each other holds firm".

Kapitel IX

1 ADAP, D, XI, Nr. 449
2 Picker, a.a.O., S. 473, v. 27. Juli 1942
3 Der Verfasser muß sich hier ausdrücklich gegen Weinberg wenden, der die Auffassung vertritt, daß die Frage der Versorgung mit Nickel nicht ausreicht, um „a really important interest in Finland" zu begründen.
4 ADAP, S, IX, Nr. 16 u. 293. Schon am 28. März 1940 wurden auf einer Sitzung der Wirtschaftspolitischen Abteilung des Auswärtigen Amtes Verhandlungen mit Finnland in Aussicht genommen.
5 ADAP, D, XI, Nr. 232
6 Friedensburg, a.a.O., S. 336
7 ADAP, D, IX, Nr. 24
8 Hillgruber, Strategie, S. 112
9 ADAP, D, IX, Nr. 62
10 Von den politischen Fragen spielte die Befestigung der Alandsinseln eine Rolle.
11 Während Hillgruber in der „Strategie" (S. 122) in der sowjetischen Forderung nur eine Gegenforderung sieht, stellt er in dem Buch „Sowjetische Außenpolitik" fest, daß die gesamte 1939 als Interessengebiet überlassene Zone fest in sowjetischer Hand war. In der sowjetischen Forderung sah er erste Anzeichen sowjetischer Bemühungen, auch hier zu einer „ganzen" Lösung zu kommen.
12 ADAP, D, X, Nr. 98
13 ADAP, D, Nr. 150, Anm. 4
14 ADAP, D, X, Nr. 182
15 ADAP, D, X, Nr. 259
16 Am 23. 7. in Helsinki abgeschlossen
17 ADAP, D, X, Nr. 301
18 ADAP, D, XI, Nr. 26
19 ADAP, D, XI, Nr. 34
20 ADAP, D, XI, Nr. 69
21 ADAP, D, XI, Nr. 188 Das Auswärtige Amt an das Büro des Ministers in Fuschl
22 ADAP, D, XI, Nr. 139
23 ADAP, D, XI, Nr. 355
24 ADAP, D, XI, Nr. 196
25 ADAP, D, XI, Nr. 405
26 Unverständlich ist Weinberg, a.a.O., S. 144: „There was then, however no really German interest in Finland other than that country's predominant role in the war on Russia."
27 Noch am 19. Januar 1941 wies der Leiter der handelspolitischen Abteilung des Auswärtigen Amtes auf den zweimal erklärten deutschen Konzessionsverzicht hin, im Juli und im November 1940.
28 Überschär, Gerd R. Die Einbeziehung Skandinaviens in die Planung »Barbarossa«. In: Das Deutsche Reich und der Zweite Weltkrieg. Bd. IV, S. 367
29 Auch Halder hatte diesen Gesichtspunkt festgehalten: „Man will im Norden (Petsamo) bereit sein, wenn der Russe Finnland angreift" (Halder KTB, Band II, S. 79. Eintragung vom 27. August 1940)
30 Zu den vielen Widersprüchen Überschärs gehört, daß er an anderer Stelle die Änderung der deutschen Finnlandpolitik in einem Zusammenhang mit einer Hitler gemeldeten Bedrohung Finnlands durch die Sowjetunion sieht.
31 Göring vor dem IMT, Bd. IX, S. 383
32 13 AMA, OKW, Wi RüAmt. Wi I/E 4/1
33 Überschär, a.a.O., S. 211
35 Hillgruber, Sowjetische Außenpolitik, S. 54

36 ADAP, D, IX, Nr. 62. Aufzeichnung des Leiters der politischen Abteilung des Auswärtigen Amtes über einen Bericht des finnischen Gesandten.

37 Überschär, a.a.O., S. 367

38 6. August 1940 „Molotows Tour d'Horizon
14. August 1940 „Finnland in Gefahr?"
19. August 1940 „Rußland und Finnland"

39 So steht für Weinberg fest, daß Finnland von Anfang an (21. 7.) in den deutschen Plänen für den Angriff auf die Sowjetunion enthalten war. Im Winterkrieg 1939/1940 hatte sich Deutschland noch der Hilfe für Finnland enthalten, „But now Germany wanted Finland to help in the attack on Russia" (Weinberg a.a.O., S. 127)

40 Hillgruber, Strategie, S. 111, 235 u. a.

41 Überschär, a.a.O., S. 220

42 Überschär ist nicht der einzige Autor, dem dieser Vorwurf gemacht werden muß. Nach Meinung des Verfassers trifft das auch für große Teile des Hillgruberschen Buches „Hitlers Strategie 1939–1941" zu.

43 Überschär, in: Das Deutsche Reich und der Zweite Weltkrieg, Bd. IV, S. 370

44 S. Anm. 1 dieses Kapitels

45 s. Kapitel XIV

46 Weinberg, a.a.O., S. 128 „A real rift had been made in the relations between Germany and the Soviet Union ... Before the decision to attack Russia, Germany had been willing to see the Sovjets conquer that country. Now they meant to protect it as an ally in the coming war."

Kapitel X

1 Die USA lieferten an Großbritannien 50 Zerstörer gegen Überlassung von Gebieten des Britischen Commonwealth of Nations.

2 ADAP, D, XI, Nr. 118

3 ADAP, D, XI, Nr. 119

4 Sommer, Theo, Deutschland und Japan zwischen den Mächten, S. 430, 1935–1940

5 IMT, Band X, S. 333ff.

6 IMT, Band X, S. 334

7 ADAP, D, XI, Nr. 109

8 Das Wort amerikanisch ist in der endgültigen Fassung durch das Wort demokratisch ersetzt worden.

9 Auch Sommer, a.a.O., S. 429, kann nicht umhin zuzugeben, daß Ribbentrops Aussage in Nürnberg der deutschen Position entsprach. Und selbst Hillgruber schließt sich dem „voll an", ohne allerdings aus dieser Erkenntnis irgendwelche Schlußfolgerungen für die Beurteilung der deutschen Politik zu ziehen.

10 Sommer, a.a.O., S. 429f.

11 PRO F.O. WP(40) 398 CAB 66/12

12 „The Observer" vom September 28, 1940

13 Nach Creveld, a.a.O., S. 71 war der „Nadir" der deutsch-sowjetischen Beziehungen Anfang September erreicht.

15 „Neue Zürcher Zeitung" vom 27. September 1940

16 Förster. In: Band IV, S. 31, Das Deutsche Reich und der Zweite Weltkrieg

17 Uhlig, a.a.O., S. 179

18 Gafencu, a.a.O., S. 172

19 Hillgruber, Strategie, S. 241

20 „Neue Zürcher Zeitung" v. 27. September 1940

21 „Neue Zürcher Zeitung" vom 2. Oktober 1940

22 PRO F.O. 371/24848, 2 nd December, 1940

23 ADAP, D, XI, Nr. 44

24 Der englische Text des Abkommens lautet: „Germany is prepared to act part of an honest broker on the question of rapprochement between Japan and Soviet Russia"

25 ADAP, D, XI, Nr. 74

26 Fabry I, S. 332

27 Das war nicht neu. Schon ab 23. August 1939 hatte sich Deutschland um Verbesserung der sowjetisch-japanischen Beziehungen bemüht. Am 15. September 1939 wurde von Japan und der Sowjetunion ein Abkommen unterschrieben, aufgrund dessen die Kampfhandlungen eingestellt wurden und eine Grenzkommission zur Regelung der strittigen Fragen gebildet wurde.

28 Sommer, a.a.O., S. 463

29 PRO F.O. 371/24845

30 Uhlig, Heinrich, Das Einwirken Hitlers auf Planung und Führung des Ostfeldzuges, S. 180

31 Der Verfasser gehörte im November/Dezember 1941 zu den deutschen Truppenverbänden, die den Stoß der frischen sibirischen Verbände abzufangen hatten, die im Fernen Osten nicht mehr gebunden waren.

32 Fabry I, S. 142

33 Tagebuch von Alfred Rosenberg (Nürnberger Dokument PS 1749. Eintragung vom 24. September 1939) Mitgeteilt bei Seraphim-Hillgruber in: Vierteljahrshefte für Zeitgeschichte 1954.

34 Nr. 8 v. 30. Juni 1940. Denkschrift des Generalmajors Jodl über die Weiterführung des Krieges gegen England. In: Karl Klee, Dokumente zum Unternehmen „Seelöwe", S. 298 ff.

35 Halder, Kriegstagebuch, Band II, S. 31, Eintragung vom 22. Juli 1940

36 Halder, Kriegstagebuch, Band II, S. 20, Eintragung vom 13. Juli 1940

37 Hillgruber, Strategie, S. 178

38 Creveld, a.a.O., S. 41

39 Dagegen Hillgruber, der immer wieder Ribbentrop als den eigentlichen Schöpfer des Kontinentalblocks nennt (So u. a. S. 238, 395, Anm. 13, S. 599)

40 Schmokel, Dream of Empire, S. 182

41 Halder, Kriegstagebuch, Band II, S. 124

42 S.a. Kapitel XI, Der Molotowbesuch

43 ADAP, D, XI, Nr. 176

44 Creveld, a.a.O., S. 71, „Hitler hoped to improve his relations with his eastern neighbour. Thus the preparations for a Russian campaign in 1941 were increasingly pushed into the background until in October such a campaign was regarded as no longer probable."

45 Das war sicher eine übertriebene Beurteilung, die auch nicht mit Halders Eintragung übereinstimmt. Creveld hatte schon vorher vor einer Überschätzung der Bedeutung der Vorbereitungen gewarnt, hatte aber für die Monate vor dem Oktober, eine „So oder so" – Einstellung Hitlers angenommen. „.. the important point is that Hitler thought he could proceed either with Russia or against her". Creveld, a.a.O., S. 70

46 Selbst H.-A. Jacobsen kommt in seiner Stellungnahme zu der wichtigen Besprechung vom 4. November 1940 zu folgender Auffassung: „Aus den Ausführungen Hitlers mußten die Zuhörer jedoch den Eindruck gewinnen, daß es zu diesem Zeitpunkt noch nicht Hitlers ‚unabänderlicher Entschluß' war, die Sowjetunion anzugreifen, zumal Mitte November der sowjetische Außenminister Molotow zu Gesprächen in Berlin erwartet wurde." In: Halder, Kriegstagebuch, Band II, S. 165, Anm. 9

47 Hildebrand, Vom Reich zum Weltreich, S. 678 ff.

48 Gafencu, a.a.O., S. 127

49 Äußerungen Hitlers über die eigentlichen Kriegsziele vermag Hillgruber nicht anzugeben. Hinweise auf „Mein Kampf" müssen aushelfen.

50 Die angeführten Zitate sind den Seiten 178 und 179 aus Hillgruber, Strategie entnommen.

51 Zitate aus Hillgruber, Strategie. S. 239

52 Hillgruber, Strategie, S. 238

53 „Tatsächlich hatte er sich innerlich bereits wieder von ihr entfernt..." (Hillgruber, Strategie, S. 239)

54 Hillgruber, Strategie, S. 203

54a Halder, Kriegstagebuch, Bd. II, S. 124

55 In einer Anmerkung (S. 241, Anm. 163) in der Hillgruber darauf hinwies, daß sich die Äußerung auf diese 3 Staaten bezog, fehlt jedoch der wichtige Zusatz „in Afrika".
56 Jedoch fügte Hillgruber an dieser Stelle in Klammern hinzu: „auf die das Wort gemünzt war".

Kapitel XI

1 ADAP, D, XI, Nr. 176
2 s. Kapitel X
3 ADAP, D, XI, Nr. 44 Anm. 3
4 ADAP, D, XI, Nr. 109
5 s. auch Kapitel X
6 ADAP, D, XI, Nr. 177
7 Degras, a.a.O., S. 474f.
8 PRO F.O. 371/24848, Woodward, a.a.O., S. 492ff.
9 Woodward, a.a.O., S. 493
10 Für Lukacs war Hitler in diesem Gespräch Realist, „not Molotow". (Lukacs, a.a.O., S. 120)
11 Hillgruber, Strategie, S. 452f.
12 Hillgruber, Strategie, S. 357
13 Hildebrand, Weltreich, S. 697
14 Hildebrand, Weltreich, S. 698
15 Pietrow, a.a.O., S. 216
16 Hitlers Weisungen Nr. 18
17 Hillgruber, Strategie, S. 354f.
18 Der viel zitierte Passus lautet: Politische Besprechungen mit dem Ziel, die Haltung Rußlands für die nächste Zeit zu klären, sind eingeleitet. Gleichgültig, welches Ergebnis diese Besprechungen haben werden, sind alle schon mündlich befohlenen Vorbereitungen für den Osten fortzuführen. Weisungen darüber werden folgen, sobald die Grundzüge des Operationsplanes mir vorgetragen und von mir gebilligt sind.
19 Fest, a.a.O., S. 873
20 Schmidt, Paul, Statist auf diplomatischer Bühne, S. 521
21 Byrnes, a.a.O., S. 289
22 Topitsch, a.a.O., S. 101
23 ADAP, D, XI, Nr. 326. Der Verfasser unternimmt es, etwas ausführlicher zu zitieren, weil anders der Eindruck von Hitlers Bemühungen nicht vermittelt werden kann.
24 ADAP, D, XI, Nr. 417. Dieser Aufzeichnung entstammen alle folgenden Zitate.
25 ADAP, D, XI, Nr. 325
26 Hillgruber, Strategie, S. 353
27 „The Observer" November 17, 1940
28 ADAP, D, XI, Nr. 328
29 ADAP, D, XI, Nr. 309 Entwurf eines Abkommens zwischen den Staaten des Dreimächtepaktes und der Sowjetunion
30 s. Kapitel III
31 Hildebrand, a.a.O., S. 743
32 „Neue Zürcher Zeitung" vom 28. Juli 1940
33 Topitsch, a.a.O., S. 97ff.
34 v. Below, a.a.O., S. 294f.
35 Hitler, Politisches Testament, S. 80
36 ADAP, D, XI, Nr. 339
37 ADAP, D, XI, Nr. 357
38 ADAP, D, XI, Nr. 365
39 ADAP, D, XI, Nr. 369
40 ADAP, D, XI, Nr. 353
41 ADAP, D, XI, Nr. 369

42 ADAP, D, XI, Nr. 376
43 ADAP, D, XI, Nr. 381
44 ADAP, D, XI, Nr. 381
45 von Below, a.a.O., S. 251
46 Byrnes, a.a.O., S. 288
47 Hillgruber, Strategie, S. 306
48 Topitsch, a.a.O., S. 346
49 Dazu s. Klüver, Sieg verspielt, Kapitel XIV u. XV
50 ADAP, D, XI, Nr. 404
51 Fabry II, a.a.O., S. 265
52 Byrnes, a.a.O., S. 290
53 PRO F.O. 371/24848
54 IMT, Bd. IX, S. 333
55 Wuescht, a.a.O., S. 174
56 Hillgruber, Der Zweite Weltkrieg, S. 59
57 „Neue Zürcher Zeitung" vom 13. November 1940
58 Hillgruber, Strategie, S. 203f.
59 Hillgruber, Strategie, S. 238
60 Hillgruber, Strategie, S. 238, Anm. 142
61 Hillgruber, Strategie, S. 357
62 Hillgruber, Strategie, S. 358. Nach einer Tagebucheintragung von Engel vom 15. November 1940
63 Topitsch, a.a.O., S. 98
64 Pietrow, a.a.O., S. 216
65 Hillgruber, Strategie, S. 358
66 Hillgruber, Strategie, S. 359, Anm. 37
67 Die Türkei hatte in den Verhandlungen eine bedeutende Rolle gespielt. Das vom Auswärtigen Amt für die Verhandlungen mit Molotow vorbereitete Abkommen beschäftigte sich im Zweiten Geheimprotokoll ausschließlich mit dem Verhältnis der vertragschließenden Parteien zur Türkei und der Ersetzung des 1936 geschlossenen Meerengenstatuts von Montreux durch ein anderes Statut.
68 PRO F.O. 371/24848 F.O. an Cripps.
69 PRO F.O. 371/24853
70 PRO F.O. 371/24848

Kapitel XII

1   John Lukacs, The Last European War, London 1976
2   Lukacs, a.a.O., S. 102 The accepted version according to which throughout his life, Hitler's emotions drove him to the East is too simple to be true.
3   Hillgruber, Strategie, S. 362
4   Lukacs, a.a.O., S. 138 „. . . the simplistic argument of those historians who resting their case on the evidence of „Mein Kampf" alone, argue that war against Russia was Hitler's singleminded obsession, the ultimate opportunity he looked toward all through his life"
5   „His singleminded obsession was the Jews, not Russia"
6   s. Kapitel II
7   Halder, Kriegstagebuch, Band II, S. 31
8   Halder, Kriegstagebuch, Band II, S. 49
9   s. Kapitel VIII
10 s. Klüver, Den Sieg verspielt, Kapitel XII
11 Hitler selbst hatte eine Landung in England nur als möglich bezeichnet, – wenn die volle Luftherrschaft errungen und in England eine gewisse Lähmung eingetreten sei. Sonst sei sie sie ein Verbrechen (ADAP, D, XI, S. 880f. Konferenz Hitlers mit führenden Militärs am 9. Januar 1941)
12 Lukacs, a.a.O., S. 120, Ein Ausspruch Hitlers

13 Hitlers Weisungen für die Kriegführung, S. 81
14 Klüver, War es Hitlers Krieg? S. 97
15 Hillgruber, Strategie, S. 23
16 Hillgruber, Strategie, S. 24
17 Hillgruber, Strategie, S. 362
18 Hillgruber, Strategie, S. 361
19 Hitlers Weisungen, S. 96
20 Hitlers Weisungen S. 100
21 Hitlers Weisungen, S. 97
23 Weinberg, a. a. O., S. 139. „It can be seen . . . that the timing of the order of December
18 and the Molotow visit have nothing to do with each other
24 Allard, a. a. O., S. 225
25 Hillgruber, Strategie, S. 369, Anm. 90
26 Hillgruber, Strategie, S. 369
27 ADAP, D, Nr. 586
28 Der Vertrag wurde am 10. Januar 1941 abgeschlossen
29 Hinsley, a. a. O., 177
30 Aus dem KTB der WMST in ADAP, D, XI, Nr. 630
31 Halder, Kriegstagebuch, Band II, S. 336
32 Das gilt vor allem auch für Hofer.

Kapitel XIII

1 Cecil, Robert, Hitlers Griff nach Rußland,
1977 Deutsche Übersetzung von „Hitler's decision to invade Russia 1941"
2 PRO F.O. 371/24917
3 PRO F.O. 371/24921
4 PRO CAB 65/16 WM(40) 295th Conclusions Confidential Annex 25th November,
1940
5 ADAP, D, XI, Nr. 369
6 Ein britisches Geschwader hatte 12 Flugzeuge
7 PRO CAB 65/13 WM(40) 278th Conclusions Confidential Annex, 28th Octobre, 1940
8 PRO CAB 65/13 WM(40) 281st Conclusions Confidential Annex, 1st November,
1940
9 Woodward, a. a. O., S. 511
10 PRO CAB 65/16 MW(40) 297th Conclusions Confidential Annex, 27th November,
1940
PRO CAB 65/16 WM(40) 310th Conclusions Confidential Annex, 27th December,
1940
11 PRO F.O. 371/29818
12 PRO CAB 65/21 WM(41) 6th Conclusions Confidential Annex 14th January, 1941
13 PRO CAB 65/17 WM(41) 9th Conclusions 23rd January, 1941
14 PRO PREM 3/205 Prime Minister's Personal Minute
PRO CAB 65/21 WM(41) 26th Conclusions Confidential Annex 7th March, 1941
15 Bemerkenswert ist, daß der britische Historiker Woodward trotz der vielen vom
Verfasser vorgebrachten Belege, die er offenbar nicht kannte, eine gegensätzliche
Beurteilung vornimmt. Er schreibt: „The King of the Hellenes had himself been
complaining in November of our failure to send air units to the Saloniki area, and had
pointed out the strategic advantage of a strong airforce which might deter the
Germans from moving against Greece during the winter."
16 Hitlers Weisungen für die Kriegführung, S. 94 ff.
17 Diese Schwerpunktverschiebung infolge der italienischen Niederlagen stellt man bei
einem Vergleich der obigen Weisung mit der Aufzeichnung von Hitlers Besprechung
mit Ciano fest (ADAP, D, Nr. 353 vom 18. November 1940)
18 Winston, S. Churchill, Der Zweite Weltkrieg. Knaur Ausgabe 1960, S. 469
19 „Neue Zürcher Zeitung" vom 7. März 1941

20 ADAP, D, XI, Nr. 378 König Boris gegenüber v. Papen am 21. November 1940
21 Er habe nicht wie die ungarischen Freunde eine Stephanskrone, die viel zu groß für den Kopf sei.
22 ADAP, D, XI, Nr. 373
23 ADAP, D, XI, Nr. 391
24 ADAP, D, XII, Nr. 121. Am 28. Februar hatte der Botschafter Molotow die Mitteilung über den Beitritt Bulgariens und am 1. März über die Verlegung der deutschen Truppen gemacht.
25 „Neue Zürcher Zeitung" vom 18. März 1941
26 „Neue Zürcher Zeitung" vom 21. März 1941
27 ADAP, D, XI, Nr. 626
28 ADAP, D, XI, Nr. 638
29 ADAP, D, XI, Nr. 637
30 ADAP, D, XI, Nr. 640
31 ADAP, D, XI, Nr. 616. Adressaten waren die Botschafter in Moskau und Ankara und die Gesandtschaften in Belgrad und Athen.
32 Zu dem Zeitpunkt befanden sich in Griechenland (außer Kreta) nur Luftwaffen- und Marineverbände der Briten.
33 ADAP, D, XI, Nr. 624
34 ADAP, D, XI, Nr. 655
35 ADAP, D, XI, Nr. 669
36 ADAP, D, XI, Nr. 681
37 ADAP, D, XII, Nr. 121. Schulenburg an das Auswärtige Amt am 3. März 1941
38 s. auch Fabry I, S. 377, der eine solche Behauptung ausdrücklich zurückweist. Der Balkanfeldzug sei Hitler seit Anfang 1941 höchst unwillkommen gewesen und „der Plan für den Feldzug gegen Griechenland (sei) zu einem Zeitpunkt gefaßt worden, als der Angriff auf die Sowjetunion noch keineswegs beschlossene Sache war".
39 PRO F.O. 371/30089
40 Die Türken hatten in Thrakien 38 Divisionen stehen, eine beachtliche Streitmacht.
41 Krecker, Lothar, Deutschland und die Türkei im Zweiten Weltkrieg, S. 133
42 Der britische Botschafter in Ankara hatte den Eindruck, „that Yugoslav Ministers actually disappeared from their office stools sooner than be confronted with any proposition requiring a firm answer or a bold decision. (Knatchbull-Hugessen, mitgeteilt bei Krecker, a.a.O., S. 131)
43 s.a. Krecker, a.a.O., S. 143
44 PRO CAB 65/22 WM(41) 28th Conclusions Confidential Annex 13th March, 1941
45 „Die Weltwoche" vom 28. März 1941
46 ADAP, D, XII, Nr. 113
47 Krecker, a.a.O., S. 135
48 ADAP, D, XII, Nr. 154
49 ADAP, D, XII, Nr. 177 Hitler gegenüber dem türkischen Botschafter Gerede am 17. März 1941. Gerede überbrachte die Antwort des türkischen Staatspräsidenten Inönü auf Hitlers Brief vom 1. März 1941. Inönü betonte die unabhängige Stellung der Türkei.
50 ADAP, D, XII, Nr. 231

Kapitel XIV

1 s.a. Wuescht, Johann, Jugoslawien und das Dritte Reich, S. 42
2 Wuescht, a.a.O., S. 42
3 ADAP, D, XI, Nr. 417
4 s.a. Wuescht, a.a.O., S. 153
5 PRO CAB 65/22 WM(41) 39th Conclusions, Confidential Annex, 11th April, 1941
6 PRO F.O. 371/30253 „We must nor regard them as lost"
7 PRO CAB 65/22 WM(41) 26th Conclusions, Confidential Annex 7th March, 1941
8 PRO F.O. 371/30253

9 Woodward, a.a.O., S. 541, s.a. PRO F.O. 371/30253
10 Churchill, a.a.O., 473 schreibt, daß seit Monaten in dem kleinen Offizierskreis um Simović eine direkte Aktion für den Fall einer Kapitulation der Regierung vor Deutschland besprochen war.
11 ADAP, D, XII, Nr. 227. Horthy an Hitler vom 28. März 1941
12 „Die Weltwoche" vom 4. April 1941
13 Wuescht, a.a.O., S. 161f.
14 ADAP, D, XII, Nr. 265
15 Note des Auswärtigen Amtes an die Sowjetregierung vom 21. Juni 1941. Wiedergegeben bei Erich F. Sommer, Das Memorandum V
16 ADAP, D, XII, Nr. 142, Anm. 2 vom 9. März 1941
17 Nach Wuescht, a.a.O., S. 172. Angaben des „abgesprungenen russischen Generalstabshauptmanns Krilow aus dessen Buch Soviet Staff Officer", London 1951
18 Seaton, a.a.O., S. 28
19 „Neue Zürcher Zeitung" vom 16. April 1941
20 „Neue Zürcher Zeitung" vom 6. Mai 1941
21 „Die Weltwoche" vom 10. April 1941
22 IMT, Band X, S. 332ff.
23 Halder, Kriegstagebuch, Band II, S. 353
24 Keitel vor dem IMT. Nach Churchill, a.a.O., S. 474
25 Seaton, a.a.O., S. 28
26 Hillgruber, Sowjetische Außenpolitik im Zweiten Weltkrieg, S. 60
27 Werth, a.a.O., S. 124

Kapitel XV

1 PRO F.O. 371/29479
2 PRO F.O. 371/29480 „who are beginning to be a force outside the party"
3 PRO F.O. 371/29481 Antwort auf ein Cripps-Telegramm vom 26. Mai 1941 „... because there is clear evidence that Germany does not intend to embark on a war with the Soviet-Union in present circumstances."
4 Als Beispiel sei genannt (vom Verfasser durchgezählt): von 311 Conclusions der Sitzungen des War Cabinet des Jahres 1940 fehlen 112
5 PRO F.O. 371/29466
6 PRO F.O. 371/29480
7 PRO F.O. 371/29479
8 Das behauptete auch Eden gegenüber Maiskij am 16. April 1941 (PRO F.O. 371/29465)
9 s. hierfür u. a. Hillgruber, Strategie, S. 410
10 Hillgruber, Strategie, S. 430, Anm. 21
11 PRO F.O. 371/29465
12 PRO F.O. 371/29481
13 PRO WM(41) 60th Conclusions Minute 3 Confidential Annex 16th June, Cab 65/22
14 Hillgruber, Sowjetische Außenpolitik, S. 46
15 ADAP, D, XII, Nr. 157
16 Hillgruber, Sowjetische Außenpolitik, S. 61
17 IMT Bd. X, S. 332ff.

Kapitel XVI

1 Hillgruber, Strategie, S. 533
2 Angesichts der wenigen überlieferten Direktaussagen Hitlers bezieht sich der Verfasser auch auf das „Politische Testament" Hitlers.
3 Politisches Testament, S. 78
4 Hillgruber, Strategie, S. 533
5 Hillgruber, Strategie, S. 533
6 Politisches Testament, S. 79f.
7 Politisches Testament, S. 80
8 Das steht in einem Gegensatz zu Hitlers Aussage in „Politisches Testament", S. 115. An dieser Stelle gab er an, den Entschluß am Jahrestag der Unterzeichnung des Moskauer Paktes gefaßt zu haben. Der Verfasser hält die erste Angabe für richtig. Dafür spricht auch Görings Aussage im Nürnberger Prozeß, daß der endgültige Entschluß zum Angriff auf die Sowjetunion erst nach dem Simović-Putsch gefaßt worden sei (IMT, IX, 386)
9 Politisches Testament, S. 114
10 Politisches Testament, S. 114
11 IMT, X, S. 483
12 IMT, IX, S. 384
13 Halder, Kriegstagebuch, Bd. I, S. 353 vom 7. April 1941
14 Halder, Kriegstagebuch, Bd. I, S. 351 vom 6. April 1941
15 Botho Kirsch in einer Besprechung des Topitsch-Buches in „Die Welt" vom 30. Mai 1985
16 Hillgruber, Sowjetische Außenpolitik, S. 4
17 s. den Abschnitt „Die Stalinrede vom 5. Mai 1941"
18 Topitsch, a.a.O., S. 75
19 Fabry I, S. 270
20a Hillgruber, Sowjetische Außenpolitik, S. 4
20 Seraphim, H.G., Die deutsch-russischen Beziehungen 1939–1941, S. 66f.
21 Topitsch, a.a.O., S. 117
22 Schukow, G. K., Erinnerungen und Gedanken S. 248 (Nach Topitsch, S. 117)
23 Hillgruber, Strategie, S. 436
24 Hillgruber, Strategie, S. 437, Anm. 55
25 Hillgruber, Strategie, S. 435f., Anm. 54
26 Topitsch, a.a.O., S. 111
27 Hilger, a.a.O., S. 307f.
28 Werth, Alexander, Russia at War 1941–1945, S. 122f.
29 Auch Hillgruber führt die Hilgerschen Angaben an. (Strategie, S. 432, Anm. 34)
30 Hilger, a.a.O., S. 308
31 Werth, a.a.O., S. 123
32 Das Buch Werths war ihm offenbar nicht bekannt.
33 Hillgruber, Strategie, S. 432, Anm. 34
34 Fabry II, S. 297
35 PRO F.O. 371/29480
36 Hilger, a.a.O., S. 308
37 Werth, a.a.O., S. 122
38 PRO F.O. 371/29481
39 Fabry II, S. 312
40 Topitsch, a.a.O., S. 112
41 Hinsley, a.a.O., S. 72

Dokumente

Quelle: Akten zur Deutschen Auswärtigen Politik, Serie D, Bd. XI

Dokument 1

Joachim v. Ribbentrop an Josif Vissarionovitsch Stalin[1]

BERLIN, den 13. Oktober 1940

Sehr verehrter Herr Stalin!

Vor über einem Jahr wurde durch Ihren und des Führers Willen das Verhältnis Deutschlands zu Sowjetrußland überprüft und auf eine völlig neue Basis gestellt. Ich glaube, daß sich der Entschluß zur Verständigung zwischen unseren beiden Ländern, der entstanden war aus der Erkenntnis, daß die Lebensräume unserer Völker sich wohl berühren, aber nicht zu überschneiden brauchen, und der dann zu einer Abgrenzung der gegenseitigen Interessensphären und zu den deutsch-sowjetrussischen Nichtangriffs-[2] und Freundschaftsverträgen[3] führte, für beide Teile als nutzbringend erwiesen hat. Daß sich die konsequente Weiterverfolgung dieser Politik der guten Nachbarschaft und eine weitere Vertiefung der politischen und wirtschaftlichen Zusammenarbeit auch in der Zukunft immer segensreicher für die beiden großen Völker auswirken wird, ist meine Überzeugung. Deutschland jedenfalls ist hierzu bereit und entschlossen.

Bei dieser Zielsetzung kommt – so scheint es mir – einer unmittelbaren Fühlungnahme zwischen den verantwortlichen Persönlichkeiten beider Länder besondere Bedeutung zu. Ich glaube sogar, daß ein solcher persönlicher Kontakt über den Rahmen der sonst üblichen diplomatischen Wege hinaus bei autoritären Regimen wie den unsrigen von Zeit zu Zeit unerläßlich ist. Ich möchte daher heute eine kurze Rückschau halten über die Ereignisse seit meinem letzten Besuch in Moskau[4] und wegen der geschichtlichen Bedeutung dieser Ereignisse und in Anknüpfung an unseren Gedankenaustausch im vergangenen Jahre Ihnen einen Überblick geben über die Politik, die Deutschland in diesem Zeitraum verfolgt hat.

Bereits nach Abschluß des Polenfeldzuges wurde uns bewußt und durch Nachrichten, die sich während des Winters häuften, bestätigt, daß England – getreu seiner von jeher verfolgten Politik – seine ganze Kriegsstrategie auf der Hoffnung einer Ausweitung des Krieges aufgebaut hatte. Die Versuche im Laufe des Jahres 1939, die Sowjetunion für eine Militärkoalition gegen Deutschland zu gewinnen, deuteten bereits vorher in diese Richtung. Sie wurden durch das deutsch-sowjetrussische Abkommen vereitelt. Die Haltung Englands und Frankreichs in dem sowjetrussisch-finnischen Konflikt[5] lag später auf der gleichen Linie.

Im Frühjahr 1940 traten diese geheimen Absichten offen zu Tage. Es begann damit die aktive Phase dieser englischen Politik der Ausdehnung dieses Krieges auf andere Völker Europas. Als erstes Objekt nach Beendigung des sowjetrussisch-finnischen Krieges war Norwegen ausersehen. Durch die Besetzung von Narvik und anderer norwegischer Stützpunkte sollte Deutschland die Erzzufuhr abgeschnitten und darüber hinaus eine neue Entlastungsfront in Skandinavien errichtet werden. Nur dem rechtzeitigen Eingreifen der deutschen Führung und den schnellen Schlägen unserer Truppen, die die Engländer und Franzosen aus Norwegen hinausjagten, ist es zuzuschreiben, daß nicht ganz Skandinavien zum Kriegsschauplatz wurde.

1 Betreffs der Übergabe dieses Briefes siehe Dokumente Nr. 186 und 195.
2 Serie D, Band VII, Dokument Nr. 228.
3 Serie D, Band VIII, Dokument Nr. 157.
4 27.–29. September 1939; siehe ebda., Dokumente Nr. 152, 162 und 163.
5 Finnisch-sowjetischer Winterkrieg Nov. 1939–März 1940.

Wenige Wochen später sollte sich dieses englisch-französische Spiel in Holland und Belgien wiederholen. Und auch hier konnte Deutschland dem beabsichtigten Vorstoß der englisch-französischen Armeen gegen das Ruhrgebiet, von dem wir seit einiger Zeit Kenntnis erhalten hatten, in letzter Stunde durch die entscheidenden Siege unserer Armeen begegnen. Selbst in Frankreich, dem „Festlandsdegen Englands", ist es heute den meisten Franzosen klargeworden, daß ihr Land letzten Endes nur als Opfer dieser traditionellen englischen menschenfreundlichen Politik verbluten mußte. Was nun die derzeitigen englischen Machthaber, die Deutschland den Krieg erklärt und damit das britische Volk ins Unglück gestürzt haben, anbelangt, so waren diese schließlich selbst nicht mehr in der Lage, ihre traditionelle britische Politik und die daraus resultierende Nichtachtung der eigenen Bundesgenossen zu verbergen. Im Gegenteil, als sich das Schicksal gegen sie wandte, fielen alle heuchlerischen Beteuerungen weg. Mit echt englischem Zynismus haben sie ihre Freunde treulos im Stich gelassen. Ja: um sich selbst zu retten, beschimpften sie die ehemaligen Bundesgenossen und nahmen später sogar gegen sie mit Gewalt offen Stellung. Andalsnes, Dünkirchen, Oran, Dakar sind Namen, die – wie mir scheint – die Welt über den Wert der Freundschaft Englands genügend aufklären könnten. Aber auch wir Deutsche sind bei dieser Gelegenheit um eine Erfahrung reicher geworden, nämlich: daß die Engländer nicht nur gewissenlose Politiker, sondern auch schlechte Soldaten sind. Unsere Truppen haben sie überall da, wo sie sich stellten, zu Paaren getrieben. Der deutsche Soldat war ihnen an jedem Platz überlegen.

Das nächste Ziel der englischen Kriegsausweitung war der Balkan. Nach uns zugegangenen Nachrichten wurden hier im Laufe des Jahres wiederholt die verschiedenartigsten Pläne entworfen und in einem Falle auch bereits ihre Ausführung befohlen. Daß diese nicht rechtzeitig zu ihrer Durchführung kamen, ist – wie wir heute wissen – ausschließlich zurückzuführen auf den geradezu unbegreiflichen Dilettantismus und die erstaunliche Uneinigkeit sowohl der politischen wie auch der militärischen Führungen Englands und Frankreichs.

Die Gegner Deutschland haben sich bemüht, ihre Maßnahmen der Kriegsausweitung vor aller Welt zu verschleiern, und haben unsere Anprangerung dieser englischen Methoden der Kriegsausweitung vor aller Welt als ein Machwerk der deutschen Propaganda hinzustellen versucht. Indessen hat das Schicksal es gewollt, daß den blitzschnell vormarschierenden deutschen Armeen auf den verschiedenen Kriegsschauplätzen Dokumente von unschätzbarer Bedeutung in die Hände fielen. Wie bekannt, ist es hierbei gelungen, in den Besitz der zum Abtransport bereitstehenden politischen Geheimakten des französischen Generalstabs zu gelangen[6] und damit unwiderlegliche Beweise für die Richtigkeit unserer Nachrichten über die gegnerischen Absichten und der von uns hieraus gezogenen Schlußfolgerungen zu erhalten. Eine Anzahl dieser Dokumente ist bereits – wie Ihnen erinnerlich sein wird – in der Presse erschienen, weiteres ungeheuer umfangreiches Material ist heute noch in Übersetzung und Sichtung begriffen. Es soll bei Bedarf in einem Weißbuch veröffentlicht werden. Mit wahrhaft schlagender Beweiskraft werden hier die Hintergründe der englischen Kriegspolitik enthüllt. Sie werden verstehen, daß es für uns eine Genugtuung ist, der Welt die Augen sowohl über die beispiellose Unfähigkeit sowie aber auch über den geradezu verbrecherischen Leichtsinn öffnen zu können, mit denen die derzeitigen englischen Machthaber durch ihre Kriegserklärung an Deutschland nicht nur ihr eigenes Volk, sondern auch andere Völker Europas ins Unglück gestürzt haben. Daß die Herren von der Themse aber darüber hinaus nicht davor zurückgeschreckt wären, Angriffe auf völlig unbeteiligte Nationen zu unternehmen, nur weil diese trotz englischer Vorstellungen und sogar Drohungen ihren natürlichen Handel mit Deutschland fortsetzten, wird durch die uns zur Verfügung stehenden Dokumente erwiesen. Das sowjetrussische Ölzentrum Baku und der Ölhafen Batum z. B. wären zweifellos noch in diesem Jahre das Opfer britischer Anschläge geworden, wenn nicht der Zusammenbruch Frankreichs und die Vertreibung der englischen Armee aus Europa den englischen Angriffsgeist als solchen gebrochen und diesem Treiben ein jähes Ende bereitet hätten.

Der Führer hat in der Erkenntnis der völligen Sinnlosigkeit einer Weiterführung dieses

6 Siehe Serie D, Band X, Anmerkung der Herausgeber nach Dokument Nr. 111, S. 103–104.

Krieges trotz allem am 19. Juli England nochmals den Frieden angeboten.[7] Nach Ablehnung dieses letzten Angebotes ist Deutschland nunmehr entschlossen, den Krieg gegen England und sein Imperium bis zur endgültigen Niederringung Britanniens zu führen. Dieser Endkampf ist derzeit im Gange und wird erst dann abgebrochen werden, wenn der Gegner entweder militärisch vernichtet oder durch die Beseitigung seiner am Kriege verantwortlichen Kräfte die Sicherheit einer wirklichen Verständigung gegeben ist. Wann dieser Zeitpunkt eintritt, ist nicht entscheidend.

Denn: eines ist sicher: der Krieg als solcher ist von uns so oder so bereits gewonnen. Es ist nur noch eine Frage der Zeit, wann England unter der Wucht unserer Aktionen den restlichen Zusammenbruch zugibt.

Nach diesen Maßnahmen zur Sicherung der Position der Achse in Europa war das Hauptinteresse der Reichsregierung und der Italienischen Regierung darauf gerichtet, die Ausdehnung des Krieges über Europa hinaus zu einem Weltbrand zu verhindern. Denn: je mehr die Hoffnung der Engländer, in Europa noch Hilfsvölker zu finden, schwand, um so stärker wurden die Anstrengungen der Englischen Regierung, vor allem die Kreise zu fördern, die in den überseeischen Demokratien auf einen Eintritt in den Krieg gegen Deutschland und Italien auf seiten Englands hinarbeiten. Demgegenüber stand das Interesse der Völker, die in gleichem Maße von dem Wunsche nach einer Neuordnung der Dinge in der Welt gegenüber den erstarrten plutokratischen Demokratien erfüllt waren und die ebenso wie wir durch eine weitere Ausdehnung des europäischen Krieges zu einem Weltbrand diese Interessen bedroht sahen. Diese Voraussetzung traf vor allem auf Japan zu. Ich habe daher bereits vor einiger Zeit im Auftrage des Führers einen Emissär[8] zu inoffiziellen Erkundungen nach Tokio geschickt, um festzustellen, ob sich die gemeinsamen Interessen in Form eines Paktes gegen die weitere Ausdehnung des Krieges auf andere Völker zum Ausdruck bringen ließen.[9] Der sich hieran anknüpfende Gedankenaustausch ergab sehr bald eine völlige grundsätzliche Übereinstimmung der Auffassungen zwischen Berlin, Rom und Tokio darüber, daß im Interesse der baldigen Wiederherstellung des Friedens jede weitere Kriegsausdehnung verhindert werden sollte und daß durch ein Militärbündnis der drei Mächte der Kriegshetze eines internationalen Interessenklüngels am besten begegnet werden könnte. So kam es entgegen allen britischen Intrigen überraschend schnell zum Abschluß des Berliner Vertrages, den ich Ihnen durch die Botschaft avisieren konnte, sobald am Tage vor der Unterzeichnung die endgültige Einigung zustande gekommen war.[10]Ich denke, daß der Abschluß dieses Vertrages den Zusammenbruch der jetzigen englischen Machthaber, die als einzige der endgültigen Wiederherstellung des Friedens noch entgegenstehen, beschleunigen und damit dem Interesse aller Völker dienen wird.

Was nun die Frage der Einstellung der drei Partner dieses Bündnisses zur Sowjetunion anbetrifft, so möchte ich vorweg bemerken, daß von Anbeginn des Gedankenaustausches von allen drei Mächten in gleichem Maße die Auffassung vertreten wurde, daß jener Pakt sich in keiner Weise gegen die Sowjetunion richten, daß vielmehr die freundschaftlichen Beziehungen der drei Mächte und ihre Verträge mit der Sowjetunion durch diese Vereinbarung völlig unberührt bleiben sollten. Diese Einstellung hat denn auch in der Textierung des Berliner Paktes ihren formalen Ausdruck gefunden.[11] Was Deutschland anbetrifft, so ist der Abschluß dieses Paktes die logische Folge einer bereits seit langem für die Reichsregierung maßgebenden außenpolitischen Konzeption, in der sowohl die deutsch-sowjetische als auch die deutsch-japanische freundschaftliche Zusammenarbeit nebeneinander ungestört ihren Platz finden. Darüber hinausgehend sind aber das gutnachbarliche Verhältnis zwischen Deutschland und Sowjetrußland sowie ein gutnachbarliches Verhältnis zwischen Sowjetrußland und Japan zusammen mit der Freundschaft der Achsenmächte zu Japan die gegebenen Elemente einer natürlichen politischen

7 Den Wortlaut der Rede Hitlers vor dem Reichstag am 19. Juli 1940 siehe in *Monatshefte für Auswärtige Politik*, 7. Jg. 1940, Heft 8, S. 603–622; amtliche englische Übersetzung in *Facts in Review*, Band II, Nr. 32, S. 362–375.
8 Heinrich Stahmer.
9 Siehe Dokument Nr. 44.
10 Siehe Dokumente Nr. 109 und 113.
11 Dokument Nr. 118.

Konstellation, die sich bei kluger Führung auf das vorteilhafteste für alle beteiligten Mächte auswirken kann. Sie werden sich erinnern, daß ich seinerzeit bei meinem ersten Besuch in Moskau[12] bereits ähnliche Gedanken Ihnen in aller Offenheit entwickelt und für die Ausräumung damals noch bestehender sowjetrussisch-japanischer Divergenzen unsere guten Dienste zur Verfügung gestellt habe. Ich bemühte mich seither, in dieser Richtung zu wirken, und ich würde es begrüßen, wenn die auch in Japan immer stärker hervortretende Tendenz einer Verständigung mit der Sowjetunion zum Ziele führen könnte.

Zusammenfassend möchte ich sagen, daß es auch nach der Auffassung des Führers die historische Aufgabe der vier Mächte der Sowjetunion, Italiens, Japans und Deutschlands zu sein scheint, ihre Politik auf längste Sicht zu ordnen und durch Abgrenzung ihrer Interessen nach säkularen Maßstäben die zukünftige Entwicklung ihrer Völker in die richtigen Bahnen zu lenken.

Um solche für die Zukunft unserer Völker so entscheidende Fragen weiter zu klären und in konkreterer Form zu besprechen, würden wir es begrüßen, wenn Herr Molotov uns in nächster Zeit in Berlin besuchen wollte. Ich darf ihn im Namen der Reichsregierung dazu herzlichst einladen. Nach meinem zweimaligen Besuch in Moskau würde es mir auch persönlich eine besondere Freude sein, Herrn Molotov nun einmal in Berlin zu sehen. Sein Besuch gäbe dann dem Führer die Gelegenheit, seine Gedankengänge Herrn Molotov persönlich über die zukünftige Gestaltung der Beziehungen unserer beiden Länder zu entwickeln.[13] Herr Molotov kann bei seiner Rückkehr Ihnen in umfassender Weise über die Ziele und Absichten des Führers Bericht erstatten. Wenn sich hierbei, wie ich es glaube erwarten zu dürfen, die Möglichkeit zu einem weiteren Ausbau einer gemeinsamen Politik im Sinne meiner obigen Ausführungen ergibt, wird es mir eine Freude sein, dann selbst wieder nach Moskau zu kommen, um mit Ihnen, sehr verehrter Herr Stalin, den Gedankenaustausch fortzusetzen und uns – möglicherweise gemeinsam mit Vertretern Japans und Italiens – über die Grundlagen einer Politik zu unterhalten, die für uns alle nur von praktischem Nutzen sein könnte.

Mit besten Empfehlungen Ihr ergebener

RIBBENTROP

Dokument 2

Aufzeichnung des Gesandten Schmidt (Büro RAM)

Füh. 32 g. Rs.   BERLIN, den 16. November 1940

AUFZEICHNUNG ÜBER DIE UNTERREDUNG ZWISCHEN DEM FÜHRER UND DEM VORSITZENDEN DES RATS DER VOLKSKOMMISSARE UND VOLKSKOMMISSAR FÜR AUSWÄRTIGE ANGELEGENHEITEN, MOLOTOV, IN ANWESENHEIT DES REICHSAUSSENMINISTERS, DES STELLVERTRETENDEN VOLKSKOMMISSARS DEKANOZOV SOWIE DER HERREN BOTSCHAFTSRAT HILGER UND PAVLOV, DIE ALS DOLMETSCHER FUNGIERTEN, AM 12. NOVEMBER 1940

Nach einigen Begrüßungsworten erklärte der Führer, daß der Gedanke, der ihn bei der nunmehr stattfindenden Aussprache bewege, folgender sei: Im Völkerleben ließe sich zwar die Entwicklung auf lange Zeit hinaus schwer festlegen, und oft würde das Entstehen von Konflikten stark von persönlichen Faktoren beeinflußt, trotzdem glaube er, daß man versuchen müsse, auch auf lange Sicht, soweit es gehe, die Entwicklung der Nationen so festzulegen, daß wenigstens nach menschlichem Ermessen Reibungen vermieden und Konfliktstoffe ausgeschlossen würden. Besonders sei dies dann angebracht, wenn zwei Nationen, wie die deutsche und die russische, an ihrer Spitze Männer hätten, die genügend Autorität besäßen, um die Entwicklung ihrer Länder in einer bestimmten Richtung festzulegen. Bei Rußland und Deutschland handele es sich außerdem um zwei sehr große Nationen, die von Natur aus keine Interessengegensätze zu haben brauchten, wenn jede

12 23.–24. August 1939; siehe Serie D, Band VII, Dokumente Nr. 213 und 234.
13 Molotov hielt sich vom 12.–14. November 1940 in Berlin auf. Siehe Dokumente Nr. 325, 326, 328, 329.

Nation begriffe, daß die andere gewisse Lebensnotwendigkeiten brauche, ohne deren Sicherung ihre Existenz unmöglich sei. Außerdem hätten beide Länder Regierungssysteme, die nicht den Krieg um des Krieges willen führten, sondern den Frieden nötiger hätten als den Krieg, um ihre inneren Aufgaben durchführen zu können. Unter Berücksichtigung der Lebensnotwendigkeiten, besonders auch auf wirtschaftlichem Gebiete, müßte es eigentlich möglich sein, eine Regelung zwischen ihnen zustande zu bringen, die über die Lebensdauer der augenblicklichen Führer hinaus eine friedliche Zusammenarbeit zwischen den beiden Ländern ermögliche.

Der Führer erklärte fortfahrend, daß vielleicht nicht jedes der beiden Völker seine Wünsche hundertprozentig erfüllt bekommen habe. Im politischen Leben sei jedoch eine 20- oder 25-prozentige Realisierung von Forderungen schon sehr viel wert. Er glaube, daß auch in der Zukunft nicht jeder Wunschtraum in Erfüllung gehen werde, daß aber die beiden größten Völker Europas, wenn sie miteinander gingen, auf jeden Fall größeren Gewinn hätten, als wenn sie gegeneinander arbeiteten. Wenn sie zusammenhielten, würde für beide Länder immer irgendein Vorteil dabei entstehen. Arbeiteten sie jedoch gegeneinander, so würden ausschließlich dritte Länder die Nutznießer sein.

Molotov erwiderte, daß der Gedankengang des Führers vollkommen richtig sei und von der Geschichte bestätigt würde; besonders zutreffend sei er jedoch für die heutige Situation.

Der Führer führte dann weiter aus, daß er sich aus diesem Gedankengang heraus in einer Zeit, in der die militärischen Operationen im wesentlichen abgeschlossen wären, die Frage der deutsch-russischen Zusammenarbeit ganz nüchtern erneut vorgelegt habe.

Der Krieg habe im übrigen zu Weiterungen geführt, die von Deutschland nicht beabsichtigt waren, es aber doch gezwungen hätten, von Fall zu Fall militärisch auf gewisse Vorgänge zu reagieren. Der Führer legte dann Molotov in kurzen Zügen den Verlauf der bisherigen Kampfhandlungen dar, der dazu geführt hätte, daß England nunmehr keinen Festlandsdegen mehr besäße. Er beschrieb im einzelnen die gegen England gegenwärtig durchgeführten Kampfhandlungen und unterstrich den Einfluß der atmosphärischen Bedingungen auf diese Operationen. Die englischen Gegenwirkungen seien lächerlich, und von der Fantasie angeblicher Zerstörungen in Berlin könnten sich die russischen Herren selbst durch Augenschein überzeugen. Sobald die atmosphärischen Bedingungen sich besserten, würde Deutschland zum großen Endschlag gegen England ausholen. Im Augenblick sei es nun sein Bestreben, zu versuchen, nicht nur militärische Vorbereitungen für diesen Endkampf zu treffen, sondern auch die politischen Fragen zu klären, die in und nach dieser Auseinandersetzung eine Rolle spielen würden. Er habe daher das Verhältnis zu Rußland einer neuen Prüfung unterzogen, und zwar nicht nur im negativen Sinne, sondern mit dem Ziel, es, wenn möglich auf lange Sicht hin, positiv auszugestalten. Dabei hätten sich mehrere Schlußfolgerungen ergeben:

1) Deutschland würde nicht um militärische Hilfe bei Rußland,.

2) durch die ungeheure Ausweitung des Krieges sei Deutschland gezwungen gewesen, um England entgegenzutreten, in Gebiete vorzudringen, die ihm fernlägen und an denen es primär politisch und wirtschaftlich nicht interessiert wäre;

3) es bestehen indes[14] gewisse Erfordernisse, deren ganze Bedeutung sich erst im Laufe des Krieges herausgestellt hätte, die aber unbedingt lebensnotwendig für Deutschland seien. Dazu gehörten gewisse Rohstoffvorkommen, die von Deutschland als lebenswichtigste Elemente für absolut unentbehrlich angesehen würden. Vielleicht sei Herr Molotov der Ansicht, daß in dem einen oder anderen Falle von den seinerzeit zwischen Stalin und dem Reichsaußenminister festgelegten Auffassungen über die Interessengebiete abgewichen worden sei. Solche Abweichungen hätten sich bereits im Zuge der russischen Operationen gegen Polen in einigen Fällen ergeben. In ruhiger Abwägung der deutschen und der russischen Interessen sei er (der Führer) in einer Reihe von Fällen nicht etwa zu Konzessionen bereit gewesen, sondern habe eingesehen, daß es zweckmäßig sei, den Bedürfnissen Rußlands entgegenzukommen, so z.B. im Falle Litauen. Wirtschaftlich gesehen hätte Litauen immerhin für uns eine gewisse Bedeutung gehabt; aber wir hätten,

14 „indes" handschriftlich zugefügt.

politisch gesehen, Verständnis für die Notwendigkeit der Lagebereinigung in diesem ganzen Gebiet gehabt, um dadurch besonders für die Zukunft die geistige Wiederaufnahme von Tendenzen zu verhindern, die geeignet gewesen wäre, Spannungen zwischen den beiden Ländern Deutschland und Rußland entstehen zu lassen. In einem anderen Falle, nämlich der Frage Südtirol, hätte Deutschland eine ähnliche Stellung eingenommen. Aber auch für Deutschland seien im Laufe des Krieges Momente eingetreten, die bei Kriegsausbruch nicht vorhergesehen werden konnten, die aber im Rahmen der Kriegsoperationen als absolut lebensnotwendig angesehen werden mußten.

Er (der Führer) habe sich nun die Frage überlegt, wie man über alle kleinen momentanen Überlegungen hinweg in großen Linien die Zusammenarbeit zwischen Deutschland und Rußland weiter klären und nach welchen Richtlinien die deutsch-russische Entwicklung weiter vor sich gehen sollte. Für Deutschland handele es sich dabei um folgende Gesichtspunkte:

1) Die Raumnot. Im Verlaufe des Krieges habe Deutschland so große Gebiete in seine Hand bekommen, daß es 100 Jahre benötige, um sie voll nutzbar zu machen.

2) Es sei eine gewisse koloniale Ergänzung in Zentralafrika notwendig.

3) Deutschland hätte gewisse Rohstoffe nötig, deren Bezug es unter allen Umständen sicherstellen müsse. Und

4) es könne nicht zulassen, daß in gewissen Gebieten von den Feindmächten Luft- oder Marinestützpunkte eingerichtet würden.

In keinem Falle jedoch würden die Interessen Rußlands berührt. Das russische Reich könne sich ohne die geringste Beeinträchtigung deutscher Interessen entwickeln. (Diesen Gedanken bezeichnete Molotov als sehr richtig.) Wenn beide Länder sich diese Erkenntnis zu eigen machten, sie gemeinsame Arbeit zum Nutzen beider verrichten und sich Schwierigkeiten, Spannungen und Nervenbelastungen ersparen könnten.[15] Es sei vollständig klar, daß Deutschland und Rußland nie eine Welt werden würden. Die beiden Länder würden immer als zwei gewaltige Bestandteile der Welt getrennt voneinander bestehen. Jeder von ihnen könne sich seine Zukunft nach eigenem Gutdünken gestalten, wenn er die Interessen des anderen dabei berücksichtige. Deutschland selbst habe in Asien keine Interessen außer allgemein wirtschaftlichen und handelspolitischen. Es habe insbesondere auch keine kolonialen Interessen dort. Es wisse zudem, daß die in Asien denkbaren kolonialen Räume wahrscheinlich an Japan fallen würden. Wenn womöglich auch noch China in den Bannkreis der erwachenden Nationen gezogen würde, wäre angesichts der dort lebenden Menschenmassen jede koloniale Bestrebung von vornherein zum Scheitern verurteilt.

In Europa lägen zwischen Deutschland, Rußland und Italien eine ganze Reihe von Berührungsmomenten vor. Jedes dieser drei Länder habe das verständliche Bestreben nach einem Zugang zum Meer. Deutschland strebe aus der Nordsee heraus, Italien wolle den Riegel Gibraltar beseitigen, und Rußland strebe ebenfalls dem Weltmeer zu. Es frage sich nun, wie weit die Möglichkeit bestehe, daß diese großen Staaten wirklich offene Zugänge zum Weltmeer erhielten, ohne selbst wieder darüber miteinander in Konflikt zu geraten. Unter diesem Gesichtspunkte betrachte er auch die Gestaltung der europäischen Verhältnisse nach dem Kriege. Die führenden Staatsmänner Europas müßten verhindern, daß dieser Krieg der Vater eines neuen Krieges würde. Die zu regelnden Fragen müßten daher so gelöst werden, daß wenigstens auf absehbare Zeit, nicht wieder ein neuer Konflikt entstehen könne.

In diesem Sinne habe er (der Führer) mit den französischen Staatsmännern gesprochen[16] und glaube, bei ihnen ein gewisses Verständnis für eine Regelung gefunden zu haben, die auf weite Sicht zu erträglichen Verhältnissen führe und die für alle Beteiligten schon insofern von Nutzen wäre, als nicht wieder sofort ein neuer Krieg zu befürchten sei. Er habe unter Hinweis auf die Präambel zum Waffenstillstandsvertrage mit Frankreich Pétain und Laval darauf hingewiesen, daß, solange der Krieg mit

15 In der Vorlage lautete dieser Satz ursprünglich: „Der Führer erklärte fortfahrend, daß, wenn beide Länder sich diese Erkenntnis zu eigen machten, sie gemeinsame Arbeit zum Nutzen beider verrichten und sich Schwierigkeiten, Spannungen und Nervensbelastungen ersparen könnten."

16 Siehe Dokumente Nr. 212 und 227.

England andauere, kein Schritt unternommen werden dürfte, der die Voraussetzungen zur Beendigung dieses Krieges gegen Großbritannien irgendwie beeinträchtige.

Es gäbe auch anderswo derartige Probleme, die nur für die Dauer des Krieges aufträten. So habe z. B. Deutschland auf dem Balkan keinerlei politische Interessen und handele dort augenblicklich ausschließlich unter dem Zwang, sich bestimmte Rohstoffe zu sichern. Es handele sich um rein militärische Interessen, deren Sicherung keine angenehme Aufgabe darstelle, da z. B. in Rumänien eine deutsche Militärmacht Hunderte von Kilometern von den Versorgungszentren unterhalten werden müsse.

Aus ähnlichen Gründen wäre der Gedanke, daß England sich in Griechenland festsetzen könne, um dort Luft- und Seestützpunkte einzurichten, für Deutschland unerträglich. Das Reich sei gezwungen, derartiges unter allen Umständen zu verhindern.

Die Fortsetzung des Krieges unter solchen Umständen sei natürlich nicht wünschenswert. Daher habe Deutschland auch den Krieg schon nach Abschluß des Polenfeldzuges beenden wollen. Damals hätten England und Frankreich ohne persönliche Opfer den Frieden haben können; sie hätten es jedoch vorgezogen, weiter Krieg zu führen. Selbstverständlich schaffe Blut auch Rechte, und es sei nicht angängig, daß gewisse Länder den Krieg erklärt und geführt hätten, ohne daß sie nachher dafür die Kosten trügen. Dies habe er (der Führer) auch den Franzosen gegenüber klar zum Ausdruck gebracht. Es handele sich jedoch im gegenwärtigen Stadium der Entwicklung um die Frage, wer von den kriegsschuldigen Ländern mehr bezahlen müsse. Auf jeden Fall hätte Deutschland am liebsten im vergangenen Jahr den Krieg beendet und sein Heer demobilisiert, um seine Friedensarbeit wiederaufzunehmen, denn wirtschaftlich gesehen wäre jeder Krieg ein schlechtes Geschäft. Selbst der Sieger müsse vor, während und nach dem Kriege derartige Ausgaben auf sich nehmen, daß er bei friedlicher Entwicklung sein Ziel erheblich billiger erreicht haben würde.

Diesem Gedanken stimmte Molotov durch die Bemerkung zu, daß auf jeden Fall die Erreichung eines Zieles durch kriegerische Mittel ungeheuer viel kostspieliger sei, als wenn man auf friedlichem Wege vorgehe. Der Führer wies fortfahrend darauf hin, daß unter den gegenwärtigen Umständen Deutschland durch die Kriegsentwicklung gezwungen sei, sich in Räumen zu betätigen, in denen es politisch nicht interessiert wäre, sondern höchstens wirtschaftliche Interessen habe. Die Notwendigkeit der Selbsterhaltung jedoch übe hier einen absoluten Zwang aus. Trotzdem stelle diese notgedrungene Tätigkeit Deutschlands in den betreffenden Räumen kein Hindernis für eine in Angriff zu nehmende Befriedung der Welt dar, die den Nationen, welche am gleichen Strange zögen, das brächten, was sie erhofften.

Hinzu käme das Problem *Amerika*. Die Vereinigten Staaten verfolgten heute eine imperialistische Politik. Sie kämpften nicht für England, sondern versuchten lediglich, das britische Weltreich in die Hand zu bekommen. Sie hülfen England höchstens, um ihre eigene Aufrüstung damit zu fördern und ihre militärische Machtstellung durch Gewinnung von Stützpunkten zu verstärken. In der ferneren Zukunft würde es sich darum handeln, eine große Solidarität zwischen den Staaten herzustellen, die bei einer Ausweitung des Einflußbereichs dieser ganz anders als England fundierten angelsächsischen Macht in Mitleidenschaft gezogen werden könnten. Es handele sich dabei nicht um eine Frage der näheren Zukunft; nicht im Jahre 1945, sondern höchstens in den Jahren 1970 und 1980 würde von dieser angelsächsischen Macht her der Freiheit anderer Nationen eine ungeheure Gefahr drohen. Immerhin müsse sich der europäische Kontinent schon jetzt auf diese Entwicklung einstellen und geschlossen gegen die Angelsachsen und jeden ihrer Versuche, gefährliche Stützpunkte zu erwerben, auftreten. Daher sei er in einen Gedankenaustausch mit Frankreich, Italien und Spanien eingetreten, mit diesen Ländern in dem ganzen Gebiet von Europa und Afrika eine Art Monroe-Doktrin zu errichten und eine neue gemeinsame Kolonialpolitik aufzunehmen, wonach jeder von den betreffenden Mächten an Kolonialraum nur das für sich in Anspruch nehme, was er wirklich ausnutzen könne. In anderen Gebieten, wo Rußland die primär bevorrechtigte Macht sei, würden dessen Interessen selbstverständlich vorzugehen haben. Daraus ergebe sich eine große Kombination von Mächten, die unter nüchterner Beurteilung der

Realitäten ihre Interessengebiete untereinander festzulegen hätten und sich der anderen Welt gegenüber unter entsprechenden Bedingungen behaupten würden. Eine derartige Kombination von Ländern zustande zu bringen, sei sicherlich eine schwere Aufgabe, aber immerhin sei die gedankliche Regelung noch nicht so schwer wie die tatsächliche Verwirklichung.

Der Führer kam dann anschließend wieder auf die deutsch-russischen Bestrebungen zu sprechen. Er verstehe durchaus Rußlands Bemühungen um eisfreie Häfen mit absolut gesicherten Zugängen zum offenen Meer. Deutschlands habe in seinen jetzigen Ostprovinzen seinen Lebensraum außerordentlich erweitert. Mindestens die Hälfte dieses Raumes sei jedoch als wirtschaftliches Zuschußgebiet anzusprechen. Vielleicht hätten sowohl Rußland und Deutschland nicht alles erreicht, was sie sich als Ziel vorgenommen hätten. Auf jeden Fall seien jedoch die Erfolge auf beiden Seiten groß gewesen. Wenn man die noch verbleibenden Fragen großzügig betrachte, wobei berücksichtigt werden müsse, daß Deutschland sich noch im Kriege befinde und sich für Gebiete interessieren müsse, die ihm an und für sich politisch fernlägen, so könnten auch in der Zukunft für beide Partner erhebliche Gewinne erzielt werden. In diesem Zusammenhang kam der Führer erneut auf den Balkan zu sprechen und wiederholte, daß Deutschland sich militärisch sofort jedem Versuch Englands, in Saloniki Fuß zu fassen, widersetzen würde. Es habe noch aus dem letzten Kriege eine unangenehme Erinnerung an die damalige Saloniki-Front.

Auf eine Frage Molotovs, wieso denn Saloniki eine Gefahr darstelle, wies der Führer auf die Nähe der rumänischen Petroleumfelder hin, die Deutschland unter allen Umständen verteidigen wolle. Sobald jedoch Friede herrsche, würden die deutschen Truppen Rumänien sofort wieder verlassen.

Im weiteren Verlauf der Besprechung richtete der Führere an Molotov die Frage, wie sich Rußland die Sicherung seiner Interessen im Schwarzen Meer und in den Meerengen vorstelle. Deutschland würde jederzeit bereit sein, von sich aus eine Verbesserung des Meerengenregimes für Rußland mit durchsetzen zu helfen.

Molotov erwiderte, daß die Erklärungen des Führers *allgemeiner Natur* gewesen seien und er im allgemeinen diesen Gedankengängen zustimmen könne. Er sei auch seinerseits der Ansicht, daß es im Interesse Deutschlands und der Sowjetunion läge, wenn beide Länder zusammenarbeiteten und nicht gegeneinander kämpften. Bei der Abreise aus Moskau habe ihm *Stalin genaue Weisungen erteilt*, und alles, was er in der Folge mitteilen würde, sei mit der Ansicht Stalins identisch. Er stimme der Meinung des Führers zu, daß beide Partner an dem deutsch-russischen Abkommen erhebliche Vorteile davongetragen hätten. Deutschland hätte ein sicheres Hinterland erhalten, das, wie allgemein bekannt sei, von großer Bedeutung für den weiteren Verlauf der Ereignisse während des Kriegsjahres gewesen wäre. Deutschland hätte auch in Polen erhebliche wirtschaftliche Vorteile erhalten. Durch den Austausch Litauens gegen die Woiwodschaft Lublin seien alle möglichen Reibungen zwischen Rußland und Deutschland vermieden worden. Das deutsch-russische Abkommen vom vorigen Jahre könne daher bis auf einen Punkt, nämlich Finnland, als erfüllt angesehen werden. Die Finnlandfrage sei noch ungelöst, und er bitte den Führer, ihm zu sagen, ob das deutsch-russische Abkommen, soweit es sich auf Finnland beziehe, noch in Kraft sei. Nach Ansicht der Sowjetregierung seien hier keine Änderungen eingetreten. Nach Ansicht der Sowjetregierung stelle das deutsch-russische Abkommen vom vorigen Jahr nur eine Teillösung dar. Inzwischen seien andere Fragen herangereift, die ebenfalls gelöst werden müßten.

Anschließend kam Molotov auf die Bedeutung des Dreimächtepaktes zu sprechen. Was bedeute die Neuordnung in Europa und in Asien, und in welcher Weise würde hier die UdSSR mit eingeschaltet? Diese Fragen müßten während der Berliner[17] Gespräche und während des in Aussicht genommenen Besuches des RAM's in Moskau,[18] mit dem die Russen bestimmt rechneten, besprochen werden.

17 Handschriftlich geändert aus „Wiener", das offenbar ein Schreibfehler war.
18 „in Moskau" handschriftlich zugefügt.

Außerdem seien Fragen bezüglich der russischen Balkan- und Schwarzmeerinteressen hinsichtlich Bulgariens, Rumäniens und der Türkei zu klären. Es würde für die Russische Regierung leichter sein, konkret zu den vom Führer aufgeworfenen Fragen Stellung zu nehmen, wenn sie die soeben erbetenen Erläuterungen erhalten könnte. Sie interessiere sich für die Neuordnung in Europa und außerdem besonders auch für das Tempo und die Form dieser Neuordnung. Auch würde sie gern eine Vorstellung über die Abgrenzung des sogenannten großostasiatischen Raumes haben.

Der Führer erwiderte, daß der Dreierpakt die Verhältnisse in Europa im Bereich der natürlichen Interessen der europäischen Staaten ordnen solle und Deutschland daher nunmehr an die Sowjetunion herantrete, damit diese in den sie interessierenden Gebieten mitsprechen könne. Auf keinen Fall soll eine Regelung ohne die sowjetrussische Mitarbeit getroffen werden. Dies gelte nicht nur[19] für Europa, sondern auch für Asien, wo Rußland selbst an der Definition des großostasiatischen Raumes mitwirken und seine dortigen Ansprüche selbst bestimmen solle. Deutschlands Aufgabe wäre hierbei die eines Mittlers. Auf keinen Fall solle Rußland vor vollendete Tatsache gestellt werden.

Als der Versuch vom Führer unternommen wurde, die vorerwähnte Mächtekombination aufzustellen, sei ihm als schwierigster Punkt nicht das deutsch-russische Verhältnis erschienen, sondern die Frage, ob zwischen Deutschland, Frankreich und Italien eine Zusammenarbeit möglich sei. Erst nachdem er nunmehr glaube, daß dieses Problem gelöst werden könne und eine Regelung in ihren großen Zügen von den drei Ländern im wesentlichen akzeptiert worden sei, hätte er es für möglich gehalten, nunmehr mit Sowjetrußland zur Regelung der Fragen des Schwarzen Meeres, des Balkans und der Türkei in Fühlung zu treten.

Abschließend und zusammenfassend erklärte der Führer, es handele sich gewissermaßen um den ersten Kristallisationspunkt für eine umfassende Zusammenarbeit unter Berücksichtigung der Probleme Westeuropas, die zwischen Deutschland, Italien und Frankreich zu regeln seien, sowie der Fragen des Ostens, die im wesentlichen Rußland und Japan angingen, bei denen jedoch Deutschland seine guten Dienste als Vermittler zur Verfügung stelle. Es handele sich darum, allen Versuchen Amerikas, „an Europa zu verdienen", entgegenzutreten. Die Vereinigten Staaten hätten weder in Europa noch in Afrika, noch in Asien etwas zu suchen.

Molotov erklärte sich mit den Ausführungen des Führers über die Rolle Amerikas und Englands einverstanden. Die Teilnahme Rußlands am Dreimächtepakt erschiene ihm grundsätzlich durchaus annehmbar unter der Voraussetzung, daß Rußland als Partner mitwirke und nicht nur Objekt sei. In diesem Falle sehe er keine Schwierigkeiten in der Frage der Teilnahme der Sowjetunion an den gemeinsamen Bemühungen. Aber das Ziel und die Bedeutung des Paktes müßten, besonders wegen der Abgrenzung des großostasiatischen Raumes, zunächst näher definiert werden.

Die Besprechung wurde hier mit Rücksicht auf eventuellen Fliegeralarm abgebrochen und auf den nächsten Tag verschoben, wobei der Führer Molotov zusagte, daß er die einzelnen im Verlauf der Besprechung aufgetauchten Fragen genau mit ihm durchsprechen würde.

gez. SCHMIDT

19 „nur" handschriftlich zugefügt.

Dokument 3

Aufzeichnung des Botschaftsrats Hilger[20]

Geheim   Moskau, den 18. November 1940
RM 42

AUFZEICHNUNG ÜBER DIE ABSCHLIESSENDE UNTERREDUNG ZWISCHEN DEM HERRN REICHS-MINISTER DES AUSWÄRTIGEN VON RIBBENTROP UND DEM VORSITZENDEN DES RATS DER VOLKSKOMMISSARE DER UDSSR UND VOLKSKOMMISSAR FÜR AUSWÄRTIGE ANGELEGENHEITEN, HERRN MOLOTOV, AM 13. NOVEMBER 1940

Dauer der Unterredung: 21 Uhr 45 bis 24 Uhr.

Mit Rücksicht auf den angekündigten Luftalarm begaben sich der Herr Reichsminister des Auswärtigen, von Ribbentrop, und Herr Molotov am 13. November 1940 nach dem Abendessen in der Botschaft der UDSSR um 21.40 Uhr in den Luftschutzkeller des Herrn Reichsaußenministers, um dort die abschließende Unterredung zu führen.

Der Herr Reichsaußenminister begann die Unterredung mit der Feststellung, daß er die Gelegenheit benutzen wolle, um das, was bisher besprochen worden sei, noch zu ergänzen und zu präzisieren. Er wolle Herrn Molotov auseinandersetzen, wie er sich die Möglichkeit der Herstellung einer gemeinsamen Linie der Zusammenarbeit zwischen Deutschland und der Sowjetunion in der Zukunft vorstelle, und die Punkte aufzählen, die ihm dabei vorschwebten. Er müßte jedoch ausdrücklich betonen, daß es sich dabei lediglich um noch rohe Gedanken handle, die sich vielleicht einmal in der Zukunft realisieren lassen würden. Es handle sich dabei im Großen um die Herbeiführung einer künftigen Zusammenarbeit zwischen den Staaten des Dreimächtepaktes Deutschland-Italien-Japan und der Sowjetunion, wobei ihm der Gedanke vorschwebe, daß zunächst ein Weg gefunden werden müsse, um gemeinsam die Interessensphären dieser vier Staaten in großen Linien festzulegen und sich über das Problem der Türkei zu einigen. Es sei dabei von vornherein klar, daß das Problem der Abgrenzung der Interessensphären alle vier Staaten betreffe, während an der Lösung der Meerengenfrage nur die Sowjetunion, die Türkei, Italien und Deutschland interessiert seien. Er stelle sich die weitere Entwicklung so vor, daß Herr Molotov die in Berlin aufgeworfenen Fragen mit Herrn Stalin besprechen würde, daß sich dann im Wege von weiteren Unterredungen eine Einigung zwischen der Sowjetunion und Deutschland herbeiführen lassen würde und daß der Herr Reichsaußenminister sodann die Fühlung mit Italien und Japan aufnehmen würde, um festzustellen, wie deren Interessen hinsichtlich der Abgrenzung der Interessensphären auf eine gemeinsame Formel gebracht werden könnten. Was die Türkei betreffe, so hätte er bereits Fühlung mit Italien aufgenommen.[21] Der weitere modus procedendi zwischen Italien, der Sowjetunion und Deutschland würde darauf hinauslaufen, einen Einfluß auf die Türkei im Sinne der von den drei Staaten verfolgten Bestrebungen auszuüben. Gelänge es, die Interessen der vier beteiligten Staaten auf einen Nenner zu bringen, so würde bei gutem Willen durchaus möglich sei, so würde sich dies zweifellos zum Nutzen aller Beteiligten auswirken. Der weitere Schritt würde in dem Versuch bestehen, die beiden Fragenkomplexe in vertraulichen Dokumenten festzuhalten. Sollte die Sowjetunion eine ähnliche Auffassung vertreten, d. h. gewillt sein, gegen die Kriegsausweitung und zugunsten einer baldigen Beendigung des gegenwärtigen Krieges zu wirken (der Herr Reichsaußenminister glaube, Herrn Molotov in den vorangegangenen Unterredungen in diesem Sinne verstanden zu haben), so schwebe ihm

---

20 Diese Aufzeichnung wurde mit einem Schreiben Hilgers an Schmidt, in dem Hilger im Auftrage des Botschafters von der Schulenburg um Kopien der Aufzeichnungen Schmidts über die anderen Berliner Bessprechungen mit Molotov bat, nach Berlin übermittelt (292/183 890–91).
21 Ribbentrop hatte mit dem Italienischen Außenminister Ciano am 3. und 4. Nov. in Schönhof gesprochen. Vgl. Galeazzo Ciano, *L' Europa verso la catastrofe*, S. 608–611; auch Anmerkung der Herausgeber nach Dokument NDr. 287, S. 394–395.

als ultimatives Ziel eine Vereinbarung zwischen den Staaten des Dreimächtepaktes und der Sowjetunion über eine Zusammenarbeit vor. Den Inhalt dieser Vereinbarung habe er in großen Linien entworfen und möchte sie heute Herrn Molotov zur Kenntnis bringen, wobei er vorausschicke, daß er weder mit Japan noch mit Italien über die gleiche Frage in so konkreter Form gesprochen hätte. Er halte es für notwendig, die Frage vorerst zwischen Deutschland und der Sowjetunion zu klären. Es handle sich dabei nicht etwa um einen deutschen Vorschlag, sondern – wie bereits erwähnt – um noch rohe Gedanken, die von beiden Seiten überlegt und zwischen Molotov und Stalin besprochen werden müßten. Eine Weiterverfolgung der Angelegenheit, insbesondere in diplomatischen Verhandlungen mit Italien und Japan, hätte nur Zweck, wenn die Frage zwischen Deutschland und der Sowjetunion klargestellt sei.

Sodann gab der Herr Reichsaußenminister Herrn Molotov den Inhalt des von ihm skizzierten Abkommens mit folgenden Worten bekannt:[22]

Die Regierungen der Staaten des Dreimächtepaktes Deutschland, Italien und Japan einerseits und die Regierung der UDSSR andererseits haben in dem Wunsche, in ihren natürlichen Grenzen eine der Wohlfahrt aller beteiligten Völker dienende Ordnung herbeizuführen und für ihre auf dieses Ziel gerichtete Zusammenarbeit eine feste und dauernde Grundlage zu schaffen, folgendes vereinbart:

Artikel 1

In dem Dreimächtepakt vom 27. 9. 1940[23] haben Deutschland, Italien und Japan vereinbart, der Ausdehnung des Krieges zu einem Weltkonflikt mit allen Mitteln entgegenzutreten und für eine baldige Wiederherstellung des Weltfriedens zusammenzuarbeiten. Sie haben dabei den Willen bekundet, die Zusammenarbeit auf solche Nationen in anderen Teilen der Welt auszudehnen, die geneigt sind, ihren Bemühungen eine ähnliche Richtung zu geben. Die Sowjetunion erklärt sich mit dieser Zielsetzung solidarisch und ist ihrerseits entschlossen, mit den drei Mächten auf dieser Linie politisch zusammenzuarbeiten.

Artikel 2

Deutschland, Italien, Japan und die Sowjetunion verpflichten sich, ihre natürlichen Interessensphären gegenseitig zu respektieren. Sofern diese Interessensphären sich berühren, werden sie sich über die daraus ergebenden Fragen fortlaufend freundschaftlich verständigen.

Artikel 3

Deutschland, Italien, Japan und die Sowjetunion kommen darin überein, daß sie keiner Mächtegruppierung beitreten und keine Mächtegruppierung unterstützen werden, die gegen eine der vier Mächte gerichtet ist.

Die vier Mächte werden sich wirtschaftlich in jeder Beziehung unterstützen und die zwischen ihnen bestehenden Abmachungen ergänzen und erweitern.

Der Herr Reichsaußenminister fügte hinzu, daß dieses Abkommen für eine Zeitdauer von 10 Jahren gedacht sei mit der Maßgabe, daß sich die Regierungen der vier Mächte vor Ablauf dieser Frist rechtzeitig über die Frage einer Verlängerung des Abkommens zu verständigen hätten.

Das Abkommen selbst würde der Öffentlichkeit bekanntgegeben werden. Darüber hinaus könnte unter Bezugnahme auf das obige Abkommen eine vertrauliche (geheime) Abmachung in einer noch festzustellenden Form über die Festlegung der Schwerpunkte der territorialen Aspirationen der vier Staaten getroffen werden.

Was Deutschland betreffe, so läge, abgesehen von den beim Friedensschluß durchzuführenden europäischen territorialen Revisionen, der Schwerpunkt seiner territorialen Aspirationen im mittelafrikanischen Raum.

Der Schwerpunkt der territorialen Aspirationen Italiens liege, abgesehen von den im

22 Siehe Dokument Nr. 309.
23 Siehe Dokument Nr. 118.

Friedensschluß durchzuführenden europäischen territorialen Revisionen, in Nord- und Nordostafrika.

Die Aspirationen Japans müßten noch diplomatisch geklärt werden. Auch hier könnte man leicht eine Abgrenzung finden, etwa in der Art, daß eine Linie festgelegt würde, die südlich des japanischen Inselreiches und Mandschukuos verliefe.

Der Schwerpunkt der territorialen Aspirationen der Sowjetunion würde vermutlich im Süden des Staatsgebietes der Sowjetunion in Richtung des Indischen Ozeans liegen.

Eine solche vertrauliche Vereinbarung könnte durch die Feststellung ergänzt werden, daß die in Frage kommenden vier Mächte, vorbehaltlich der Regelung von Einzelfragen, ihre territorialen Aspirationen gegenseitig respektieren und sich ihrer Verwirklichung nicht entgegensetzen würden.

Vorstehende Abmachungen könnten durch ein zweites geheimes Protokoll ergänzt werden, das zwischen Deutschland, Italien und der Sowjetunion abzuschließen wäre.[24] Dieses zweite geheime Protokoll könnte etwa so lauten, daß Deutschland, Italien und die Sowjetunion anläßlich der Unterzeichnung des Abkommens zwischen Deutschland, Italien, Japan und der Sowjetunion in der Auffassung übereinstimmten, daß es in ihren gemeinsamen Interessen liege, die Türkei aus ihren bisherigen Bindungen zu lösen und fortschreitend für eine politische Zusammenarbeit mit ihnen zu gewinnen.

Sie erklären, daß sie dieses Ziel in enger Fühlungnahme nach einer festzulegenden Richtlinie gemeinsam verfolgen werden.

Deutschland, Italien und die Sowjetunion würden gemeinsam darauf hinwirken, daß das gegenwärtig geltende Meerengen-Statut von Montreux[25] durch ein anderes Statut ersetzt werde, durch das die Sowjetunion das Recht erhielte, mit ihrer Kriegsflotte jederzeit unbeschränkt die Meerengen zu passieren, während alle anderen Mächte, ausschließlich der übrigen Schwarzmeerstaaten, aber einschließlich Deutschlands und Italiens, auf das Recht der Durchfahrt durch die Meerengen für ihre Kriegsfahrzeuge grundsätzlich verzichten. Die Durchfahrt von Handelsschiffen durch die Meerengen würde dabei selbstverständlich grundsätzlich frei bleiben.

Anschließend hieran führte der Herr Reichsaußenminister Nachstehendes aus:

Die Deutsche Regierung würde es begrüßen, wenn die Sowjetunion sich zu einer solchen Zusammenarbeit mit Italien, Japan und Deutschland bereit finden würde. Diese Frage solle in nächster Zeit durch den Deutschen Botschafter in Moskau, Grafen von der Schulenburg, und den Sowjetbotschafter in Berlin[26] geklärt werden. In Übereinstimmung mit der Feststellung, die in dem Brief des Herrn Stalin[27] enthalten sei, wonach er einer grundsätzlichen Prüfung der Frage nicht abgeneigt sei, was von Herrn Molotov während seines Aufenthaltes in Berlin bestätigt worden wäre, könne als Endziel eine Zusammenkunft der Außenminister Deutschlands, Italiens und Japans[28] zum Zwecke der Unterzeichnung einer solchen Vereinbarung ins Auge gefaßt werden. Er – der Reichsaußenminister – sei sich selbstverständlich darüber im klaren, daß solche Fragen einer sorgfältigen Prüfung bedürfen; er erwarte daher heute von Herrn Molotov keine Antwort, freue sich aber, Gelegenheit gehabt zu haben, Herrn Molotov die Gedanken, die die deutsche Seite in der letzten Zeit bewegt hätten, in dieser etwas konkreteren Form mitteilen zu können.

Herr *Molotov* erwiderte, daß er bezüglich Japans die Hoffnung und Überzeugung habe,

---

24 Ribbentrop hatte ein solches Protokoll in seinen Unterredungen mit Ciano in Schönhof besprochen,. siehe Anm. 2.

25 Siehe Dokument Nr. 325, Anm. 10.

a.) Anmerkung des Autors: Die Meerengenkonvention von Montreux (20. 7. 1936) löste das Meerengenabkommen von Lausanne (24. 7. 1923) ab, das u. a. die Entmilitarisierung der Dardanellen verfügt hatte.

In Montreux wurde die türkische Wehrhoheit an den Dardanellen wiederhergestellt. Handelsschiffe erhielten in Kriegs- und Friedenszeiten freie Durchfahrt. Kriegsschiffe unterlagen Beschränkungen, deren Abschaffung die Sowjetunion für sich forderte. Es durften nur leichte Überwasserschiffe passieren. Die Höchsttonnage betrug 15 000 to. U-Booten war die Durchfahrt verboten.

26 Aleksander Schkvartzev.

27 Siehe Dokument Nr. 211.

28 Ribbentrop, Ciano, Matsuoka.

daß man nunmehr auf dem Wege der Verständigung schneller vorwärtskommen würde, als dies bisher der Fall gewesen wäre. Das Verhältnis zu Japan sei stets reich gewesen an Schwierigkeiten und Rückschlägen. Nichtsdestoweniger schienen jetzt Aussichten für eine Verständigung vorhanden zu sein. Die Japanische Regierung habe der Sowjetregierung den Abschluß eines Nichtangriffspaktes – und zwar noch vor dem Regierungswechsel in Japan[29] – vorgeschlagen, wobei die Sowjetregierung eine Anzahl von Fragen an die Japanische Regierung gestellt habe. Die Antwort auf diese Fragen stände gegenwärtig noch aus. Erst wenn sie eingegangen sei, könnten Verhandlungen aufgenommen werden, die von dem ganzen übrigen Fragenkomplex nicht getrennt werden könnten. Infolgedessen würde die Lösung des Problems einige Zeit erfordern.

Was die *Türkei* betreffe, so gehe die Sowjetunion davon aus, daß man sich in der Meerengenfrage in *erster Linie mit der Türkei* verständigen müsse. Deutschland und die Sowjetunion seien sich gemeinsam darüber im klaren, daß das Statut von Montreux nichts tauge. Für die Sowjetunion, als die wichtigste Schwarzmeermacht, komme es darauf an, reale Garantien für ihre Sicherheit zu bekommen. Rußland sei im Verlaufe seiner Geschichte oft durch die Meerengen angegriffen worden. Der Sowjetunion genügten daher papierene Abmachungen nicht, sondern sie müsse auf tatsächlichen Garantien für ihre Sicherheit bestehen. Infolgedessen müsse diese Frage konkreter geprüft und beraten werden. Die Fragen, die die Sowjetunion im Nahen Osten interessierten, beträfen nicht nur die Türkei, sondern z. B. *Bulgarien*, worüber er – Molotov – in seiner vorhergegangenen Unterredung mit dem Führer[30] ausführlich gesprochen habe. Aber auch das Schicksal Rumäniens und Ungarns interessiere die Sowjetunion und könne ihr keinesfalls gleichgültig sein. Des Weiteren würde es die Sowjetunion interessieren, zu erfahren, was die Achse über Jugoslavien, Griechenland denke, desgl[eichen,] was Deutschland mit Polen beabsichtige. Er erinnere daran, daß über die künftige Gestaltung Polens ein Protokoll zwischen der Sowjetunion und Deutschland[31] bestehe, über dessen Verwirklichung ein Meinungsaustausch erforderlich sei. Er frage, ob nach deutscher Auffassung dieses Protokoll noch in Kraft sei. Auch an der Frage der *schwedischen Neutralität* sei die Sowjetunion interessiert, und er wolle wissen, ob die Deutsche Regierung nach wie vor auf dem Standpunkt stehe, daß die Aufrechterhaltung der schwedischen Neutralität im Interesse der Sowjetunion und Deutschlands liege. Es existiere außerdem die Frage bezüglich der Durchfahrten aus der Ostsee (Großer Belt, Kleiner Belt, Sund, Kattegatt, Skagerrak). Die Sowjetregierung glaube, daß über diese Frage ähnliche Besprechungen gepflogen werden müßten, wie sie zurzeit über die Donaukommissionen geführt würden.[32] Was die finnische Frage betreffe, so sei sie in seinen vorhergegangenen Unterredungen mit dem Führer ausreichend klargestellt worden. Er wäre dankbar, wenn sich der Herr Reichsaußenminister zu den vorstehenden Fragen äußern würde, weil dies die Klärung auch all der anderen Fragen fördern würde, die Herr von Ribbentrop vorher aufgeworfen hätte.

In seiner Antwort führte der Herr Reichsaußenminister aus, daß er zu der bulgarischen Frage nichts anderes sagen könne, als was der Führer bereits Herrn Molotov erklärt habe,. es müsse vorerst festgestellt werden, ob *Bulgarien* eine Garantie seitens der Sowjetunion überhaupt wünsche und daß im übrigen ohne eine vorherige Verständigung mit Italien die Deutsche Regierung zu dieser Frage keine Stellung nehmen könne. In allen übrigen Fragen fühle er sich von Herrn Molotov *„überfragt"*. Was die Aufrechterhaltung der Neutralität Schwedens betreffe, so seien wir daran ebenso interessiert wie die Sowjetunion. Was die Ausgänge aus der Ostsee anlange, so sei die Ostsee gegenwärtig ein Binnenmeer, auf dem wir an der Aufrechterhaltung des freien Schiffsverkehrs interessiert seien. Außerhalb der Ostsee sei dagegen Krieg. Auch sei gegenwärtig noch nicht der Zeitpunkt gekommen, um über die Neuordnung der Dinge in Polen zu sprechen. Die

29 Am 16. Juli 1940 trat das Kabinett Yonai zurück, und am folgenden Tage bildete Fürst Konoye eine neue Regierung.
30 Siehe Dokument Nr. 328.
31 Siehe Serie D, Band VII,m Dokument Nr. 229, und Serie D, Band VIII, Dokument Nr. 159.
32 Am 28. Okt. 1940 hatten in Bukarest die Verhandlungen über die Auflösung der Internationalen und Europäischen Donaukommissionen begonnen.

Balkanfrage sei bereits in breitem Umfange in den Unterredungen erörtert worden. Wir seien im *Balkan* ausschließlich *wirtschaftlich interessiert* und wünschten nicht, daß England uns dabei störe. Die Gewährung der deutschen Garantie an Rumänien sei offensichtlich in Moskau falsch verstanden worden. Er wolle daher noch einmal wiederholen, daß es sich seinerzeit darum gehandelt hätte, durch eine schnelle Aktion einem Zusammenstoß zwischen Ungarn und Rumänien vorzubeugen. Hätte er – der Reichsaußenminister – damals nicht eingegriffen, so wäre Ungarn gegen Rumänien marschiert. Andererseits hätte man Rumänien nicht zu den großen Gebietsabtretungen bewegen können, wenn man der Rumänischen Regierung zur Rückenstärkung nicht die territoriale Garantie gewährt hätte. Die Deutsche Regierung sei bei all ihren Entschlüssen lediglich von dem Bestreben ausgegangen, den Frieden auf dem Balkan aufrechtzuerhalten und zu vermeiden, daß England sich dort festsetze und die Zufuhren nach Deutschland störe. Somit sei unser Vorgehen auf dem Balkan ausschließlich durch die Umstände unseres Krieges gegen England bedingt. Sobald England seine Niederlage zugebe und um Frieden bitte, würden die deutschen Interessen auf dem Balkan ausschließlich auf das wirtschaftliche Gebiet beschränkt bleiben und die deutschen Truppen aus Rumänien zurückgenommen werden. Deutschland habe – wie der Führer bereits mehrfach erklärt habe – keine territorialen Interessen auf dem Balkan. Er könne immer nur wiederholen, daß die entscheidende Frage darin liege, ob die Sowjetunion bereit und in der Lage sei, mit uns an der großen Liquidierung des britischen Imperiums mitzuarbeiten. Über alle anderen Fragen würden wir leicht eine Verständigung erzielen, wenn es gelänge, die Beziehungen zu erweitern und die Interessensphären abzustecken. Wo die Interessensphären lägen, sei wiederholt gesagt worden. Es handle sich darum – wie der Führer dies so einleuchtend ausgeführt hätte –, daß die Interessen der Sowjetunion und Deutschlands verlangten, daß die Partner nicht Brust an Brust, sondern Rücken an Rücken zueinanderständen, um sich gegenseitig bei der Durchsetzung ihrer Aspirationen zu unterstützen. Er wäre dankbar, wenn er hierüber von Herrn Molotov etwas hören könnte. Im Vergleich zu den großen grundsätzlichen Fragen seien alle übrigen völlig belanglos und würden sich von selbst regeln, sobald eine Verständigung im großen erfolgt sei. Zum Schluß wolle er Herrn Molotov daran erinnern, daß dieser ihm die Antwort darauf schuldig sei, ob die Sowjetunion der Idee, einen Ausgang in Richtung des Indischen Ozeans zu erlangen, grundsätzlich sympathisch gegenübersteht.

In seiner Erwiderung sagte Molotov, daß die deutsche Seite von dem Gedanken ausginge, der Krieg gegen England sei tatsächlich schon gewonnen. Wenn daher in einem anderen Zusammenhange davon gesprochen worden sei, daß Deutschland einen Krieg gegen England auf Leben und Tod führe, so könne er das nur so auffassen, daß „Deutschland auf Leben" und „England auf Tod" kämpfe. Was die Frage der Zusammenarbeit betreffe, so betrachte er sie durchaus positiv, aber mit dem Hinzufügen, daß man sich hierüber eingehend verständigen müsse. Im Brief Stalins sei dieser Gedanke ebenfalls zum Ausdruck gekommen. Auch müsse eine Abgrenzung der Interessensphären gesucht werden. Hierzu könne er – Molotov – jedoch im Augenblick keine endgültige Stellung nehmen, da er die Meinung Stalins und seiner übrigen Freunde in Moskau hierüber nicht kenne. Allerdings müsse er sagen, daß alle diese großen Fragen des morgigen Tages von den Fragen des heutigen Tages und der Erfüllung der bestehenden Abmachungen nicht losgerissen werden könnten. Das Begonnene müsse zuerst vollendet werden, bevor man an weitere Aufgaben herantrete. Die Unterredungen, die er – Molotov – in Berlin gehabt habe, seien zweifellos sehr nützlich gewesen, und er halte es für zweckmäßig, daß die aufgeworfenen Fragen nunmehr durch die beiderseitigen Botschafter auf diplomatischem Wege weiter behandelt werden sollten.

Sodann verabschiedete sich Herr Molotov in herzlicher Weise von dem Herrn Reichsaußenminister und betonte, daß er dem Luftalarm nicht gram sei, weil er diesem eine so ausgiebige Unterhaltung mit dem Herrn Reichsaußenminister verdanke.

gez. HILGER

Literaturnachweis

1 Ungedruckte Quellen

Public Record Office
PREM (Prime Minister) 3/205, 1/437, 1/443, 3/219/1–7
CAB 65/13, 14, 15, 16, 17, 21, 22 Cab 66/ 10 11 12, 13, 14,
F.O. 371/24841, 24844, 24845, 24846, 24848, 24849, 24850, 24891, 24917, 24921, 25012, 29464, 29465, 29466, 29479, 29480–84, 29818

2 Gedruckte Quellen

Akten zur Deutschen Auswärtigen Politik, D, Bd. IX–XII
Degras, Jane, Soviet Documents on Foreign Policy Vol. III London 1953
Hubatsch, Walther, Hitlers Weisungen für die Kriegführung. dtv.
FRUS Foreign Relations of the United States, Vol. III

3 Zeitungen

The Observer, London, diverse Ausgaben 1940/41
Neue Zürcher Zeitung, diverse Ausgaben 1940/41
Die Weltwoche, diverse Ausgaben 1940/41

4 Darstellungen

Allard, Sven	Stalin und Hitler, Bern-München 1974
Ansel, W.	Hitler and the Middle Sea, Durham NC. 1972
Below, Nicolaus v.	Als Hitlers Adjutant 1937–1945, Mainz 1980
Böhme, Hermann	Entstehung und Grundlagen des Waffenstillstandes von 1940, Stuttgart 1966
Bosl, Karl	Das Jahr 1940 in der europäischen Politik, München 1972
Broszat, Martin	Soziale Motivation und Führerbindung im Nationalsozialismus, in Vierteljahrshefte für Zeitgeschichte
Butler, I. R. M.	Grand Strategy vol. II
Byrnes, James F.	Speaking Frankly, New York 1947
Cecil, Robert	Hitlers Griff nach Rußland (Übs.), Graz–Wien–Köln 1977
Creveld, M.	Hitler's Strategy 1940–1941, Cambridge 1973
Churchill, S. Winston	Der Zweite Weltkrieg, Knaur Ausgabe 1960
Erdmann, Karl Dietrich	Die Zeit der Weltkriege. In: Handbuch der Deutschen Geschichte, Bd. IV, 2, Stuttgart 1976
Fabry, Philipp W.	Der Hitler-Stalin-Pakt 1939–1941, Darmstadt 1962
Fabry, Philipp W.	Die Sowjetunion und das Dritte Reich, Stuttgart 1971
Fabry, Philipp W.	Balkanwirren 1940–1941, Darmstadt 1966
Feiling, Keith	The Life of Neville Chamberlain, London 1946
Fest, Joachim C.	Hitler, Frankfurt 1973
Förster, Jürgen	Hitlers Entscheidung für den Krieg gegen die Sowjetunion. In: Das Deutsche Reich und der Zweite Weltkrieg Bd. IV, Stuttgart 1983

Förster, Jürgen   Die Gewinnung von Verbündeten in Südosteuropa. In: Das Deutsche Reich und der Zweite Weltkrieg, Bd. IV, Stuttgart 1983

Gafencu, Grigore   Vorspiel zum Krieg im Osten, Zürich 1944

Grigorenko, Pjotr   Der russische Zusammenbruch 1941, Frankfurt 1969

Großcurth, Helmut   Tagebücher eines Abwehroffiziers, Stuttgart 1970

Greiner, Helmuth   Die Oberste Wehrmachtführung 1939–1943, Wiesbaden 1951

Gruchmann, Lothar   Der Zweite Weltkrieg, dtv 2. A. 1971

Gruchmann, Lothar   Die verpaßte strategische Alternative der Achsenmächte im Mittelmeerraum, 1940/41, Vierteljahrshefte für Zeitgeschichte 1970

Halder, Franz   Kriegstagebuch Bd. I–III, Stuttgart 1963

Helmdach, Erich   Überfall? 5. A., Berg 1980

Hesse, Fritz   Das Spiel um Deutschland, München 1953

Higgins, Trumbull   Hitler and Russia, New York 1966

Hildebrand, Klaus   Vom Reich zum Weltreich, München 1969

Hilger, Gustav   Wir und der Kreml, Frankfurt 1956

Hillgruber, Andreas   Hitlers Strategie, Frankfurt 1965

Probleme des Zweiten Weltkrieges, Köln-Berlin 1967

Sowjetische Außenpolitik im Zweiten Weltkrieg, Köln 1979

Hitler, König Carol und Antonescu, Wiesbaden 1954

Hillgruber, Andreas   Noch einmal: Hitlers Wendung gegen die Sowjetunion 1940, in: GWU 1982

Endlich genug über Nationalsozialismus und Zweiten Weltkrieg, Düsseldorf 1982

Hill, Leonidas (Hrsg.)   Die Weizsäcker Papiere, Frankfurt 1974–82

Hinsley, F. H.   Hitlers Strategie, Cambridge 1952

Hitler, Adolf   Mein Kampf, München 1930

Hoffmann, Joachim   Die Rote Armee bis zum Vorabend des deutschen Angriffs, in: Das Deutsche Reich und der Zweite Weltkrieg Stuttgart 1983

Die Kriegführung aus der Sicht der Sowjetunion, in: Das Deutsche Reich und der Zweite Weltkrieg

Irving, David   Hitler und seine Feldherren, Frankfurt 1975

Jäckel   Hitlers Weltanschauung, Stuttgart 1981

Klee, Karl   Das Unternehmen Seelöwe, Göttingen 1958

Klink, Ernst   Die militärische Konzeption des Krieges gegen die Sowjetunion, in: Das Deutsche Reich und der Zweite Weltkrieg

Der Krieg gegen die Sowjetunion bis zur Jahreswende 1941/42, in: Das Deutsche Reich und der Zweite Weltkrieg

Klüver, Max   Den Sieg verspielt, Leoni 1981

War es Hitlers Krieg?, Leoni 1984

Krecker, Lothar   Deutschland und die Türkei im Zweiten Weltkrieg, Frankfurt 1964

Krummacher-Lange   Krieg und Frieden, München 1970

Leach, Barry   German Strategy against Russia 1941/42, Oxford 1973

Lukacs, John   The Last European War, London 1976

Meißner, Boris   Die Sowjetunion, die baltischen Staaten und das Völkerrecht, Köln 1956

Moltmann, Günter   Weltherrschaftsideen Hitlers, in: Europa und Übersee. Festschrift für E. Zechlin

Müller-Hildebrand   Das Heer 1933–1945, Bd. II, Frankfurt 1956

Philippi-Heim   Der Feldzug gegen Sowjetrußland 1941–1945, Stuttgart 1962

Picker, Henry   Hitlers Tischgespräche im Führerhauptquartier, Stuttgart 1981

Pietrow, Bianca — Stalinismus, Sicherheit, Offensive, Melsungen 1983
Ribbentrop, Joachim v. — Zwischen London und Moskau, Leoni 1953
Schmidt, Paul — Statist auf diplomatischer Bühne, Bonn 1950
Schmokel, Wolfe — Dream of Empire, New Haven 1964
Schreiber, Gerhard — Der Mittelmeerraum in Hitlers Strategie, in: Militärgeschichtliche Mitteilungen 1980
Schukow, G. K. — Erinnerungen und Gedanken, Stuttgart 1969
Seaton, Albert — Der russisch-deutsche Krieg 1941–1945, Frankfurt 1973
Seraphim, Hans-Günther — Die deutsch-russischen Beziehungen, 1939–1941, Hamburg 1949
Seraphim-Hillgruber — Hitlers Entschluß zum Angriff auf Rußland, in: Vierteljahrshefte für Zeitgeschichte 1954
Sethe, Paul — Kleine Geschichte Rußlands, Frankfurt 1953
Sommer, Erich F. — Das Memorandum, München 1981
Sommer, Theo — Deutschland und Japan zwischen den Mächten 1935–1940, Tübingen 1962
Stalin, Josef — Werke Band VII
Stegemann, Bernd — Hitlers Ziele im ersten Kriegsjahr, in: Militärgeschichtliche Mitteilungen 1980
Der Entschluß zum Unternehmen Barbarossa. Strategie oder Ideologie? In: GWU 1982
Topitsch, Ernst — Stalins Krieg, München 1985
Überschär, Gerd R. — Hitler und Finnland, Wiesbaden 1978
Die Einbeziehung Skandinaviens in die Planung „Barbarossa", in: Das Deutsche Reich und der Zweite Weltkrieg, Bd. IV
Uhlig, Heinrich — Das Einwirken Hitlers auf Planung und Führung des Ostfeldzuges, in: Vollmacht des Gewissens, Bd. II, Frankfurt 1965
Warlimont, Walter — Im Hauptquartier der Deutschen Wehrmacht 1939–1945, 3. A. München 1978
Weinberg, Gerhard L. — Germany and the Soviet-Union, Leiden 1954
Werth, Alexander — Russia at War 1941–1945, London 1964
Woodward, Llewellin — British Foreign Policy in the Second World War, Vol. I, London 1970
Wuescht, Johann — Jugoslawien und das Dritte Reich, Stuttgart 1969

Personenverzeichnis

Der Name Adolf Hitler wird wegen der Häufigkeit des Vorkommens nicht aufgeführt.

Der Verfasser

1909   geboren in Hamburg
1927–32   Studium in Hamburg: Geschichte, Englisch, Geographie
1935   Studienassessor
1947–53   Vertreter, selbständiger Groß- und Einzelhändler
1953–71   Schuldienst in Hamburg
1954–61   Zweitstudium: Wirtschafts- und Sozialwissenschaften
          Abschluß Diplomsoziologe
1968   Promotion zum Dr. rer. pol.
1969–75   Leiter des größten privaten Hamburger Fremdspracheninstituts

1923–33   Wehrjugendbewegung
1928–30   Nationalsozialistischer Deutscher Studentenbund, Astamitglied
1933–37   Hauptamtlicher HJ-Führer
1937–39   Schulführer einer Adolf-Hitler-Schule
          Leiter der Erzieherakademie der Adolf-Hitler-Schulen
          Hauptbannführer der HJ
1939–45   Kriegsdienst. Kompaniechef, Bataillionskommandeur, Kommandeur der Offiziersbewerberschule der Division »Großdeutschland«, Inspekteur der Offiziersbewerber- und Reserveoffiziersbewerberlehrgänge des Heeres, Regimentskommandeur. Letzter Dienstgrad: Oberstleutnant d. R., Ritterkreuzträger

Von demselben Verfasser erschienen:

DEN SIEG VERSPIELT
Mußte Deutschland den Zweiten Weltkrieg verlieren? 2. A

WAR ES HITLERS KRIEG?
Die »Irrtümer« der Geschichtsschreibung über Deutschlands Außenpolitik 1937–39
Beide Bücher im Druffel Verlag

DIE ADOLF-HITLER-SCHULEN
Eine Richtigstellung
3. Auflage, Verlag und Buchdienst Dr. Max Klüver, 2320 Plön